GB
한길그레이트북스

인 류 의 위 대 한 지 적 유 산

GB
한길그레이트북스

인류의 위대한 지적유산

순자 1

순자 지음 | 이운구 옮김

한길사

GB
HANGILGREATBOOKS

Xun zi
Xun zi

Translated by Lee Un-Gu

Published by Hangilsa Publishing Co., Ltd., Korea, 2006

순자의 초상

순자는 공맹사상(孔孟思想)을 가다듬고 체계화했으며, 여기서 한걸음 더 나아가
자신만의 독자적인 자연철학 체계를 형성한 사상가이다.

전국시대의 중국 지도

〔 〕표시는 고지명(古地名)

「공자강학도」(孔子講學圖), 공자박물관

공자의 유가사상은 맹자와 순자에 의해 계승되었는데, 맹자가 유가의 도덕적 이상주의를
완성한 인물이라면, 순자는 예와 권위를 강조함으로써 인간 조건에 대한
현실적ㆍ체계적 탐구를 가능하게 한 인물이었다.

「인물어룡도」(人物御龍圖), 전국시대, 호남성박물관

순자의 정치의식은 인륜의 근본을 예로 삼는다. 군주 자신이 먼저 이를 익혀 실천하고
또한 애민(愛民)으로써 사회적 안정을 기대할 수 있는 것이라고 전제한다.

GB

한길그레이트북스

인류의위대한지적유산

순자 1

순자 | 이운구 옮김

한길사

순자 1

차례

순자 2
차례

중국 고대 철학사에서 유물론적 세계관의 전개

이운구 전 성균관대 교수·동양철학

1. 자연과 인간의 관계

『순자』(荀子)는 중국 고대 전국시대 말기 조(趙)나라 사람 순황(荀況, 기원전 298~238)의 사상과 학설을 모아 수록한 유물론적 경향의 저술이다. 『한서』(漢書) 「예문지」(藝文志)는 이 책을 『손경자』(孫卿子)라 일컫기도 한다. 순(荀)과 손(孫)자는 옛 음으로 통용되며 경(卿)이란 존칭이다. 『사기』(史記) 「맹자순경열전」(孟子荀卿列傳)에 따르면, 순황은 나이 오십이 넘어서 학문과 사상의 논의가 활발하게 전개되었던 제(齊)나라 수도 임치(臨緇)의 직하(稷下)에 처음 유학하여 그 학궁의 장 좨주(祭酒)를 세 차례나 지냈으며, 한때는 초(楚)나라 춘신군(春申君)에게 인정받아 난릉(蘭陵)의 영(令: 지방장관)이 되기도 하였다고 전해진다.

순황은 종래의 종교적 신비주의와 대결하고 자연에 관한 여러 유파의 학설과 그들의 관점을 비판적으로 계승하여 독자적인 자연철학 체계를 형성시킨 사상가이다. 특히 그의 철학은 신흥 봉건 세력이 점차 지배적 위치를 굳혀 나가고 대토지 소유 계층이 안정된 새 봉건 질서의 확립을 절실히 요청하던 그 시기 사회적·정치적 상황의 반영이었다. 세계 형성의 근원이 무엇인가? 모든 사물은 어떻게 해서 생성·발전해 나가고 있는가? 이와 유사한 문제에 관해 순황은 당시 자연철학에서 공식으로 인정하고 있는 논리로 설명하였다.

물과 불에는 기(氣)가 있으나 생명은 없고 초목에는 생명은 있어도 지각은 없으며 짐승에는 지각이 있어도 도의가 없다. 사람에게는 기가 있고 생명이 있고 지각이 있고 또 도의까지 있으므로 천하에서 가장 존귀하다(『순자』「왕제」(王制)).

이것은 역시 '기'가 만물의 근원이라고 보는 일반적인 견해를 재확인한 것이다. 순황이 이보다 더 관심을 갖고 집중적으로 논의한 것은 자연 인식의 기본 문제들이었다. 그것은 자연과 인간의 관계에 대한 문제였다. 그러므로 순황은 「천론」(天論)편에서 "천(天)과 인(人)의 구분을 명확히 할 수 있다면 가히 지인(至人)이라 할 수 있다"고 하였다. 순황이 가리키는 '천'은 자연계를 의미하며 이것은 공·맹(孔孟)에서 말하는 이른바 의지적 '천'과 정면으로 대립된다. 또한 『장자』(莊子)에도 '천·인' 관계를 논한 내용이 제시되어 있다.

천은 속에 있고 인위는 바깥에 있으며 덕은 천에 있다. 천과 인이 하는 일을 잘 가려서 천에 근본을 둔다…… 무엇을 일러 천이라 하고 무엇을 일러 인이라 하는가? 북해약이 말하기를 소나 말이 발 네 개인 것을 일러 천이라 하고 말 머리에 고삐를 달고 쇠코를 뚫는 것을 일러 인이라 한다(『장자』「추수」(秋水)).

여기서 '천'은 곧 자연이다. 인간에 내재하는 본성을 말한다. 장자에 따르면 그것이 선이냐 악이냐 하는 윤리적 가치 규정에 앞서 그 자연스러운 법칙성에 순응하라는 것이다. '인'은 바로 인위(人爲)이다. 그것은 외물(外物)에 의존하는 생활태도라고 했다. 인류의 문화와 사회제도는 인위적인 조작에 의한 것이다. 그것이 인간 본연의 인간성[천]을 손상시키는 것이라고 보았다. 이와 같이 장자는 표면상으로 '천'과 '인'의 관계를 구분했다. 그러나 장자의 본래 의도는 인위에 의한 자연성의 파괴를 경고하는 데 있었다. 문화적 가치와 제도를 부정하고 본래적인 인간의 '천'으로 회귀할 것을 주장하였다.

'이인멸천'(以人滅天)을 반대하고 '천'이 오히려 '인'을 멸할 것을 의식한 말이다. 이것은 실제로 순황의 천·인에 관한 견해와 입장을 달리한다. 순황은 장자와 반대로 인위를 긍정하고 자연에 대한 인간의 '멸천'하는 방향을 강조하였다.

천·인 관계는 고대 중국 철학사상 가장 중요한 문제로 제기된 것이다. 종교적인 신비주의의 입장은 '천'과 '인'의 구별을 혼효(混淆)하고 있다. '천'을 의지적인 어떤 존재로 파악하여 자연계는 이미 결정된 목표와 결부되어 생성·변화하고 있다고 보았다. 특히 은·주 이래로 공·맹 학설의 관점은 이와 같은 사상의 기초 위에 세워진 것이었다.

그 뒤 노자의 일파가 '도법자연'(道法自然)이라는 새로운 주장을 제창하기에 이르렀다. 그들은 자연계의 변화가 결코 어떤 의식이나 목적을 가지고 이루어지는 것이 아니라고 했다. 의지적 '천'을 부정하고 무신론의 입장을 취하였다. 그러나 자연만을 중요시한 나머지 인간의 자연에 대한 특수성, 즉 공작 능력까지 배제함으로써 천·인 관계에 개재되는 여러 문제를 정당하게 해결하지 못했다. 여기서 순황은 천[자연]과 인간의 구별을 분명히 하고 이론적으로 신비주의를 철저히 비판하여 기계적 숙명론을 반대하는 역사적 임무를 완수한 사람이다.

그는 철학적인 차원에서 천·인 관계를 다루었다. 그가 "천과 인의 구분을 명확히" 한다는 것은 바로 자연과 사회, 물질과 정신, 객관과 주관의 한계를 엄격히 구획해놓아야 한다는 것이었다. 순황의 견해에 따르면, 천[자연]은 물질세계를 말하며, 그것은 인간의 주관에서 독립된 존재임을 인정하는 데 중요한 의의를 갖는다. 또한 그것은 자연과 물질과 객관적 세계가 일차적인 것이며 사회나 정신 등 주관적 세계는 이차적인 것이라고 하는 자연철학에서의 중대한 명제로 성립되는 것이다.

일반적으로 관념론의 입장은 우선 정신과 물질의 구별을 완전히 혼효하고 있다. 객관적 물질세계를 인간의 감각 또는 관념으로 파악하고 그 관념이 객관적인 실체라고 하여 천·인의 구분을 일절 배제하는 견해가 있다. 음양오행가의 '천인감응'(天人感應)에 관한 설도 역시 자연계에 생동하는 현상과 인간사회에 야기되는 사건을 모두 같은 유(類)의 것으로 보았다. 천 · 인 관계를 혼효하여 그 분명한 구분을 인정하지 않으려는 태도였다. 순황이 천 · 인의 구분을 중시하던 당시의 상황이 얼마나 심각한 것인가를 알 수 있다. '명어천인지분'(明於天人之分)은 순황의 자연관에서 중심 명제다. 그는 몇 개의 방향에서 이 명제를 부연하고 있다.

자연의 움직임은 일정한 법칙성을 갖는다. 요(堯)를 위해서 있는 것도 아니고 걸(桀) 때문에 없어지는 것도 아니다. 대응하여 잘 다스리면 길하고 대응하여 어지럽히면 흉하다. 농사일을 힘써서 씀씀이를 절약한다면 하늘도 가난하게 할 수 없고 의식(衣食)을 충분히 갖추어 알맞게 몸을 움직인다면 하늘도 병들게 할 수 없다(『순자』「천론」).

자연계에서 일어나고 있는 모든 생성운동과 변화현상은 그 자체의 법칙에 따른 것이다. 그 법칙성을 '상'(常)이라고 했다. 그것은 사회적으로 선인(善人)이 있기 때문에 존재하는 것이 아니고 악인(惡人)이 있어 소멸하는 것도 아니다. 자연법칙은 인류의 사회질서와 독립된 별개의 것으로 사회적인 사건과 무관한 일이다. 선이든 악이든 절대로 그것이 자연에게 영향을 주거나 자연법칙을 변화시킬 수 없다는 것이다. 여기서 순황은 종교적 · 신비적 '천인감응'의 논법이 전혀 허구임을 논증하고 있다.

하늘은 사람이 추위를 싫어한다고 겨울을 멈추지 않는다. 땅은 사람이 먼 길을 싫어한다고 넓힘을 멈추지 않는다(『순자』「천론」).

이는 자연계의 운동 · 변화하는 현상이 인간의 의지와 염원에 의해 결정되는 것이 아니고 그 자체의 법칙성, 즉 자연의 인과관계에 따라 추진·이행되어가는 것임을 말해준다. 다시 말해서 자연의 현상은 하지 않고 스스로 이루어지고 구하지 않고 스스로 얻게 된다는 것이다. 순황은 그것을 가리켜 '천직'(天職)이라고 했다. 여기서 '천직'은 자연의 법칙성을 의미한다.

줄지은 별들이 따라 돌고 해와 달이 번갈아 비추며 사시가 잇달아 바뀌고 음과 양이 큰 변화를 일으켜 풍우가 널리 미친다. 만물은 각각 그 조화를 얻어서 낳고 각각 그 양육에 의해 성장한다. 그 일의 자취는 보이지 않고 그 이룬 공만 보이니 바로 이를 일컬어 신(神)이라 말하는 것이다. 모두가 그 이루어진 결과는 알지만 그 드러나지 않는 원인은 알지 못하니 바로 이를 일컬어 천공(天功)이라 말하는 것이다 (『순자』「천론」).

천[자연]의 운행은 사람이 그와 같은 일을 하였기 때문에 일어나는 것이 아니다. 또한 사람이 일정한 목적을 가지고 '천'에 대해서 그와 같이 요구한 것도 아니다. 하늘과 땅 사이의 만물은 모두 필요한 영양을 자연에서 공급받고 있다. 그러나 그것은 자연계가 의식적으로 그렇게 하고 있는 것이 아니다. 자연계는 직무를 가지고 있다. 그것을 '천직'이라고 한다. 천직은 그 스스로의 자기 법칙에 의해서 스스로 행하는 것이므로 거기에 어떤 의지나 목적이 개입되어 움직이게 되는 것은 아니다. 그리고 자연계는 그 효과를 가지고 있다. 그것을 '천공'이라 한다. '천공'은 무형 속에 잠재된 기능의 발현이다. 만물이 모두 능동적으로 생성할 수 있게 해주는 힘이다. 그것을 '신'(神)이라고 했다. 여기서 '신'은 의식을 갖는 존재가 아니고 그 작용이 미묘하여 드러나 있지 않기 때문에 일컫는 말이다.

순황은 노자의 '무위이무불위'(無爲而無不爲)하는 사상을 계승했다. 따라서 자연이 의식을 갖는다는 신비주의적 입장을 반대하고 의지적인 '천'의 존재와 목적론을 부정하였다.

2. 기계론적 인간 이해

순황은 자연계의 객관적 존재를 우선 긍정하고 난 다음 계속하여 인간이 자연계의 일부분이며 자연계가 바로 인간을 직접 생산한 것이라고 지적하고 있다. 그리고 인간의 다양한 여러 가지 활동을 자연의 법칙에 의해 표출된 것이라고 했다.

천직이 확립되고 천공이 완성되면 인간의 형체가 갖추어져서 정신이 생기고 좋아하고 미워하고 기뻐하고 성내고 슬퍼하고 즐거워하는 감정이 거기에 깃들게 되니 바로 이를 일컬어 천정(天情)이라 한다 (『순자』 「천론」).

자연계의 공용(功用)에 의하여 인간은 형체를 갖게 된다. 형체가 이루어짐으로써 비로소 정신을 갖는 데 도달한다고 했다. 그리고 인간의 원초적인 자연 감정인 희·로·애·락 등은 정신현상의 일부분이며 그 속에서 자체 내용으로 함께 일어나고 있는 것이라고 했다. 그러므로 이 감정 역시 자연이 직접 생산하는 것이라고 하여 이를 일러 '천정'이라 했다. 여기서 순황은 '형구이신생'(形具而神生), 즉 형체가 구현된 이후에 정신현상이 자연스럽게 생긴다고 했다. 이것은 분명히 '형'(形) 즉 육체가 일차적인 존재임을 인정한 것이며 '신'(神) 즉 정신현상은 결코 '형'을 떠나 별도로 독립하여 존재할 수 없음을 밝힌 것이다.

귀와 눈, 입과 코, 살갗은 각각 접촉하는 데가 따로 있어 서로 함께 기능하지 않으니 바로 이를 일컬어 천관(天官)이라 한다(『순자』 「천론」).

인간은 출생부터 본래 여러 가지 감각기관을 모두 지니고 있는 것이라고 했다. 이들 감각기관은 각각 외계와 기민하게 접촉을 하고 있으나 서로 대체할 수 없는 것이며 서로 관통될 수가 없는 것이다. 그것 역시 자연에서 직접 생산되는 것이라고 하여 '천관'이라고 부른다. 한편 하나하나의 감각기관은 서로 대체할 수도 관통할 수도 없는 것이므로 다섯 가지 감관을 통할하고 감각을 종합할 하나의 기관이 별개로 필요하다. 이것이 바로 오관(五官)을 지배하는 '천군'(天君)이다. 이 '천군' 또한 자연의 소산이다.

순황은 인간의 사유도 하나의 물질기관의 산물로 보고 있다. 물론 여기서 순황이 사유를 두뇌피질 등의 여러 작용이라고 하는 오늘날의 과학적인 인식에까지 도달한 것은 아니다. 그러나 그가 인간의 사유는 반드시 하나의 물질적 기관에 의존해야 한다며 비물질적인 어떤 독립된 존재도 인정하지 않은 것은 큰 진전이었다. 그것은 모든 정신 현상을 물질의 역학적인 작용으로 파악하는 기계론적 견해와 같은 입장이라고 볼 수 있다.

인간의 관념과 사고·행동 등을 이와 같이 기계론적으로 이해하려는 경향은 열자(列子)에게서도 엿볼 수 있다. 주나라 목왕(穆王)이 서쪽에서 순수(巡守)를 마치고 돌아오는 도중이었다. 공인(工人)인 한 언사(偃師)가 광대를 거느리고 알현을 청하였다. 그 광대는 언사가 만든 인형으로 실제 사람과 흡사할 정도로 정교한 것이었다. 그 인형이 노래를 부르고 춤을 추는데, 다양하게 변화하는 율동이 모두 사람이 하는 것 같았다. 더구나 왕의 측근 시첩(侍妾)에게 눈짓까지 하는 행동은 틀림없는 사람이었다. 왕은 속임을 당하는 것 같아서 언사를 죽이려고 하였다. 언사가 당황하여 인형을 그 자리에서 해부해 보였다. 그것은 모두 가죽과 나무 조각 등으로 만든 것이었다. 분해된 내부기관 어느 한 가지도 가물(假物)이 아닌 것이 없었다. 왕이 시험 삼아 그중에서 심장 하나를 뽑아내었다. 광대가 갑자기 말을 하지 못하였다. 간을 뽑으면 앞을 못 보고, 신장을 뽑으면 걷지를 못하였다. 왕은 그만 탄복하고 말았다.

사람의 정교한 재주가 바로 조물주와 똑같은 성과를 낼 수 있다는 것이다(『열자』(列子) 「탕문」(湯問)).

이것은 인간의 신체구조와 기능, 정신작용을 하나의 기계적인 조작으로 비유한 예이다. 하나의 기계적 물질 조직체로 파악된 인간이 그 자신을 보존하기 위해서는 그 물질력의 소모에 상당하는 분량의 물질적 보충이 필요하다. 순황은 그것을 아래와 같이 지적하였다.

그 같은 유가 아닌 것을 마련하여 같은 유를 기르니 바로 이를 일컬어 천양(天養)이라 한다. 그 같은 유에 따르는 것을 가리켜 복이라 말하고 그 같은 유에 거슬리는 것을 가리켜 화라 하니 바로 이를 일컬어 천정(天政)이라 한다(『순자』「천론」).

여기서 '재물'은 금수나 어개(魚介) 등의 식물과 의류가 될 수 있는 초피(草皮) 등을 가리킨다. 자연계 속에서 한 인간이 그 자신을 보존하기 위해서는 필연적으로 다른 물질과의 생존경쟁은 피할 수 없게 되어 있다. 그와 같은 유(類)가 아닌 다른 유의 것을 이용하고 섭생함으로써 스스로 그 '유'를 보존하지 않으면 안 된다. 다시 말해서 인간은 자연계 속에서 항상 그 '유'와 상종해야 한다. 다른 동물도 마찬가지다. 그러지 않으면 화가 미친다. 그것은 자연스런 제재이며, 결코 상제나 귀신이 주는 벌이 아니다. 따라서 인간이 자기를 보존하는 '양'(養)은 자신이 모두 쟁취하는 것으로 결코 상제가 은사(恩賜)를 베푼 것이 아니다. 자연스런 상태의 '양'이므로 이것을 '천양'이라고 하는 것이다.

물질세계와 그 속의 자연물은 모두 자연의 자기 법칙에 따라 생장하고 변화한다. 인간은 그 자연물 중의 한 존재다. 인간의 신체와 그 기능도 자연계에서 직접 생성된 '물'(物)이다. '물'은 어떤 관념이나 의지와는 별개의 것이다. 따라서 자연계에서 인간만 예외적 존재로 인정받을 수는 없다. 인간도 다른 동물과 같이 자연의 상태 속에서 생존경쟁을 해야만 한다고 했다. 이것은 상제의 존재를 철저히 부정하는 것이며 순황이 「천론」편에서 천·인 관계를 분명히 한 일대 수확이라고 할 수 있다.

인간은 자연계의 산물이다. 그러므로 자연의 법칙성을 위반할 수 없게 되어 있다. 그러나 자연계 속에서 인간이 차지하는 위치는 어떤 것이며 어떻게 자연의 사물과 그 법칙에 대처하고 있는가? 이에 관한 이론이 『순자』「천론」편의 일부분을 구성하고 있다. 이 문제에 관하여 순황은 진일보했다. 그는 '이천멸인'하는 도가적 자연관을 비판하고 인간이 능동적으로 자연에 대처하고 그것을 이용하며 개조하지 않으면 안 된다는 획기적인 주장을 제기하였다.

성인은 그 천군을 맑게 하고 그 천관을 바르게 하며 그 천양을 갖추고 그 천정에 순응하며 그 천정을 잘 길러서 천공인 자신을 온전하게 갖는다. 이와 같이 한다면 그 해야 할 바를 알고 그 해서는 안 될 바를 알게 될 것이다. 바로 천지도 직분을 다하고 만물도 유용하게 쓰일 것이다. 그 행위가 극진히 잘 닦이고 그 기르는 법이 더없이 알맞으며 그 생이 상하지 않으니 바로 이를 일컬어 지천(知天)이라 한다 (『순자』「천론」).

만약 인간이 본래 갖고 있는 '천군' 즉 마음을 청명한 상태로 평정을 유지하고 자연이 그에게 부여한 기관들을 충분히 활용한다면 그 기능을 충분히 발휘할 수 있다. 자연계의 모든 자원을 남김 없이 이용하여 자기를 보양하고 점차 복을 증진시켜 화를 물리칠 수도 있다. 일락(逸樂)을 더하고 간고(艱苦)를 제거하는 데 힘을 기울인다면 인간 본연의 능력을 충분히 발휘할 수 있다. 이에 비로소 '천공'을 온전히 할 수 있다는 것이다.

"천지가 인간을 임용하고 만물이 인간에게 사역(使役)된다." 이것은 인간이 능동적으로 자연에 대처할 수 있다는 것을 시사한 말이다. 인간이 본래 자연계의 일부분이며 만물 중의 일물(一物)이면서 또한 인간은 그 자연계 속에서 만물을 인간의 편으로 이용후생할 수 있다는 강한 의지의 표현이었다. 그리고 순황은 "오직 성인만이 천을 알려고 하지 않으며 사람이 해야 할 일을 힘쓴다"고 하였다. '천과 인의 구분'을 분명히 밝히고 '천직'을 깨달아 알아내어 그 무엇이 본래의 자연스런 것이며, 그 무엇이 인간의 능력으로 개조될 수 있는 것인가? 그 가능 여부를 자세히 앎으로써 '천'과 그 '직'을 다투지 않을 수 있다는 것이다. 여기서 '지천'(知天)은 술수(術數)나 미신이 논하는 '폐화'(廢話)나 '호설'(胡說)이 아니다. 오로지 인간의 자각과 능동성의 발휘만을 중시하고 '천'에 대한 아무런 환상도 갖지 않는 지성만을 가리키고 있다. 다시 말해서 인간이 능동적으로 자연에 대처하는 선별 의식을 의미한다. 그것이 바로 '천인지분'(天人之分)을 깨달아 알아낸 '지인'의 기본 자세다. '지기소위'(知其所爲)하고 '지기소불위'(知其所不爲)하는 태도를 말한다.

3. '능삼'과 자연 개조

순황은 자연에 대처하는 인간의 능동성을 중시하여 천지와 인간을 병립시키는 데 일종의 의의를 부여하였다. 하늘에는 그 때가 있고 땅에는 그 재(財)가 있다. 그와 함께 사람에게는 그 치(治)가 있다. 그러므로 인간이 천지와 병립하여 '능삼'(能參)이 된다고 했다. 이것은 인간의 창조능력이 무한함을 인식하기에 이른 말이었다. 일반적으로 동물은 자연계에 갖추어져 있는 그대로를 찾아 그것을 생활자료로 삼는 데 불과한 존재다. 그러나 인간은 자연계에 이제까지 존재하지 않은, 자연물이 아닌 가공된 것을 독자적으로 창조할 수 있다. 따라서 '삼'(三)을 이룬다. 인간의 창조능력은 비단 생활재의 제조·생산에만 국한되어 있지 않다. 향락 자료와 발전 자료의 생산을 그 속에 내포하고 있다.

순황이 주장하고 있는 '능삼'의 진정한 의미는 이것만이 아니다. 그 밖에 더 큰 의의를 지니고 있다. '인유기치'(人有其治)에 역점을 둔 것이다. 여기서 '인유기치'의 진정한 의미는 인간이 한 사회를 조직하고 그 사회의 질서를 수립할 수 있다는 것을 말한다. 이와 같은 사회조직과 질서는 인간을 떠나서는 존재할 수 없는 것이다. 인류사회 역시 자연계 속에 실재한다. 그러나 그것은 일면 자연계와 대립되는 것이기도 하다. 자연계 속에 있는 하나의 특수 영역이라고 할 수 있다. 이 점에서 인간은 천지와 병립하여 '삼'이 된다고 하는 것이다.

순황은 인간이 '천'의 능력이 지대하다고 하여 그것을 사모하고 은혜로 여기는 태도보다 오히려 '천'을 자연물로 파악하여 그것을 제재하고 다시 물질을 생산·관리하는 것이 더 현명하다고 지적하였다. '천'을 추종하여 그것을 칭송하는 것과 '천명'을 제재하여 그것을 이용하는 것은 어느 편이 더 나은가? 시절만 바라보며 기다리고 있는 것과 계절의 변화에 맞추어 응용하는 것은 어느 편이 더 나은가? 물(物)에 따라 그것을 늘리려는 것과 자신의 능력을 구사하여 물을 증대시키는 것은 어느 편이 더 나은가? 물을 얻으려고 하면서 그것을 밖의 것으로 여기는 일과 직접 물을 다루어 손실을 막는 일은 어느 편이 더 나은가? 물이 저절로 생성하기를 바라는 것과 물을 이루는 데 나가서 작용을 하는 것은 어느 편이 더 나은가? 그러므로 인간의 능력을 버려두고 '사천'(思天)만을 일삼는다면 결국 만물의 실정을 파악하지 못하고 모든 것을 다 잃고 만다는 것이다.

사람이 해야 할 바를 놓아두고 하늘만 의지하려 한다면 만물 본래의 실정을 잃게 될 것이다(『순자』「천론」).

이것은 고대 중국 철학에서 가장 뚜렷하게 인간의 능력에 의한 자연의 개조를 제창한 표어다. 종교적 신비주의의 입장은 자연계의 법칙성마저 신비화시켰다. 인력으로 어찌할 수 없고 인식할 길도 없는 맹목적인 어떤 힘을 '명'(命)이라고 했다. 인간의 지혜와 능력으로 자연을 개조시킬 수 없다는, 즉 인간은 거기에 절대 복종해야 된다고 규정한 말이다. 그러나 순황은 '천'을 추종·칭송하는 것보다 오히려 '천'을 제재하여 그것을 이용후생하는 것이 더 현명한 길이라고 주장하였다. 다시 말해서 순황은 그 '명'을 조정하여 자연을 개조하는 길에 나선 것이다. 이것은 인간의 주관적 능동성을 발현시킴으로써 자연을 인간에게 봉사하게 하려는 하나의 염원이었다. 자연은 의지적인 것이 아니다. 또한 자연의 법칙이 인간의 의지에 따라 바뀌는 것도 아니다. 그러나 인간은 이 법칙성을 이용하여 자연계 속에 실재하지 않는 별개의 것을 생산하고 그것으로 자신의 후생에 쓰고 있다.

순황이 인간을 천지와 병립시켜 '삼'을 설정한 것은 인간의 자각적인 능동성을 발현해보려는 의도에서였다. 공·맹에서도 인간이 지성(至誠)함으로써 천지의 화육(化育)을 돕고 함께 참여, 즉 '삼'이 된다고 보는 같은 사상이 있었다. 그러나 공·맹의 입장은 인간을 자연계의 일부분으로 파악하지 않는다. 오히려 자연계를 인간의 일부분으로 이해하고 그것을 포용함으로써 자연과의 대결을 방기하였다.

순황의 「천론」편은 한편으로는 인간이 자연에 의존하는 것으로 자연이 일차적인 성격을 갖는다고 지적하였으며, 다른 한편으로는 인간이 자연을 통제하고 개조할 능력을 갖는다고 지적함으로써 신비주의와 자연인순(自然因循)적인 태도를 함께 비판하였다. 그리고 천·인 관계에 관한 문제를 정확하게 처리하였다.

이와 같이 정당하고 극히 합리적인 사고의 경향성은 전국시대의 생산기술과 과학지식의 향상·발전에서 온 산물이며 신흥 토지 소유 계층의 생산증진에 대한 적극적인 요구와 관심이 반영된 것으로 본다. 순황은 그의 과학적인 자연관을 토대로 하여 고대의 주술과 미신을 단호히 거부하였다.

사람의 생김새나 안색을 보고 그 길흉화복을 알아낸다고 한다. 세상 사람들이 그를 크게 칭찬하지만, 옛날 사람은 이것을 무시하였고 학문하는 자는 말을 하지 않았다. 생김새를 보고 미래를 알아냄은 논심(論心)하는 것만 같지 못하고 논심은 택술(擇術)하는 것만 같지 못하다. 외형은 마음의 상태를 이겨내지 못하고 마음의 상태는 그 택술을 이겨내지 못하므로 택술이 바르고 마음이 순직하다면 생김새가 비록 추악하더라도 마음과 행위 기준은 착할 것이니 군자 되는 데 해가 없을 것이다(『순자』「비상」(非相)).

'상인'(相人)은 오히려 '논심'(論心)하는 것만 못하다. '논심'은 또한 '택술'(擇術)하는 것만 못하다. 순황이 여기서 말하는 '술'(術)은 인간의 사고방식과 행위의 정당한 길을 의미한다. 인간이 합리적인 사고방식과 객관적인 올바른 길을 선택한다면 선인(善人)이 될 수 있으며, '길'(吉)하다는 것이다. 그리고 선인이 길한 것은 그의 생김새와는 아무런 관계가 없다는 것이다.

고대인은 자연계에 일어나는 여러 가지 현상에 대한 미신을 갖고 있었다. 자연의 이변이 곧 재앙의 징조라고 생각하였다.

별이 떨어지거나 나무가 울어대면 나라 안 사람이 모두 두려워하며 말하기를 이것이 무엇인가라고 한다. 대답하기를, 아무 일도 아니다. 이는 천지의 움직임이고 음양의 변화며 드물게 일어나는 사물의 현상이다. 괴기하게 여김은 좋으나 두려워함은 잘못이다. 대저 일식이나 월식이 있고 비바람이 때아니게 불며 괴상한 별이 나타남은 이 세상에 드문 일이 아니다(『순자』「천론」).

별이 떨어지고 나무가 소리를 내면 그것이 무엇인가 하고 모두 두려워한다. 그것은 일상 일어나는 현상이 아니다. 분명히 이변이다. 이변은 우리가 자연계 속에서 간혹 경험하는 현상이다. 그것이 비록 기괴할지라도 공포를 느낀다는 것은 잘못된 생각이라고 비판하였다. 더구나 그것은 사회의 치(治)·난(亂)과는 아무런 관계가 없는 것이다. 또한 귀신의 존재도 일절 부정한다. 인간의 길흉과 화복은 인간 자신의 행위의 결과다. 인간은 자신의 노력에 의하여 능동성을 자각하고 발현함으로써 자연을 극복하고 복지를 누릴 수 있다. 사람이 농사일에 힘쓰고 절용(節用)하면 하늘도 그를 가난하게 할 수 없고 의식(衣食)을 충분하게 비축하고 때에 알맞게 운동하면 그를 병들게 할 수도 없다. 홍수나 한발이 닥쳐도 그를 굶주리게 할 수 없다.

그러나 순황이 종교적 신비주의와 미신을 반대하는 과정에 약간의 한계성이 내포되어 있다. 그는 어느 면에서는 기우(祈雨)·제사·복서(卜筮) 등 미신적 의식의 필요성을 긍정하였다. 그것은 바로 그가 처했던 사회적 상황을 반영하는 것이다. 그의 자연 인식의 방향 또한 사회적 실천에 관한 인식과 불가분의 관계에 있었다. 그가 사회조직을 중시하였으나 그것이 봉건사회의 지배 질서와 예속 관계를 드러낸 점도 있음을 간과할 수 없다. 천·인에 대한 이해는 정당하다. 다만 인간의 감각과 사유기관을 완전히 자연계에 속한 산물로 보고 그것이 인류의 진보와 생산활동을 통해 부단히 발전되어왔음을 인식하지 못한 점은 그의 한계였다. 그러나 자연에 대처하는 인간의 자각적 능동성의 제고는 높이 평가할 수 있다.

4. '성'(性)과 '위'(僞) 개념

중국의 고대철학 발전사에서 순황이 이루어낸 성과란 무엇보다 유물론적 세계관의 확립이며 이를 토대로 하여 전개한 활발한 논의라 할 것이다. 자연 안에서의 인간과 사물의 관계, 특히 인간의 사회적·정치적 영역, 그 역할이 어떤 것인가를 매우 훌륭하게 규정하였다. 인성 문제에서도 그는 '사람의 성(性)은 악하며 그 선한 것은 위(僞)다'라고 하여 '천'과 '인'의 구분을 명확히 하였다.

순황이 말하는 '성'은 생의 충동 욕구다. 다른 동물과 마찬가지로 자기 보존을 위한 본능이다. 도덕 이전의 지극히 자연스런 상태다. 선도 악도 아닌 있는 사실 그대로일 뿐이다. '위'는 글자 그대로 인위(人爲)

를 말한다. 그러나 거짓 혹은 허상의 뜻은 아니다. 자연에 대하여 가해지는 인간의 기능, 이른바 '능삼'에 의한 개조 구실, 그 산물과 아울러 사회적 제도를 가리킨다. 선·악을 판단하는 가치의식이며 문화적 개념의 총체다.

사람의 본성은 나면서 이득을 좋아하게 되어 있다. 이를 따르기 때문에 쟁탈이 생기고 사양하는 마음이 없어진다. 나면서부터 시새우고 미워하게 되어 있다. 이를 따르기 때문에 잔악이 생기고 충직·성실한 마음이 없어진다. 나면서부터 귀나 눈이 아름다운 소리나 색깔 보기를 좋아하게 되어 있다. 이를 따르기 때문에 음란이 생기고 예의 문리는 없어진다(『순자』「성악」).

본질적으로 '성'이 사회악, 즉 예(禮)가 아닌 현상을 유발하게 되어 있다는 논리다. 맹자의 이른바 '성선' 설과 정면으로 대립되는 명제다. 순황은 공자의 교설에 충실하면서도, 한편으로는 '인간의 본성은 선하다' '이를 속박하여 부자유하게 만들지 말라' '잘 부양하여 확충해 나가야 한다'고 주장하는 맹자를 강하게 비판하였다.

맹자가 말하기를 '사람이 배운다는 것은 그 본성이 선하기 때문이다'라고 하지만 나는 '그렇지 않다. 사람의 성을 바로 아는 데 미치지 못하고 사람의 성과 위의 구분을 살피지 못하는 자다'라고 할 것이다. 무릇 '성'이라 하는 것은 타고나는 것이요 배울 수 없고 일삼을 수도 없는 것이다. 예의라 하는 것은 성인이 만들어낸 바요 사람이 배워서 능히 할 수 있는 바이며 일삼아서 이룰 수 있는 바이다. 배울 수 없고 일삼을 수 없어도 사람에게 본래 있는 것을 가리켜 '성'이라 한다. 배울 수 있어서 능히 할 수 있고 일삼을 수 있어서 이루게 되는 기능이 사람에게 있는 것을 가리켜 '위'라 한다. 이것이 바로 '성'과 '위'의 구분이다(『순자』「성악」).

세계관에서 관념론과 유물론의 기본적인 견해차가 드러난 부분이다. 여기서 순황이 '사람의 성은 악하다'고 한 주장 또한 악을 긍정하거나 이를 조장하자는 의도는 결코 아니다. 오히려 '성'의 방임이 쟁란을 일으키고 우리의 안녕과 사회질서의 파괴 요인이 된다는 인식에 정확히 도달했던 것이다. 반사회적인 '성' 자체를 인위적 노력으로 교정하여 선 쪽으로 지향시킨다는 논의 전개였다.

굽은 나무는 반드시 도지개를 대고 불에 쬔 연후라야 곧게 되고 무딘 쇠붙이는 반드시 숫돌에 갈고 닦은 연후라야 날카로워진다. 지금 사람의 본성도 악하니 반드시 '사법'이 있은 연후라야 바르게 되고 예의의 지도를 받은 연후라야 다스려지는 것이다(『순자』「성악」).

'예의'(禮義) '사법'(師法)이란 악의 성향을 규제하기 위한 장치, 그 교정 수단으로 인류의 대표 지성의 축적에 의해서 마련된 사회적 의식 절차(제도)다. 그것은 자연물인 천성(天性)과는 전혀 별개의 산물로 인간만이 독자적으로 누릴 수 있는 문화적 형태다.

다시 말해서 자연의 변화는 자연 스스로의 자기 운동 법칙이 있어 우리 인간의 능력으로 어찌할 수 없다. 아울러 인간이 구성하고 관리 운영하는 사회에도 그 나름의 법칙성과 질서가 있어 이 또한 자연에 의해서 전혀 결정되지 않는 독자적 영역이라고 하는 것이다. 여기서 순황은 자연의 움직임과 인간의 역할을 구분할 뿐만 아니라 한 걸음 더 나아가 인간의 능력을 온전히 구사하여 자연을 개조, 편의대로 이용함으로써 인간의 후생·복지 증진에 기여하기를 희구했던 것이라 하겠다.

『순자』 전집이 오늘날 전해진 형태로 편성되기는 전한(前漢) 말 유향(劉向, 기원전 79~8)이 궁중 서고 안에 산재한 단편들을 모아 중복을 피하고 엮어낸 『순경신서』(荀卿新書) 32편이 처음이다. 그러나 이것은 편간이 뒤섞이고 전사하는 과정에 잘못도 많아 거의 읽히지 않았다. 그 후 당(唐) 양경(楊倞)이 편차를 바꿔서 재정리, 상세한 주석을 가하여

『순자』 20권 32편(기원전 818)을 완성하였다.

지금은 남송(南宋) 순희(淳熙) 8년(1181) 간행의 『양경주』(楊倞注) 태주본(台州本)이 전해져 청조(淸朝)에 이르러 노문초(盧文弨)가 교정하고 건륭(乾隆) 51년(1786) 사용(謝墉)이 다시 손질한 간행본을 원전으로 삼고 있다.

주석서는 청조 고증학의 성과로 집성된 왕선겸(王先謙)의 『순자집해』(荀子集解, 1891)가 그 기본 텍스트라 할 수 있다. 이를 더 증보하여 펴낸 학의행(郝懿行)의 『보주』(補注), 왕염손(王念孫)의 『잡지』(雜志), 유월(兪樾)의 『평의』(評議)가 뛰어나다. 그리고 자의(字義) 검색에 있어 유사배(劉師培)의 『보석』(補釋), 우성오(于省吾)의 『신증』(新證), 양계웅(梁啓雄)의 『간석』(簡釋) 등이 참고하기 편리하다. 이번 『순자』 전집을 옮기는 작업은 가나야 오사무(金谷治), 사가와 오사무(佐川修) 공역의 전석 한문대계(全釋漢文大系) 『순자 상·하』(集英社, 1973)를 참조하여 도움받은 바가 많았던 것을 함께 밝혀둔다.

『순자』는 『맹자』와 마찬가지로 원래 유가 계열의 고전에 속한 책이다. 그러면서도 후기 주자학의 정통논쟁 때문에 이단 서적으로 한동안 기휘 대상이 되어 널리 알려지지 않아 몹시 아쉬웠다. 이제 한길사를 통해 번역서를 출판할 수 있게 되어 학계를 위하여 다행스럽고 기쁘게 생각한다.

오늘날 인문학의 연구열이 크게 위축되어 있는 상황하에, 더구나 경제적으로 매우 어려운 여건을 감내하고 인류의 문화유산인 고전 번역과 그 보급에 남다른 의욕을 가지고 앞장서 주신 한길사 김언호 사장에게 감사의 뜻과 격려의 말씀을 드린다. 바쁜 일정을 할애해 훌륭한 책을 만들어준 한길사의 여러분에게도 마음 깊이 감사한다.

1 권학 勸學

권학이란 문자 그대로 학문을 권장한다는 뜻이다. 이
편은 인간의 무한한 가능성을 전제로 하는 학문의 절대
필요성과 그 의의·방법·효과 등을 기술하고 있다. 순
황은 우선 학문을 통하여 인간을 도덕적으로 변화시키
고 사회발전을 기할 수 있다고 보았다. 인간의 선천적
소질과는 별개로 후천적 노력 쪽에 더 무게를 두었던
것이다. 특히 출람(出藍)의 의의가 강조된다. 제자가
스승을 여러모로 능가하여야 최상의 보람을 이룰 수 있
는 것이라고 후학 모두의 분발을 촉구하고 있다.

[1]

군자가 말하기를 '학문이란 도중에 그만둘 수가 없다.[1] 푸른 물감은 쪽풀에서 얻지만[2] 쪽보다 더 푸르고 얼음은 물이 얼어서 되지만 물보다 더 차다'고 한다. 나무가 곧아서 먹줄에 잘 맞더라도[3] 휘어서[4] 수레바퀴를 만들면 그 굽은 데가 규구[5]에 들어맞으며, 비록 그 나무가 마르더라도[6] 다시 곧아지지 않는 것은 단단히 휘어놓았기 때문이다. 그러므로 나무는 먹줄을 받으면 곧아지고 쇠붙이는 숫돌에 닿으면[7] 날카로운 칼이 되는 것이니, 군자도 넓게 배워서 매일 자기 성찰을 되풀이한다면[8] 지혜가 밝아져서 행동에 잘못이 없을 것이다. 그러므로 높은 산에 오르지 않으면 하늘이 높은 것을 알지 못하며 깊은 골짜기에 나아가 서보지 않으면 땅이 두터운 것을 알지 못하며 선왕(先王)[9]이 남긴 말을 듣지 않으면 학문의 크기를 알지 못한다. 간(干)·월(越)·이(夷)·맥(貉)[10]의 아이들이 나면서 울음소리가 같더라도 자라면서 풍속을 달리하는 것은 교육이 서로 다르기 때문이다. 『시』(詩)[11]에 이르기를 '아아, 너희들 군자여, 언제나 편하려고 하지 말아라. 너희 자리를 삼가 받들어[12] 바르고 곧은 길을 좋아하며 그것을 마음에 두고[13] 잘 따르면 너희들 큰 복 받게 도우리라'고 하였다. 마음은 도(道)와 동화하기보다 더 큰 것이 없고 복은 화를 없이하기보다 더 나은 것이 없다.

君子曰, 學不可以已. 靑取之於藍, 而靑於藍, 氷水爲之, 而寒於水. 木直中繩, 輮以爲輪, 其曲中規, 雖有槁暴, 不復挺者, 輮使之然也. 故木受繩則直, 金就礪則利, 君子博學, 而日參省乎己, 則智明而行無過矣. 故不登高山, 不知天之高也. 不臨深谿, 不知地之厚也. 不聞先王之遺言, 不知學問之大也. 干越夷貉之子. 生而同聲, 長而異俗, 敎使之然也. 詩曰, 嗟爾

君子, 無恒安息, 靖共爾位, 好是正直, 神之聽之, 介爾景福. 神莫大於化
道, 福莫長於無禍.

1 不可以已—이(已)는 그칠 지(止)자로 통함. 어느 수준에 이르렀다고 하여 절
　대로 그만둘 수 있는 것이 아니라는 뜻.
2 取之於藍—여기서 람(藍)자는 청색 염료를 추출하는 원료인 초물의 명칭. 취
　(取)자가 출(出)자로 쓰인 판본도 있음.
3 中繩—목수가 먹줄을 가지고 그은 직선 그대로 빈틈없이 잘 들어맞음. 곧게
　뻗은 목재를 가리킴.
4 輮—수레 테두리를 만들 적에 나무가 단단하더라도 부러지지 않도록 부드럽
　게 구부리는 수단. 휠 유(揉)의 빌려온 글자.
5 規—둥근 원을 그릴 때 쓰이는 도구로, 콤파스와 같은 종류.
6 槁暴—고(槁)는 말릴 건(乾)자와 같은 뜻. 폭(暴)은 햇볕에 쪼임. 두 글자 모
　두 건조시킴.
7 金就礪—려(礪)는 숫돌 지(砥)와 대비하여 거친 숫돌을 말함.
8 參省—여기서 삼(參)은 하루에 세 번이란 뜻이 아니라, 자기 성찰을 일상화함.
9 先王—순황이 추존하는 요(堯)·순(舜)·우(禹)를 지칭함.
10 干越夷貉—네 글자 모두 나라 이름. 간·월(干越)은 오·월(吳越), 이(夷)
　는 동방, 맥(貉)은 북방의 이민족이라고 보기도 함.
11 詩—『시경』「소아(小雅)·소명(小明)」편의 끝장 부분 인용 시.
12 靖共—정(靖)은 고요 정(靜)자, 공(共)은 공손할 공(恭)자로 각각 통함. 조
　심스럽게 지킴.
13 神之—여기서 신(神)이란 초인간적 기능과 전혀 다른 인위적 노력의 원천
　또는 학문의 길을 가리킴. 지(之)는 그 길을 말함.

[2]

　나는 일찍이 하루 종일 생각[1]에 골몰하였으나 잠깐 동안 배운 것만
못하였다. 나는 일찍이 발돋움하여 멀리 바라보려고 하였으나 높은 데
올라가 넓게 내다보는 것만 못하였다. 높은 데 올라서서 손짓을 하면
팔이 더 길어진 것이 아닌데 멀리서도 보인다. 바람 부는 대로 따라서
소리 지르면 소리가 더 커진 것[2]이 아닌데도 똑똑하게 들린다. 수레나
말을 이용하면[3] 발이 빠르지[4] 않더라도 천리에 이를 수 있다. 배나 노

를 이용하는 자는 물에 잘 견디지[5] 못할지라도 강물을 곧장 건널 수[6] 있다. 군자는 타고난 성품[7]이 남과 다르지 않지만 외물을 잘 이용할 줄 안다.[8]

吾嘗終日而思矣, 不如須臾之所學也. 吾嘗跂而望矣, 不如登高之博見也. 登高而招, 臂非加長也, 而見者遠. 順風而呼, 聲非加疾也, 而聞者彰. 假輿馬者, 非利足也, 而致千里. 假舟楫者, 非能水也, 而絶江海. 君子生非異也, 善假於物也.

1 終日而思―자기 능력을 바탕으로 온종일 혼자서 사색함. 스승에게 배우는 학(學)과 대칭으로 쓰임.
2 加疾―『이아』(爾雅)에서는 질(疾)을 장(壯)자로 풀이하고 있음. 보다 더 크다는 뜻.
3 假輿馬―여(輿)는 수레 또는 어깨로 메는 탈 것. 가(假)는 힘을 밖에서 빌려 이용함.
4 利足―이(利)는 속(速)자의 뜻을 지님. 날렵함. 발이 재빠름.
5 能水―능(能)은 선(善)자와 같음. 유월(兪樾)은 고서의 예를 들어 '능'자를 내(耐)로 음독해야 된다고 주장함.
6 絶江海―여기서 절(絶)은 곧장 물을 건너는 뜻으로 쓰임. 강해(江海)는 강하(江河)로도 쓰임.
7 君子生―생(生)은 성(性)과 같은 뜻. 순황은 성을 사람이 태어난 그대로의 모습이라고 봄.
8 假於物―물(物)은 나 아닌 외부 사물을 가리킴. 자연환경을 후생에 이용함.

[3]

남쪽에 어떤 새가 있어 이름을 몽구(蒙鳩)[1]라고 한다. 깃털을 가지고 둥지를 만들고 머리털로 그것을 얽어서 갈대 잎에 매달았다. 바람이 불어와 갈대 잎이 꺾여 알이 깨지고 새끼가 죽었다. 새 둥지가 완전하지 못한 것이 아니라 매단 것 때문에 그렇게 된 것이다. 서쪽에 어떤 나무(풀)가 있어 이름을 야간(射干)[2]이라고 한다. 줄기의 길이는 네

치지만 높은 산 위에 나 있어 백 길이나 되는 못(절벽)을 끼고 있다. 나무 줄기[3]가 능히 긴 것은 아니지만 멀리서도 보이는 것은 서 있는 곳 때문에 그런 것이다. 쑥이 삼밭 가운데 나면 붙들어주지 않아도 곧으며 흰 모래가 개흙 속에 있으면 그와 함께 모두 검어진다. 난이나 회나무 뿌리를 지(芷)[4]라고 하여 향료로 쓰지만 그것을 쉰 뜨물에 담그면[5] 군자가 가까이 하지 않고 누구도 지니려 하지 않는다.[6] 그 본바탕이 아름답지 않은 것이 아니라 그것이 담긴 것 때문에 그렇다. 그러므로 군자가 사는 데 반드시 거처를 가리고[7] 노는 데 반드시 어진 이를 따르는 것은 잘못된[8] 것을 막고 치우치지 않는 바른 길로 접근하기 위한 것이다.

南方有鳥焉, 名曰蒙鳩. 以羽爲巢, 而編之以髮, 繫之葦苕. 風至苕折, 卵破子死, 巢非不完也, 所繫者然也. 西方有木焉, 名曰射干. 莖長四寸, 生於高山之, 上而臨百仞之淵. 木莖非能長也, 所立者然也. 蓬生麻中, 不扶而直, 白沙在涅, 與之俱黑. 蘭槐之根是爲芷, 其漸之滫, 君子不近, 庶人不服. 其質非不美也, 所漸者然也. 故君子居必擇鄕, 遊必就士, 所以防邪僻而近中正也.

1 蒙鳩―뱁새와 같은 작은 새. 초료(鷦鷯)의 일종. 갈대 꽃이삭이나 깃털을 엮어서 둥지를 만드는 솜씨가 뛰어난 새.
2 射干―야간(射干)은 부채꽃의 별칭. 그 뿌리는 한방에서 약재로 쓰임.
3 木莖―경(莖)이란 본디 풀줄기를 가리킨 말이지만, 여기서 초(草)자를 안 쓴 까닭은 그 똑바로 서 있는 상태를 비유해서 목(木)자로 대치한 것으로 보임.
4 芷―난(蘭)과 회(槐)나무의 뿌리를 가리킴. 향풀을 가리키기도 함. 그 꽃은 관상용으로 쓰임.
5 漸之滫―침(漸)은 물에 담글 지(漬)자와 같음. 수(滫)는 쌀뜨물 쉴 감(泔)자와 뜻이 통하고, 썩은 냄새가 나는 액체를 말함.
6 不服―여기서 복(服)은 패(佩)자와 같은 뜻으로 쓰임. 몸에 지니는 것을 복패(服佩)라 부름.
7 擇鄕―향(鄕)이란 자신이 죽어서 뼈를 묻을 시골, 즉 향촌. 주거환경을 가려

서 정착한다는 의미.

8 邪僻─사악(邪惡)한 쪽으로 치우침. 중정(中正)의 생활자세와 대칭으로 쓰임.

[4]

사물[1]이 일어남은 반드시 원인 되는 바[2]가 있으며 영예와 치욕이 닥쳐옴은 반드시 그 덕에 따르는[3] 것이다. 고기 살이 썩으면 벌레가 생기고 물고기가 마르면 좀벌레가 생기며 게을러서 처신할 품위를 잊어버리면 재앙이 바로 일어난다. 단단한 나무는 잘려 기둥감이 되고[4] 무른 나무는 저절로 굽어서 다발지어진다. 옳지 못한 더러움이 자신에게 있으면 원한을 사는 바가 된다. 장작을 똑같이 밑바닥에 깔아도 불은 건조한 데부터 타들어가고 땅을 똑같이 평탄하게 골라놓아도 물은 축축한 쪽으로 스며든다. 풀과 나무도 같은 것끼리 어울려서 나고[5] 새와 짐승도 무리를 지어 산다. 만물은 다 같은 부류끼리 모이는 것이다. 이런 까닭으로 과녁[6]이 세워지면 바로[7] 화살이 날아오고 수풀에 나무가 우거지면 바로 도끼가 들이닥치고 수목이 울창해지면 바로 많은 새들이 서식하게 되며[8] 초가 시면 초파리[9]가 모여든다. 그래서 말은 생각지 않은 화를 부를 수 있고 행동 하나로 뜻밖의 곤욕을 치를 수도 있다. 그러므로 군자는 서는 곳을 삼가야 할 것이다.

物類之起, 必有所始. 榮辱之來, 必象其德. 肉腐生蟲, 魚枯生蠹. 怠慢忘身, 禍災乃作. 强自取柱, 柔自取束. 邪穢在身, 怨之所構. 施薪若一, 火就燥也, 平地若一, 水就濕也. 草木疇生, 禽獸羣居. 物各從其類也. 是故質的張, 而弓矢至焉, 林木茂, 而斧斤至焉, 樹成蔭, 而衆鳥息焉, 醯酸而蜹聚焉. 故言有召禍也, 行有招辱也. 君子愼其所立乎.

1 物類─순황의 세계관 사물인식에 따라 만들어진 조어(造語)의 한 가지. 만물은 어떤 것이든 모두 일정한 법칙에 의해서 이루어지므로 그 인과율에 의한 분류만 가능하다고 봄.

2 所始—여기서 시(始)는 인(因)자와 같은 의미. 그렇게 되지 않을 수 없는 필연적 근거.

3 象其德—상(象)은 본뜰 상(像)자로 통함. 평소 취한 행동의 결과가 그대로 반영됨을 말함.

4 取柱—여기서 주(柱)는 단(斷) 또는 절(折)자의 뜻으로 풀이함. 나무를 잘라 내이 기둥감으로 씀. 용재(用材)라는 의미.

5 疇生—주(疇)는 주(稠)자와 마찬가지로 빽빽함. 초목이 한데 어우러져 자람. 번생(蕃生), 즉 더부룩이 자람.

6 質的—질(質)은 활 쏠 때 과녁으로 쓰는 사후(射侯)를 가리킴. 후(侯)는 사방 열 자 되는 과녁. 중앙에 따오기, 즉 적로(赤鷺) 그림을 그렸음. 적(的)은 정 곡(正鵠)의 뜻. 정(正)은 천으로 된 과녁이며 곡(鵠)은 가죽 제품.

7 而—여기서 이(而)는 즉(則)자와 같음. 시제를 나타냄.

8 息—서식(棲息)의 뜻으로 쓰임. 새가 둥지를 튼다는 뜻풀이도 가능함.

9 螨—진디등에 예(蜹)자이나 여기서는 모기와 비슷한 파리과에 드는 미세한 곤충.

[5]

흙이 쌓여 산을 이루면 바람과 비가 일고 물이 괴어 깊은 못이 되면 이무기와 용[1]이 살고 선을 쌓아 덕을 이루면 저절로 신명(神明)[2]에 통하여 성인의 마음이 갖추어지게 된다. 그러므로 한 걸음씩[3] 쌓아나가지 않으면 천리를 갈 수 없으며 작은 흐름(물줄기)이 모이지 않으면 강이나 바다를 이룰 수 없다. 기기(騏驥)[4]가 한번 크게 뛴다고 하더라도 열 걸음을 나아갈 수 없고 노둔한 말일지라도 열흘 달리면[5] 역시 거기에 미칠 수가 있다. 일의 성과는 멈추지 않고 계속하는[6] 데 있다. 새기다 가[7] 중도에 그만두면 썩은 나무도 부러지지 않는다. 새기고 새겨서 쉬지 않으면 금속류나 돌도 아로새길 수가 있다. 지렁이[8]는 발톱과 어금니의 날카로움이나 근육과 뼈대의 억셈이 없으나 위로 진흙[9]을 먹고 아래로 땅 속의 물[10]을 마실 수 있는 것은 정신을 집중시켜 쓰기[11] 때문이다. 게는 발이 여덟 개고 집게발이 두 개지만 뱀장어의 굴이 아니면 몸을 맡길 데가 없는 것은 마음 씀이 산만하기[12] 때문이다. 이런 까닭으로 안 보이는 어둠 속에서 힘을 기울일 뜻[13]이 없는 자는 뚜렷하게 알려질 명성이 없고 묵묵히 정성들여[14] 일하지 않는 자는 혁혁히 빛나는 공이 없다. 두 갈래 길[15]에서 헤매는 자는 가려는 곳에 이르지 못하고 두 군주를 섬기는 자는 어느 쪽에도 용납되지 않는다. 눈은 두 가지를 보지 않아야 밝고 귀는 두 가지를 듣지 않아야 밝다. 등사(螣蛇)[16]는 발이 없어도 날고 석서(鼫鼠)는 다섯 가지 재주[17]를 가졌어도 궁하다. 『시』(詩)[18]에 이르기를 '시구(尸鳩)[19]가 뽕나무에 있도다. 그 새끼가 일곱 마리라네. 숙인(淑人)[20] 군자여 그 거동이 한결같도다.[21] 그 거동이 한결같나니 마음도 단단하게 매듭지어지도다[22]'라고 하였다. 그러므로 군자는 오로지 한 가지 도에만 마음을 쓸 것이다.

積土成山, 風雨興焉, 積水成淵, 蛟龍生焉. 積善成德, 而神明自得, 聖心備焉. 故不積蹞步, 無以至千里, 不積小流, 無以成江海. 騏驥一躍, 不能十步, 駑馬十駕, 則亦及之. 功在不舍. 鍥而舍之, 朽木不折. 鍥而不舍, 金石可鏤. 螾無爪牙之利筋骨之强, 上食埃土, 下飮黃泉, 用心一也. 蟹八跪而二螯, 非蛇蟺之穴, 無可寄託者, 用心躁也. 是故無冥冥之志者, 無昭昭之名, 無惛惛之事者, 無赫赫之功. 行衢道者不至, 事兩君者不容. 目不能兩視而明, 耳不能兩聽而聰. 螣蛇無足而飛, 鼫鼠五技而窮. 詩曰, 尸鳩在桑, 其子七兮. 淑人君子, 其儀一兮. 其儀一兮, 心如結兮. 故君子結於一也.

1 蛟龍─교(蛟)와 용(龍) 모두 홍수가 나게 한다는 상상의 동물. 신비로운 파충류의 일종으로 심연(深淵) 속에 오래 잠겨 있다가 때가 되면 구름 타고 비 내리며 하늘로 오른다고 전함.
2 神明─신(神)은 마음의 정미(精微)함을 말함. 탁월한 지능 혹은 영지(英知)로 표현되기도 함.
3 蹞步─규(蹞)는 반걸음 규(跬)자와 같음. 여기서는 좌우 두 발로 걸어서 한 걸음이 됨을 말함.
4 騏驥─빨리 달리는 말. 준마(駿馬)를 가리킴. 『장자』「추수」(秋水)편은 기기

(騏驥)가 하루에 천리를 달린다고 함.

5 十駕—발이 느린 노마(駑馬)가 열흘 동안 달릴 수 있는 거리. 일가(一駕)는
말이 하루 가는 행정(行程)을 뜻함.

6 不舍—사(舍)는 버릴 사(捨)자로 통함. 여기서는 그칠 지(止)자의 뜻. 멈추지
않고 계속함.

7 鍥—결(鍥)은 각(刻)자로 통함. 조각하는 동작을 나타냄.

8 螾—인(螾)은 지렁이 인(蚓)자와 같음. 구인(蚯螾)이라고 표시된 판본도 있음.

9 埃土—진흙을 말함. 애(埃)는 니(泥)자로도 통함.

10 黃泉—지하 최하층부의 물을 가리킴. 사람이 죽어서 가는 길. 저 세상을 뜻
하기도 함.

11 用心一也—다른 일에 마음 쓰지 않고 오로지 한 가지 일에만 몰두함. 일
(一)이란 전일(專一)한다는 뜻을 가짐.

12 躁—시끄러워서 한 군데로 정신을 집중하지 못함. 뒤숭숭하여 안정되지 못
하는 심정.

13 冥冥之志—다른 사람이 알지 못하도록 하는 숨은 노력의 의지, 그 마음가
짐. 명(冥)은 어두울 암(暗)자로 통함.

14 惛惛—어떤 일에 마음이 팔려 거기에 열중하는 상태. 전묵(專默)을 형용
한 말.

15 衢道—사방으로 갈라져 나 있는 길, 즉 네거리. 여기서는 두 갈래 길을 말
함. 『이아』에 구(衢)를 가리켜 사달(四達)이라고 함.

16 螣蛇—용을 닮은 신비스럽게 생긴 뱀의 일종. 곧잘 구름안개를 피워놓고 그
속에서 논다고 전해짐.

17 鼫鼠五技—석서(鼫鼠)는 머리가 토끼처럼 생긴 작은 들쥐의 일종. 다섯 가
지 재주를 가졌으나 신통한 것은 하나도 없다고 알려짐.

18 詩—『시경』「조풍(曹風)·시구(尸鳩)」편 첫머리 부분의 인용.

19 尸鳩—뻐꾸기의 일종. 흔히 한번에 알 일곱 개를 부화시켜 먹이 주는 순서
를 한결같이 고르게 하여 절대로 어긋나는 일이 없다고 함.

20 淑人—선량한 덕을 지닌 사람을 대표하여 말함.

21 其儀一兮—행동·처신이 한결같이 단정함을 일컬음. 변함없이 일정한 위의
(威儀)를 지킴.

22 如結—단단하게 맺어져 좀처럼 풀리지 않는 모양. 어떤 집중 상태.

[6]

옛날에 호파(瓠巴)¹⁾가 비파를 타니 물 속의 고기가 나와서²⁾ 듣고 백

아(伯牙)³⁾가 거문고를 타니 말들이 고개를 들고 들었다.⁴⁾ 그러므로 소리는 작더라도 들리지 않는 것이 없고 행위는 숨기더라도 드러나지 않는 것이 없다. 옥이 산에 있으면 초목도 윤기가 나고 깊은 못에 진주가 나면 벼랑까지도 마르지⁵⁾ 않는다. 착한 덕을 쌓지 않겠는가. 어찌 소문나지 않겠는가.

昔者, 瓠巴鼓瑟, 而流魚出聽, 伯牙鼓琴 而六馬仰秣. 故聲無小而不聞, 行無隱而不形. 玉在山而草木潤, 淵生珠而崖不枯. 爲善不積邪. 安有不聞者乎.

1 瓠巴―옛날 비파(큰 거문고)의 명수 이름.
2 流魚出―왕선겸(王先謙)은 류(流)가 침(沈)자로 통한다고 봄. 물 속에 깊이 잠긴 잠어(潛魚)와 같은 표현으로 유어(流魚)라고 함. 출(出)은 물 위로 떠오름.
3 伯牙―옛날 거문고의 명수. 어느 때 사람인지 분명치 않음.
4 六馬仰秣―육마(六馬)는 제후들의 노거(路車)를 끌던 육두말(六頭秣). 또는 많은 말들을 가리킴. 앙말(仰秣)이란 여물 먹던 말이 목을 길게 빼는 모양.
5 不枯―물기가 말라붙어 없어지는 일이 없음. 고(枯)는 고(涸)자로 통함.

[7]

학문이란 어디서 시작하여 어디서 끝나는가. 말하기를 '그 과정¹⁾은 『시』(詩)·『서』(書)를 외우는²⁾ 데서 시작하여 『예』(禮)를 읽는³⁾ 데서 끝나며 그 의의(목표)는 사(士)⁴⁾가 되는 데서 시작하여 성인이 되는 것으로 끝난다. 정말 성실하게 노력을 쌓아 오래 지속하면 학문의 세계로 들어갈 수 있다. 학문은 죽음에 이른 후에야 그만두게 되는⁵⁾ 일이다' 라고 한다. 그러므로 학문의 과정에는 끝이 있더라도 그 의의는 잠시라도 버릴 수 없는 것이다. 학문을 하면 사람이 되지만 그것을 버리면 짐승에 불과한 것이다. 『서』(書)란 정치 사건의 기록⁶⁾이고 『시』(詩)란 치우치지 않는 성조(聲調)가 담겨 있는⁷⁾ 것이며 『예』(禮)란 법규의 근본⁸⁾과 규칙의 대강이다.⁹⁾ 그러므로 학문은 『예』에 이르러서 그치는 것이다.

대저 이것을 일러 도덕의 극치라고 한다. 『예』의 경건함[10]과 『악』(樂)의 중화(中和)[11]와 『시』·『서』의 넓은 지식과 『춘추』(春秋)의 깊은 뜻[12]을 배워서 익힌다면 천지 사이의 것을 다 알 수 있는 것이다.

學惡乎始, 惡乎終. 曰, 其數則始乎誦經, 終乎讀禮, 其義則始乎爲士, 終乎爲聖人. 眞積力久則入. 學至乎沒而後止也, 故學數有終, 若其義則不可須臾舍也. 爲之人也, 舍之禽獸也. 故書者政事之紀也, 詩者中聲之所止也, 禮者法之大分類之綱紀也, 故學至乎禮而止矣. 夫是之謂道德之極. 禮之敬文也, 樂之中和也, 詩書之博也, 春秋之微也, 在天地之閒者畢矣.

1 其數 — 수(數)는 술(術)자와 마찬가지로 수단·방법이란 뜻이지만, 여기서는 학습의 단계·과정을 의미함.

2 誦經 — 송(誦)은 외워서 읽음이고 경(經)은 『시경』과 『서경』을 직접 가리킴.

3 讀禮 — 『예』(禮)는 일반 경전보다 행함이 중요한 것이므로 읽는다고 하더라도 특히 그 실행이 강조된 것임.

4 爲士 — 순황은 사람을 그 의식의 단계에 따라 일반 지식인인 사(士)와 군자·성인으로 구분함.

5 止 — 지(止)라고 함은 정지의 뜻이 아니라 무한한 노력을 의미함. 자신을 성인의 세계로 향상시킴으로써 끝을 맺음.

6 政事之紀 — 정사(政事)란 제왕의 정치 발언과 행사. 여기서 기(紀)는 기(記)자로 통함. 상고로부터 주(周)에 이르는 왕조 기록.

7 中聲之所止 — 중성(中聲)은 성조가 중정(中正)을 잃지 않는 상태. 지(止)는 존(存)과 같음.

8 法之大分 — 법은 인간이 지켜야 할 행위 규범. 분(分)이란 큰 구분. 대원칙.

9 類之綱紀 — 유(類)란 예법에 정해지지 않았으나 법도와 유사한 준칙. 강기(綱紀)는 율(律)이나 조(條)와 같은 실제 단속 수단.

10 敬文 — 의식(儀式)의 꾸밈이 경건함. 경(敬)은 공(恭)자로 통함.

11 樂之中和 — 악(樂)은 『악경』(樂經)을 말함. 그 조화를 이루고 중정이 잡힌 상태.

12 春秋之微 — 『춘추』(春秋) 기록의 적확함. 미(微)는 표면에 드러나지 않는 실제 사실.

[8]

 군자의 학문은 지식이 귀로 들어오면 마음에 새겨져서[1] 몸 전체에 퍼져[2] 동작에 드러나게 된다. 낮은 소리로 말하고[3] 조금 움직인 것[4]도 하나같이 기준(본보기)이 될 수 있다. 소인의 학문은 귀로 들어오면 입으로 내뱉는다.[5] 입과 귀 사이는 겨우[6] 사촌 거리이니 어찌 충분히 칠척이나 되는 몸을 훌륭하게 할 수 있겠는가. 옛날 학자는 자기 수양을 위하여 학문을 하고 지금의 학자는 남에게 보이기 위하여 한다. 군자의 학문은 그것으로 자신을 훌륭하게 하고 소인의 학문은 그것으로 새나 송아지[7]를 만든다. 그러므로 묻지 않는데도 고하는 것을 일러 오(傲)[8]라 하고 하나를 물으면 둘씩 대답하는 것을 찬(囋)[9]이라 한다. 오도 옳지 않고 찬도 옳지 않다. 군자는 종을 치면 울리듯 오는 말만 대답하는 것이다.

君子之學也, 入乎耳箸乎心, 布乎四體形乎動靜. 端而言, 蝡而動, 一可以爲法則. 小人之學也, 入乎耳, 出乎口. 口耳之間財四寸, 曷足以美七尺之軀哉. 古之學者爲己, 今之學者爲人. 君子之學也, 以美其身, 小人之學也, 以爲禽犢. 故不問而告, 謂之傲, 問一而告二, 謂之囋. 傲非也, 囋非也. 君子如響矣.

1 箸乎心―착(箸)은 붙을 부(附)자와 같음. 마음속에 단단히 들러붙음. 명심함.

2 布乎四體―사체(四體)란 사지(四肢)를 말함. 윤기가 몸 전체로 온통 뻗쳐 널리 흐르는 모양.

3 端而言―단(端)은 천(喘)으로 읽음. 숨을 가라앉히고 소곤거리는 말. 미언(微言)의 뜻.

4 蝡而動―연(蝡)은 연(蠕)자로 통함. 벌레가 굼실거림. 구물거리며 기어가는 모양.

5 出乎口―귀로 들은 것을 스스로 새기지 않고 입으로 곧장 말해버림. 도청도설(道聽塗說)과 같음.

6 財四寸―밀착된 가까운 거리를 상징적으로 말함. 재(財)는 겨우 재(纔)자로

7 禽犢—금독(禽犢)은 궤헌(饋獻)과 마찬가지. 선물로 쓰이던 물품. 남에게 빌 붙기 위한 수단.

8 傲—오(傲)는 훤조(喧噪)와 같은 뜻. 차분하지 않고 떠들썩하게 지껄임.

9 囋—찬(囋)은 다언요설(多言饒舌), 즉 소란스런 말. 새가 시끄럽게 지저귀는 형용.

[9]

학문의 방법은 그 스승을 가까이하는 것[1]보다 더 편리한 것이 없다. 『예기』(禮記)와 『악기』(樂記)는 원칙을 따르게만 할 뿐 자세한 설명이 없고[2] 『시』·『서』는 오래된 것이어서 절실하지 않으며[3] 『춘추』는 문장이 간결하여 이해가 빠르지 않다.[4] 그 사람의 언행을 본받고[5] 군자가 가르친 말을 익히면 존중받고 널리 세상에 두루 알려질 것이다. 그런 까닭에 말하기를 '학문은 그 스승을 가까이하는 것보다 더 편리한 것이 없다'고 한다. 학문의 길[6]은 그 스승을 좋아하는 것보다 더 빠름이 없으며 예를 높여 실천함은 그 다음이다. 위로 그 사람을 좋아할 수 없고 아래로 예를 높일 수 없다면 다만[7] 잡다한 지식을 배우고[8] 『시』·『서』의 글귀만 부질없이 따를 뿐이다. 그렇다면 세상 끝나고 나이가 다하도록 누유(陋儒)[9]를 면치 못할 것이다. 앞으로 선왕(先王)에게 거슬러 올라가[10] 인의(仁義)의 근본을 캐자면 예가 바로 그 최선의 길[11]이 되는 것이다. 마치 갖옷 깃을 손으로 들 적에[12] 다섯 손가락을 구부려[13] 들면 모든 털이 가지런해지는 것[14]과 같다. 예법을 따르지 않고 『시』·『서』만 가지고 단속하려 한다면, 비유하건대 마치 손가락으로 황하 물을 측량하고 창끝으로 수수방아를 찧고 송곳으로 항아리 속에 든 것을 찍어 먹으려는 것과 같아 불가능한 일이다. 그러므로 예를 높이면 비록 지식이 밝지 못하더라도 법사(法士)[15]일 것이다. 예를 높이지 않는다면 비록 아는 것이 많을지라도 산유(散儒)[16]일 것이다.

學莫便乎近其人. 禮樂法而不說, 詩書故而不切, 春秋約而不速. 方其人

之習君子之說, 則尊以徧周於世矣. 故曰, 學莫便乎近其人. 學之經, 莫速乎好其人, 隆禮次之. 上不能好其人, 下不能隆禮, 安特將學雜志, 順詩書而已爾, 則末世窮年, 不免爲陋儒而已. 將原先王本仁義, 則禮正其經緯蹊徑也. 若挈裘領, 詘五指而頓之, 順者不可勝數也. 不道禮憲, 以詩書爲之, 譬之猶以指測河也, 以戈舂黍也, 以錐飡壺也, 不可以得之矣. 故隆禮, 雖未明法士也. 不隆禮, 雖察辯散儒也.

1 近其人 — 마땅한 스승을 가깝게 함. 인(人)이란 현사(賢師)를 가리킴. 여기서는 스승의 역할이 경전보다 더 존중됨.

2 法而不說 — 법(法)이란 행위 준칙의 대강이며, 불설(不說)은 상세하게 설명을 하지 아니함.

3 故而不切 — 고(故)는 고(古)자로 통함. 절(切)은 적절(適切)함. 오래된 것이므로 현실성이 없어 꼭 들어맞지 않음.

4 約而不速 — 약(約)은 간략(簡略)의 뜻. 너무 짧게 줄인 기록이므로 그 의미를 빨리 파악하기가 어려움.

5 方其人之 — 방(方)은 방(倣)자와 마찬가지로 옆에서 의지하고 본받음. 여기서 지(之)는 이(而)자로 통함.

6 學之經 — 경(經)은 경(徑)자와 같음. 가까운 길 또는 쉬운 방법을 말함.

7 安特將 — 안(安)은 억(抑)자와 같은 조사로 안(案)자로도 쓰임. 특(特)은 다만 독(獨)자의 뜻. 장(將)은 위 글자를 강조하는 조사.

8 學雜志 — 잡(雜)은 잡박(雜駁)함. 지(志)는 지(識)자로 통함. 이념이나 체계적으로 정리가 안 된 기록 따위.

9 陋儒 — 머리가 굳어 융통성 없는 학자. 지엽적인 것에 얽매어 전체를 내다보지 못하는 사람.

10 原先王 — 원(原)은 근원으로 거슬러 올라가 의지할 근거를 삼음. 선왕(先王)은 고대 중국의 이상적 군주 요(堯)·순(舜)을 가리킴.

11 經緯蹊徑 — 경위(經緯)는 날과 올로서 각각 남북과 동서로 뚫린 대로를 가리킴. 혜경(蹊徑)은 소로(小路)·지름길을 말함.

12 挈裘領 — 설(挈)은 들 거(擧)자와 마찬가지 뜻. 갖옷 깃털을 손으로 들어서 올림.

13 詘五指 — 굴(詘)은 굴(屈)자와 같음. 굴곡(屈曲)의 뜻. 다섯 손가락을 구부림.

14 順者 — 유순하게 잘 따르는 상태. 순서가 문란하지 않은 것을 가리킴.

[10]

묻는 태도가 나쁜[1] 자에게는 대답하지 말고 대답하는 태도가 나쁜 자에게는 묻지 말고 말하는 태도가 나쁜 자에게는 듣지 말며 시비조의 사람[2]과는 논변을 하지 말라. 그러므로 반드시 그 도(道)를 따르는[3] 사람과 접촉[4]하고 그 도를 따르지 않는 사람은 피할 것이다. 그러므로 몸가짐에 조심성이 있는[5] 사람이라야 도의 대강[6]을 말할 수 있고 말씨가 유순한[7] 사람이라야 도의 이치를 말할 수 있고 안색이 부드러운[8] 사람이라야 도의 극치를 말할 수 있는 것이다. 아직 서로 말할 수 없는 사람과 말하는 것을 일러 소란스럽다고 하고 서로 말할 수 있는 사람과 말하지 않는 것을 일러 감춘다고 하며 표정을 관찰하지 않고 말하는 것을 일러 장님이라고 한다. 그러므로 군자는 소란 떨지 않고 감추지 않으며 눈먼 장님 노릇 하지도 않고 그 자신을 삼가 조심해야 한다. 『시』[9]에 이르기를 '저 사람 교제가 조금도 소홀하지 않아[10] 천자가 상을 내리는구나'라고 하였으니 이것을 가리켜서 하는 말이다.

問楛者勿告也. 告楛者勿問也. 說楛者勿聽也. 有爭氣者勿與辨也. 故必由其道至, 然後接之, 非其道則避之. 故禮恭而後可與言道之方, 辭順而後可與言道之理, 色從而後可與言道之致, 故未可與言而言, 謂之傲, 可與言而不言, 謂之隱, 不觀氣色而言, 謂之瞽. 故君子不傲不隱不瞽, 謹愼其身. 詩曰, 匪交匪舒, 天子所予, 此之謂也.

1 問楛—예의에 어긋난 물음 방식. 고(楛)는 고(苦)자와 같음. 예의 바르지 못함. 그릇 따위가 거칠어 지저분함을 말함.
2 有爭氣者—논쟁하기 좋아하는 기질의 사람. 쟁기(爭氣)란 당장 싸울 듯한 기세를 말함.

3 由其道 — 여기서 도(道)는 예의 바른 길. 예법에 알맞은 태도. 유(由)는 따를
  종(從)자와 같음.

4 接之 — 접(接)은 교접(交接)한다는 의미로, 교제함을 말함. 사람을 상대함.

5 禮恭 — 상대 쪽의 처신이 공손하여 경솔하게 나대지 않는 태도.

6 道之方 — 도(道)는 예의범절을 의미함. 방(方)은 큰 테두리. 대강 · 개요(概
  要)를 말함.

7 辭順 — 언사에 비뚤어진 데가 없이 순박함.

8 色從 — 색(色)은 얼굴 표정, 종(從)은 종순(從順)의 뜻.

9 詩 — 『시경』「소아(小雅) · 채숙(采菽)」편의 인용 시구.

10 匪交匪舒 — 앞의 비(匪)는 저 피(彼)자와 통용되고 뒤의 비(匪)는 아닐 비
  (非)자와 같은 뜻. 서(舒)는 완(緩)자와 마찬가지로 느릿느릿함.

[11]

화살 백 발을 잘 쏘다가 한 발을 실패하더라도 뛰어난 사수라고 말하
기가 어렵다. 천리 길에 반걸음만 못 미치더라도[1] 뛰어난 기수[2]라고 말
하기가 어렵다. 윤리 기강의 유례에 밝지 못하고[3] 인의의 도가 하나로
관철되지 못한다면 훌륭한 학자라고 하기가 어렵다. 학문이란 본래 배
워서 그것을 오로지 하나로 하는[4] 것이다. 바른 길로 나왔다 들어갔다
함[5]은 평범한 보통 사람[6]이다. 그 잘하는 것은 적고 좋지 못한 것이 많
음은 걸(桀) · 주(紂)나 도척(盜跖) 같은 자다.[7] 그것을 완전히 알고 끝
까지 행한 연후라야 학자인 것이다. 군자는 그 완전치 못하고 끝까지
다하지 못한[8] 것을 훌륭하다고 여길 수 없음을 잘 안다. 그러므로 글을
읽고 또 읽어서[9] 꿰뚫고 생각을 짜내어 그 의미를 깨달으며 그 사람이
되어[10] 같은 처지에 몸을 두고 그 실천에 해가 되는 것을 배제하여 덕
성을 함양하고[11] 눈으로 하여금 옳지 않은 것은 보지 못하게 하고 귀로
하여금 옳지 않은 것은 듣지 못하게 하고 입으로 하여금 옳지 않은 것
은 말하지 못하게 하고 마음으로 하여금 옳지 않은 것은 생각하지 못하
게 한다. 그래서 학문을 좋아함이 극치에 이르게 되면[12] 눈은 오색(五
色)보다 더 그것을 좋아하고[13] 귀는 오성(五聲)[14]보다 더 그것을 좋아
하고 입은 오미(五味)[15]보다 더 그것을 좋아하고 마음은 천하를 갖는

즐거움보다 더 그것이 유리하다고 여기게 된다. 그러므로 어떤 권력이나 이익으로도 꺾을[16] 수가 없고 군중의 힘[17]으로도 변화시킬 수 없고 천하 대세로도 흔들[18] 수 없으며 살더라도 이것[19]에 의존하고 죽더라도 이것에 의존한다. 대저 이것을 일러 덕조(德操)[20]라고 한다. 덕조가 있은 연후에 안정할 수 있고 안정된 연후에 대응할 수[21] 있다. 안정할 수 있고 대응할 수 있어야 대저 이것을 일러 성인(成人)[22]이라고 한다. 하늘은 그 밝게 빛남을 귀하게 여기고 땅은 그 넓음[23]을 귀하게 여기며 군자는 그 완벽함을 귀하게 여기는 것이다.

百發失一, 不足謂善射. 千里蹞步不至, 不足謂善御. 倫類不通, 仁義不一, 不足謂善學. 學也者固學一之也. 一出焉一入焉, 涂巷之人也. 其善者少, 不善者多, 桀紂盜跖也. 全之盡之, 然後學者也. 君子知夫不全不粹之不足以爲美也. 故誦數以貫之, 思索以通之, 爲其人以處之, 除其害者, 以持養之, 使目非是無欲見也, 使耳非是無欲聞也, 使口非是無欲言也, 使心非是無欲慮也. 及至其致好之也, 目好之五色, 耳好之五聲, 口好之五味, 心利之有天下. 是故權利不能傾也, 群衆不能移也, 天下不能蕩也. 生乎由是, 死乎由是, 夫是之謂德操. 德操然後能定, 能定然後能應. 能定能應, 夫是之謂成人. 天貴其明, 地貴其光. 君子貴其全也.

1 蹞步不至 — 말 달리기의 한 예를 들어 목표 지점에 반걸음 못 미쳐 말이 넘어지는 실수를 비유함.
2 善御 — 말을 잘 부리기로 이름난 명기수를 가리킴.
3 倫類不通 — 윤류(倫類)란 예법 규정이 없는 사항까지도 유추함. 통(通)은 효(曉)자와 같음. 불통은 잘 이해하지 못함.
4 一之 — 전일(專一). 실천의 뜻. 지(知)와 행(行)을 한 길로 수렴시키는 노력을 말함.
5 一出·一入 — 바른 길로 나왔다 들어갔다 함. 여기서 일(一)은 혹 어떤 경우를 가리키는 혹시(或時)라는 뜻으로 쓰임.
6 涂巷之人 — 도(涂)는 진흙길 도(途)자와 같음. 항(巷)은 좁은 골목길. 항간(巷間)의 일반 민중들을 가리킴.

7 桀紂盜跖—걸(桀)은 하(夏)왕조 마지막 군주, 주(紂)는 은(殷)왕조 마지막 군주. 둘 다 포악·잔인한 자의 대명사. 도척(盜跖)은 대표적 큰 도둑.

8 不粹—수(粹)는 잡티가 전혀 없는 완벽한 모습. 여기서는 끝까지 다하는 상태.

9 誦數—수(數)는 『예』·『악』·『시』·『서』 등의 책을 가리킴. 학문하는 방법으로 고전을 읽음.

10 爲其人—이상으로 삼는 사람과 같은 처지가 되어 그 사람됨이나 행동을 본받고 실천함.

11 持養—정도(正道)를 잃지 않고 유지할 수 있게 지킴. 덕성 함양에 온 힘을 다함.

12 其致好之—치(致)는 극(極)자와 같음. 지(之)는 정도(正道) 또는 그 학문을 가리킴. 그것을 좋아함이 극치에 도달한 상태.

13 好之五色—오색(五色)은 청·황·적·백·흑의 아름다운 색채. 지(之)는 정도를 가리킴과 동시에 비교조사 어(於)자의 뜻도 내포됨.

14 五聲—궁(宮)·상(商)·각(角)·치(徵)·우(羽)의 다섯 가지 조화를 잘 이룬 아름다운 소리.

15 五味—달 감(甘), 실 산(酸), 짤 함(鹹), 쓸 고(苦), 매울 신(辛)의 다섯 가지 대표적 맛.

16 傾—경(傾)은 곡(曲)자와 같은 뜻. 어떤 유혹에 끌려 마음이 꺾임. 도(倒)자로도 쓰임.

17 群衆—모인 사람 수가 많음. 다수 세력을 가지고 정치적 압력을 가한다는 의미.

18 蕩—탕(蕩)은 요동할 요(搖)자와 통함. 몸과 마음이 흔들림.

19 由是—여기서 시(是)는 진정한 학문의 바른 길, 정도(正道)라는 뜻.

20 德操—덕(德)이란 사람됨의 길을 깨달아 그것이 행위로 드러난 상태. 조(操)는 단단하게 지켜서 변하지 않는 몸가짐.

21 能應—마음이 안정되어 있으므로 밖의 동향에 알맞은 대처가 가능함.

22 成人—성(成)은 성취의 뜻. 인격적으로 완성된 사람.

23 地貴其光—광(光)은 넓을 광(廣)자로 통용됨. 귀(貴)를 현(見)자로 보는 설도 있음. 앞의 천귀(天貴)에 대한 설도 마찬가지임.

2 수신修身

수신이란 자기 몸을 닦아서 수양하고 행실을 올바르게
갖는 것을 의미한다. 순황에게 학문은 수양과 뗄 수 없
는 관계이므로 그 내용이 대부분 앞 편과 관련되어 있
다. 학문의 필요성, 그 목적과 방법을 말하고 권장하였
던 권학에 이어 이 편을 설정하였다. 무엇보다 군자가
선(善)을 지향함에는 반드시 정도(正道)를 걸어야 하
고, 그렇게 하려면 간언(諫言)에 대한 겸허한 수용 자
세와 끝까지 근신해야 될 수양의 필요성이 전제되어 있
다. 여기서 이르는 군자란 성인 되기를 목표 삼아 몸 닦
기를 일상 게을리하지 않는 노력형의 인간상이다. 수양
방법으로는 예법이 제시하는 준칙을 엄격히 지킬 것과
스승 섬기는 종사(從師)가 되풀이 강조된다.

[1]

　선(善)을 보면 몸을 바르게 하여[1] 반드시 스스로를 돌아보아 묻고[2] 불선(不善)을 보면 두려움에 떨며[3] 반드시 스스로를 살펴보고, 선함이 자신 속에 있으면 단단히 지켜서[4] 반드시 그것을 스스로 좋아하고 불선함이 자신 속에 있으면 더럽다고 여겨[5] 반드시 그것을 스스로 미워한다. 나를 그르다고 하면서도 상대해주는[6] 자는 내 스승이다. 나를 옳다고 하여 상대해주는 자는 내 벗이다. 나에게 알랑거리는 자는 나를 해치는 적이다. 그러므로 군자는 스승을 높이고 벗을 가깝게 하며 그 해가 되는 적을 철저히[7] 미워한다. 선 좋아하기를 게을리하지 않고 충고를 받아들여[8] 경계할 수 있다면 비록 나아가고 싶지 않더라도[9] 그렇게 되겠는가. 소인은 이것과 반대다. 지극히 난폭하더라도 남이 자기를 비난하는 것을 싫어하고 지극히 어리석더라도 남이 자기를 어질다고 칭찬하기를 바라고 마음은 호랑이나 이리와 같으며 행실은 금수와 같더라도 남이 자기를 나쁘다고 경멸하는 것을 싫어하고 아첨하는 자를 친근히 대하고 강하게 충고하는 자를 멀리하고 수양이 바르면 비웃고 지극히 충실하면 나쁘다고 하니 비록 멸망하지 않으려 하여도 할 수 있겠는가. 『시』[10]에 말하기를 '흡흡(潝潝)[11]하게 빌붙고 자자(訿訿)[12]하게 헐뜯음이여 이 또한 크게 슬프도다.[13] 선한 일 꾀하자면[14] 모두가 등을 돌리고[15] 불선을 꾀하자면 모두가 바로 따른다[16]'고 하니 이것을 가리켜 말한 것이다.

　見善, 脩然必有以自存也, 見不善, 愀然必以自省也. 善在身, 介然必以自好也. 不善在身, 菑然必以自惡也. 故非我而當者吾師也, 是我而當者吾友也. 諂諛我者吾賊也. 故君子隆師而親友, 以致惡其賊. 好善無厭, 受

諫而能戒, 雖欲無進, 得乎哉. 小人反是, 致亂, 而惡人之非己也, 致不
肖, 而欲人之賢己也, 心如虎狼, 行如禽獸, 而又惡人之賊己也, 諂諛者
親, 諫爭者疏, 脩正爲笑, 至忠爲賊. 雖欲無滅亡, 得乎哉. 詩曰, 潝潝訾
訾, 亦孔之哀, 謀之其臧, 則具是違, 謀之不臧, 則具是依. 此之謂也.

1 脩然 — 바르고 삼가는 모습. 반듯하게 짜인 자세.
2 自存 — 존(存)은 존문(存問)의 뜻. 자기 성찰을 가리킴.
3 愀然 — 초(愀)는 우구(憂懼)의 뜻. 불안에 부들부들 떪. 근심 걱정함.
4 介然 — 개(介)는 고(固)자와 마찬가지 뜻. 굳게 지켜서 변함이 없는 모양.
5 菑然 — 치(菑)는 치(淄)자와 같음. 검은색 진흙 앙금처럼 더러운 모양. 혼탁함.
6 非我而當 — 비(非)는 잘못을 나쁘다고 비난하는 것이고, 당(當)은 교제 상대
   를 의미함.
7 致 — 여기서 치(致)는 극(極)자와 마찬가지 뜻으로 끝까지 내침을 말함.
8 受諫 — 충고나 비판을 겸허하게 받아들임. 간(諫)은 간쟁(諫爭)과 같은 뜻.
9 無進 — 진(進)은 향상·발전을 의미함. 무(無)란 향상되기를 원하지 않는다
   는 부정의 뜻.
10 詩 — 『시경』 「소아(小雅)·소민(小旻)」편의 인용 시구.
11 潝潝 — 흡(潝)은 서로 화합한다는 뜻. 자기 주관 없이 남의 말만 듣고 따라
   함. 부화뇌동(附和雷同)과 같은 의미.
12 訾訾 — 자(訾)는 자(呰)자와 같음. 수양이 잘 된 사람을 비방하는 모양.
13 孔之哀 — 공(孔)은 심(甚)자로 통함. 애(哀)라고 함은 비통해하는 일을 가
   리킴.
14 謀之其臧 — 장(臧)은 선(善)자와 같은 뜻. 여기서 모(謀)는 할 일을 의논 상
   담함.
15 具是違 — 구(具)는 함께 구(俱)자로 통함. 위(違)란 등을 돌려 떠나감을 의
   미함.
16 依 — 여기서 의(依)는 따를 종(從) 또는 좇을 준(準)자의 뜻으로 쓰임. 서로
   찬성한다는 의미.

[2]
사람이 선악을 분별하는 척도[1] 즉, 예를 가지고 기(氣)를 다스리고[2]
생을 기르면 팽조(彭祖)보다 더 늦게 죽고[3] 그것을 가지고 몸을 닦아

스스로 힘쓰면 명성을 요(堯)·우(禹)와 아울러 견주며[4] 때를 만났을 경우에도 잘 맞고[5] 곤궁에 처했을 경우라도 괜찮다. 예야말로 정말 이런 것이다. 무릇 혈기를 부리거나 의지와 사려를 함에 있어 예를 따르면 잘 되어 막히지 않고 예를 따르지 않으면 도리에 어긋나고 해이해진다.[6] 먹고 입고 살며 움직임에 있어 예를 따르면 알맞게 조화를 잘 이루고[7] 예를 따르지 않으면 빗나가 빠져서[8] 병이 생긴다. 용모나 태도, 나아가고 물러서는 거동[9]이 예를 따르면 우아하며 예를 따르지 않으면 거만하고 비뚤어지게 어긋나[10] 속되고 야비하다.[11] 그러므로 사람은 예가 없으면 살아갈 수 없고 일에 예가 없으면 성취하지 못하며 국가에 예가 없으면 편안할 수 없다. 『시』[12]에 이르기를 '예의범절에는 모두 나름대로의 분별[13]이 있어 웃는 데도 말하는 데도 모두 알맞은 법도[14]가 있도다'라고 하였다. 바로 이것을 일러 말한 것이다.

扁善之度, 以治氣養生, 則後彭祖, 以脩身自强, 則名配堯禹, 宜於時通, 利以處窮. 禮信是也. 凡用血氣志意知慮, 由禮則治通, 不由禮則勃亂提僈. 食飲衣服居處動靜, 由禮則和節, 不由禮則觸陷生疾. 容貌態度進退趨行, 由禮則雅, 不由濾則夷固僻違, 庸衆而野. 故人無禮則不生, 事無禮則不成, 國家無禮則不寧. 詩云, 禮儀卒度, 笑語卒獲. 此之謂也.

1 扁善之度─왕염손(王念孫)은 변(扁)을 편(徧)자로 통용된다고 봄. 도(度)는 척도(尺度). 보편적 일반 법칙을 말함.
2 治氣─기(氣)란 생명력의 원천. 이 기를 잃음으로써 생물이 죽게 된다고 봄. 치기(治氣)는 양생(養生)으로 직결됨.
3 後彭祖─팽조(彭祖)는 나이 칠, 팔백 살까지 장수하였다는 전설적 인물. 여기서 후(後)란 그보다 더 오래 산다고 하는 뜻.
4 配堯禹─배(配)는 나란히 짝을 이룸. 비(比)자 혹은 병렬(並列)의 뜻. 요우(堯禹)는 요·순·우와 같은 성군의 반열을 상징함.
5 宜於時通─왕인지(王引之)는 시(時)를 처(處)자와 같다고 봄. 통(通)은 뜻대로 잘 풀린 경우. 의(宜)는 리(利)자와 마찬가지로 처지에 알맞음.

6 誖亂提僈—발(誖)은 패(悖)자로 통함. 란(亂)은 치(治)자와 반대의 뜻을 가
　짐. 제(提)는 서(舒)자와 마찬가지로 느릿느릿함. 만(僈)은 게으를 만(慢)자
　와 같음.

7 和節—조화를 이루어서 적절하게 잘 맞음. 화적(和適)의 의미로 쓰임.

8 觸陷—촉(觸)은 지(躓)와 마찬가지로 조화를 잃고 차질을 가져옴. 부딪쳐서
　재난에 빠짐.

9 趨行—빠른 걸음으로 달려감. 품위 있어 보이는 보행 자세.

10 夷固僻違—고(固)는 거만할 거(倨)자와 같음. 이거(夷倨)란 잘난척하고 남
　을 업신여김. 벽위(僻違)는 한쪽으로 치우쳐서 정상과 다른 상태를 말함.

11 庸衆而野—용중(庸衆)은 범중(凡衆)과 같은 어리석은 일반 대중. 야(野)는
　조심성 없고 거친 것. 또는 야비한 것.

12 詩—『시경』「소아(小雅)·초자(楚茨)」편 셋째 장의 인용 시구.

13 卒度—졸(卒)은 모조리 다할 진(盡)자 또는 실(悉)자와 같은 뜻. 도(度)는
　각각 별개의 구분 법칙.

14 卒獲—획(獲)은 의(宜)자와 마찬가지 뜻으로 쓰임. 그 마땅함을 얻음.

[3]

　선을 가지고 남을 이끄는[1] 것을 일러 가르침이라 하고 선을 가지고
남과 화합하는[2] 것을 일러 유순하다 하며 불선을 가지고 남을 이끄는
것을 일러 빠뜨린다[3] 하고 불선을 가지고 남과 화합하는 것을 일러 아
첨한다고 한다. 옳으면 옳다 하고 그르면 그르다 함을 일러 슬기롭다
하고 그르더라도 옳다 하고 옳더라도 그르다 함을 일러 어리석다고 한
다. 선량한 이를 중상함을 일러 고자질이라 하고 선량한 이를 해침을
일러 적(賊)이라 하며 바르면 바르다 이르고 바르지 못하면 바르지 못
하다 이름을 일러 정직이라 하고 재화를 훔침을 일러 도둑이라 하고 자
신의 행위를 숨김을 일러 거짓이라 하며 말을 바꾸어 함을 일러 속인다[4]
한다. 거동을 함에 있어 취하고 버림이 일정하지 않은 것[5]을 일러 무상
(無常)이라 하고 이익을 지키느라고 의를 버리는[6] 것을 일러 크게 해
친다고 한다. 많이 듣는 것을 넓다 하고 적게 듣는 것을 일러 얕다 하며
많이 보는 것을 일러 한(閑)[7]이라 하고 적게 보는 것을 일러 누(陋)[8]라
하며 나아가기 어려운 것을 일러 더디다[9] 하고 쉽게 잊는 것을 누

(漏)¹⁰⁾라 하며 수고가 적더라도 가지런해짐¹¹⁾을 일러 다스려진다 하고 많더라도 어지러워짐을 일러 난잡하다¹²⁾ 한다.

以善先人者, 謂之敎, 以善和人者, 謂之順, 以不善先人者, 謂之諂, 以不善和人者, 謂之諛. 是是非非, 謂之智, 非是是非, 謂之愚. 傷良曰讒, 害良曰賊. 是謂是非謂非曰直, 竊貨曰盜, 匿行曰詐, 易言曰誕. 趣舍無定, 謂之無常, 保利棄義, 謂之至賊. 多聞曰博, 少聞曰淺, 多見曰閑, 少見曰陋, 難進曰偍, 易忘曰漏, 少而理曰治, 多而亂曰耗.

1 先人—여기서 선(先)이란 선창(先唱)·선도(先導)의 뜻으로 남보다 앞장서 서 이끄는 것을 말함.
2 和人—다른 사람이 주창한 것을 동조하여 뒤따라감. 화(和)는 찬성한다는 의미.
3 諂—첨(諂)은 함(陷)자와 같은 음으로 읽어 남을 부당하게 몰아넣는다는 뜻 을 나타냄.
4 誕—탄(誕)은 기(欺)자로 통함. 속임수로 정당한 것처럼 말을 꾸밈.
5 趣舍無定—취사(趣舍)란 취사선택(取捨選擇)과 같은 의미. 정(定)은 일정한 논리 근거. 규칙성을 가리킴.
6 保利棄義—보(保)는 지(持)자의 뜻과 같음. 『맹자』(孟子)의 사생취의(舍生取 義)와 반대의 뜻.
7 閑—한(閑)은 습(習)자로 통함. 반복하여 익혀서 익숙하게 됨. 부산하게 안 달하지 않아도 됨.
8 陋—견문이 적어서 식견이 부족한 상태. 생각이 고루함.
9 偍—식(偍)은 제(提)자와 같음. 이완(弛緩)의 뜻. 더뎌서 진보하지 못함.
10 漏—물이 새는 누수(漏水) 현상을 가리킴. 쉽게 잊어버림.
11 理—손질 잘하여 정돈된 상태. 논리가 정연함을 뜻함.
12 耗—모(耗)는 모(眊)자와 같음. 눈이 어두움. 지나치게 많아서 어지럽다고 하는 란(亂)자로도 풀이함. 생각이 밝지 못함.

[4]

기질을 다스리고 마음을 기르는 방법. 혈기가 억세고 강하면 조화¹⁾를 가지고 부드럽게 하고 생각이 너무 깊으면²⁾ 간단하게³⁾ 하나로 그것을 정리하며 담력이 힘차 사납고 도리에 어긋나면 교화[4]를 가지고 돕고 너무 날쌔어 경솔하면[5] 기거(起居) 동작을 가지고 조절하며 마음이 좁아 옹색하면[6] 너그럽게 큰 것으로 확충하며 겸손이 지나쳐 꾸물거리면서[7] 이득만 탐내면 뜻을 고상하게 가져 끌어올리며 평범하여 둔하고 산만하면[8] 스승과 벗의 가르침으로 다잡고[9] 태만하고 경박하게 까불면[10] 재앙을 부를 것이라고 하여 타이르며[11] 너무 우직해서 융통성이 없으면[12] 예와 악을 가지고 부드럽게[13] 한다. 무릇 기질을 다스리고 마음을 기르는 방법이란 예에 따르는 것보다 더 빠른 길[14]이 없고 스승을 얻는 것보다 더 긴요함이 없으며 오로지 학문을 좋아하는 것보다 더 신통함[15]이 없다. 대저 이것을 일러 기질을 다스리고 마음을 기르는 방법이라고 하는 것이다.

治氣養心之術. 血氣剛强, 則柔之以調和, 智慮漸深, 則一之以易良, 勇膽猛戾, 則輔之以道順, 齊給便利, 則節之以動止, 狹隘褊小, 則廓之以廣大, 卑溼重遲貪利, 則抗之以高志, 庸衆駑散, 則刦之以師友, 怠慢僄棄, 則炤之以禍災, 愚款端愨, 則合之以禮樂, 通之以思索. 凡治氣養心之術, 莫徑由禮, 莫要得師, 莫神一好. 夫是之謂治氣養心之術也.

1 調和 ─ 여기서는 조(調)도 화(和)와 같음. 온화한 기운. 또는 평온하게 고름을 말함.

2 漸深 ─ 점(漸)의 고음(古音)이 잠(潛)자로 통함. 깊을 심(深)자와 마찬가지임.

3 易良 ─ 이량(易諒)과 같은 의미. 이(易)는 탄솔(坦率), 량(諒)은 평이함을 뜻함.

4 道順 ─ 도(道)는 훈도(訓導)·교정(矯正)을 가리킴. 순(順)은 종순(從順)하는 안정성의 뜻.

5 齊給便利 ─ 제(齊)는 질(疾)자로 통용됨. 말을 빨리 함. 여기서는 네 글자 모두 민첩함을 뜻함.

6 狹隘褊小 ─ 편협한 기질. 느긋하지 못해서 답답한 심정을 말함.

7 卑溼重遲 ─ 비습(卑溼)은 자기 비하가 심한 상태. 중지(重遲)는 우물쭈물하여 분명치 않은 태도.

8 駑散―노(駑)는 둔마와 같이 재주가 없음. 산(散)은 야무지지 못함을 말함.

9 刦―겁(刦)은 볼기 칠 략(掠)자와 같은 뜻으로 쓰임. 핍박(逼迫)·위협을 가하여 꽉 죔.

10 儦棄―표(儦)는 경(輕)자와 같은 뜻. 부박(浮薄)·경박함. 자기 몸을 가볍게 버림.

11 炤―조(炤)는 조(照)자로 통용됨. 광명을 비추어 깨닫게 함.

12 愚款端慤―관(款)은 성관(誠款), 즉 진실함. 각(慤)은 삼가는 자세. 고지식해서 딱딱해 보임. 격식에 지나치게 얽매임.

13 合之―여기서 합(合)은 윤색(潤色)·조화(調和)를 의미함.

14 徑―경(徑)은 가까운 길, 혹은 첩속(捷速), 즉 신속을 말함.

15 莫神一好―여기서 신(神)이란 틀림이 없는 적확을 의미함. 호(好)는 학문을 좋아하는 성향을 가리킴.

[5]

의지가 올바로 닦이면 부귀한 사람도 얕볼 수[1] 있고 도의심이 두터우면 왕공(王公)까지도 가볍게 보인다. 안으로 살펴서[2] 외물(外物)[3]을 경시하기 때문이다. 전해지는 말에 '군자는 주체적으로 외물을 부리고[4] 소인은 외물에 이끌려 부림을 당한다'라고 하니 이것을 일러 하는 말이다. 군자는 몸은 고생이 되더라도 마음이 편안하면 그것을 하고 이득은 적더라도 정의로움이 많으면 그것을 한다. 난폭한 군주를 섬겨서 영달[5]하는 일은 궁지에 몰린 군주[6]를 섬겨서 정도로 가는[7] 것만 같지 못하다. 그러므로 훌륭한 농사꾼은 홍수나 가뭄이 든다고 하여 농사짓기를 그만두지 않고 장사 잘하는 상인[8]은 손해보는[9] 경우가 있다고 하여 장사를 그만두지 않으며 선비나 군자는 빈곤에 빠진다고 하여 도의 실천을 게을리하지 않는다.

志意脩則驕富貴, 道義重則輕王公, 內省而外物輕矣. 傳曰, 君子役物, 小人役於物, 此之謂也. 身勞而心安爲之, 利少而義多爲之. 事亂君而通, 不如事窮君而順焉. 故良農不爲水旱不耕, 良賈不爲折閱不市, 士君子不爲貧窮怠乎道.

1 驕富貴─교(驕)는 교만 부림. 믿는 데가 있어 열등감을 느끼지 아니함. 부
(富)는 물질적으로 풍성함. 귀(貴)는 사회적으로 신분이나 지위가 높음.

2 內省─자기 자신을 돌아보고 자신의 의지·생각에 일종의 긍지를 느낌.

3 外物─정치세계의 여러 가지 유리한 조건. 특히 맹자가 말하는 부귀·권세
같은 인작(人爵)을 가리킴.

4 役物─역(役)이란 어떤 일을 부림. 남을 부려 자기에게 소용되는 쪽으로 동원함.

5 通─여기서 통(通)은 통달의 뜻. 고위직에 나아감. 영달(榮達)함.

6 窮君─세력이 약해서 궁지에 몰린 군주. 주변 대국에 위협받는 작은 나라
군주.

7 順─순(順)은 종순함. 바른 길을 따라 지킴.

8 良賈─유능한 상인. 고(賈)는 점포에 상품을 진열해 두고 고객을 기다림. 행
상과 구별됨.

9 折閱─절(折)은 손(損)자와 통함. 열(閱)은 매(賣)자의 뜻으로 쓰임. 파는 값
에서 손해를 보고 팖.

[6]

태도¹⁾가 조심성 있고 마음이 진실되며²⁾ 행동이 예의 바르고³⁾ 인애(仁
愛)의 정⁴⁾이 넘친다면 천하를 두루 다녀⁵⁾ 비록 사이(四夷)의 끝까지 이
른다⁶⁾ 하여도 사람들이 존귀하게 대하지 않을 수 없을 것이다. 고생이
되는 일은 앞을 다투어 떠맡고 즐거움이 많은⁷⁾ 일은 능히 남에게 사양
하며 정직·성실하여 맡은 일을 충실히 지키고 또 일에 밝으면⁸⁾ 천하를
두루 다녀 비록 사이의 끝까지 이른다 하여도 사람들이 신임하지 않을
수 없을 것이다. 이와는 반대로 태도가 오만·완고⁹⁾하고 마음이 비뚤
어져 거짓되고¹⁰⁾ 방법이 예의를 못 가려 천해 보이며¹¹⁾ 심정이 잡박하
여 더럽다면¹²⁾ 천하를 두루 다녀 비록 사이의 끝까지 이른다 하여도 사
람들이 천하게 보지 않을 수 없을 것이다. 고생이 되는 일은 구차스럽
게 피하려 하고¹³⁾ 즐거움이 많은 일은 약게 독차지하며¹⁴⁾ 간사하여¹⁵⁾
불성실하고 적당히 계산하여 힘쓰지 않는다면¹⁶⁾ 천하를 두루 다녀 비
록 사이의 끝까지 이른다 하여도 사람들이 그를 저버리지 않을 수 없을
것이다.

體恭敬而心忠信, 術禮義而情愛人, 橫行天下, 雖困四夷, 人莫不貴. 勞苦之事則爭先, 饒樂之事則能讓, 端慤誠信, 拘守而詳, 橫行天下, 雖困四夷, 人莫不任. 體倨固而心埶詐, 術瘠墨而精雜汙, 橫行天下, 雖達四方, 人莫不賤. 勞苦之事, 則偸儒轉脫, 饒樂之事, 則佞兌而不曲, 辟違而不慤, 程役而不錄, 橫行天下, 雖達四方, 人莫不棄.

1 體恭敬―체(體)란 몸을 움직이는 동작을 말함. 공경(恭敬) 두 글자는 모두 조심성 있는 자세.

2 忠信―진실한 마음가짐. 충(忠)은 자신을 속이지 아니함. 신(信)은 남을 속이지 않음.

3 術禮義―술(術)이란 방법·수단의 뜻이지만, 여기서는 행동·동작을 말함. 예의(禮義)는 사회규범으로, 특히 예·질서라는 정신적 의미가 강조됨.

4 情愛人―동정하는 마음이 깊음. 인(人)은 인(仁)자로 통함. 인애(仁愛)와 마찬가지 뜻.

5 橫行―횡(橫)은 광(廣)자와 같음. 방행(方行)의 뜻. 걸어서 여기저기 두루 다님.

6 困四夷―곤(困)은 극(極)·궁(窮)자의 뜻으로 통용됨. 사이(四夷)는 학문이 없고 예를 모르는 변방의 이적(夷狄) 지역을 가리킴.

7 饒樂―요(饒)는 풍요로움. 쾌락을 많이 누릴 만한 일을 가리킴.

8 拘守而詳―구수(拘守)란 견지(堅持)하여 잃지 아니함. 상(詳)은 심(審) 또는 효(曉)자와 같은 뜻.

9 倨固―거(倨)는 오(傲)자로 통함. 고(固)는 비고(鄙固), 즉 꽉 막혀 매우 인색해 보임.

10 埶詐―여기서 집(埶)은 세(勢)자의 뜻으로 쓰임. 모략(謀略)과 같은 의미. 신용할 수 없음.

11 瘠墨―척(瘠)은 예(禮)를 손상시킴. 묵(墨)은 불결한 상태를 가리킴.

12 精雜汙―정(精)은 정(情)자로 통함. 조잡(粗雜)·오예(汙穢), 즉 심사가 거칠고 더러운 상태임을 가리킴.

13 偸儒轉脫―투(偸)는 일을 구차하게 회피함. 유(儒)는 나약하여 일하기를 꺼림. 전탈(轉脫)이란 머리를 교묘하게 굴려 자기 할 일로부터 책임을 벗으려 함.

14 佞兌而不曲―녕(佞)은 말재주를 부림. 태(兌)는 예(銳)자로 통함. 불곡(不曲)은 남에게 양보하지 않고 자기 것으로 취함.

15 辟違―피위(辟違) 두 글자 모두 사악(邪惡)의 뜻. 비뚤어져 못되게 구는 것.

16 程役而不錄 —정역(程役)은 일할 분량을 계산함. 록(錄)은 로(勞)자와 음이
같음. 근로의 뜻. 불록(不錄)이라 함은 적극적으로 일에 힘쓰지 아니함을 의
미함.

[7]

길을 걸으면서 양팔을 펴는¹⁾ 것은 수렁에 빠질까²⁾ 싶어서가 아니다.
걸으면서 목을 숙이는³⁾ 것은 이마를 부딪칠까 싶어서가 아니다. 눈길이
마주칠⁴⁾ 적에 먼저 숙이는 것은 상대가 두려워서가 아니다. 그렇다면
대저 그 사인(士人)은 다만 자신의 몸을 닦아 세상 사람들⁵⁾에게 죄를
짓지 않으려고 하는 것일 따름이다.

行而供翼, 非漬淖也. 行而俯項, 非擊戾也. 偶視而先俯, 非恐懼也. 然夫
士欲獨脩其身, 不以得罪於比俗之人也.

1 供翼 —공(供)은 팔짱 낄 공(拱)자와 같음. 익(翼)은 새가 두 날개 펴듯이 팔
  을 폄. 신중하고 예절 바른 자세를 가리킴.
2 漬淖 —자(漬)는 침윤(浸潤), 즉 물에 담김이고, 뇨(淖)는 니(泥)자와 마찬가
  지로 흙탕물을 가리킴.
3 俯項 —항(項)은 목덜미의 뜻 이외에 경(傾)자의 뜻도 가짐. 얼굴을 수그림.
4 偶視 —우시(偶視)란 대시(對視)와 마찬가지 의미. 시선이 남과 마주보아 맞
  닿음. 눈길이 서로 마주침.
5 比俗之人 —여기서 말하는 비(比)란 비근(鄙近)의 뜻. 비속(鄙俗)을 말함. 세
  련되지 않은 촌사람.

[8]

대저 준마(駿馬)¹⁾는 하루에 천리를 달리지만 둔한 노마(駑馬)도 열
흘 걸리면²⁾ 또한 닿을 수 있다. 그런데 말을 장차 한없이 끝간 데 없이
몰아 가려는가. 그 뼈가 부러지고 근육이 끊어지더라도 죽을 때까지 거
기에 가 닿을³⁾ 수 없을 것이다. 만약 목표를 세워 가 닿을 데⁴⁾가 있다면
천리가 비록 멀더라도 혹 늦고 혹 빠르며 혹 앞서고 혹 뒤쳐질 것이나

어찌 가 닿을 수 없겠는가. 걸음의 한계를 모르고 장차 한없이 끝간 데 없이 몰아 가려는가. 아니면[5] 가서 머무를 (목표) 지점이 있는가. 저 견백설(堅白說)[6]이나 동이론(同異論),[7] 유후(有厚)·무후(無厚)[8] 같은 설이 세밀하지 않은 것은 아니지만 군자가 그것을 가려서 따지지 않는 것은 그칠 데를 알고 있기 때문이다.[9] 기괴한[10] 행동이 어렵지 않은 것은 아니지만 군자가 그것을 하지 않는 것은 그칠 데를 알고 있기 때문이다. 그러므로 학문이란 기다린다[11]고 하는 것이다. 그가 그칠 데를 정하여 나를 기다리고[12] 내가 나아가서 거기에 닿는다면 혹 늦고 혹 빠르며 혹 앞서고 혹 뒤지는 일은 있더라도 어찌 함께 이를 수 없겠는가. 따라서 반걸음 가서 쉬지만 않으면 절름발이 자라도 천리를 가고 흙을 쌓아 포개기를 그치지 않으면 언덕과 산도 높게 이룰 수 있으며 그 수원을 막고[13] 그 흐름의 입구[14]를 터버리면 장강이나 황하의 물도 마르게 할 수 있다. 그러나 앞으로 나아가다가 뒤로 물러서거나 왼쪽으로 향하다가 오른쪽으로 향한다면 빠른 말[15]이라도 끝까지 이르지 못할 것이다. 그 사람의 재능과 성질이 서로 차이[16]는 있더라도 어찌 그 차가 절름발이 자라 발과 빠른 말의 발과 같겠는가. 그러나 절름발이 자라는 이르렀는데 빠른 말이 이르지 못함은 다른 까닭이 있는 것이 아니다. 한쪽은 노력하고 한쪽은 노력하지 않은 것뿐[17]이다. 길이 비록 가까우나 가지 않으면 이르지 못하고 일이 비록 작더라도 하지 않으면 이루지 못한다. 사람됨이 우수하더라도 게으름피우는 자는 남보다 뛰어날 수가 없다.

夫驥一日而千里, 駑馬十駕, 則亦及之矣. 將以窮無窮逐無極與. 其折骨絶筋, 終身不可以相及也. 將有所止之, 則千里雖遠, 亦或遲或速, 或先或後, 胡爲乎其不可以相及也. 不識, 步道者將以窮無窮逐無極與. 意亦有所止之與. 夫堅白同異有厚無厚之察, 非不察也, 然而君子不辯, 止之也. 倚魁之行, 非不難也, 然而君子不行, 止之也. 故學曰遲. 彼止而待我, 我行而就之, 則亦或遲或速, 或先或後, 胡爲乎其不可以同至也. 故蹞步而

不休, 跛鼈千里, 累土而不輟, 丘山崇成, 厭其源開其瀆, 江河可渴. 一進一退, 一左一右, 六驥不致. 彼人之才性之相縣也, 豈若跛鼈之與六驥足哉. 然而跛鼈致之, 六驥不致, 是無他故焉. 或爲之或不爲爾. 道雖邇, 不行不至, 事雖小, 不爲不成. 其爲人也, 多暇日者, 其出人不遠矣.

1 驥—하루에 천리를 달릴 수 있는 빠른 말. 준마.
2 十駕—가(駕)란 수레에 말을 붙여서 길 떠날 준비를 함. 말이 하루 달리는 길. 행정(行程).
3 相及—설정한 목표 지점에 가 닿음. 상(相)은 둘 사이의 관계를 가리킴.
4 所止之—목표를 세워 그 이상은 가지 않는 한계지점을 말함.
5 意亦—여기서 의(意)는 억(抑)자와 마찬가지 의미. 두 가지를 병렬시켜 그것 아니면 저것을 말할 경우. 혹(或)이란 뜻.
6 堅白—희고 단단한 돌. 견백석(堅白石)에 대한 개념 분석에 있어, 그것이 둘 인가 셋인가 하는 중국 고대 논리학파 명가(名家)의 대표 공손룡(公孫龍)이 제기한 문제.
7 同異—사물 인식에 기본적 회의를 제기한 동일과 차이에 관한 논란. 『장자』 「천하(天下)·역물(歷物)」편 혜시(惠施)의 논리 테마.
8 有厚無厚—동이설(同異說)과 마찬가지 사고(思考) 과정에서 문제삼는 궤변 논리의 한 가지 유형.
9 止之也—인간의 사변 한계를 의식하고 그 가능한 현실의 목표를 설정, 더 이상은 하지 않는 자세.
10 倚魁—기(倚)는 기(奇)자, 괴(魁)는 대(大)자의 뜻으로, 두 글자 모두 편벽 (偏僻)·광괴(狂怪) 행위를 의미함.
11 學日遲—여기서 지(遲)는 대(待)자로 통함. 왈(曰)은 자(者)가 잘못 쓰인 것으로 보기도 함. 앞의 학(學)과 이어 학자라고 하는 것을 일러 말함.
12 彼止·待我—피(彼)는 선각(先覺), 아(我)는 후각(後覺)을 의미할 수 있음. 후배가 노력하여 선배가 설정해 놓은 단계까지 따라붙는다는 뜻.
13 厭—여기서 염(厭)은 압(壓)자로 통함. 막을 색(塞)자의 뜻. 물 흐르는 근원을 틀어막음.
14 其瀆—독(瀆)은 수독(水瀆), 구멍 혈(穴)자의 뜻으로 쓰임. 물이 흘러나오는 수로 입구를 가리킴.
15 六驥—육(六)이란 숫자 여섯을 뜻하지 않음. 준마에 대한 대(大)라고 하는 수사학적 표현으로 볼 수 있음.

16 相縣―현(縣)은 현(懸)자와 같음. 현격한 거리.
17 爾―여기서 이(爾)는 그것뿐이라고 하는 한정조사로 쓰임.

[9]

예의 법도를 좋아하여 행하는 이가 사인(士人)[1]이다. 의지를 굳게 가져 예법을 몸에 지닌 이가 군자다. 재주나 지혜가 명민하여 궁하지 않은[2] 이가 성인이다. 사람에게 만일 법도가 없다면 나갈 데를 알지 못할[3] 것이다. 이와 달리 법도는 있더라도 그 뜻을 이해함[4]이 없다면 당황하게 될[5] 것이다. 예법에 따라 의존하고 또 그 세세한 규칙[6]까지 안후에 온후함을 얻을 수 있을 것이다.

好法而行, 士也. 篤志而體, 君子也. 齊明而不竭, 聖人也. 人無法則倀倀然. 有法而無志其義, 則渠渠然. 依乎法, 而又深其類, 然後溫溫然.

1 士―사(士)는 사(事)자로 통함. 능히 그 일을 잘 해낼 수 있는 사람을 가리킴.
2 齊明·不竭―『이아』(爾雅)에 따르면 제(齊)는 질(疾)자와 같음. 민첩한 상태. 명(明)은 총명함. 불갈(不竭)이란 불궁(不窮)과 마찬가지 뜻으로, 원만하여 여러 가지 대응에 궁해지지 않은 상태를 말함.
3 倀倀然―어찌할 줄 모르는 형용. 길잡이를 잃고 갈 곳을 모르는 상태를 가리킴.
4 無志其義―지(志)는 알 식(識)자와 같음. 의(義)란 예법의 기본 정신. 그 본지(本旨).
5 渠渠然―거(渠)는 거(遽)자와 같은 뜻. 놀라고 침착하지 못한 모양. 절제를 하지 못함. 눈이 휘둥그레지는 구구(瞿瞿)와 마찬가지 표현.
6 類―넓은 의미의 예법 전체를 가리킴. 혹은 현행법과 관련된 세부 규칙이나 관습을 말함.

[10]

예(禮)라고 하는 것은 내 몸을 바르게 갖는[1] 수단이다. 스승이라고 하는 것은 예를 바르게 가르치는 사람이다. 예가 없다면 무엇을 가지고 내 몸을 바로잡을 것인가. 스승이 없다면 내 어찌 예의 옳은 가치[2]를 알

수 있겠는가. 예가 정한 그대로 그렇게 행해진다면 바로 정서가 예 쪽
으로 안정될 것이다. 스승이 이르는 말 그대로 전해진다면 바로 지혜가
스승과 똑같아질 것이다. 정서가 예 쪽으로 안정되고 지혜가 스승과 똑
같아진다면 바로 이가 성인이다. 그러므로 예를 부정함은 바로 법을 업
신여김이고 스승을 부정함은 바로 스승을 업신여김이다. 스승과 법을
옳다고 인정하지 않고 제멋대로 굴기를 좋아함[3]은 바로 장님의 눈을 가
지고 색깔을 판별하고 안 들리는 귀를 가지고 소리를 분별하려는 것과
같아서 어지럽고 망령된 사람이 아니면[4] 할 수 없을 것이다. 따라서 학
문이란 것은 예를 준칙(準則)으로 삼는 것이다. 대저 스승이란 자신을
올바른 본보기[5]로 삼고 스스로 예의 경지에 안주하기를 소중히 여기는[6]
자이다. 『시』[7]에 이르기를 '알지 못하는 사이[8]에 하늘의 법칙에 따랐도
다[9]' 라고 하니 이것을 가리켜서 하는 말이다.

禮者所以正身也. 師者所以正禮也. 無禮何以正身. 無師吾安知禮之爲是
也. 禮然而然, 則是情安禮也. 師云而云, 則是知若師也. 情安禮, 知若師,
則是聖人也. 故非禮是無法也, 非師是無師也. 不是師法而好自用, 譬之
是猶以盲辨色, 以聾辨聲也, 舍亂妄無爲也. 故學也者法禮也. 夫師以身
爲正儀, 而貴自安者也, 詩云, 不識不知順帝之則. 此之謂也.

1 正身―객관적 사회규범인 예에 따라 자기 개인의 방종함을 억제하고 바른
   틀 속에 자신을 규율하는 상태.
2 爲是―여기서 시(是)는 정선(正善). 그만한 가치가 있다고 인정되는 것을 말
   함.
3 好自用―자용(自用)이란 자기가 생각한 대로 거리낌없이 행동함. 일종의 방
   종을 의미함.
4 舍亂妄―사(舍)는 사(捨) 또는 제(除)자로 통함. 난망(亂妄)은 조리에 맞지
   않게 아무렇게나 하는 무책임한 언동. 엉터리 짓을 제외하고는 아무것도 없
   다고 하는 의미.
5 正儀―의(儀)는 행위의 기준이 되는 의표(儀表). 올바른 모범을 가리킴.
6 貴自安―예를 실천할 수 있는 세계에 스스로 안주할 수 있는 자세를 중히 여

김. 안(安)은 침착하게 자리잡음.

7 詩—『시경』「대아(大雅)·황의(皇矣)」편의 끝장 글귀를 말함.

8 不識不知—전혀 의식하지 못하는 상태. 무의식중에 이루어짐.

9 順帝之則—여기서 제(帝)라 함은 천(天)을 의미함. 자연의 법칙에 순응함을 가리킴.

[11]

성실하고 고분고분하다면[1] 아직 선함이 적은 자[2]라고 말할 수 있다. 여기에 더하여 학문을 좋아하고 겸양에 힘쓴다면[3] 같은 수준의 사람은 있더라도 그 위로 넘어설 이는 없어[4] 군자가 될 자라고 할 수 있다. 게 을러 일을 싫어하고 염치가 없으며 마시고 먹기만 즐긴다면 아직 악함 이 적은 자라고 말할 수 있다. 여기에 더하여 제멋대로 굴어 거칠고[5] 유 순하지 못하며 음험하고 불공스럽다면 선하지 못한 자[6]라고 말할 수 있 다. 비록 죽일 형벌에 빠뜨린다고 해도 좋을 것이다.

端慤順弟, 則可謂善少者矣. 加好學遜敏焉, 則有鈞無上, 可以爲君子者 矣. 傷儒憚事, 無廉恥而嗜乎飮食, 則可謂惡少者矣. 加惕悍而不順, 險賊 而不弟焉, 則可謂不詳者矣, 雖陷刑戮可也.

1 順弟—제(弟)는 제(悌)자와 같음. 효제(孝悌)와 마찬가지로 연장자에 대한 공경과 종순을 의미함.

2 善少者—선을 행함이 적은 자. 그 정도로는 아직 선에 충분히 이르지 못했다 고 평가함.

3 遜敏—손(遜)은 겸(謙)자의 뜻으로, 겸허함. 민(敏)은 면(勉)자로 통함. 분 발·노력하는 적극적인 자세를 말함.

4 有鈞無上—균(鈞)은 등(等) 혹은 평(平)자로 통함. 수평으로 똑같은 자리에 나란히 함. 무상(無上)이란 그 자리 이상으로 월등하게 더 오를 자가 없음.

5 惕悍—탕(惕)은 탕(湯)자와 같음. 방탕함. 한(悍)은 흉악하고 사나움.

6 不詳者—상(詳)은 상(祥)자와 통용됨. 선(善)의 뜻. 불상(不詳)이란 바로 악 (惡)을 뜻함.

[12]

 나이 많은 이를 소중히 대한다면[1] 젊은이도 저절로 따르게[2] 되고 능력 없는 이를 곤궁하게 만들지[3] 아니한다면 유능한 이[4]가 모여들게 될 것이며 남모르게[5] 선을 행하고 보답 없이[6] 베푼다면 어진 이나 어리석은 이가 모두 따르게 될[7] 것이다. 사람에게 이 세 가지 행위가 있다면 비록 큰 재앙[8]이 있더라도 하늘이 버려두지 아니할 것이다.

老老而壯者歸焉, 不窮窮而通者積焉, 行乎冥冥而施乎無報, 而賢不肖一焉. 人有此三行, 雖有大過, 天其不遂乎.

 1 老老 — 앞의 노(老)는 연장자를 공경하고 친절하게 모심. 뒤의 노(老)는 연장자 자신을 가리킴.
 2 歸焉 — 귀(歸)는 귀복(歸服)의 뜻. 친숙해져서 잘 따름. 언(焉)은 세 군데 모두 같은 의미로, 예가 행해지고 있는 그 사회를 직접 가리킴.
 3 窮窮 — 앞의 궁(窮)은 어려운 처지로 내몰아 더욱 곤궁하게 만듦. 뒤의 궁(窮)은 무능력자를 가리킴.
 4 通者 — 유능한 사람. 사회적으로 영달하고 경제적 우위를 차지한 이를 가리킴.
 5 冥冥 — 어두운 곳 혹은 캄캄한 상태. 남이 전혀 알지 못하는 장소.
 6 施乎無報 — 여기서 시(施)란 보시(布施)와 마찬가지 의미. 이해타산을 하지 않고 베풂. 보답을 기대하지 않음.
 7 一焉 — 일(一)이란 모두 다 하나같이 됨. 하나로 융합하여 삶을 즐기는 상태를 말함.
 8 大過 — 과(過)는 화(禍)자로 통함. 자연 속에 일어나는 재앙.

[13]

 군자가 이(利)를 구하는 일에는 대범[1]하지만 그 해(害)를 멀리함[2]에는 재빠르다. 그 욕을 피하는 일에는 조심스럽지만[3] 바른 도리를 행함에는 용감하다.

君子之求利也略, 其遠害也早. 其避辱也懼, 其行道理也勇.

1 略—엉성하게 대충대충함. 그 일에 별로 관심을 갖지 않음.

2 遠害—해악을 물리침. 해(害)란 반사회적, 특히 가치 없는 일에 말려들어 생기는 손해를 말함.

3 懼—두려워하고 근신하는 모양. 구(懼)를 겁(怯)자로 풀이하여 용(勇)과 대립시켜 말함.

[14]

군자는 빈궁하더라도 뜻은 넓고 부귀하더라도 몸가짐이 공손하며 편하게 쉬더라도[1] 게으름피우지 않고[2] 고달프더라도[3] 용모가 지저분해 보이지 않으며[4] 성나더라도 지나치게 빼앗지 않고 기쁘더라도 지나치게 주지 않는다. 군자가 빈궁하더라도 뜻이 넓다고 함은 인(仁)을 높이기 때문이다. 부귀하더라도 몸가짐이 공손하다고 함은 권세를 낮추려[5] 하기 때문이다. 편하게 쉬더라도 게으름피우지는 않는다고 함은 당연한 도리를 가려서 지키기[6] 때문이다. 고달프더라도 용모가 지저분해 보이지 않는다고 함은 예절 갖추기를 좋아하기[7] 때문이다. 성나더라도 지나치게 빼앗지 않고 기쁘더라도 지나치게 주지 않는다고 함은 바로 법(法)이 사적인 정서를 이겨낼 수 있기 때문이다. 『서』[8]에 말하기를 '좋아하는 마음을 갖지 말고[9] 선왕의 도를 따르며 미워하는 마음을 갖지 말고 선왕의 길을 따르라'고 하였으니 이 말은 군자가 능히 공의(公義)를 가지고 사욕을 극복할 수 있다는 것이다.

君子貧窮而志廣, 富貴而體恭, 安燕而血氣不惰, 勞勌而容貌不枯, 怒不過奪, 喜不過予. 君子貧窮而志廣, 隆仁也. 富貴而體恭, 殺埶也. 安燕而血氣不惰, 柬理也. 勞勌而容貌不枯, 好文也. 怒不過奪, 喜不過予, 是法勝私也. 書曰, 無有作好, 遵王之道, 無有作惡, 遵王之路. 此言君子之能以公義勝私欲也.

1 安燕—연(燕)은 안(安)과 마찬가지 뜻으로 쉴 식(息)자와 통함. 마음을 느긋하게 가짐.

2 血氣不惰 — 여기서 혈기(血氣)란 건강하여 생기가 넘치는 모양. 타(惰)는 태만히 함.

3 勞勧 — 권(勧)은 권(倦)으로 통함. 일에 지쳐서 싫증이 남.

4 不枯 — 고(枯)는 고(楛)자와 같은 뜻. 추악해 보임. 혹은 군색스러움. 구차(苟且)하다는 의미. 해이해져서 몸이 나른해짐.

5 殺埶 — 여기서 살(殺)은 내릴 쇄(殺)자로 발음함. 감쇄(減殺)함. 세(埶), 즉 권세를 줄이려 노력함.

6 柬理 — 간(柬)은 가릴 간(簡)자와 같음. 알맞게 예를 가려서 행동함. 사리에 어긋나지 않는 태도.

7 好文 — 여기서 문(文)은 교(交)자와 같은 뜻으로 봄. 사회활동에서 인간의 상호관계를 중요하게 여김. 혹은 예에 의한 외모의 꾸밈, 예의 절문(節文) · 문식(文飾)을 좋아함.

8 書 — 『서경』「주서(周書) · 홍범(洪範)」의 인용 글귀.

9 無有作好 — 여기서 무(無)는 강한 의미의 금지사. 작호(作好)란 개인적으로 선호하는 감정을 드러냄.

3 불구不苟

불구라는 편명은 첫머리의 불귀구난(不貴苟難) 중 불
(不)과 구(苟) 두 글자를 따서 붙인 것이다. 그 의미는
도의적 측면에서 우리가 해야 할 일과 해서는 안 될 일
을 가려, 안 될 일이라면 가령 그것으로 해서 큰 이익을
얻을 수 있다 해도 결코 하지 않는다는 것이다. 다시 말
해서 군자와 소인을 엄격히 구분하여, 특히 군자가 취
할 행위는 누구나 옳다고 인정하는 보통의 정상적인 것
이어야 하고, 그 이상은 굳이 존중할 일이 못 된다는 주
장을 상세히 설명하고 있다.

[1]

군자는 그 행위에 있어 지극히 하기 어려운[1] 일이라면 결코 귀하게
여기지 않고 그 말을 함에 있어 지나치게 빈틈없고 세밀하다면[2] 결코
귀하게 여기지 않으며 그 명성에 있어 지나치게 널리 알려진[3] 것이라면
결코 귀하게 여기지 않는다. 오로지 사리에 합당할[4] 경우에만 귀하게
생각하는 것이다. 그러므로 돌을 품에 안고 강물에 뛰어드는 것은 행하
기가 대단히 어려운 일이요 신도적(申徒狄)[5]은 능히 그 일을 했으나 군
자가 귀하게 여기지 않는 것은 예의에 알맞지 않았기 때문이다. 산과
못은 고루 평평[6]하고 하늘과 땅은 높낮이가 비등하며 제(齊)와 진(秦)
은 한데 겹쳐 있고[7] 낚싯바늘에는 아가미[8]가 있으며 알 속에 털이 있다[9]
고 함은 바로 말을 함에 있어 논리를 견지하기 어려운 것이지만 혜시
(惠施)[10]나 등석(鄧析)[11]은 능히 그것을 할 수 있었으나 군자가 귀하게
여기지 않는 것은 예의에 알맞지 않았기 때문이다. 도척(盜跖)이 명성
을 탐냄은 마치 해와 달처럼 빛나 우(禹)나 순(舜)과 같이 오래도록 전
해져 그치지 않았으나 군자가 귀하게 여기지 않는 것은 예의에 알맞지
않았기 때문이다. 그래서 말하기를 '군자는 그 행위에 있어 지극히 하
기 어려운 일이라면 결코 귀하게 여기지 않고 그 말을 함에 있어 지나
치게 빈틈없고 세밀하다면 결코 귀하게 여기지 않으며 그 명성에 있어
지나치게 널리 알려진 것이라면 결코 귀하게 여기지 않는다. 오로지 사
리에 합당할 경우에만 귀하게 생각하는 것이다'라고 한다. 『시』[12]에 말
하기를 '많은 사물이 있더라도 오직 그 긴요한 것[13]만 취하도다'라고
하였으니 바로 이것을 가리켜서 하는 말이다.

君子行不貴苟難, 說不貴苟察, 名不貴苟傳, 唯其當之爲貴. 故懷負石而

赴河, 是行之難爲者也, 而申徒狄能之, 然而君子不貴者, 非禮義之中也. 山淵平, 天地比, 齊秦襲, 鉤有須, 卵有毛, 是說之難持者也, 而惠施鄧析能之, 然而君子不貴者, 非禮義之中也. 盜跖貪名聲若日月, 與禹舜俱傳而不息, 然而君子不貴者, 非禮義之中也. 故曰, 君子行不貴苟難, 說不貴苟察, 名不貴苟伝, 唯其當之爲貴. 詩曰, 物其有矣, 唯其時矣. 此之謂也.

1 苟難—구(苟)는 성(誠)자로 통함. 난(難)은 지극히 힘든 일, 일반 사람으로는 절대로 할 수 없는 일을 가리킴.

2 苟察—지나치게 정밀함. 개념의 분석에 있어 철저를 기함.

3 苟傳—오래도록 널리 전해져 알려짐. 시간적으로나 공간적으로 완벽하다고 평가받음.

4 當之—여기서 당(當)은 적중(的中)의 뜻. 예의에 합당함. 인간적인 생활 정서에 타당함.

5 申徒狄—은(殷)의 현인으로 알려짐. 세상이 어지러워진 것에 분을 못 참아 황하에 투신 자살하였다고 전해짐.

6 山淵平—산과 못의 고저 차는 현격한 것이지만 공간 개념을 무시한다면 균평(均平)한 것이 된다는 설.『장자』「천하」편의 명제 중 하나.

7 齊秦襲—여기서 습(襲)은 중(重)자와 같은 뜻. 제(齊)와 진(秦)은 실제로는 멀리 떨어져 있는 사이지만 서로 겹쳐 있는 것처럼 거리 감각이 없음.

8 鉤有須—구(鉤)는 낚싯바늘. 수(須)는 턱수염. 여기서는 물고기의 아가미를 가리킴. 아가미에 낚시가 걸려 끌어올려지는 상태.

9 卵有毛—알에서 부화한 병아리가 깃털을 달고 있는 상태를 유추하여 본래 알 속에 털이 있다고 하는 궤변 논리.

10 惠施—장주(莊周)와 같은 시기의 송(宋)나라 사람. 위(魏)의 재상이었다고 함.

11 鄧析—정(鄭)의 대부(大夫). 자산(子産)의 정치를 비난하여 살해됨. 형명(形名) 양가(兩可)설을 내걸었음.

12 詩—『시경』「소아(小雅)·어리(魚麗)」편의 끝장 인용 글귀.

13 其時—시(時)는 의(宜)·선(善)자와 마찬가지 의미. 득시(得時), 즉 적절한 때를 얻는다고 풀이할 수도 있음.

[2]

군자는 온화하여 접근[1]하기는 쉽지만 허물없이 굴기[2]는 어렵고 삼가 조심시키기는 쉽지만 협박하기는 어렵다. 화 입기는 무서워하지만 의를 위한 죽음은 피하지 않고 이득은 바라지만 옳지 않은 일은 하지 않는다. 교제는 친밀하게 하지만 너무 치우치지[3] 않고 말은 잘하지만 어지럽지 않으며 마음은 평온하고 넓어서[4] 세속과는 다른 것이다.

君子易知而難狎, 易懼而難脅. 畏患而不避義死, 欲利而不爲所非. 交親而不比, 言辯而不亂, 蕩蕩乎其有以殊於世也.

1 易知 ―여기서 지(知)는 화(和)자로 통함. 유월(兪樾)은 『묵자』(墨子) 「경」(經) 상편의 지(知)는 접(接)이라 한 말을 들어 교접(交接)이란 의미로 풀이함.
2 難狎 ―압(狎)은 닐(昵)·친(親)자와 같은 뜻. 아무 흉허물 없이 아주 가까운 사이를 가리킴. 얕잡아 깔볼 수 없음을 말함.
3 比 ―여기서 비(比)는 아당(阿黨), 즉 치우침. 사심을 가지고 아첨함. 『논어』 「위정」(爲政)편의 '주이불비'(周而不比)라고 한 비(比)와 마찬가지 의미.
4 蕩蕩乎 ―관유(寬裕)·광대(廣大)한 모양. 마음이 너그럽고 큼. 『논어』 「태백」(泰伯)편 또는 「술이」(述而)편 참조.

[3]

군자는 능해도[1] 호감을 주고 능하지 못하더라도 호감을 준다. 소인은 능해도 추해 보이고 능하지 못하더라도 추해 보인다. 군자가 능하면 관용과 정직[2]을 가지고 남을 계발[3] 지도하고 능하지 못하더라도 공경스럽게 제 몸을 낮추어[4] 가지고 남을 삼가 섬긴다. 소인은 능하면 오만하고 도리에 어긋나 남을 너무 방자하게 대하고[5] 능하지 못하여도 샘내고 비방해[6] 남을 뒤집어엎는다. 그러므로 말하기를 '군자가 능하면 사람들이 배우기를 좋아하고[7] 능하지 못하면 사람들이 깨우쳐주기를 좋아한다.[8] 소인이 능하면 사람들이 그에게 배우기를 창피하게 여기고 능하지 못하면 사람들이 깨우쳐주기를 부끄럽게 생각한다'라고 하니 바로 이것이 군자와 소인의 다른 점이다.

君子能亦好, 不能亦好. 小人能亦醜, 不能亦醜. 君子能, 則寬容易直, 以
開道人, 不能, 則恭敬繜絀, 以畏事人. 小人能, 則倨傲僻違, 以驕溢人,
不能, 則妒嫉怨誹, 以傾覆人. 故曰, 君子能, 則人榮學焉, 不能, 則人樂
告之. 小人能, 則人賤學焉, 不能, 則人羞告之. 是君子小人之分也.

1 能—지적 특수 능력·재능을 말함. 그 인격·교양·자질의 높낮음을 가지고
  군자·소인을 가리는 기준으로 삼는다는 뜻.
2 易直—화이(和易)와 정직(正直)을 가리킴. 순박하고 상냥함.
3 開道—개(開)는 계(啓)자로 통함. 도(道)는 도(導)자와 같음. 남을 깨우쳐 인
  도함.
4 繜絀—준(繜)은 꺾을 준(撙)자, 출(絀)은 물리칠 출(黜)자와 같은 뜻. 기세를
  꺾고 자신을 낮춘다고 하는 의미.
5 驕溢—교만(驕慢)과 같은 뜻. 일(溢)은 넘치도록 가득 차는 모양. 지나치게
  뽐냄.
6 妒嫉怨誹—투질(妒嫉)은 질투와 마찬가지 의미. 남이 잘되는 꼴을 못 보아
  시새워 원망하는 어조로 비방함.
7 榮學—영(榮)이란 명예를 사모함. 또는 희(喜)자의 뜻으로 풀이하는 쪽이 더
  잘 어울림. 남이 그를 따라 배우기를 좋아함.
8 樂告之—요(樂)는 자진하여 남을 깨우쳐주기를 좋아함. 원(願)자의 뜻으로
  도 통함. 여기서 고지(告之)라 하는 것은 미처 의식하지 못한 사항을 지적하
  고 일러줌.

[4]

군자는 느긋하지만 게으르지 않고[1] 모가 나지만 상하게 하지 않으
며[2] 말은 잘하더라도 다투지 않고 밝게 살피더라도 과격하지 않으며
홀로 서지만[3] 남을 밀어제치지 않고 굳세지만 사납지 않으며 부드럽게
몸을 낮추더라도 말려들지 않고[4] 공경하고 근신하더라도 너그럽게 포
용[5]할 수 있다. 대저 이를 일러 지문(至文)[6]이라고 하는 것이다. 『시』[7]
에 말하기를 '안온하고 공손한 사람이여 오직 그대가 덕의 근본이로다'

라고 하였으니 바로 이것을 가리켜서 하는 말이다.

君子寬而不僈, 廉而不劌, 辯而不爭, 察而不激, 直立而不勝, 堅彊而不
暴, 柔從而不流, 恭敬謹慎而容, 夫是之謂至文. 詩曰, 溫溫恭人, 惟德之
基, 此之謂也.

1 寬而不僈—관(寬)은 관홍(寬弘)·관유(寬裕)의 뜻으로, 마음·도량이 넓고
   느긋함. 만(僈)은 게으를 만(慢)자와 같음.
2 廉而不劌—렴(廉)은 릉(稜)자와 마찬가지 의미로 모가 난 상태. 염우(廉隅)
   와 같은 뜻. 귀(劌)는 이상(利傷), 즉 살짝 찔러서 손상을 입힘.
3 直立—독립적인 기상이 있어 남에게 지지 않음. 남의 의견에 귀를 기울이지
   아니하고 꼿꼿하게 독자적으로 행동함.
4 不流—여기서 유(流)는 유속(流俗)에 빠져듦. 주체성이 없는 상황을 말함.
5 容—관용(寬容)·종용(從容)과 같은 의미. 여유가 있어 보이는 상태. 유유하
   게 지내는 삶.
6 至文—지(至)는 최고의 단계에 이름. 문(文)은 문식(文飾)의 뜻. 이상을 실현
   한 덕이 완비되어 있는 상태를 가리킴.
7 詩—『시경』「대아(大雅)·억(抑)」편의 인용 글귀.

[5]

군자는 다른 사람의 덕을 높이고 다른 사람의 아름다움을 칭찬하지
만 아첨하는 것이 아니다. 바르게 논의하고 솔직하게 지적하여[1] 다른
사람의 허물을 들어 비판하지만 헐고 흠집 내는 것이 아니다. 자신의
장점[2]을 말하고 우(禹)와 순(舜)에 견주고 천지에 참여한다[3] 하더라도
과장하는[4] 것은 아니다. 때맞추어 처신[5]하고 창포나 갈대[6]처럼 유연하
게 종순하더라도 무서워 겁내는 것은 아니다. 의지가 강하고 굳어서 소
신대로 추진해 나가지 않는 것이 없더라도[7] 교만하거나 거친 것은 아니
다. 이는 도의를 가지고 변통하고 대응하며[8] 곡직(曲直)[9]에 잘 맞출 줄
알기 때문인 것이다. 『시』[10]에 말하기를 '왼쪽으로 가야 할 때는 왼쪽으
로 가서 군자는 거기에 알맞으며[11] 오른쪽으로 가야 할 때는 오른쪽으

로 가서 군자는 그것을 잘 지니는도다' 라고 하였으니 이 말은 군자가
능히 도의를 가지고 때맞추어 처신하고 변통하고 대응하기 때문이라고
하는 것이다.

君子崇人之德, 揚人之美, 非諂諛也. 正義直指, 擧人之過, 非毁疵也.
言己之光美, 擬於禹舜, 參於天地, 非夸誕也. 與時屈伸, 柔從若蒲葦,
非懾怯也. 剛彊猛毅, 靡所不信, 非驕暴也. 以義變應, 知當曲直故也. 詩
曰, 左之左之, 君子宜之, 右之右之, 君子有之. 此言君子能以義屈信變應
故也.

1 正義直指―의(義)는 의(議)와 같은 의미. 직지(直旨)란 문제가 되는 점을 거
  침없이 지적 또는 제기함.
2 己之光美―광미(光美)는 훌륭한 아름다움. 남보다 뛰어난 자기 장점 혹은 우
  수성을 가리킴.
3 參於天地―세계의 존재 근원을 이른바 천·지·인(天地人) 삼재(三才)의 기
  능으로 파악, 그 전체적 움직임에 특히 군자 스스로 참여할 대등한 능력을 인
  정함.
4 夸誕―과(夸)는 과(誇)자로 통함. 탄(誕) 역시 같은 뜻. 크게 속이는 거짓
  말. 허풍 떠는 것.
5 與時屈伸―굴신(屈伸)은 출신(詘伸)과 같은 의미. 몸을 굽혔다 폈다 함. 시
  대 변화 추이에 따라 진퇴를 신축성 있게 함.
6 蒲葦―포(蒲)는 창포·부들 혹은 갯버들. 갈대와 마찬가지 유연성을 비유하
  여 말함.
7 靡所不信―미(靡)는 부정사. 신(信)은 신(伸)자와 마찬가지 뜻. 무슨 일이든
  자기 소신대로 추진해 나감을 강조한 형식.
8 以義變應―여기서 의(義)는 의(宜)자로 통함. 그 마땅한 도리. 인간관계의
  타당성을 가리킴. 변응(變應)이란 그때그때 형편에 따라서 바꾸는 대응조치.
9 當曲直―당(當)은 상황 변화에 적절하게 맞춤. 곡직(曲直)은 사악함과 정직
  함, 시(是)와 비(非)를 가리킴.
10 詩―『시경』「소아(小雅)·상상자화(裳裳者華)」편 끝부분의 인용 글귀.
11 宜之―시의(時宜)에 따름. 마땅한 시기에 그대로 잘 따름.

[6]

군자는 소인의 반대다. 군자가 마음이 넓으면 천(天)을 공경하여 도에 알맞고[1] 마음이 좁더라도 의를 존중하여 절도 있으며 슬기로우면 사물에 밝게 통하여 일반 준칙에 맞고[2] 어리석더라도 정직하고 성실하여 법을 잘 지키며 쓰여지면[3] 음전하게 제 자리에 멈출 줄 알고[4] 때를 못 얻더라도[5] 조심성 있게 몸을 가지런히 하며 기쁠 때는 마음이 온화하게 다스려지고 슬플 때는 조용히 가라앉으며 통하면 예를 지켜 밝게 하고[6] 궁하더라도 그 도를 소상히 밝히는 것이다.[7] 소인은 그렇지 않다. 마음이 넓으면 방만하여 거칠고 마음이 좁으면 음란하여 형평을 잃으며[8] 슬기로우면 도둑질이 심해지고[9] 어리석으면 해악을 끼쳐[10] 난폭하며 쓰여지면 약삭빠르게 돌아서서 뽐내고[11] 때를 얻지 못하면 원한을 품어 음험해지며 기쁠 때는 경박하게 들썩거리고[12] 슬플 때는 의기소침하여 부들부들 떨며 때를 얻으면 교만해서 빗나가고[13] 궁하면 자포자기하여 야비해지는 것이다.[14] 전해 오는 말에 이르기를 '군자는 어느 경우에나 발전해 나아가지만 소인은 어느 경우에나 다 폐퇴해 간다'라고 하였으니 이것을 가리켜서 하는 말이다.

君子小人之反也. 君子大心則敬天而道, 小心則畏義而節, 知則明通而類, 愚則端慤而法, 見由則恭而止, 見閉則敬而齊, 喜則和而理, 憂則靜而理, 通則文而明, 窮則約而詳. 小人則不然. 大心則慢而暴, 小心則流淫而傾, 知則攫盜而漸, 愚則毒賊而亂, 見由則兌而倨, 見閉則怨而險, 喜則輕而翾, 憂則挫而懾, 通則驕而偏, 窮則棄而儑. 傳曰, 君子兩進, 小人爾廢. 此之謂也.

1 敬天而道—여기서 천(天)은 자연을 가리킴. 도(道)란 그 법칙성에 일치함. 자연의 합법칙성에 대하여 자신을 엄숙하게 삼감.
2 明通而類—유(類)는 앞서 권학(勸學)·수신(修身)편의 경우와 마찬가지로 성문법에 명시되지 않은 세부 준칙을 말함. 관습을 유추하여 타당한 행동을 취함.

3 見由 — 견(見)은 피(被)자와 같은 수동형의 조사. 유(由)는 용(用)자의 뜻으로, 높이 등용되어 앞길이 훤하게 트인 상태를 가리킴.

4 恭而止 — 공(恭)은 나대지 않고 조심성이 많음. 지(止)는 만족할 줄 앎. 옳고 그릇됨을 판단하여 그 바른 위치에 멈춤.

5 見閉 — 폐(閉)는 색(塞)자와 같은 뜻. 진로가 막혀서 생각대로 되지 않음. 혹은 소외당함.

6 通則文 — 여기서 통(通)이란 인간관계가 순조롭게 잘 풀려나감. 역경에서의 곤궁함과 반대 의미. 문(文)은 예의범절을 가리킴.

7 約而詳 — 약(約)은 검약(儉約)과 같은 의미. 작게 줄임. 도(道) 전체를 실현할 수 없으므로 그 상세한 점만을 대략 밝힘.

8 淫而傾 — 음(淫)은 그 앞에 유(流)자가 붙어 도에 지나친 어지러움을 가리킴. 경(傾)은 정상 아닌 부정적 상태.

9 攫盜而漸 — 확도(攫盜)란 남의 것을 후려쳐서 빼앗음. 점(漸)은 진(進)자의 뜻이나 역시 극(劇)자로 통함. 사기(詐欺)라는 의미도 달리 가짐.

10 毒賊 — 독(毒)과 적(賊) 두 글자 모두 상해를 입힘. 남에게 손해를 끼친다고 하는 의미.

11 兌而倨 — 태(兌)는 예(銳)자와 같은 뜻. 여기서는 빠를 질(疾)자의 의미. 거(倨)는 오만하게 으스댐.

12 輕而翾 — 경(輕)은 경솔함. 현(翾)은 성급할 환(懁)자로 통함. 파뜩파뜩 날아다님. 마음이 들떠서 침착해질 수 없는 상황.

13 驕而偏 — 교(驕)는 흥분한 상태로 뻐김. 편(偏)은 편파(偏頗), 즉 치우친 행동 때문에 중정(中正)을 잃는 모습.

14 棄而儑 — 기(棄)란 자포자기를 의미함. 습(儑)은 습(隰)자로 통함. 질펀하게 낮은 지대. 바로 비(卑)자와 같은 의미. 혹은 불혜(不慧)의 뜻도 가짐. 어리석은 행동을 함부로 함.

[7]

군자는 치(治)[1]를 다스리고 난(亂)[2]을 다스림이 아니다 라고 함은 무엇을 일러 하는 말인가. 대답하여 말하기를 예의[3]를 치라 하고 예의가 아닌 것을 난이라 한다. 그러므로 군자는 예의를 다스리는 자이며 예의가 아닌 것을 다스리는 자가 아니라는 것이다. 그렇다면 나라가 어지러워 예의가 없으면 장차 다스리지 않겠다고 하는 것인가. 대답하여 말하기를 나라가 어지러워져서 그것을 다스린다고 하는 것은 그 어지러움을 근거⁴⁾로 다스려 가는 것이 아니라 그 어지러운 것을 제거하고 그것을 다스려지게⁵⁾ 한다는 뜻이다. 사람의 행실이 더러운 것을 씻는다⁶⁾는 것은 그 더러운 것을 씻음을 가리키는 것이 아니라 더러움을 제거하여 거기에 깨끗함을 가지고 바꾼다는 것이다. 그러므로 난을 제거하더라도 난을 다스림은 아니며 더러움을 제거하더라도 더러움이 씻김은 아닌 것이다. 치라고 하는 이름의 그 의미는 마치 군자가 치를 다루되 난은 다루지 않으며 청결을 다루되 더러움은 다루지 않는 것과 같은 것이다.

君子治治, 非治亂也. 曷謂耶. 曰, 禮義之謂治, 非禮義之謂亂也. 故君子者治禮義者也, 非治非禮義者也. 然則國亂將弗治與. 曰, 國亂而治之者非案亂而治之之謂也, 去亂而被之以治. 人汙而脩之者, 非案汙而脩之之謂也, 去汙而易之以脩. 故去亂而非治亂也, 去汙而非脩汙也. 治之爲名, 猶曰君子爲治而不爲亂, 爲脩而不爲汙也.

1 治治―앞의 치(治)는 '다스리다'라는 동사, 뒤의 치(治)는 추상명사, 즉 예의를 가리킴. 여기서는 군자가 말하는 치(治)의 의미를 자문자답 형식을 취하여 설명함.

2 治亂―사람의 성정이 본래 악하다고 하는 관점에서 패란(悖亂)의 문제를 다루는 방식.

3 禮義―치란(治亂)·평치(平治)의 수단. 인위적 노력의 축적과 그 규범을 말함.

4 案亂―안(案)은 기능할 수 있는 바탕을 말함. 거(據)자와 마찬가지임. 안(按) 또는 의(依)자로도 통함.

5 被之―새 옷을 입힘. 여기서는 가(加)자의 뜻으로 파악함이 더 적절함.

6 脩之―여기서 수(脩)는 수결(脩潔), 즉 청결의 뜻. 유월은 척(滌)자와 같은 뜻으로 봄. 탁(濯)자와도 통함.

[8]

군자가 몸을 깨끗이 하면¹⁾ 같은 부류의 결백한 자들이 모여들고 그 하는 말이 선량하면 같은 부류 사람들이 응해 온다. 그러므로 한 말이 울면 다른 말이 이에 응하여 울부짖는데 그러나 이는 지려가 있어서 그런 것이 아니라 자연의 추세²⁾인 것이다. 그래서 새로 목욕을 한 자는 그 옷을 털고 새로 머리 감은 자는 갓을 털어낸다고³⁾ 하니 이는 사람의 자연스런 정이다. 그 누가 능히 자신의 밝은 지려⁴⁾를 가지고 다른 사람의 암우(暗愚)함⁵⁾을 받아들이려고 하겠는가.

君子絜其身而同焉者合矣, 善其言, 而類焉者應矣. 故馬鳴而馬應之, 非知也, 其勢然也. 故新浴者振其衣, 新沐者彈其冠, 人之情也. 其誰能以己之瀐瀐受人之惐惐者哉.

1 絜其身 —결(絜)은 결(潔)자와 같음. 청렴결백함을 말함. 신(身)을 변(辯)자로 하는 다른 판본도 있음.
2 其勢然 —두루 사려해서 그렇게 되는 것이 아니고 다수의 힘으로 절로 되어 버리는 것을 말함.
3 彈其冠 —갓에 앉은 먼지를 털어버림. 세진(世塵)을 깨끗이 없애는 것을 비유함.
4 瀐瀐 —초초(瀐瀐)는 자세히 살펴보는 모양. 명찰함을 뜻함. 혹은 물이 잦아 없어짐. 진(盡)자로도 통함.
5 惐惐 —역(惐)은 혼(昏)자와 같은 뜻. 어두운 모양. 또는 혼혹(昏惑), 즉 사리에 어둡고 마음이 어리석음.

[9]

군자가 마음을 기르는 데¹⁾는 정성보다 더 좋은 것이 없다. 여기서 정성을 다한다²⁾ 함은 다른 일이 아니다. 오직 인(仁)을 지키고 오직 의(義)를 행할 뿐이다. 마음을 정성스럽게 갖고 인을 지키면 그 덕이 저절로 드러나고 드러나면 의식작용이 신묘해지며 신묘하면 동화시킬 수 있다. 마음을 정성스럽게 갖고 의를 행하면 도리가 서고 도리가 서면 분명해지며 분명하면 모든 것을 변개시킬 수 있다. 변개나 동화가 번갈아 일어나는³⁾ 것을 가리켜 천덕(天德)⁴⁾이라 한다. 하늘은 말을 하지 않아도 사람이 그것을 높다고 추존(推尊)하고 땅은 말을 하지 않아도 사람이 두텁다고 추존하며 사시 계절은 말을 하지 않아도 백성들이 그것을 예측하고 대처한다.[5] 대저 이것이 일정한 상도(常道)[6]를 갖는 것은 그 정성스러움이 극에 이른 것이기 때문이다. 군자는 그 덕이 지극하여 입을 다물고 있어도 깨우쳐주고[7] 베풀지 않아도 친근해지며 노하지 않아도 위엄 있어 보인다. 대저 이것이 하늘의 명에 따르는[8] 것은 그 홀로 있을 적에도 삼가기[9] 때문이다. 도를 잘 행하는 자일지라도 정성스럽지 않다면 홀로 설 수 없고[10] 홀로 서지 못한다면 그 덕이 드러나지 않으며 드러나지 않으면 비록 마음속에 생겨 얼굴 표정에 나타나 말로 나온다고 하더라도 민(民)은 주저하여[11] 따라오지 않는다. 비록 따른다 하더라도 반드시 의문을 품을 것이다. 천지는 지극히 큰 것이나 정성스럽지 못하면 능히 만물을 화육(化育)시킬 수 없고 성인은 지극히 지혜로우나 정성스럽지 못하면 능히 만민을 감화시킬 수 없다. 부자간은 친애하는 사이지만 정성스럽지 못하면 소원해지고 군주는 존귀하지만 정성스럽지 못하면 깔보여 초라해진다. 대저 정성이란 것은 군자가 지켜야 할 것이며 정사의 근본이다. 오직 덕 있는 자가 머물고 사는 곳[12]에만 그 같은 유의 사람들이 모여든다. 그것을 붙잡으면 얻고 버리면 잃는다. 붙들어 얻으면 하기 쉽고[13] 쉬우면 홀로 행하며 홀로 행하여 멈추지 않으면 완성[14]되고 완성되어 재능을 다하고[15] 오래도록 변천을 거듭하여 그 처음으로 돌아가는 일이 없으면 만물이 화육·동화하는 것이다.

君子養心, 莫善於誠. 致誠則無它事矣. 唯仁之爲守, 唯義之爲行. 誠心守仁則形, 形則神, 神則能化矣. 誠心行義則理, 理則明, 明則能變矣. 變化代興, 謂之天德. 天不言而人推高焉, 地不言而人推厚焉, 四時不言而百姓期焉. 夫此有常, 以至其誠者也. 君子至德嘿然而喩, 未施而親, 不怒而威. 夫此順命, 以愼其獨者也. 善之爲道者, 不誠則不獨, 不獨則不形, 不形則雖作於心見於色出於言, 民猶若未從也, 雖從必疑. 天地爲大矣, 不誠則不能化萬物. 聖人爲知矣, 不誠則不能化萬民. 父子爲親矣, 不誠則

疏, 君上爲尊矣, 不誠則卑. 夫誠者君子之所守也, 而政事之本也. 唯所居
以其類至. 操之則得之, 舍之則失之. 操而得之則輕, 輕則獨行, 獨行而不
舍則濟矣, 濟而材盡, 長遷而不反其初, 則化矣.

1 養心 ―심(心)은 심성 또는 널리 정신이란 의미로 풀어 씀. 여기서는 주로 도
  덕적 의식활동, 그 실천 의지를 가리킴.
2 致誠 ―치(致)는 끝까지 가서 극에 다다름. 진실한 마음. 지성(至誠)과 마찬
  가지 뜻.
3 變化代興 ―변(變)은 도덕적으로 개선되어 바뀜. 화(化)는 그 어진 덕에 동화
  됨. 대흥(代興)이란 차례로 잇달아 일어남.
4 天德 ―대자연의 덕. 만물을 육성시키는 모든 작용. 그 움직임을 인간에 대한
  일종의 혜택으로 받아들여 일컫는 말.
5 期 ―여기서 기(期)란 기대를 거는 것. 네 계절의 변화가 분명하기 때문에 그
  것을 예측하고 대처함.
6 有常 ―자연현상이란 언제나 일정한 상도(常道)가 없는 상태라고 할 수 있으
  나 변화를 일으키는 그 운동법칙은 일정한 자기 방식을 갖는다고 하는 의미.
7 嘿然而喩 ―묵(嘿)은 묵(默)자로 통함. 말이 없는 침묵의 상태. 유(喩)는 남의
  생각을 알아냄. 이해시킴.
8 順命 ―천명(天命)에 순응함. 군자가 처신하는 방식이 자연의 법칙성과 잘 들
  어맞음.
9 愼其獨 ―여기서 신(愼)은 정성을 다함. 성(誠)자와 마찬가지 뜻이며, 같은
  음으로 읽어야 마땅함. 독(獨)은 개인이 처한 그 독자적 경우를 말함.
10 不獨 ―밖의 힘에 영향받지 않을 자기 처지를 확립해야 함에도 그렇지 못한
  상태를 말함.
11 猶若 ―여기서 약(若)은 연(然)자와 같은 의미로 유연(猶然)함을 가리킴. 의
  심 때문에 주저하며 결정을 짓지 못할 형편.
12 所居 ―소거(所居)는 소지(所止)와 같은 의미. 『논어』「이인」(里仁)편의 '덕
  은 외롭지 않다. 반드시 이웃이 있다'라고 한 말뜻.
13 輕 ―경(輕)은 이(易)자로 통함. 무슨 일이든지 쉽게 할 수 있음. 거침없이
  되어 나감.
14 濟 ―제(濟)는 성(成)자와 같은 뜻. 도덕적으로 완성됨을 가리킴.
15 材盡 ―여기서 재(材)는 재(才)자로 함께 쓰임. 재능을 충분히 발휘하여 다
  할 수 있음.

[10]

군자는 지위가 높더라도 뜻을 세움은 조심스럽고 마음은 세심하더라도 도가 크며 듣고 보려고 하는 것은 신변에 가까우나 마음에 들리고 보이는 것[1]은 멀리까지 미친다. 이것은 왜 그런가. 인의를 실천하는 방법[2]에서 그런 것이다. 그러므로 천 사람 만 사람의 심정도 한 사람의 심정 바로 그것이다.[3] 천지가 시작되던 초기도 오늘의 바로 그것이다. 옛날 많은 왕들이 행한 도도 후왕(後王)[4]의 바로 그것이다. 군자는 후왕의 도를 살펴 많은 왕들이 앞서 이룬 일에 대하여 논하므로 그 용이함은 마치 팔짱[5]을 끼고 의논하는 것과 같다. 예의의 도리를 미루어 가늠하고 시비와 선악의 구분을 분명히 하며 천하 모든 일의 요체를 정리하여 온 세계의 민중들을 다스림이 마치 한 사람 부리는 것과 같다. 그래서 인의 실천은 더욱더 간략하면서도 해내는 일은 더욱더 커진다. 다섯 치의 작은 잣대로 천하 사방의 넓이를 잴 수 있는 것이다. 그러므로 군자가 집 밖을 나서지 않아도[6] 온 세계의 실정을 모두 여기에 모을 수 있으니 인의를 실천하는 방법 때문에 그런 것이다.

君子位尊而志恭, 心小而道大, 所聽視者近, 而所聞見者遠. 是何邪. 則操術然也. 故千人萬人之情, 一人之情是也. 天地始者, 今日是也. 百王之道, 後王是也. 君子審後王之道, 而論於百王之前, 若端拜而議. 推禮義之統, 分是非之分, 總天下之要, 治海內之衆, 若使一人. 故操彌約而事彌大. 五寸之矩, 盡天下之方也. 故君子不下室堂而海內之情擧積此者, 則操術然也.

1 所聞見者—문(聞)은 들으려고 의식하지 않아도 귀에 저절로 들린다는 뜻. 견(見)도 마찬가지로 눈에 띄는 이른바 심안에 비치는 것을 말함.
2 操術—조(操)는 집(執)자로 통함. 수(守)자와 같은 뜻. 몸소 인의(仁義)를 실천한다는 의미. 술(術)은 그 방법을 가리킴.
3 一人之情是—사람의 심정은 서로 다르지 않고 같음. 한 사람에 의해서 모든 사람의 심정을 미루어 알 수 있음. 시(是)는 그렇다고 단정적으로 말하는 뜻.

4 後王—현재의 왕을 가리킴. 맹자가 강조하는 선왕의 도에 대하여 후왕의 도
  역시 다를 바 없다고 하는 주장.
5 端拜—배(拜)는 두 손을 앞으로 들어올리는 형상. 힘 안 들이고 자연스럽게
  처신하는 모양. 단(端)은 단정함을 말함.
6 不下室堂—거실에서 아래로 내려오지 않음. 실(室)은 내실 안방. 당(堂)은
  손을 응접하는 사랑방을 뜻함. 이는 『노자』(老子) 47장의 '집을 나서지 않아
  도 천하를 안다'고 한 불출호(不出戶)와 같음.

[11]

통사(通士)¹⁾라고 하는 자가 있고 공사(公士)²⁾라고 하는 자가 있고
직사(直士)³⁾라고 하는 자가 있고 각사(慤士)⁴⁾라고 하는 자가 있고 소
인⁵⁾이라고 하는 자가 있다. 위로는 능히 군주를 존중하고 아래로는 능
히 민중을 사랑하며 사물이 닥치면 잘 대응하고 일이 생기면 잘 처리한
다.⁶⁾ 이와 같다면 가히 통사라고 말할 수 있다. 아래와 짜고 위를 속이
지⁷⁾ 않고 위와 동조하여 아래를 괴롭히지⁸⁾ 않으며 중간에 서서 분쟁을
조절⁹⁾하고 사심을 가지고 공적인 일을 해치지 않는다. 이와 같다면 가
히 공사라고 말할 수 있다. 자신의 장점을 위가 비록 알아주지 않더라
도 그 때문에 위를 원망하지 않고¹⁰⁾ 자신의 단점을 위가 비록 알아차리
지 못하더라도 그것으로 해서 상을 탐내지 않으며 장·단점을 꾸미는
일 없이 있는 실정 그대로 몸소 노력을 다한다. 이와 같다면 가히 직사
라고 말할 수 있다. 평소에 하는 말도 반드시 진실되고¹¹⁾ 평소에 하는
행동도 반드시 신중하며 일반 폐습에 물들까봐¹²⁾ 두려워하되 감히 남
보다 독특한 체하지 않는다. 이와 같다면 가히 각사라고 말할 수 있다.
말에는 일정한 믿음이 없고 행동에는 일정한 진실됨이 없으며 오직 이
(利)가 있는 곳에만 마음 쏠리는¹³⁾ 바가 있다. 이와 같다면 가히 소인
이라고 말할 수 있다.

有通士者, 有公士者, 有直士者, 有慤士者, 有小人者. 上則能尊君, 下則
能愛民, 物至而應, 事起而辨. 若是則可謂通士矣. 不下比以闇上, 不上同

以疾下, 分爭於中, 不以私害之. 若是則可謂公士矣. 身之所長, 上雖不知 不以悖君, 身之所短, 上雖不知不以取賞, 長短不飾, 以情自竭. 若是則可 謂直士矣. 庸言必信之, 庸行必愼之, 畏法流俗, 而不敢以其所獨是. 若是 則可謂愨士矣. 言無常信, 行無常貞, 唯利所在, 無所不傾. 若是則可謂小 人矣.

1 通士—사물에 정통한 인사(人士). 통(通)이란 무슨 일에나 막히지 않음. 통 달의 의미.

2 公士—매사에 공정하고 올바른 인사. 공(公)은 공평함. 사(私)가 없음.

3 直士—마음이 강직하고 깨끗한 인사. 염치를 알고 청렴결백함.

4 愨士—몸소 깊이 삼가는 성실한 인사. 각(愨)은 성(誠)자로 통함.

5 小人—평범한 일반 사람. 스스로 노력하려고 하지 않는, 도덕적으로 수준이 낮은 사람.

6 事起而辨—여기서 변(辨)은 치(治)자와 같은 뜻으로 봄. 치변(治辨)이라는 숙어의 용례가 있음. 적절하게 일을 처리함.

7 下比以闇上—하(下)는 민중, 상(上)은 군주를 가리킴. 비(比)는 붕당을 짜고 한통속이 됨. 암(闇)은 눈을 가려 속임.

8 上同以疾下—동(同)은 비위를 맞춤. 부화뇌동(附和雷同)의 뜻. 질(疾)은 고 통을 주고 학대함.

9 分爭於中—중(中)은 중립을 유지함. 불편부당(不偏不黨)의 뜻. 분쟁(分爭)이 란 군주와 민중 사이의 쟁의를 조정 해결함.

10 不以悖君—패(悖)는 일반적으로 위배(違背)의 뜻이지만, 여기서는 특히 원 (怨)의 의미로 봄.

11 庸言必信之—용(庸)은 일상(日常)·보통의 뜻. 신(信)은 거짓 없는 인간관 계를 가리킴.

12 法流俗—법(法)은 효(効) 또는 방(倣)자와 같음. 본보기로 흉내냄. 유속(流 俗)은 한때 유행하는 속된 악습.

13 傾—마음이 쏠림. 경주시킴. 유월은 경(傾)을 진(盡)자로 통한다고 봄.

[12]

공정하면 총명해지나[1] 편협하면 암우해지며 단정함은 형통을 가져 오지만 거짓 속임수는 궁색을 가져오며 참된 마음가짐은 형통을 낳지만 오만한 큰소리는 미혹을 낳는다.[2) 이 여섯 가지 생(生)[3)은 군자가 조심해야 될 일이다. 우(禹)와 걸(桀)이 갈라지는 근거가 되는 것이다.

公生明, 偏生闇, 端殼生通, 詐僞生塞, 誠信生神, 夸誕生惑. 此六生者, 君子愼之. 而禹桀所以分也.

1 公生明—공(公)은 사물을 객관적으로 관찰함. 생(生)은 행위의 결과로 발생한다는 의미. 명(明)은 현명한 판단, 헤아림.
2 夸誕生惑—과(夸)는 교만 떪. 탄(誕)은 덮어놓고 함부로 큰소리침. 혹(惑)은 갈피를 못 잡는 결과가 파생됨을 말함.
3 六生者—명(明)과 암(闇), 통(通)과 색(塞), 신(神)과 혹(惑)의 대칭 현상을 인과관계에 의한 필연적 사실로 비유시켜 말함.

[13]

좋아하고 싫어하며[1) 취하고 버리는 기준[2)에 대하여. 하고 싶은 것을 보면 반드시 그 싫어할 것을 앞뒤로 잘 생각해보고 이로운 것을 보면 반드시 그 해가 될 것을 앞뒤로 잘 생각해보고 겸하여 그 경중·득실을 저울질하고 깊게 헤아린[3) 다음에 그 좋고 싫고 취하고 버릴 것을 결정할 일이다. 이와 같이 한다면 언제나 결함이 생기지 않을 것이다. 무릇 사람의 근심이란 한쪽으로 치우쳐서 입는 재앙이다.[4) 좋아할 만한 것을 보면 그 싫어할 만한 것을 생각하지 않고 이가 될 만한 것을 보면 그 해가 될 만한 것을 돌아다보지 않는다. 이런 까닭에 움직이면 반드시 결함이 생기고 하면 반드시 욕을 본다. 이것이 바로 한쪽으로 치우쳐서 입는 재앙이란 근심거리다.

欲惡取舍之權. 見其可欲也, 則必前後慮其可惡也者, 見其可利也, 則必前後慮其可害也者, 而兼權之孰計之, 然後定其欲惡取舍. 如是則常不失陷矣. 凡人之患, 偏傷之也. 見其可欲也, 則不慮其可惡也者. 見其可利也, 則不顧其可害也者. 是以動則必陷, 爲則必辱, 是偏傷之患也.

1 欲惡—욕오(欲惡)는 호오(好惡)와 같은 의미. 욕(欲)은 좋아서 하고 싶음. 호감을 가짐. 오(惡)는 미워함. 또는 하기 싫음.

2 取舍之權—이를 취하고 해를 버리는 가늠질. 권(權)은 본래 천칭(天秤) 저울판의 분동(分銅)을 가리킴. 사물의 경중(輕重)·적부(適否)를 결정하는 잣대.

3 孰計之—숙(孰)은 숙(熟)자로 통함. 심(甚)자와 같은 뜻. 자세히 견주어 헤아려봄.

4 偏傷—편(偏)은 네 모퉁이 중 하나만을 치우쳐 봄. 양면을 다 보지 못함. 상(傷)은 공평성을 잃은 실수가 빚어낸 재앙.

[14]

남이 싫어하는 것이라면 나도 역시 그것을 싫어한다. 무릇 부귀한 자에게는 거만하게 대하고[1] 빈천한 자에게는 굳이 부드럽게 대하니[2] 이는 사람의 본래 정서가 아니다. 바로 간사한 사람이 장차 어지러운 세상[3]에서 명성을 훔치려 하는 것이다. 음험함이 이보다 더 큰 것은 없다. 그러므로 말하기를 '명성을 훔침이 재화를 훔침만 같지 못하다'고 하니 전중(田仲)[4]이나 사추(史鰌)[5]가 도둑만 못하다는 것이다.

人之所惡者, 吾亦惡之. 夫富貴者則類傲之, 夫貧賤者則求柔之, 是非人之情也, 是姦人將以盜名於晻世者也, 險莫大焉. 故曰盜名不如盜貨. 田仲史鰌不如盜也.

1 類傲之—류(類)는 개(槪) 또는 솔(率)자의 뜻으로 쓰임. 대강 가볍게 대하는 태도. 패려(悖戾)의 의미로, 거슬러서 거드름피움.

2 求柔之—유월은 구(求)를 무(務)자와 같은 의미로 풀이함. 굳이 힘씀. 유(柔)는 안(安)자와 마찬가지로 종순한다는 뜻.

3 晻世—암(晻)은 암(暗)자와 통함. 어지러운 세태를 가리켜 말함. 난세(亂世)의 의미.

4 田仲—전국시대 제(齊)의 명문 출신으로, 농사에 필요한 물을 논밭에 끌어대는 일을 맡았다고 함. 청렴하기로 알려짐. 『맹자』에 나오는 진중자(陳仲子).

5 史鰌—춘추시대 위(衛)의 대부(大夫). 정직하다고 칭찬받음. 『논어』에 '직재(直哉)라 사어(史魚)여'라고 함.

4 영욕榮辱

영욕이라 함은 영예(榮譽)와 치욕(恥辱)에 관한 이론을 추구한다는 뜻에서 붙여진 편명이다. 우리 삶에서 영예나 치욕 중 어느 쪽이든 불러들이게 만드는 원인을 분석하는 상세한 논의가 전개된다. 여기에 덧붙여서, 사람의 본래 성정이 다 똑같음에도 군자와 소인이 나뉘는 까닭을 후천적 노력의 차이, 순황의 이른바 적위(積僞) 여부에 두고, 예의(禮義)·사법(師法)에 의한 인성 교정 문제를 제기하고 있다.

[1]

교만하게 뻐기는 것[1]은 사람에게 앙화가 된다. 공손하고 검소한 것은 다섯 가지 병기도 물리친다.[2] 비록 창[3]의 날카로움이 있더라도 공손함과 검소함이 갖는 날카로움만 같지 못하다. 그러므로 선언(善言)[4]을 가지고 남과 사귀면 베나 비단 옷보다 더 따뜻하고 사람을 다치게 하는 말은 창끝보다 더 심각하다. 그래서 넓은 대지[5]를 다 밟을 수 없는 것은 땅이 불안해서가 아니며 엉금엉금 기어도[6] 밟을 데가 없는 것은 모두 그 하는 말에 달려 있다. 큰 길은 혼잡스럽고[7] 작은 길은 위태롭다. 비록 근신을 하지 않으려고 할지라도 그렇게 하도록 할 수 없는[8] 일이다.

憍泄者人之殃也, 恭儉者屛五兵也. 雖有戈矛之刺, 不如恭儉之利也. 故與人善言, 煖於布帛, 傷人以言, 深於矛戟. 故薄薄之地, 不得履之, 非地不安也, 危足無所履者也, 凡在言也. 巨涂則讓, 小涂則殆. 雖欲不謹, 若云不使.

1 憍泄 ─ 교(憍)는 교(驕)자, 설(泄)은 일(溢)자로 통함. 교만 떨고 분에 넘침. 방자함을 말함.
2 屛五兵 ─ 병(屛)은 물리칠 각(却)자의 의미. 오병(五兵)은 도(刀)·검(劍)·모(矛)·극(戟)·시(矢) 등 다섯 가지 무기를 말함.
3 戈矛 ─ 과(戈)는 극(戟)자와 마찬가지로 갈래진 창을 말함. 모(矛)는 쌍날에 가지가 없는 자루가 긴 창.
4 善言 ─ 공경스럽게 근신하여 도에 어긋나지 않는 언행.
5 薄薄 ─ 여기서 박(薄)은 큰 대(大)자와 같은 뜻.
6 危足 ─ 발돋움할 기(跂)자와 같은 뜻으로, 넘어질까 불안해함. 발바닥 일부만을 땅에 디디는 조심스러운 모습을 말함.
7 巨涂則讓 ─ 도(涂)는 도(塗)자와 같음. 거도(巨涂)는 대도(大道)를 가리킴.

양(讓)은 양(攘)자로 통함. 요란스러움. 번요(煩擾)의 의미.
8 若云不使—약운(若云) 두 글자 모두 어조를 고르는 조사. 불사불근(不使不謹)을 줄인 말.

[2]

유쾌하게 지내면서[1] 몸을 망치는 것은 한때의 노기[2] 때문이다. 명찰하면서 자신을 해치는 것은 순수하지 못하기[3] 때문이다. 널리 사물을 잘 알면서 궁해지는 것은 남을 헐뜯기[4] 때문이다. 깨끗하려고 하면서 더욱 탁해지는 것은 마음을 굽히기[5] 때문이다. 기르면서[6] 더욱 마르는 것은 교만하기[7] 때문이다. 막힘 없이 말을 잘하면서 남이 좋아하지 않는 것은 다투기 때문이다. 강직하면서[8] 알려지지 않는 것은 남을 능가하기 때문이다. 청렴하면서 귀히 대접받지 못하는 것은 남을 손상시키기[9] 때문이다. 용감하면서 위엄이 서지 않는 것은 탐욕스럽기 때문이다. 성실하면서 존경받지 못하는 것은 전행(專行)하기를 좋아하기[10] 때문이다. 이것들은 소인이 힘쓰는 바이며 군자는 하지 않는 것이다.

快快而亡者怒也. 察察而殘者忮也. 博之而窮者訾也. 清之而兪濁者句也. 豢之而兪瘠者交也. 辯而不說者爭也. 直立而不見知者勝也. 廉而不見貴者劌也. 勇而不見憚者貪也. 信而不見敬者好剸行也. 此小人之所務, 而君子之所不爲也.

1 快快—여기서 쾌쾌(快快)란 사의(肆意)와 같은 의미. 지극히 유쾌하고 방자스런 쾌감.
2 怒—자신을 억누르지 못하고 하는 화풀이. 소경(少頃), 즉 순간의 감정에 이끌리는 하루아침의 분노.
3 忮—여기서 기(忮)는 역(逆)자와 같은 뜻. 남을 시기하고 미워하는 마음.
4 訾—자(訾)는 비방(誹謗)과 마찬가지 뜻. 남의 결점이 너무 잘 보여 험구를 심하게 함.
5 句—구(句)를 입 구(口)자로 보아 남의 실수를 입에 담는 구설의 뜻을 가리키기도 하지만, 한편 그것을 곡(曲)자의 의미로 풀이하여 마음 굽혀 세속에

영합함을 가리킴.

6 豢之 ― 환(豢)은 개돼지 기를 양(養)자의 뜻. 존영(尊榮)을 기름. 영달하려고
　애를 씀.

7 佼 ― 여기서 교(佼)는 교(矯) 또는 교(驕)자와 같은 뜻. 사리사욕에 치우친
　교제. 타당치 못한 사귐을 말함.

8 直立 ― 똑바로 섬. 남에게 굽히는 것을 혐오하는 성격의 소유자를 일컫는 말.

9 劌 ― 귀(劌)는 상(傷)자와 마찬가지 의미. 각삭(刻削)의 뜻으로도 봄. 지나치
　게 모난 성격이어서 남을 깎아내림.

10 剸行 ― 전(剸)은 천단(擅斷), 즉 마음 내키는 대로 일을 결단함. 행(行)은 독
　행(獨行), 즉 격식에 너무 치우쳐 거부감이 느껴지는 행동.

[3]

다툼이라는 것은 내 한몸을 잊어버리는 것이고 내 부모[1]를 잊어버리
는 것이며 내 군주를 잊어버리는 것이다. 잠깐 동안 분[2]을 터뜨려 평생
의 육신을 잃더라도 오히려[3] 그것을 하니 바로 내 한몸을 잊어버리는
짓이다. 가족은 곧 해를 입고[4] 친척은 처벌을 면치 못하더라도 오히려
그것을 하니 바로 내 부모를 잊어버리는 짓이다. 다툼이란 군주가 미워
하는 바이고 형법이 크게 금하는 바이지만 오히려 그것을 하니 바로 내
군주를 잊어버리는 짓이다. 아래로 내 한 몸을 잊어버리고 안으로 내
부모를 잊어버리며 위로 내 군주를 잊어버린다면 이는 바로 형법이 허
락하지 않는[5] 바이고 성왕이 받아들이지 않는[6] 바이다. 어린 돼지새끼
는 호랑이에게 다가가지 않고[7] 강아지가 멀리 나다니지 않는 것은 그
어미를 잊어버리지 않기 때문이다. 하물며 사람이 아래로 내 한몸을 잊
어버리고 안으로 내 부모를 잊어버리며 위로 내 군주를 잊어버린다면
이는 바로 사람이면서[8] 개나 돼지만 같지 못한 것이다. 무릇 다툼이라
는 것은 반드시 스스로가 옳다고 생각하고 남은 옳지 않다고 생각하기
때문이다. 자기가 정말 옳고 남이 정말 옳지 않다면 바로 자기는 군자
이고 남은 소인이라는 것이 된다. 군자라고 생각하면서 소인과 서로 다
투어 아래로 내 한몸을 잊어버리고 안으로 내 부모를 잊어버리며 위로
내 군주를 잊어버린다면 어찌 잘못이 심하지 않다고[9] 하겠는가. 이 사

람이야말로 이른바[10] '호보(狐父)[11]의 창을 가지고 소똥을 치운다[12]'라고 하는 것이다. 이것[13]도 지혜롭다고 하겠는가? 이보다 더 큰 어리석음은 없다. 아니면 이롭다고 생각하는가? 이보다 더 큰 해로움은 없다. 아니면 영예롭다고 생각하는가? 이보다 더 큰 치욕은 없다. 아니면 안전하다고 생각하는가? 이보다 더 큰 위험은 없다. 사람들은 왜 다투는가? 나는 그것이 광기나 정신의 질병[14]이라고 생각하고 싶지만 그렇지도 않다. 성왕은 그를 정상인처럼 벌준다. 나는 그것을 새나 생쥐 같은 금수라고 생각하고 싶지만 그렇지도 않다. 그 형체가 또한 사람이면서 좋아하고 싫어하는 감정이 대체로 똑같다. 사람들은 왜 다투는가? 나는 그것을 대단히 추악하다고 본다.

鬪者忘其身者也, 忘其親者也, 忘其君者也. 行其少頃之怒, 而喪終身之軀, 然且爲之, 是忘其身也. 家室立殘, 親戚不免乎刑戮, 然且爲之, 是忘其親也. 君上之所惡也, 刑法之所大禁也, 然且爲之, 是忘其君也. 下忘其身, 內忘其親, 上忘其君, 是刑法之所不舍也, 聖王之所不畜也. 乳彘不觸虎, 乳狗不遠遊, 不忘其親也. 人也下忘其身, 內忘其親, 上忘其君, 則是人也, 而曾狗彘之不若也. 凡鬪者必自以爲是, 而以人爲非也. 己誠是也, 人誠非也, 則是己君子而人小人也, 以君子與小人相賊害也. 下以忘其身, 內以忘其親, 上以忘其君, 豈不過甚矣哉. 是人也所謂以狐父之戈钃牛也. 將以爲智邪, 則愚莫大焉. 將以爲利邪, 則害莫大焉. 將以爲榮邪, 則辱莫大焉. 將以爲安邪, 則危莫大焉. 人之有鬪何哉. 我欲屬之狂惑疾病邪, 則不可. 聖王又誅之. 我欲屬之鳥鼠禽獸邪, 則不可. 其形體又人而好惡多同. 人之有鬪何哉. 我甚醜之.

1 其親 ─ 친(親)은 육친을 가리킴. 부모 형제 등 혈연관계의 사람.
2 少頃之怒 ─ 경(頃)은 경각(頃刻). 극히 짧은 시간을 말함. 한때의 분노. 『논어』「안연(顏淵)」편에 '하루아침의 분을 못이겨 그 몸을 잊어버린다'라고 함.
3 然且 ─ 여기서 차(且)는 상(尙)자와 같은 의미. 설령 그렇더라도 역시 그렇게 한다는 불위(不違)의 뜻.

4 家室立殘—가실(家室)은 집안 사람을 말함. 입잔(立殘)은 즉시 그 자리에서 해를 당함.

5 刑法之所不舍—사(舍)는 사(捨)자로, 여기서는 포기의 뜻. 형법의 권능이 그 것을 허락하지 아니함.

6 不畜—축(畜)은 기른다는 존양(存養)의 뜻이나, 또 달리 용납할 축(畜)자로 도 봄. 군주불축(君主不畜)은 군주가 봉록을 주지 않음.

7 乳彘不觸—체(彘)는 돼지 시(豕)자로 통함. 멧돼지 새끼. 촉(觸)은 떠받음. 가까이 접촉함.

8 而曾—여기서 증(曾)은 바로 그런 일로 해서 무엇만 못하다는 뜻을 나타낸 말.

9 豈不過甚—기불(豈不)이란 일반 반어(反語) 용법보다 한층 강한 의미를 나 타냄. 결정적으로 그 잘못이 심하다고 인정함.

10 所謂—여기서는 그 당시의 속언(俗諺)을 가리킨다고 보아야 됨.

11 狐父—호보(狐父)는 중국 강소성(江蘇省)의 지명임. 명검의 산지로 널리 알 려짐.

12 钃牛—촉(钃)은 내키는 대로 아무렇게나 제거함. 우(牛)는 우시(牛矢)를 말 함. 시(矢)는 똥 시(屎)자와 같음. 가치 있는 소중한 것을 쓸모 없이 만든다 는 타락상을 비유한 속어(俗語).

13 將—여기서 장(將)은 억(抑)자로 쓰임. 두 가지 이상의 사례를 들어 특히 부정을 나타내기 위한 발어사.

14 狂惑疾病—여러 가지 질병 가운데 미치거나 미혹에 빠져 정신 못 차리는 이 를 중시하여 지적한 말.

[4]

개돼지의 용기[1]가 있고 장사나 도둑[2]의 용기가 있고 소인의 용기가 있고 사·군자의 용기가 있다. 음식을 다투는 데 염치 없고 옳고 그른 것을 모르고 죽고 다치는 것을 피하지 않고[3] 수가 많고 힘이 센 것[4]을 두려워하지 않고 한없이 욕심부려[5] 오직 음식만 눈에 들어오니[6] 이것 이 바로 개돼지의 용기다. 이득 되는 일을 위해서[7] 재화를 다투어 사양 함이 없고 주제넘게 굴고[8] 사납게 탐내어 거슬리고 한없이 욕심부려 오 직 이득만 눈에 들어오니 이것이 바로 장사나 도둑의 용기다. 죽음을 가볍게 보고 난폭하니 이것이 바로 소인의 용기다. 의가 있는 데라면[9]

권세에 쏠리지 않고 그 이득을 돌아다보지 않고 온 나라를 다 들어서 준다고 하여도 달리 보지 않고[10] 죽음을 중히 하고[11] 의를 지켜 굽히지 않으니 이것이 바로 사·군자의 용기다.

有狗彘之勇者, 有賈盜之勇者, 有小人之勇者, 有士君子之勇者. 爭飮食無廉恥, 不知是非, 不辟死傷, 不畏衆彊, 恈恈然惟飮食之見, 是狗彘之勇者也. 爲事利爭貨財無辭讓, 果敢而振, 猛貪而戾, 恈恈然唯利之見, 是賈盜之勇也. 輕死而暴, 是小人之勇也. 義之所在, 不傾於權, 不顧其利, 擧國而與之, 不爲改視, 重死持義而不橈, 是士君子之勇也.

1 狗彘之勇―구(狗)는 개 견(犬)자와 마찬가지 뜻. 체(彘)는 돼지 시(豕)·돈(豚)자로 통함. 짐승을 모두 포괄하여 그와 같은 용기.
2 賈盜―고(賈)는 점포를 열어 물건을 파는 상인. 도(盜)는 남의 물건을 훔치는 사람.
3 不辟―피(辟)는 피할 피(避)자로 통함. 임금 벽(辟)자 벽옹(辟雍)의 뜻과는 다름.
4 衆彊―수적으로 많고 질적으로도 강한 상대를 가리킴.
5 恈恈然―탐내고 아끼는 모양. 모(恈)는 『방언』(方言)에 따르면 모(牟)자로 통함. 이익만을 꾀하는 모리(牟利).
6 惟飮食之見―유(惟)는 유(唯)자와 혼용해 씀. 오직 그것만이라는 의미. 견(見)은 시선이 그쪽으로 감. 그것이 눈에 띔.
7 爲事利―사업을 함에 있어 이익을 취한다는 시각에서만 움직임.
8 果敢而振―과감(果敢)은 망설이지 않음. 적극적임. 진(振)은 떨칠 분(奮)자로 통함.
9 義之所在―불경어권(不傾於權)과 연관시켜 도의에 맞는 일만 제일로 추구함. 어색할 정도로 강고한 태도 표시.
10 不爲改視―시선을 이익 나는 쪽으로 바꾸어 옮기지 아니함. 그 이득을 아무렇지 않게 생각함.
11 重死―생명의 소중함을 충분히 인식함. 경솔하게 목숨을 버리지 않음. 앞의 경사(輕死)와 대칭이 되는 말.

[5]

피라미 같은 조비(鯈魾)[1]는 물 위로 뛰어오르기 좋아하는[2] 작은 물고기로 모래사장에 얹히면[3] 물을 그리더라도 미치지 못한다. 화를 입고[4] 조심하려고 하여도 소용이 없다. 스스로 분별하는[5] 자는 남을 원망하지 않고 명을 아는 자는 하늘을 원망하지 않는다. 남을 원망하는 자는 궁해지고 하늘을 원망하는 자는 식견[6]이 없는 자다. 자신이 실수하고 그 원인을 남에게 돌리니[7] 그 어찌 어리석지 않겠는가.[8]

鯈魾者浮陽之魚也, 阹於沙而思水, 則無逮矣. 挂於患而欲謹, 則無益矣. 自知者不怨人, 知命者不怨天. 怨人者窮, 怨天者無志. 失之己反之人, 豈不迂乎哉.

1 鯈魾─조(鯈)는 소어(小魚). 비(魾)는 민물고기의 일종인 방(魴)자로 봄. 자전(字典)에 없는 글자이므로 논란이 있음.
2 浮陽─양(陽)은 양(揚)자로 통함. 물 표면에 뛰어오르기를 즐김.
3 阹於沙─거(阹)는 거(胠)자의 잘못 쓰임. 막힐 란(闌)자와 같음. 저격(阻隔), 즉 가로막힘.
4 挂於患─괘(挂)는 괘(掛) 또는 현(懸)자와 통함. 환난에 걸림.
5 自知─자기 자신에 대하여 반성하고 스스로 책망한다는 의미.
6 無志─지(志)는 식(識)·지(知)자와 마찬가지 의미. 일에 대하여 무엇인지를 전혀 알지 못함.
7 反之人─반(反)은 반구(反求)의 뜻. 자기 책임을 도리어 외부로 돌림.
8 豈不迂─기(豈)는 기(其)자와 마찬가지로 강조하는 조사. 우(迂)는 우원(迂遠), 멀리 돌아감.

[6]

영예와 치욕의 개요(槪要).[1] 안정과 위태, 이와 해의 통칙(通則).[2] 의를 앞세우고 이를 뒤로 하는[3] 자에게는 영예가 있고 이를 앞세우고 의를 뒤로 하는 자에게는 치욕이 따른다. 영예를 갖는 자는 언제나 통달하지만[4] 치욕을 당하는 자는 언제나 곤궁하다. 통달한 자는 언제나 남을 통제하지만[5] 곤궁한 자는 언제나 남에게 통제당한다. 이것이 바로 영예와 치욕의 개요다. 소박하고 성실한[6] 자는 언제나 안정되고 이익을 얻지만 방탕하고 난폭한[7] 자는 언제나 위태하고 해악에 드러난다. 안정되고 이익을 얻는 자는 언제나 즐겁고 느긋하지만[8] 위태하고 해악에 드러난 자는 언제나 걱정하고 괴로워한다.[9] 즐겁고 느긋한 자는 장수하지만 걱정하고 괴로워하는 자는 일찍 죽는다. 이것이 바로 안정과 위태, 이와 해의 통칙이란 것이다.

榮辱之大分. 安危利害之常體. 先義而後利者榮, 先利而後義者辱. 榮者常通, 辱者常窮. 通者常制人, 窮者常制於人. 是榮辱之大分也. 朴慤者常安利, 蕩悍者常危害. 安利者常樂易, 危害者常憂險. 樂易者常壽長, 憂險者常夭折. 是安危利害之常體也.

1 大分―여기서 대(大)는 우(優)·중(重)자와 마찬가지로 기본이라는 의미. 분(分)은 구분.
2 常體―어디서나 보편적으로 적용되는 일정한 법칙을 가리킴.
3 先義而後利―선·후(先後)는 중시(重視)와 경시(輕視)의 뜻. 의(義)와 이(利)의 분간을 특히 강조하는 말.
4 常通―상(常)은 어김없이 이루는 고정된 상태. 통(通)은 중용되어 고위직에 오르는 영달의 뜻.
5 制人―남을 지배하고 관리함. 마음대로 사람을 부림.
6 朴慤―소박하고 독실한 성격을 표현함. 박(朴)은 꾸미기 이전의 본래 모습.
7 蕩悍―탕한(愓悍)과 동일한 말 뜻. 제멋대로 거칠게 구는 것. 일종의 횡포.
8 樂易―화락(和樂)과 평이(平易). 온화하게 즐김.
9 憂險―우고(憂苦)와 험간(險艱). 근심 때문에 마음 아프고 장해가 많아 나아가지 못하여 하는 번민.

[7]

대저 하늘 아래 사는 모든 사람[1]은 그 신분에 따라 취하는[2] 바가 있다. 마음이 지극히 닦이고 덕행이 지극히 돈후하며 지려가 지극히 명석

함은 바로 천자가 천하를 취하는 이유가 된다. 정령(政令)은 법에 맞고 동작은 시의적절하며³⁾ 송사(訟事)는 공정히 처리하고⁴⁾ 위로는 능히 천자의 명에 종순하며 아래로는 능히 백성들을 보살핌은 바로 제후가 국가⁵⁾를 취하는 이유가 된다. 마음과 행동이 잘 닦이고 관직에 나아가 일을 잘하며⁶⁾ 위로는 상사에게 순종하고 아래로는 능히 그 직분을 다함은 사·대부가 봉토(封土)⁷⁾를 취하는 이유가 된다. 법규와 도량형, 그리고 형법·도(圖)·적(籍)⁸⁾에 의거하여 그 의의는 알지 못하더라도 그 규정⁹⁾대로 삼가 지키고 조심하여 감히 증감시키지 않으며 부자가 서로 전해가며 왕공(王公)을 도와서¹⁰⁾ 삼대(三代)¹¹⁾는 비록 지나 없어졌다 해도 정치 법도는 오히려 유지됨은 바로 관리¹²⁾가 봉록을 취하는 이유가 된다. 효성과 우애가 깊고 순박하고 진솔하며 부지런히 노력하여¹³⁾ 그 일을 잘 해나가고¹⁴⁾ 감히 게으르거나 오만하지 않음은 바로 일반 대중이 따뜻하게 입고 배불리 먹고 오래 살고 세상 즐거움을 맛보아 가면서 형벌을 면하는 이유가 된다. 옳지 못한 이론을 꾸미고 부정한 말로 속이며¹⁵⁾ 기이한 일을 벌이고 허풍떨어 남을 해쳐 빼앗으며¹⁶⁾ 제멋대로 거칠게 날뛰어 방자하고 사나워 난세 속에 목숨을 이어나가려고 하는¹⁷⁾ 것은 바로 간사한 사람이 위험과 치욕, 사형받을 처지에 놓일 이유가 된다. 그 사려가 깊지 않고 그 선택이 신중하지 못하고 그 취사(取捨) 판단도 경솔함은 바로 위태로운 이유가 되는 것이다.

夫天生蒸民, 有所以取之. 志意致脩, 德行致厚, 智慮致明, 是天子之所以取天下也. 政令法, 擧措時, 聽斷公, 上則能順天子之命, 下則能保百姓, 是諸侯之所以取國家也. 志行脩, 臨官治, 上則能順上, 下則能保其職, 是士大夫之所以取田邑也. 循法則度量刑辟圖籍, 不知其義, 謹守其數, 愼不敢損益也. 父子相傳以持王公, 是故三代雖亡, 治法猶存, 是官人百吏之所以取祿秩也. 孝弟愿愨, 軥錄疾力, 以敦比其事業而不敢怠傲, 是庶人之所以取煖衣飽食, 長生久視, 以免於刑戮也. 節邪說, 文姦言, 爲倚事, 陶誕突盜, 惕悍憍暴, 以偸生反側於亂世之間, 是姦人之所以取危辱

死刑也. 其慮之不深, 其擇之不謹, 其定取舍楛僈, 是其所以危也.

1 天生蒸民―증(蒸)은 중다(衆多)의 뜻. 순황의 세계관에 따른다면 하늘이 낳아
  주신 백성이 아니라 자연 속에 사는 모든 인간을 통칭한다고 봄.
2 所以取之―사람이 저마다 살아갈 정해진 자리. 여기서는 그 신분을 가리킴.
  지(之)는 생존을 위한 조건을 말함.
3 擧措時―거조(擧措)는 동작의 뜻으로, 국가 차원의 사업을 일으킴. 시(時)는
  노력 동원에 있어 농번기를 피한 적절한 시기를 말함.
4 聽斷公―청(聽)은 소송을 받아들임. 단공(斷公)이란 선악을 판단함에 있어
  공정한 결단을 말함.
5 國家―근대적 의미의 국가가 아니고 봉건 제후가 가진 도성이나 그 영지를
  가리킴.
6 臨官治―임관(臨官)은 벼슬자리에 나아가 그 직무를 수행함. 치(治)는 일을
  훌륭히 잘 해냄.
7 田邑―경지(耕地)와 부락(部落). 사 · 대부가 군주로부터 받는 봉록 중 지록
  (地祿).
8 刑辟圖籍―벽(辟)은 법(法)과 같음. 도(圖)는 토지의 형태를 모사한 도면.
  적(籍)은 호구(戶口) 수를 적어둔 것을 말함.
9 其數―수(數)는 술(術)자와 같은 뜻. 여기서는 기술에 관한 세부 규정. 혹은
  항목.
10 持王公―지(持)는 부지(扶持)의 뜻. 받들어 모심. 왕공은 고귀한 신분의 사람.
11 三代―하(夏) · 은(殷) · 주(周)의 화려한 문화. 그 태평성대를 그리는 말.
12 官人百吏―일반 벼슬아치. 각종 서리(胥吏). 사대부 또는 고급 관리에 대칭
  되는 하급 관리를 가리킴.
13 軥錄疾力―구(軥)는 애먹을 구(劬)자로 통함. 구록(劬錄)과 마찬가지 의미.
  심신의 괴로움을 참고 자기 몸을 단속함. 질력(疾力)은 열심히 노력함.
14 敦比―돈(敦) · 비(比) 두 글자 모두 치(治)자와 같음. 사업을 몸소 다함. 관
  리를 잘함.
15 文姦言―여기서 문(文)은 식(飾)자와 같은 뜻. 혀끝으로 기교를 부려가며
  진실을 위장함.
16 陶誕突盜―도(陶)는 첨(諂) · 훼(毁)자와 같은 뜻. 탄(誕)은 망탄(妄誕), 즉
  터무니없는 거짓. 돌도(突盜)란 남을 해치고 이를 탐냄.
17 偸生反側―투생(偸生)이란 구생(苟生)과 같음. 목숨을 아끼느라고 죽을 때
  죽지 않음. 반측(反側)은 잠을 이루지 못하여 몸을 이리저리 뒤척임. 전전

(輾轉)과 마찬가지 의미.

[8]

사람의 본래 성질[1]과 지능은 군자와 소인이 하나다. 영예를 좋아하고 치욕을 싫어하며 이익을 좋아하고 손해를 싫어함은 바로 군자나 소인이 똑같다. 그러나 그 구하는 바 도(道)[2]가 다르다. 소인이란 애써 거짓말을 하고도[3] 남이 자기를 믿어주기 바라고 애써 속이고도 남이 자기를 친숙하게 대해주기 바라며 짐승처럼 행동하면서도 남이 자기를 선한 사람으로 여겨주기 바란다. 생각은 하더라도 알기가 어렵고 행동은 하더라도 안심하기가 어려우며 그 하는 일은 성립되기 어려워 끝내는[4] 그 좋아하는 영예와 이익을 반드시 얻을 수 없고 그 싫어하는 치욕과 손해를 반드시 만난다. 그래서 군자란 진실하게 하여 남이 자기를 믿어주기 바라고 성실하게[5] 하여 남이 자기를 친숙하게 대해주기를 바라며 몸을 바르게 닦고 가지런히 하여[6] 남이 자기를 선한 사람으로 여겨주기 바라며 생각을 하면 쉽게 알고 행동하면 쉽게 안심하며 그 하는 일은 쉽게 성립되어 끝내는 그 좋아하는 영예와 이익을 얻을 수 있고 반드시 그 싫어하는 치욕과 손해를 만나지 않는다. 이런 까닭으로 군자는 궁해지더라도 그 명성은 가려지지 않고[7] 통달하면 크게 알려지며[8] 몸은 죽더라도 명성은 더욱 드러난다. 소인은 목을 늘이고 발꿈치를 들어서[9] '지능과 성질이 정말 일반 사람보다 더 나을[10] 이유가 있는가'라고 부러워 말하지 않는 자가 없다. 대저 군자가 자기와 다를 이유가 없다는 것을 알지 못한다. 다만 군자가 취한 행동[11]은 타당하고 소인이 취한 행동은 지나친 것이다. 그러므로 소인의 지능을 깊이 살펴보면[12] 그 군자가 하는 바를 할 만한 여력이 있음을 충분히 알 수 있다. 비유하자면 월(越) 사람은 월에 안주하고[13] 초(楚) 사람[14]은 초에 안주하며 군자는 하(夏) 땅[15]에 안주하는 것과 같아서 이는 지능과 성질의 문제가 아니라 바로 행동과 습속의 구분이 다르기 때문이다.

材性知能, 君子小人一也. 好榮惡辱, 好利惡害, 是君子小人之所同也. 若其所以求之之道則異矣. 小人也者, 疾爲誕而欲人之信己也, 疾爲詐而欲人之親己也, 禽獸之行, 而欲人之善己也. 慮之難知也, 行之難安也, 持之難立也, 成則必不得其所好, 必遇其所惡焉. 故君子者, 信矣而亦欲人之信己也, 忠矣而亦欲人之親己也, 脩正治辨矣, 而亦欲人之善己也. 慮之易知也, 行之易安也, 持之易立也, 成則必得其所好, 必不遇其所惡焉. 是故窮則不隱, 通則大明, 身死而名彌白. 小人莫不延頸擧踵, 而願曰知慮材性固有以賢人矣. 夫不知其與己無以異也, 則君子注錯之當, 而小人注錯之過也. 故孰察小人之知能, 足以知其有餘可以爲君子之所爲也. 譬之越人安越, 楚人安楚, 君子安雅, 是非知能材性然也, 是注錯習俗之節異也.

1 材性—재(材)는 재(才)자와 같음. 성(性)과 아울러 태어날 때 지니고 나온 그대로의 모습.

2 求之之道—실제로 영(榮)과 이(利)를 추구해 나가는 방법은 똑같지 않다는 의미.

3 疾爲誕—질(疾)은 신속하게 힘을 써서 행함. 탄(誕)은 무작정 덮어놓고 큰 소리침.

4 成則—종내(終乃)와 마찬가지 용법. 마침내. 드디어. 여기서는 필연적으로 초래한 결과.

5 忠矣—참된 마음가짐. 충직한 모습. 남을 속이지 않음을 신(信)이라 하고 자기를 속이지 않음을 충(忠)이라 함.

6 治辨—치(治)·변(辨) 두 글자 모두 같은 뜻. 인격과 행동을 가지런히 가짐. 잘 갖추어짐.

7 窮則不隱—궁(窮)은 막다른 역경에 처함. 즉(則)은 이(而)자와 같은 용법. 은(隱)은 은폐시킴. 궁하더라도 이름이 파묻히지 않음.

8 大明—명(明)은 다음의 백(白)자와 서로 통함. 밝게 드러남. 명성이 자자함.

9 延頸擧踵—연(延)은 신(伸)자와 같음. 목을 길게 빼고 그리워함. 거(擧)는 발뒤꿈치를 세움. 마음이 이끌리는 모양.

10 固有以賢人—고(固)는 성(誠)자와 같음. 본래부터라는 뜻도 가능함. 인(人)은 서인(庶人)을 가리킴. 군자가 남보다 더 우월해야 할 이유를 가리킴.

11 則君子注錯—조(錯)는 조(措)자로 통함. 주(注)도 역시 치(置)자와 같음.

후천적으로 취한 행위나 그 조치. 즉(則)은 곧바로라는 의미.

12 孰察─숙(孰)은 숙(熟)자와 마찬가지로 쓰임. 깊이 관찰하여 생각함.

13 越人安越─월(越)은 중국 장강 하류 남부 절강성(浙江省) 주변의 땅. 안(安)은 자기가 성장한 고장에 익숙해서 마음이 편안함.

14 楚人─초(楚)는 장강 중류의 땅. 지금의 안휘성(安徽省) 주변 지역을 말함.

15 雅─아(雅)는 하(夏)자로 통함. 사방의 미개지역에 대하여 중앙을 가리킴. 중국 문화를 대표하는 중심지라는 의미.

[9]

인의(仁義)를 지키고 도덕을 행함은 언제나 안전한 방법[1]이다. 그러나 반드시 위태하지 않은 것은 아니다. 더러운 오만, 남을 해치고 탐냄[2]은 언제나 위태로운 방법이다. 그러나 반드시 안전하지 않은 것은 아니다. 그러므로 군자는 그 상도(常道)[3]를 따르고 소인은 그 우연[4]을 따른다.

仁義德行, 常安之術也, 然而未必不危也. 汙慢突盜, 常危之術也. 然而未必不安也. 故君子道其常, 而小人道其怪也.

1 常安之術─상(常)은 일정하게 고정된 상태. 안(安)은 안강(安康)의 의미. 아무 탈 없이 무사함. 술(術)은 보장받을 수 있는 수단.

2 汙慢突盜─우만(汙慢)은 오만(汚慢)과 같은 의미. 마음이 어지럽고 맑지 않아 지저분한 상태. 돌도(突盜)는 남을 해치고 탐욕을 부림.

3 道其常─도(道)는 유(由)자와 마찬가지 뜻. 의지삼아 따름. 상(常)은 상도(常道)를 가리킴.

4 怪─이상(異常)을 가리킴. 어쩌다 드물게 있는 일. 비정상적인 상태를 말함.

[10]

모든 사람은 동일한 데가 있다. 배고프면 먹으려 하고 추우면 따뜻하게 하려 하고 피곤하면 쉬고자 하며 이를 좋아하고 해를 싫어함은 바로 사람이 태어나면서 갖는 바이다. 이는 후천적으로 습득하지 않더라도[1] 그렇게 되는 것이다. 이는 우(禹)나 걸(桀)도 마찬가지다. 눈은 흰색과 검은색, 미와 추를 분별하고 귀는 음성의 청과 탁을 분별하고 입은 시고 짜고 달고 쓴 맛을 분별하고 코는 향기와 비린내[2]를 분별하며 뼈와 몸과 피부로 추위와 더위, 아픔과 가려움[3]을 분별함은 사람이 태어나면서 또한 갖는 바이다. 이는 후천적으로 습득하지 않더라도 그렇게 되는 것이다. 이는 우나 걸도 마찬가지다. 누구나 다 요·우가 될 수 있고 걸이나 도척이 될 수도 있으며 공장(工匠)이나 농고(農賈)가 될 수도 있다. 그런 차이는 행위·거동이나 관습이 쌓인 까닭이다. 요나 우같이 한다면[4] 언제나 안락하고 영예스럽겠지만 걸과 도척처럼 한다면 언제나 위태롭고 치욕스러울 것이다. 요나 우같이 한다면 언제나 즐겁고 편하겠지만[5] 공장과 농고처럼 한다면 언제나 바쁘고 수고로울[6] 것이다. 그런데도 사람들은 이쪽을 힘써 하고 저쪽을 힘쓰는 이가 적은 것은 무슨 까닭인가? 말하기를 고루하기[7] 때문이라고 한다.

요·우라고 하는 이도 태어나면서 갖추어진 자가 아니다. 대저 그 바꾸는 일로부터 시작하여[8] 닦는 노력을 이루고[9] 끝까지 다하기를 기다린 뒤에 갖추어진 자다. 사람의 성품[10]은 본래 소인 같다. 스승도 없고 규범도 없다면 오직 이득만이 눈에 보일 따름이다. 사람의 성품이 본래 소인 같은 데다가 또 어지러운 세태를 만나 어지러운 풍속에 젖는다. 이는 바로 소인을 더욱 소인으로 만들고 난세를 더욱 난세로 만드는 것이다. 군자가 세위(勢位)를 얻어 나아가지 않는다면 계발해낼[11] 방도가 없을 것이다. 도대체 이[12] 사람의 입과 배가 어찌 예의를 알까 보냐. 어찌 사양을 알까 보냐. 어찌 염치나 도리[13]를 알까 보냐. 역시 헛헛해하며 급하게 씹고[14] 실컷 배부르면[15] 그만인 것이다. 사람에게 스승도 없고 규범도 없다면 그 마음이 그대로 그 입이나 배와 같을 것이다. 지금 만약 사람이 태어나면서 일찍이 고기나 쌀밥[16]을 맛보지 못하고 오직 콩잎이나 술지게미[17]만을 맛보게 한다면 그것으로 최상의 만족을 느끼게 될 것이다. 그러나 별안간 눈에 띄게 고기나 쌀밥을 손에 들고 오는 자가 있다면 놀라서[18] 그것을 보고 말하기를 '이 어찌 기이하지 않은가'라고 할 것이다. 그가 냄새맡아 코에 싫지 않고[19] 맛보아 입에 달고 먹어서 몸에 편하다면 이쪽을 버리고 저쪽을 취하지 아니할 리 없을 것이다. 이제 저 선왕의 도와 인의의 법통을 가지고 서로 모여 살고 서로 도와주며 서로 예의를 지키고[20] 서로 안락하게 살지 않겠는가. 그러면 저 걸이나 도척의 도에 비할 때 그 차이[21]가 어찌 다만[22] 저 고기나 쌀밥과 술지게미 같겠는가. 그런데도 사람들은 이쪽을 힘써 하고 저쪽을 힘쓰는 이가 적은 것은 무슨 까닭인가? 말하기를 고루하기 때문이라고 한다.

고루하다고 하는 것은 천하 모두의 우환이다. 사람의 최대 앙화이고 최대의 재해다. 옛말에 이르기를[23] '어진 자는 남에게 도를 알리고 가르치기를 즐겨한다'고 하였다. 그것을 알리고 그것을 가르치며 그것을 익히고[24] 그것을 행하며[25] 그것을 따르고[26] 그것을 거듭한다면 저 완미하게 꽉 막힌 자도 갑자기 통할 것이고 고루한 자도 갑자기 관대해질 것이며[27] 어리석은 자도 갑자기 지혜롭게 될 것이다. 이렇게 하지 아니하면 탕(湯)이나 무(武) 같은 성왕이 위에 있다 해도 무슨 이익이 될 것이며 걸·주 같은 폭군이 위에 있다 해도 무슨 손해가 되겠는가. 탕·우가 있으면 천하가 따라서 다스려지며 걸·주가 있으면 천하가 따라서 어지러워질 것이다. 어찌 사람의 성정이 본래 이와 같이 될 수[28]도 있고 저와 같이 될 수도 있는 것이 아니겠는가.

凡人有所一同. 飢而欲食, 寒而欲煖, 勞而欲息, 好利而惡害, 是人之所生而有也. 是無待而然者也. 是禹桀之所同也. 目辨白黑美惡, 而耳辨音聲淸濁, 口辨酸鹹甘苦, 鼻辨芬芳腥臊, 骨體膚理辨寒暑疾養, 是又人之所常生而有也. 是無待而然者也. 是禹桀之所同也. 可以爲堯禹, 可以爲桀跖, 可以爲工匠, 可以爲農賈. 在注錯習俗之所積爾. 爲堯禹則常安榮, 爲桀跖則常危辱. 爲堯禹則常愉佚, 爲工匠農賈則常煩勞. 然而人力爲此而寡爲彼何也. 曰, 陋也.
堯禹者非生而具者也. 夫起於變故, 成乎脩爲, 待盡而後備者也. 人之生固小人, 無師無法, 則唯利之見爾. 人之生固小人, 又以遇亂世得亂俗. 是

以小重小也, 以亂得亂也. 君子非得勢以臨之, 則無由得開內焉. 今是人之口腹, 安知禮義, 安知辭讓, 安知廉恥隅積. 亦呻呻而噍, 鄕鄕而飽已矣. 人無師無法, 則其心正其口腹也. 今, 使人生而未嘗睹芻豢稻粱也, 唯菽藿糟糠之爲睹, 則以至足爲在此也. 俄而粲然有秉芻豢稻粱而至者, 則瞯然視之曰此何怪也. 彼臭之而嗛於鼻, 嘗之而甘於口, 食之而安於體, 則莫不棄此而取彼矣. 今, 以夫先王之道仁義之統, 以相群居, 以相持養, 以相藩飾, 以相安固邪. 以夫桀跖之道, 是其爲相縣也, 幾直夫芻豢稻粱之縣糟糠爾哉. 然而人力爲此而寡爲彼何也. 曰, 陋也.

陋也者天下之公患也. 人之大殃大害也. 故曰仁者好告示人. 告之示之靡之儇之, 鈗鉛之重之, 則夫塞者俄且通也, 陋者俄且僩也, 愚者俄且知也. 是若不行, 則湯武在上曷益, 桀紂在上曷損. 湯武存則天下從而治, 桀紂存則天下從而亂. 如是者, 豈非人之情固可與如此可與如彼也哉.

1 無待―밖의 도움을 기다리지 아니함. 후천적으로 습득하지 않더라도 그렇게 됨.

2 芬芳腥臊―분방(芬芳)은 향풀. 맡기 좋은 냄새. 성조(腥臊)는 비린 냄새. 맡기 싫은 냄새.

3 疾養―질(疾)은 병의 통증을 말함. 양(養)은 양(癢)자와 통함. 가려움.

4 爲堯禹―위(爲)는 위(僞)자와 마찬가지 의미. 요·우와 같은 성인이 되고자 인위적인 노력을 함.

5 愉佚―마음의 유락(愉樂)과 몸의 안일. 즐겁고 편안한 삶을 보냄.

6 煩勞―마음은 괴롭고 몸이 지쳐 고달픔. 일에 쫓겨 정신없이 바쁜 모양.

7 陋―고루(固陋)의 뜻. 반성할 기미가 전혀 없는 상태. 널리 배우지 못해서 식견이 매우 좁음.

8 起於變故―고(故)는 고(古)자로 통함. 본래의 성질. 불완전한 것을 개선하려는 변혁작업을 일으킴을 말함.

9 成乎脩爲―본성을 수식한다고 하는 의미의 인위적 노력을 완수함. 위(爲)는 또한 위(僞)자로 통함.

10 人之生―여기서 생(生)은 성(性)자와 마찬가지로 쓰임. 태어난 그대로 있는 모습을 가리킴.

11 開內―내(內)는 납(納)자와 같음. 가려져 있는 마음을 열어 선을 받아들이

게 함.

12 夫是―시(是)는 부(夫)자와 마찬가지 의미. 무엇인가를 제시하기 위한 발어사.

13 隅積―우(隅)는 길의 한 부분. 갈라진 길. 적(積)은 뚫려서 뻗어나간 상태의 길을 말함.

14 呻呻而噍―염염(呻呻)은 몹시 배고파서 헛헛해하는 모양. 초(噍)는 작(嚼)자와 같음. 급하게 씹는 소리.

15 鄉鄉―포식하는 모양을 나타냄. 실컷 배불리 먹음.

16 芻豢稻粱―추환(芻豢)은 소나 양 같은 초식 가축. 도량(稻粱)은 쌀과 조. 모두 기름기 있고 맛있는 음식.

17 菽藿糟糠―숙(菽)은 콩류의 총칭. 곽(藿)은 콩잎. 조(糟)는 술지게미. 강(糠)은 쌀겨. 모두 변변치 못한 음식을 가리킴.

18 瞲然―휼(瞲)은 귤(橘)자로 통함. 놀라서 바라봄. 어리둥절하는 모습을 말함.

19 嗛於鼻―겸(嗛)은 부족함을 느낀다는 뜻이나, 여기서는 혐(嫌) 또는 쾌(快)자의 의미로 만족스런 모양을 가리킴.

20 藩飾―번식(繁飾)과 같은 뜻. 예의를 여러 가지로 꾸며 익힘. 자신의 추한 데를 예의로 가림.

21 相縣―현(縣)은 현절(懸絶), 즉 사이가 서로 많이 벌어짐. 멀리 떨어짐.

22 幾直―기(幾)는 기(豈)자로 통함. 반어(反語) 형식. 직(直)은 독(獨)·특(特)자와 같음.

23 故曰―고(故)는 고언(古諺)을 가리킴. 전해지는 옛말의 인용구를 예로 듦.

24 靡之―여기서 미(靡)는 복습(服習)의 의미. 감화시켜 따르게 함. 습관 붙이도록 함.

25 儧之―현(儧)은 적(積)자와 같은 뜻. 민첩하게 취한 행동이 쌓여 습관이 됨. 적습(積習).

26 鉛之―연(鉛)은 연(沿)자로 통함. 순(循)자와 마찬가지 뜻. 의지하여 따름.

27 僩―한(僩)은 한(閑) 또는 관(寬)자와 같음. 크게 너그러움. 박대(博大)의 의미.

28 可與―여(與)는 이(以)자로 통함. 여기서 가여(可與)는 가이(可以)와 마찬가지 의미.

[11]

사람의 성정은 먹을 때 맛있는 음식이 있기를 바라고 입을 때 무늬 비단[1]이 있기를 바라며 길을 갈 때 수레나 말이 있기를 바라고 또 그 남은 재물이 축적된 부(富)를 바란다. 그렇게 하여 평생을 다하더라도[2] 만족할 줄을 모르니 바로 이것이 사람의 성정이다. 지금 사람의 생활에 있어 정말[3] 닭·개·돼지를 기르고 또 소나 양을 기를 줄 알면서 식사 때 굳이 술과 고기를 먹으려고 하지 않는다. 돈[4]을 남기고 쌀 곳간[5]을 두면서도 입는 옷에 굳이 명주실이나 비단을 쓰려고 하지 않으며 값나가는 물건[6]을 상자 속 깊이 두면서도[7] 길을 갈 적에 굳이 수레나 말을 타려고 하지 않는다. 이것은 무슨 까닭인가? 하고 싶지 않아서가 아니라 긴 앞날을 생각하고 뒤를 돌아다보아 그것을 계속할 수 없을까봐 두렵기 때문이다. 여기서 또 씀씀이를 절약하고 욕심을 누르며 낭비를 거두어들이고 모아 간직하여 그것을 길이 유지하려는 것이다. 이것은 자기의 긴 앞날을 생각하고 뒤를 돌아다보았다는 점에서 대단히 좋은 일이다. 지금 저 구차하게 살려 하는 지각 낮은 족속들은 이것을 바로 알지 못한다.[8] 먹는 일에 너무 사치하고 뒤를 돌아다보지 않다가 갑자기 바닥이 나면 이내[9] 궁해질 것이다. 그래서 그 얼고 주림을 면치 못하고 표주박과 동냥자루[10]를 들고 다니다가 개천에 쓰러져 죽는[11] 원인인 것이다. 이것도 모르는 자가 하물며 저 선왕의 도나 인의의 법통, 시·서·예·악의 분수[12]를 알겠는가.

그는 원래 천하를 위해 크나큰 배려를 한다. 장차 천하 모든 민중들을 위하여 긴 앞날을 생각하고 뒤를 돌아보아 만대에까지 (안녕을) 보존하려는 것이다. 그 유풍(流風)은 오래 전해지고[13] 그 온축(蘊蓄)은 두터우며[14] 그 이룬 공적은 요원하니[15] 종순하여 수양한 군자가 아니면 알 수 없는 것이다. 옛말에 이르기를 '줄 짧은 두레박은 깊은 우물물을 길을 수 없으며 지려가 깊지 못한[16] 자는 성인의 말씀에 미칠 수 없다' 라고 한다. 대저 시·서·예·악의 분수는 본래 범상한 사람들이 아는 바가 아니다. 그러므로 말하기를 '한 번 하면 두 번 다시 할 것이고 몸에 지니면 오래 간직할 것이며 넓히면 통달할 것이고 생각하면 편안해 질 것이며 되풀이하여 살피면 더욱 좋아할 것이다' 라고 한다. 이를 가지고 감정을 다스리면 이롭고 이를 가지고 이름을 내면 영예로울 것이

며 이를 가지고 무리지어 살면 화합하고 이를 가지고 혼자 있으면 자족
할 것이다. 마음을 즐겁게 하는 것이 바로 이것이다.

人之情, 食欲有芻豢, 衣欲有文繡, 行欲有輿馬, 又欲夫餘財蓄積之富也.
然而窮年累世不知足, 是人之情也. 今, 人之生也, 方多畜雞狗豬彘, 又畜
牛羊, 然而食不敢有酒肉. 餘刀布有囷窌, 然而衣不敢有絲帛, 約者有筐
篋之藏, 然而行不敢有輿馬. 是何也. 非不欲也, 長慮顧後, 而恐無以繼之
故也. 於是又節用禦欲, 收斂畜藏以繼之也. 是於己長慮顧後, 幾不甚善
矣哉. 今夫偸生淺知之屬, 曾此而不知也. 食太侈不顧其後, 俄則屈安窮
矣. 是其所以不免於凍餓, 操瓢囊爲溝壑中瘠者也. 況夫先王之道仁義之
統詩書禮樂之分乎.

彼固天下之大慮也. 將爲天下生民之屬, 長慮顧後而保萬世也. 其汸長
矣, 其溫厚矣, 其功盛姚遠矣, 非順孰脩爲之君子, 莫之能知也. 故曰, 短
綆不可以汲深井之泉, 知不幾者, 不可與及聖人之言. 夫詩書禮樂之分,
固非庸人之所知也. 故曰, 一之而可再也, 有之而可久也, 廣之而可通也,
慮之而可安也, 反鉛察之而愈可好也. 以治情則利, 以爲名則榮, 以群則
和, 以獨則足. 樂意者其是邪.

1 文繡―문(文)은 아롱무늬. 수(繡)는 뜨개질 또는 자수. 다섯 가지 색실로 수
  놓은 비단.
2 窮年累世―궁년(窮年)은 일년을 내내 다함. 누세(累世)는 삼십 년을 일세(一
  世)로 하여 이를 거듭함.
3 方多―원판본은 방다(方多)가 방지(方知)로 되어 있음. 여기서 방(方)은 정
  (正)자와 마찬가지 의미로 쓰임.
4 刀布―도전(刀錢)과 포전(布錢). 고대에 통용되던 화폐의 일종.
5 囷窌―균(囷)은 름(廩)자와 같음. 쌀 창고. 교(窌)는 움집 교(窖)자와 통용
  됨. 땅을 파가지고 만든 창고.
6 約者―약(約)은 요(要)자와 같음. 귀중한 물건을 가리킴.
7 筐篋之藏―광(筐)은 대광주리. 사각형의 죽제 상자. 협(篋)은 의복이나 문서
  를 넣어두는 구형의 상자. 장(藏)은 저장의 뜻.

8 曾此而不知 ─증(曾)은 내(乃)자와 같은 뜻. 이(而)는 지(之)자로 통용됨. 도치(倒置) 형식으로 부지차(不知此)의 구절이 됨.

9 屈安 ─굴(屈)은 다할 갈(竭)자와 마찬가지 의미. 안(安)은 안(案)자와 같은 조사. 즉(卽)자의 뜻으로 쓰임.

10 操瓢囊 ─표(瓢)는 물 넣는 그릇. 낭(囊)은 밥 담는 그릇. 조(操)는 손에 듦.

11 胔 ─여기서 척(胔)은 자(胔)자로 볼 수 있음. 살점이 붙은 뼈 또는 썩은 고기. 사람의 시체를 가리킴.

12 分 ─예의범절 등의 정분(定分). 규정지은 그 의미. 사물을 구분할 줄 아는 식별 능력을 말함.

13 汦長 ─류(汦)는 류(流)의 고자(古字). 오래도록 전해지는 선인들의 유속(流俗). 좋은 습성.

14 溫厚 ─온(溫)은 온(蘊)자와 같음. 적(積)자로도 통함. 오래 쌓인 은덕을 말함.

15 功盛姚遠 ─성(盛)은 성(成)자로 통함. 공(功)자와 같은 의미. 요(姚)는 요(遙)자와 같은 의미로 원대(遠大)함을 말함.

16 不幾 ─기(幾)는 기미(幾微). 미묘함을 가리킴. 여기서는 많을 다(多)자의 뜻으로 쓰임.

[12]

무릇 고귀하기로는 천자가 되고 부유하기로는 천하를 다 차지함은 바로 사람의 성정이 똑같이 바라는 바다. 그렇다고 하여 사람이 그 욕심을 제멋대로 부린다면[1] 형세가 용납할 수 없고 물질적으로 충족시킬[2] 수 없다. 그러므로 선왕은 여기[3]에 이를 위하여 예의로 절제해 분별을 지은 것이다. 귀천의 등급, 장유의 차이, 슬기로운 자와 어리석은 자, 그리고 능한 자와 능하지 못한 자의 분수를 알게 하여, 모든 사람이 그 일을 행하여[4] 각각 그 마땅한 데를 얻게 한 연후에 봉록[5]의 다소와 후박이 알맞도록 하였다. 그래서 어진 사람이 윗자리에 있으면 농사꾼은 경작에 힘을 쓰고 장사꾼은 재화를 살피며 모든 공장들은 도구 제작에 기교를 다하고 사대부 이상 공후(公侯)[6]에 이르기까지 그 나름대로의 인심·후덕·지혜·능력을 가지고 관의 직분을 다하지 않는 이가 없다. 무릇 이를 가리켜 지극히 공평하다고 말하는 것이다. 그러므로 어떤 자는 천하를 봉록으로 주더라도 많다고 생각하지 않으며 어떤 자는 감문(監門)·어려(御旅)[7]·포관(抱關)·격탁(擊柝)[8]이라도 적다고 생각하지 않는다. 옛말에 이르기를 '고르지 않으면서도 가지런하고[9] 굽으면서도 순직하며[10] 가지가지이면서도 똑같다'라고 하니 무릇 이것을 가리켜 인륜이라고 한다. 『시』[11]에 말하기를 '크고 작은 공벽(珙璧)[12]을 받아 여러 나라 준몽(駿蒙)[13]이 되도다'라고 하니 이것을 가리켜 하는 말이다.

夫貴爲天子, 富有天下, 是人情之所同欲也. 然則從人之欲, 則勢不能容, 物不能贍也. 故先王案爲之制禮義以分之, 使貴賤之等長幼之差知賢愚能不能之分, 皆使人載其事而各得其宜, 然後使穀祿多少厚溥之稱. 是夫群居和一之道也. 故仁人在上, 則農以力盡田, 賈以察盡財, 百工以巧盡械器, 士大夫以上至於公侯, 莫不以其仁厚知能盡官職. 夫是之謂至平. 故或祿天下, 而不自以爲多, 或監門御旅抱關擊柝, 而不自以爲寡. 故曰, 斬而齊, 枉而順, 不同而一. 夫是之謂人倫. 詩曰, 受小共大共, 爲下國駿蒙. 此之謂也.

1 然則從 ― 즉(則)은 이(而)자와 똑같이 쓰임. 종(從)은 종(縱)자의 의미로 방종을 말함.
2 贍 ― 섬(贍)은 섬부(贍富)의 뜻. 족(足)자로 통함. 물자를 넉넉하게 다 갖춤.
3 案 ― 여기서 안(案)은 즉(則)자로 통함. 어시(於是)의 뜻.
4 載其事 ― 재(載)는 행(行)자와 마찬가지 뜻. 임(任)자로도 함께 쓰임. 그 임무를 수행함.
5 穀祿 ― 주로 곡물을 가지고 지급하던 일반적인 봉급 체제를 가리킴.
6 公侯 ― 여기서 공후(公侯)란 공경(公卿)과 같은 의미로 최상위급의 행정 담당 관료직을 말함.
7 監門御旅 ― 감문(監門)은 관문을 지키는 하위직 관리. 어(御)는 아(迓)자와 음이 통용됨. 상영(相迎)의 뜻. 어려(御旅)란 여행자를 검문하는 직책.
8 抱關擊柝 ― 포관(抱關)은 문 지키는 병졸. 격탁(擊柝)은 딱딱이를 치며 순라 도는 야경꾼.

9 斬而齊—참(斬)은 참(儳)자와 같은 음으로, 어긋나는 모양. 부제(不齊)의 뜻.
  제(齊)는 가지런히 할 정(整)자로 통함.

10 枉而順—왕(枉)은 곡(曲)자와 마찬가지 의미. 순(順)은 직(直)자로 통함.
  곡절(曲折)은 있어도 비뚤어진 데가 없음.

11 詩—『시경』「상송(商頌)·장발(長發)」편의 인용 구절.

12 小共大共—공(共)은 공(珙)자와 같음. 제후들이 천자로부터 영토 크기에 따
  라 위임 증표로 받는 벽옥(璧玉)의 일종.

13 下國駿蒙—하국(下國)이란 그 지배하에 있는 여러 나라를 가리킴. 준몽(駿
  蒙)은 영민·준수하고 후덕한 군주를 말함. 준(駿)은 준마를 가리키고 몽
  (蒙)은 말 달릴 치(馳)자의 뜻으로 풀이함.

5 비상非相

비(非)는 비난의 뜻이고 상(相)은 본다는 뜻이다. 사람의 용모나 골상(骨狀)을 관찰하여 그것으로 길흉과 귀천을 점쳐서 안다는 것이다. 여기서는 외모에 의한 그런 예언이 당치 않다고 주장한다. 순황 생존 당시 그와 같은 관상술이 유행하여 세상을 현혹시키고 수양을 게을리하는 자가 있어 이 편을 지은 것으로 본다. 『한서』「예문지」수술략(數術略) 형법(刑法)에는 상인(相人) 24권이 수록되어 있는데, 아마도 이런 유의 관상술 책일 것이다. 모두 10장으로 된 이 편의 내용 중 편명과 일치하는 부분은 첫 장뿐이고 나머지는 다른 내용이다. 주로 변설(辯舌)에 대한 논의가 많고, 특히 제3장의 후왕(後王)에 관한 논리 전개가 눈길을 끈다.

[1]

사람 상(相)보는 일[1]을 옛날 사람은 무시하였고[2] 학문하는 자는 말하지 않았다. 하지만 옛적에는 고포자경(姑布子卿)[3]이란 자가 있었고 지금 세상에는 양(梁)나라에 당거(唐擧)[4]라는 자가 있어 사람의 생김새나 안색을 보고 그 길흉화복[5]을 알아낸다고 한다. 세상 사람들이 그를 크게 칭찬하지만, 옛날 사람은 이것을 무시하였고 학문하는 자는 말을 하지 않았다. 생김새를 보고 미래를 알아냄은 논심(論心)[6]하는 것만 같지 못하고 논심은 택술(擇術)[7]하는 것만 같지 못하다. 외형은 마음의 상태를 이겨내지 못하고 마음의 상태는 그 택술을 이겨내지 못하므로 택술이 바르고 마음이 순직하다면 생김새가 비록 추악하더라도 마음과 행위 기준은 착할 것이니 군자 되는 데 해가 없을 것이다. 생김새가 비록 착하더라도 마음과 행위 기준이 추악하다면 소인 되는 데 방해가 없을 것이다. 군자가 되는 것을 가리켜 길(吉)한 상이라 말하고 소인이 되는 것을 가리켜 흉(凶)한 상이라 말한다. 그러므로 키가 크고 작거나 생김새가 나쁘고 좋은 것은 길흉과 상관없다. 옛날 사람은 이것을 무시하였고 학문하는 자는 말하지 않았다.

생각건대 요(堯)임금은 장신이고 순(舜)임금은 단신이며 문왕(文王)은 장신이고 주공(周公)은 단신이며 공자는 장신이고 자궁(子弓)[8]은 단신이었다. 옛날에 위영공(衛靈公)에게 공손려(公孫呂)[9]라고 부르는 신하가 있어 신장이 칠척, 안면의 길이가 삼척, 이마 넓이[10]가 세 치, 코와 눈과 귀가 한데 뭉쳐 있었지만 명성은 천하에 울려퍼졌다. 초(楚)나라 손숙오(孫叔敖)[11]는 기사(期思) 땅의 촌사람[12]으로 돌출한 대머리에 왼쪽 팔은 길고[13] 아래 턱뼈가 쑥 내밀었지만[14] 그래도 초왕을 패자로 만들었다. 섭공 자고(葉公子高)[15]는 몸집이 아주 작고 몹시 말라서 길을 걸을 때는 마치 그 옷무게를 이기지 못하는 것 같았다. 그러나 백공(白公)의 난16)에 영윤 자서(令尹子西)나 사마 자기(司馬子期)는 모두 죽었지만 섭공 자고는 초의 도성에 들어가 점거하고 백공을 주살하여 초나라 평정하기를 마치 손바닥 뒤집듯이 했다. 그리하여 그 인의와 공명은 후세까지 기리게 되었다. 그러므로 사(士)에 대해서는 몸길이를 재거나17) 몸집을 재거나18) 몸무게를 달아보거나 하지 않고 다만 그 마음 상태를 알려고19) 할 따름이다. 장단과 대소, 미추, 생김새를 어찌 따지겠는가. 또한 서(徐)나라 언왕(偃王)20)의 상은 눈이 아래를 보지 못하고 간신히 멀리 있는 말만 쳐다볼 수21) 있고 공자는 안면이 마치 도깨비 탈을 쓴22) 것과 같으며 주공은 몸이 마치 죽은 나무 등걸23) 같고 고요(皐陶)24)의 얼굴은 마치 껍질 벗긴 오이 빛깔 같으며 굉요(閎夭)25)는 안면에 피부가 안 보일 만큼 수염이 많고 부열(傅說)26)은 몸이 마치 생선 등지느러미 세운27) 것 같으며 이윤(伊尹)28)은 안면에 수염과 눈썹29)이 전혀 없고 우왕은 절름발이에 탕왕은 반신불수30)이며 요·순은 눈동자가 셋31)이었다. 배움을 지향하는 자32)가 앞으로 그 마음가짐을 따져가지고 학문과 견주어 보려는가 아니면 다만 장단을 가리고 미추를 분별하여 서로 비웃으며 즐기려33) 하는가.

　옛날에 걸·주는 몸집이 장대하고 용모가 아름다워 천하에 걸물이었다. 체력도 남보다 월등하게 강해서 백 사람과 필적하였다. 그러나 자신은 죽고 나라를 망쳐 천하의 큰 욕34)이 되어 후세에 악인을 말할 때 대표적 예가 되었다.35) 이것은 용모가 부른 화가 아니다. 견문이 많지 않고 논의가 저속했을 따름이다. 오늘날 일반 세속의 난민(亂民)36)이나 시골의 경박스런 재사들37)은 아름답고 나긋나긋하며38) 기이한 옷차림39)으로 부인처럼 장식하고 혈기나 태도가 여자와 비슷하지 않은 이가 없다. 부인들은 그를 얻어 남편 삼기를 원치 않는 이가 없고 처녀들은 그를 얻어 연인40) 삼기를 원치 않는 이가 없어 그 부모의 집을 버리고 달려가려는 자가 나란히 잇달았다. 그러나 중질의 군주41)라면 그런 사람을 신하로 삼기를 부끄럽게 생각하고 중질의 아버지라도 자식 삼기를 부끄럽게 생각하며 중질의 형이라도 아우 삼기를 부끄럽게 생각하고 중질의 사람이라면 벗 삼기를 부끄럽게 생각한다. 갑자기 이런 사람이 관리에게 잡혀서[42] 많은 사람이 보는 앞에 처형당하게 된다면[43] 하늘을 부르고 소리 높여 울부짖으며 그 상태가 괴롭고 마음 아파서 그 처음 일을 후회하지 않는 자가 없다. 이것은 용모가 부른 화가 아니다. 견문이 많지 않고 논의가 저속했을 따름이다. 그렇다면 배움을 지향하는 자가 장차 어느 쪽을 옳다고 보겠는가.

相人, 古之人無有也, 學者不道也. 古者有姑布子卿, 今之世, 梁有唐擧, 相人之形狀顏色, 而知其吉凶妖祥. 世俗稱之, 古之人無有也, 學者不道也. 故相形不如論心, 論心不如擇術. 形不勝心, 心不勝術. 術正而心順, 則形相雖惡, 而心術善, 無害爲君子也. 形相雖善而心術惡, 無害爲小人也. 君子之謂吉, 小人之謂凶. 故長短小大善惡形相, 非吉凶也. 古之人無有也學者不道也.

蓋帝堯長, 帝舜短, 文王長, 周公短, 仲尼長, 子弓短. 昔者衛靈公有臣, 曰公孫呂, 身長七尺, 面長三尺焉廣三寸, 鼻目耳具, 而名動天下. 楚之孫叔敖, 期思之鄙人也, 突禿長左, 軒較之下, 而以楚霸. 葉公子高, 微小短瘠, 行若將不勝其衣. 然白公之亂也, 令尹子西司馬子期皆死焉, 葉公子高入據楚, 誅白公定楚國, 如反手爾. 仁義功名善於後世. 故士不揣長, 不揳大, 不權輕重, 亦將志乎心爾. 長短小大美惡形相, 豈論也哉. 且徐偃王之狀, 目可瞻馬, 仲尼之狀, 面如蒙倛, 周公之狀, 身如斷菑, 皐陶之狀, 色如削瓜, 閎夭之狀, 面無見膚, 傅說之狀, 身如植鰭, 伊尹之狀, 面無須麋, 禹跳湯偏, 堯舜參牟子. 從者將論志意比類文學邪, 直將差長短辨美惡而相欺傲邪.

古者, 桀紂長巨姣美, 天下之傑也. 筋力越勁, 百人之敵也. 然而身死國亡, 爲天下大僇, 後世言惡, 則必稽焉. 是非容貌之患也. 聞見之不衆, 論議之卑爾. 今, 世俗之亂民鄉曲之儇子, 莫不美麗姚冶, 奇衣婦飾, 血氣態度擬於女子. 婦人莫不願得以爲夫, 處女莫不願得以爲士, 棄其親家,

而欲奔之者, 比肩竝起. 然而中君羞以爲臣, 中父羞以爲子, 中兄羞以爲弟, 中人羞以爲友. 俄則束乎有司, 而戮乎大市, 莫不呼天啼哭, 苦傷其今而後悔其始. 是非容貌之患也. 聞見之不衆, 而論議之卑爾. 然則從者將孰可也.

1 相人 ─상(相)은 시(視)자로 통함. 사람의 인상을 보고 점친다는 의미. 일종의 관상술을 말함.

2 無有 ─무유(無有)는 있지 않다는 뜻이 아니고, 사실로 엄연히 존재하지만 그것을 문제삼지 않는다는 말로 풀이됨.

3 姑布子卿 ─춘추시대 정(鄭)나라 사람. 조양자(趙襄子)의 재상. 그가 공자의 상을 보았다고 전함.

4 梁有唐擧 ─양(梁)은 전국시대 위(魏)나라. 지금의 하남성 개봉(開封) 근처. 당거(唐擧)가 위의 재상 이극(李克)과 진(秦)의 재상 채택(蔡澤)의 상을 보았다고 전해짐.

5 妖祥 ─요(妖)는 불길한 징조. 상(祥)은 서상(瑞祥)을 말함.

6 論心 ─심(心)은 심리적 상태. 논(論)은 사람 마음이 바른가 그렇지 못한가를 가려내고 따짐.

7 擇術 ─술(術)은 심리현상을 분석하고 검토하는 수단·방법. 택(擇)은 행위 기준 또는 학술 그 자체를 말함.

8 子弓 ─순황이 공자와 아울러 매우 존숭하던 사람. 실제로 누구인지는 확실치 않음.

9 公孫呂 ─어떤 인물인지 상세한 기록이 전해지지 않아 잘 모름.

10 焉廣 ─언(焉)은 안(案)자와 마찬가지 발성조사. 여기서는 액(額)자와 같은 뜻. 광(廣)은 그 이마의 넓이를 말함.

11 孫叔敖 ─초(楚) 장왕(莊王)의 재상이 되어 12년 만에 그를 패자(覇者)로 만든 정치가.

12 期思之鄙人 ─기사(期思)는 지금의 중국 하남성 지역 명칭. 비인(鄙人)은 교외에 사는 시골 사람.

13 突禿長左 ─돌독(突禿)이란 민둥산 모양 우뚝 솟은 대머리. 장좌(長左)는 왼팔이 오른팔보다 긴 모양.

14 軒較之下 ─헌(軒)은 대부(大夫) 신분을 가진 사람이 타는 수레 초헌. 각(較)은 그 앉은 자리 양쪽에 손잡이로 가로지른 굽은 나무. 하(下)란 안면 아래 반쪽, 즉 턱을 가리킴. 헌각 같은 기형을 말함.

15 葉公子高 — 섭(葉)은 식읍(食邑)의 명칭. 공(公)은 그곳 영주 심저량(沈諸梁)을 가리킴. 자고(子高)는 그의 자(字).

16 白公之亂 — 백공(白公)은 백(白) 땅을 식읍으로 삼았기 때문에 붙은 명칭. 초평왕(楚平王)의 손자. 살해당한 그 아버지의 원한을 풀기 위해 당시 실력자였던 자서(子西)와 자기(子期)를 죽이고 정권을 장악한 사건.

17 揣長 — 취(揣)는 헤아림. 촌탁(忖度)의 뜻. 몸통 길이를 미루어서 사람을 평가하고 판단함.

18 揳大 — 결(揳) 역시 취(揣)자와 마찬가지로 헤아림.

19 志乎心 — 지(志)는 알 지(知)자로 통함. 마음 상태를 파악하고 이해함.

20 徐偃王 — 서(徐)는 나라 이름. 언왕(偃王)은 참칭(僭稱)한 왕의 호. 초문왕(楚文王)에게 주살당함. 인의를 닦아 행하였다고 전해짐.

21 目可瞻馬 — 머리가 위쪽을 향하여 고개를 숙일 수 없는 기형. 아래를 보지 못함. 멀리 있는 말은 쳐다보아도 가깝게 있는 작은 것은 안 보임.

22 蒙倛 — 기(倛)는 귀면(鬼面). 역신(疫神)을 쫓는 탈. 몽(蒙)은 덧붙임. 피복(被覆)의 뜻.

23 斷菑 — 단(斷)은 절(折)자와 같음. 자(菑)는 나무 선 채로 죽은 자(椔)자로 통함. 잘려나간 죽은 나무처럼 생긴 꼽추를 가리킴.

24 皐陶 — 요·순을 섬긴 신하. 옥사(獄事)를 맡았다고 전해짐.

25 閎夭 — 주(周)의 문왕(文王)과 무왕(武王)을 도와서 천하 통일을 달성한 어진 신하.

26 傳說 — 은(殷) 고종(高宗)의 현신. 고종을 도와 은의 중흥을 이룸.

27 植鰭 — 식(植)은 입(立)자와 같음. 기(鰭)는 물고기 등지느러미. 등에 지느러미 세운 것 같은 혹이 내민 모양. 곱추를 가리킴.

28 伊尹 — 은(殷) 탕왕의 신하로 탕왕을 도와 천하를 통일하였음.

29 須麋 — 수(須)는 아래수염 수(鬚)자로 통함. 미(麋)도 역시 눈썹 미(眉)자로 통함.

30 禹跳湯偏 — 도(跳)는 걸음걸이가 불편한 모양. 편(偏)은 몸 반쪽이 고목처럼 마비된 상태.

31 參牟子 — 모(牟)는 모(眸)자와 같음. 세 개의 눈동자. 삼(參)을 참치(參差)의 뜻으로 풀이하여 엇갈리는 눈매를 가리키기도 함.

32 從者 — 학문에 종사하는 자. 앞의 학자(學者)와 마찬가지 의미. 여기서는 순황의 문인들을 가리킴.

33 欺傲 — 기(欺)는 깔봄. 비웃어가며 즐기는 모양.

34 大儓 — 류(儓)은 부끄러움. 큰 치욕. 죽일 류(戮)자로도 통함.

35 必稽―계(稽)는 계사(稽査)의 뜻. 참고하기 위해서 사례로 인용됨.

36 亂民―민(民)은 군(君)자로도 통함. 왕후(王侯)를 가리킴이 아니고 권세를 뽐내고 멋대로 날뛰는 자의 통칭. 질서를 문란케 하는 자.

37 鄕曲之儇子―향곡(鄕曲)은 궁벽진 시골. 현(儇)은 교혜(巧慧)의 뜻. 영리하지만 경박함.

38 姚冶―요(姚)는 미호(美好)의 뜻. 야(冶)는 요(妖)자로 통함. 요염하고 아리따운 모양.

39 奇衣―기(奇)는 진기함. 별난 옷차림으로 남의 눈길을 끄는 것.

40 士―여기서는 신랑감으로 생각되는 남자. 혹은 연인을 의미함.

41 中君―중(中)은 상·중·하 가운데 보통의 의미. 상지(上智)인 군주를 포함한 일반 수준의 군주.

42 俄則束―즉(則)은 이(而)자와 함께 통용됨. 아이(俄而)와 마찬가지 의미. 속(束)은 포박(捕縛)의 뜻.

43 戮乎大市―시(市)는 사람이 많이 모여드는 곳. 육(戮)은 살(殺)자와 마찬가지로 사형을 의미함.

[2]

사람에게 세 가지 좋지 않은 행동[1]이 있다. 연소하면서 연장자를 즐겨 모시려[2] 하지 않으며 신분이 낮으면서 높은 이를 즐겨 섬기려 하지 않으며 못났으면서 어진 이를 따르려 하지 않는다. 이것이 바로 사람의 세 가지 좋지 않은 행동이다. 또 사람에게 세 가지 반드시 궁지로 몰릴[3] 행동이 있다. 위가 되어 아랫사람을 사랑할 줄 모르고 아래가 되어 윗사람 헐뜯기만을 좋아함은 바로 사람이 궁지로 몰릴 행동 가운데 하나다. 마주 대면하여 종순치 못하고[4] 뒤돌아서서 깔봄[5]은 바로 사람이 궁지로 몰릴 행동 가운데 둘이다. 지려나 덕행이 천박하고 능력 정도[6]가 또 남과 이미 거리가 먼데도[7] 어진 사람을 추대할 줄 모르고 슬기로운 사람을 존경할[8] 줄 모름은 바로 사람이 궁지로 몰릴 행동 가운데 셋이다. 사람에게 이 몇 가지 행동을 취하는 자가 있어 그가 윗사람이 된다면 반드시 그 자리가 위태할 것이며 아랫사람이 된다면 반드시 몸을 망칠 것이다. 『시』[9]에 이르기를 '눈이 펄펄 내려 쌓여도[10] 햇볕을 쪼이면 이내 녹아버리네.[11] 굳이 몸 낮추려 하지 않고[12] 윗자리를 가지고[13] 번번이

교만 부린다네'라고 하였으니 이것을 가리켜 하는 말이다.

人有三不祥. 幼而不肯事長, 賤而不肯事貴, 不肖而不肯事賢, 是人之三不祥也. 人有三必窮. 爲上則不能愛下, 爲下則好非其上, 是人之一必窮也. 鄕則不若, 偝則謾之, 是人之二必窮也. 智行淺薄, 曲直有以相縣矣, 然而仁人不能推, 知士不能明, 是人之三必窮也. 人有此數行者, 以爲上則必危, 爲下則必滅. 詩曰, 雨雪瀌瀌, 宴然聿消. 莫肯下隧, 式居屢驕. 此之謂也.

1 不祥—상(祥)은 길(吉)의 뜻이므로, 불상(不祥)이란 불길한 일, 즉 좋지 않은 행동을 말함.

2 肯事—긍(肯)은 들어줌. 또는 받아들임. 사(事)는 섬기고 모시는 일. 다른 사람의 지도나 지배에 대하여 복종함.

3 必窮—궁(窮)은 곤궁(困窮) 또는 궁박(窮迫)의 뜻. 가던 길이 막혀 고생하게 됨.

4 鄕則不若—향(鄕)은 그 음이 향(向)자와 같으며 향(向)은 면(面)자와 뜻이 통함. 약(若)은 종순의 의미. 말을 잘 들음.

5 偝則謾之—배(偝)는 배(背)자로 통함. 뒤돌아봄. 만(謾)은 기만 또는 경멸의 뜻.

6 曲直—여기서 곡직(曲直)이란 능·부(能否) 또는 현·우(賢愚)를 가리킴.

7 有以相縣—유(有)는 우(又)자, 이(以)는 이(已)자로 통용됨. 현(縣)은 현(懸)자의 뜻으로, 사이가 동떨어짐. 거리가 멂.

8 不能明—여기서 명(明)은 명백(明白)의 뜻이 아님. 왕염손(王念孫)은 존(尊)자의 의미로 봄.

9 詩—『시경』「소아(小雅)·각궁(角弓)」편 제7장의 인용 글귀.

10 雨雪瀌瀌—우(雨)는 비 내림. 우설(雨雪)은 강설(降雪)을 말함. 표표(瀌瀌)는 눈이 많이 오는 모양. 비비(霏霏)와 같음.

11 晏然聿消—연(宴)은 연(燕)자와 통용됨. 연(燕)은 연(曣)자와 같은 난(暖)자의 뜻. 태양열을 받아 따뜻해짐을 말함. 률(聿)은 조사로, 드디어 또는 어시(於是)의 뜻.

12 下隧—수(隧)는 추(墜)자, 즉 락(落)자와 같은 뜻. 하수(下隧)는 겸손을 의미함. 자기 몸을 낮춤.

13 式居—식(式)은 이(以)자와 같음. 여기서는 거(居)를 거상(居常)·의연(依

然)의 뜻이라기보다 상위직을 빙자한다는 뜻으로 봄.

[3]

사람이 사람 된 까닭이라는 것이 무엇인가.[1] 말하기를 그 변별 능력을 가졌기[2] 때문이라고 한다. 굶주리면 먹으려 하고 추우면 따뜻하게 입으려 하며 피로하면 쉬려 하고 이익을 좋아하고 손해를 싫어함이 바로 사람이 나면서 지니고 있는 바다. 이는 후천적인 교육 없이[3]도 그렇게 되는 것이다. 이는 우나 걸도 마찬가지다. 그렇다면 사람이 사람 된 까닭이라는 것은 다만[4] 그 발이 둘이고 얼굴에 털이 없어서가 아니라 그 변별 능력을 가졌기 때문이다. 지금 저 원숭이 형상[5]도 역시 발이 둘이고 털이 없다. 그런데 군자가 그 고깃국물을 마시고[6] 그 저민 살점을 먹는다.[7] 그래서 사람이 사람 된 까닭이라는 것은 다만 그 발이 둘이고 털이 없어서가 아니라 그 변별 능력을 가졌기 때문이다. 무릇 금수에게 어미와 새끼는 있더라도 부자간의 친애하는 정은 없으며 암수는 있더라도 남녀간의 분별은 없다. 그러므로 사람의 도에 변별이 있지 않을 수 없다는 것이다.

변별은 분수보다 더 큰 것이 없고[8] 분수는 예보다 더 큰 것이 없으며 예는 성왕[9]보다 더 큰 것이 없다. 말하기를 '예법이 오래가면 다하고[10] 음악 연주[11]도 오래가면 끊기며 법도를 지키는[12] 관리도 오래가면 누그러진다'[13]라고 한다. 그래서 말하기를 '성왕의 발자취를 보려면 그 빛나던 때를 대상으로 하라'고 하니 후왕(後王)이 바로 그것이다. 저 후왕이란 천하의 군주다. 후왕을 버려두고 상고를 말한다 함은 비유하자면 바로 자신의 군주를 버리고 남의 군주를 섬기는 것과 같다. 그래서 말하기를 '천년 전을 보려면 오늘날을 점검할[14] 것이고 억만을 알려면 한둘을 살필 것이며 상고 세태를 알려면 주(周)의 법도[15]를 살필 것이고 주의 법도를 알려면 그 법도를 존중하던 군자를 살필 일이다'라고 한다. 그러므로 또 말하기를 '가까운 것을 가지고 먼 것을 알고 하나를 가지고 만을 알며 미세한 것을 가지고 크게 밝은 것을 안다'라고 하니 이것을 가리켜 하는 말이다.

　저 허튼소리를 하는 사람[16]이 말하기를 '옛날과 지금은 사정이 달라 그 난을 다스리는 까닭이란 것도 도를 달리한다' 라고 한다. 따라서 대중들은 이에 정신이 헷갈린다. 저 대중이란 자들은 어리석고 제 주장이 없으며 고루하고 헤아리지 못하는 자들이다. 그 눈으로 보는 것[17]도 오히려 속일 수가 있거늘 하물며 천 세대로 전해지는 것에 있어서랴. 허튼소리를 하는 사람이 지금 일[18]도 오히려 기만한다면[19] 하물며 천 세대 위의 옛날 일에 대해서랴. 성인은 무엇 때문에 속지 않는가. 말하기를 '성인이란 자기 자신을 가지고 헤아리는 자다' 라고 한다. 그러므로 사람을 가지고 사람을 헤아리고 정을 가지고 정을 헤아리며 유를 가지고 유를 헤아리고 말을 가지고 공을 헤아리며 도를 가지고 극[20]을 헤아림이 고금을 통하여 똑같다. 유에 어긋나지 않는다면 비록 오래되었다 하더라도 원리는 같다. 그러므로 올바르지 못한 것을 직면하여도 헤매지 않고 불순한 것을 보더라도 헷갈리지 않는 것은 이것을 가지고 그것을 헤아리기 때문이다. 오제(五帝) 이전[21]에 전해지는 사람이 없는 것은 현인이 없어서가 아니라 세월이 오래되었기 때문이다. 오제 가운데 전해지는 정사가 없는 것은 선정(善政)이 없어서가 아니라 세월이 오래되었기 때문이다. 우나 탕의 정사는 전해지는 것이 있더라도 주(周)의 상세함만 같지 못한 것은 선정이 없어서가 아니라 세월이 오래되었기 때문이다. 전해지는 것이 오래면 더욱더 간략해지고[22] 가까우면 더욱더 소상해진다. 간략하면 큰 것만 거론되고 소상하면 작은 것까지 거론된다. 어리석은 자는 그 간략한 것만 듣고 그 소상한 것을 알지 못하며 그 작은 것만 듣고 그 큰 것을 알지 못한다. 이런 까닭으로 예법이 오래가면 다하고 음악 연주도 오래가면 끊긴다는 것이다.

人之所以爲人者, 何已也. 曰, 以其有辨也. 飢而欲食, 寒而欲煖, 勞而欲息, 好利而惡害, 是人之所生而有也. 是無待而然者也. 是禹桀之所同也.

然則人之所以爲人者, 非特以二足而無毛也, 以其有辨也. 今夫狌狌形狀,
亦二足而毛也, 然而君子啜其羹食其胾. 故人之所以爲人者, 非特以其二
足而無毛也, 以其有辨也. 夫禽獸有父子, 而無父子之親, 有牝牡, 而無男
女之別, 故人道莫不有辨.

辨莫大於分, 分莫大於禮, 禮莫大於聖王. 聖王有百, 吾孰法焉. 曰, 文久
而滅, 節族久而絶, 守法數之有司, 極而褫. 故曰, 欲觀聖王之跡, 則於其
粲然者矣, 後王是也. 彼後王者天下之君也. 舍後王而道上古, 譬之是猶
舍己之君而事人之君也. 故曰, 欲觀千歲, 則數今日, 欲知億萬, 則審一
二, 欲知上世, 則審周道, 欲知周道, 則審其人所貴君子. 故曰, 以近知遠,
以一知萬, 以微知明. 此之謂也.

夫妄人曰, 古今異情, 其所以治亂者異道. 而衆人惑焉. 彼衆人者愚而無
說, 陋而無度者也. 其所見焉猶可欺也, 而況於千世之傳也. 妄人者, 門庭
之間猶挾欺也, 而況於千世之上乎. 聖人何以不欺. 曰, 聖人者, 以己度者
也. 故以人度人, 以情度情, 以類度類, 以說度功, 以道觀盡, 古今一也.
類不悖雖久同理, 故鄉乎邪曲而不迷, 觀乎雜物而不惑, 以此度之. 五帝
之外無傳人, 非無賢人也, 久故也. 五帝之中無傳政, 非無善政也, 久故
也. 禹湯有傳政, 而不若周之察也, 非無善政也, 久故也. 傳者久則愈略,
近則愈詳. 略則擧大, 詳則擧小. 愚者聞其略, 而不知其詳, 聞其小, 而不
知其大也. 是以文久而滅, 節族久而絶.

---

1 何已也―여기서 이(已)는 이(以)자와 같음. 야(也)와 함께 조사로 보아야 됨.
2 有辨―변(辨)은 분별의 의미. 사료 판단의 작용 또는 그 능력을 말함.
3 無待―대(待)란 교육이나 교정(矯正) 같은 후천적 작위를 가하고 거기에 의
　존함.
4 特以―특(特)은 독(獨) 또는 직(直)자와 통함. 이(以)는 위(爲)자와 같은 뜻
　으로 쓰임.
5 狌狌形狀―생(狌)은 성(猩)자와 같은 의미. 원숭이. 형상(形狀)이 다른 판본
　에는 형소(形笑)로 되어 있으나 소(笑) 또한 상(像)자로 통하므로 마찬가지
　의미.
6 啜其羹―철(啜)은 흡(吸)자와 같은 뜻. 갱(羹)은 고기에 채소를 섞어 끓인 국

126

물. 원숭이 고깃국물을 홀짝홀짝 마심.

7 胾 ― 자(胾)는 저민 살코기. 산적점을 가리킴.

8 莫大於分 ― 분(分)은 상하 계급 질서를 말함. 친소(親疏) 간의 차별. 대(大)는
　중대함. 본질적으로 소중함을 의미함.

9 聖王 ― 앞서 예, 즉 사회규범을 제정한 선왕에 대한 호칭으로 후왕의 대칭임.

10 文久而滅 ― 여기서 문(文)이란 사람이 제정한 예법을 말함. 멸(滅)은 식(息)
　자와 같음. 제정된 시기가 오래되면 그 의미가 소멸됨.

11 節族 ― 절(節)이나 주(族) 두 글자 모두 풍류 · 가락의 뜻. 절주(節奏)와 마
　찬가지 의미.

12 守法數 ― 수(守)는 묵수(墨守) 또는 고수(固守)함. 수(數)는 법규의 구체적
　항목 또는 개조(箇條)를 말함.

13 極而襐 ― 극(極)은 요(遙)자와 마찬가지 뜻. 세월이 아득하게 흐름. 체(襐)
　는 폐절(廢絶)의 의미. 아주 허물어져 없어짐.

14 數今日 ― 여기서 수(數)란 열(閱)자와 같은 의미. 오늘의 상황을 잘 살펴서
　조사함.

15 周道 ― 주(周)왕조 때의 상부 구조. 정치제도와 그 방식.

16 妄人 ― 조리에 맞지 않는 말을 하는 사람. 여기서는 법가(法家) 계열의 사상
　가를 가리켜 말함.

17 其所見焉 ― 언(焉)은 자(者)자와 마찬가지로 읽음. 눈으로 직접 확인되는 현
　재라는 의미.

18 門庭之間 ― 문과 뜰 같은 가까운 거리. 시간이 얼마 안 걸리는 사이. 경정(俓
　庭)과 반대되는 뜻.

19 挾欺 ― 협기(挾欺)는 무기(誣欺)와 같은 의미. 여러 판본에는 협(挾) 앞에
　가(可)자가 붙음.

20 以道觀盡 ― 진(盡)은 극진(極盡)의 뜻. 일상의 경험으로 미루어 그 궁극의
　법칙을 이해함.

21 五帝之外 ― 오제(五帝)는 신화적인 제왕 소호(小昊) · 전욱(顓頊) · 고신(高
　辛) · 당요(唐堯) · 우순(虞舜)을 말함. 외(外)는 그 이전의 상고시대를 가
　리킴.

22 愈略 ― 여러 판본에는 유(愈)가 논(論)자로 되어 있으나 여기서는 이를 유
　(愈)자로 풀이함.

[4]

무릇 언설이 선왕의 가르침에 맞지 않고 예의에 따르지 않는 것을 가

리켜 간언(姦言)¹)이라고 한다. 비록 말을 잘하더라도²) 군자는 들으려하지 않는다. 선왕을 본받고 예의에 따르며 학문을 지향하는 자들과 친숙하더라도³) 진실된 말 하기를 좋아하지 않고⁴) 진실된 말 하기를 즐기지 않는다면⁵) 반드시 성실한 사인(士人)은 못 된다. 그러므로 군자는 언설에 있어 마음가짐은 그것을 좋아하고 행위는 거기에 만족하며 즐겨 말하기를 바란다. 그래서 군자는 반드시 말을 잘하는 것이다. 모든 사람이 그 선하다고 여기는 바를 말하기 좋아하지 않는 이가 없지만 그 가운데 군자는 가장 더한 것이다. 그러므로 군자가 남에게 말을 준다는 것은 금석이나 주옥보다 더 귀중하고 남에게 말을 보인다면 보불(黼黻) 문장(文章)⁶)보다 더 아름다우며 남에게 말을 들려준다면 종고(鍾鼓)나 금슬보다 더 즐거울 것이다. 그래서 군자는 언설에 있어 싫어할 일이 없다. 비부(鄙夫)⁷)들은 이와 반대로 그 실속 챙기기만 좋아하고 그 문식(文飾)을 돌아보지 않는다.⁸) 이런 까닭으로 평생토록 저속한 범인의 처지⁹)를 면치 못한다. 그러므로 『역』(易)¹⁰)에 말하기를 '주머니를 묶으면 허물도 없고¹¹) 칭찬도 없을 것이다'라고 하니 부유(腐儒)¹²)를 가리켜 하는 말이다.

凡言不合先王, 不順禮義, 謂之姦言. 雖辯, 君子不聽. 法先王, 順禮義, 黨學者, 然而不好言, 不樂言, 則必非誠士也. 故君子之於言也, 志好之, 行安之, 樂言之. 故君子必辯. 凡人莫不好言其所善, 而君子爲甚. 故贈人以言, 重於金石珠玉, 觀人以言, 美於黼黻文章, 聽人以言, 樂於鍾鼓琴瑟. 故君子之於言無厭. 鄙夫反是, 好其實, 不卹其文, 是以終身不免埤汙傭俗. 故易曰括囊無咎無譽, 腐儒之謂也.

1 姦言 ─사악한 언론이나 논설의 뜻. 도리에 어긋나는 간교한 말씨.
2 雖辯 ─변(辯)은 변(辨)자로 통용됨. 막히지 않고 당당한 변론을 전개함.
3 黨學者 ─여기서 당(黨)은 친할 비(比)자의 뜻. 선왕의 도를 배우려는 자들과 가깝게 교제함.
4 不好言 ─언(言)이란 올바르게 사람을 이끌 진실되고 선한 말을 가리킴.

5 不樂言 — 락(樂)은 원(願) 또는 욕(欲)자와 마찬가지 의미. 즐겨 바라는 적극적인 자세.

6 黼黻文章 — 보(黼)는 흑백 색실로 도끼 모양의 수를 놓은 것. 불(黻)은 검정과 파랑 색실을 가지고 아(亞)자 모양의 수를 놓은 것. 문장(文章)은 아롱무늬 비단.

7 鄙夫 — 소인과 마찬가지 의미. 식견이 없고 도량이 좁은 속물들을 가리킴.

8 不卹其文 — 휼(卹)은 휼(恤)자와 같음. 원뜻은 불쌍히 여김. 여기서는 의식하지 않음. 문(文)은 꾸밈새·문식(文飾), 즉 언설을 가리켜 말함.

9 埤汙傭俗 — 비오(埤汙)는 낮은 땅 더러운 곳. 아랫것들을 말함. 용(傭)은 용(庸)자와 같음. 범속한 사람.

10 易 — 『역경』 곤괘(坤卦) 육·사(六·四) 효(爻).

11 括囊無咎 — 괄낭(括囊)은 주머니를 묶는다는 뜻이 전하여 '입을 다물고 침묵을 지킴'이란 의미가 됨. 구(咎)는 책망을 들음.

12 腐儒 — 부유(腐儒)란 진부하고 쓸모없는 학자. 바른말, 즉 직언을 할 수 없는 사람.

[5]

모든 변설의 어려움은 최고의 이상을 가지고 가장 낮은 이에게 맞추려 하고 최상의 정치 도의를 가지고 가장 어지러운 단계에 적용하려는데 있으므로 직접 말을 전하지 못한다[1]는 것이다. 멀리 예를 든다면 잘못될까 걱정되고[2] 가깝게 끌어댄다면[3] 평범할까 걱정된다. 변설에 뛰어난 사람은 이런 경우 반드시 멀리 예를 들더라도 잘못됨이 없고 가깝게 끌어대더라도 평범하지 않으며 시대와 함께 바꾸고 세태에 따라 조정[4]하며 완급 굴신[5]이 틀림없게 하여[6] 마치 양언(梁堰)[7]·은괄(隱栝)[8]이 자신에게 적절히 맞추듯 한다. 말하고자 하는 바를 틀림없이 하면서 자기 몸에 손상이 없이 한다는 것이다.

凡說之難, 以至高遇至卑, 以至治接至亂. 未可直至也, 遠擧則病繆, 近世則病傭. 善者於是閒也, 亦必遠擧而不繆, 近世而不備, 與時遷徙, 與世偃仰, 緩急嬴絀, 府然苦梁匽隱栝之於己也, 曲得所謂焉, 然而不折傷.

1 未可直至—상대편을 이해시키기 어려우므로 말하고 싶은 그대로를 직접 이르도록 전할 수가 없음.

2 病繆—병(病)은 우환의 뜻. 류(繆)는 그릇될 류(謬)자로 통함. 오(誤)자와 같은 뜻.

3 近世—세(世)는 끌 예(枻)자와 마찬가지 뜻으로 읽음. 가깝게 예를 끌어당김. 원거(遠擧)의 대칭으로 쓰임.

4 偃仰—언(偃)은 구부릴 부(俯)자와 뜻이 같음. 부앙(俯仰)은 변천하는 데 따라 일을 조정함.

5 贏絀—영(贏)은 가득 차고 남을 영(盈)자로 통함. 출(絀)은 굴신(屈伸)의 뜻. 신축(伸縮)을 가리킴.

6 府然—여기서 부(府)는 붙일 부(附)자와 같음. 빈틈없이 꼭 달라붙음.

7 梁匽—양(梁)을 개천 거(渠)자로 표기한 판본도 있음. 언(匽)은 언(堰)자로 통함. 양(梁)·언(堰) 두 글자 모두 물을 막아 가두어두는 봇둑을 가리킴.

8 檃栝—두 글자 모두 굽은 나무를 바로잡는 도지개. 교정(矯正)하는 도구.

[6]

군자는 자신을 바로잡는 데는 먹줄 치듯[1] 하며 남과 사귀는 데는 예(枻)를 사용하듯 한다.[2] 자신을 바로잡는 데 먹줄 치듯 하므로 천하의 법칙을 삼기 충분하고 남과 사귀는 데 예를 사용하듯 하므로 능히 관용할 수 있으며 대중에 의함으로써[3] 천하의 큰 사업을 이룰 수 있다. 그러므로 군자는 현명하면서 능히 무능력자를 감싸주고[4] 지혜가 있으면서 능히 우둔한 자를 감싸주며 박식하면서 능히 천박한 자를 감싸주고 순수하면서 능히 잡박한 자를 감싸준다. 대저 이것을 가리켜 겸술(兼術)[5]이라고 말한다. 『시』[6]에 이르기를 '서(徐) 지방까지 모두 회동함[7]은 천자의 공덕이다'라고 하니 이것을 가리켜 하는 말이다.

君子之度己則以繩, 接人則用枻. 度己以繩, 故足以爲天下法則矣. 接人用枻, 故能寬容, 因衆以成天下之大事矣. 故君子賢而能容罷, 知而能容愚, 博而能容淺, 粹而能容雜. 夫是之謂兼術. 詩曰, 徐方旣同, 天子之功. 此之謂也.

1 以繩—승(繩)은 먹줄 잣대. 나무를 반듯하게 자를 때 쓰이는 기준. 엄격한 규범을 적용시킨다는 의미.

2 用栧—예(栧)는 활 도지개를 뜻함. 궁형(弓型)을 바로잡는 기구. 여기서는 완만함 또는 너그러움을 의미함.

3 因衆—대중의 힘을 모아 그에 의존함. 여러 판본에 인구(因求)라고 되어 있으나 의미가 통하지 않음.

4 罷—여기서 파(罷)는 파약(罷弱)의 뜻. 무슨 일을 맡길 만하지 못한 무능력자.

5 兼術—다 함께 아울러 거두어들임. 남을 잘 구슬리는 방법.

6 詩—『시경』 「대아(大雅)·상무(常武)」편 끝부분의 인용 구절.

7 徐方旣同—서(徐)는 남방의 작은 제후국. 기(旣)는 진(盡)자와 같은 뜻. 동(同)은 제후가 왕도로 올라와 천자를 배알하는 모임. 조근(朝覲)과 마찬가지 의미.

[7]

남을 설득시켜 따르게 하는[1] 방법. 엄숙한 태도로 이를 대하고[2] 성실하게 이를 처리하며 강경하게 이를 견지하고 비유를 들어 이를 깨닫게 하며[3] 상세하게 나누어 이를 명백히 하고 화기애애한 가운데[4] 이를 스며들게 하며 이를 보물이나 진품처럼 느끼게 하고 이를 귀중하고 정묘한 것으로 삼게 한다. 이와 같이 한다면 그 논설이 항상 받아들여지지 않을 수 없고 비록 기뻐하지 않을지라도[5] 사람마다 귀하게 여기지 않을 수 없다. 대저 이것을 가리켜 그 귀한 바를 능히 귀하게 여기도록 하는 것이라고 말한다. 전해지는 말[6]에 이르기를 '오직 군자만이 그 귀한 바를 귀하게 여긴다'라고 하니 이것을 가리켜 하는 말이다.

談說之術. 矜莊以莅之, 端誠以處之, 堅彊以持之, 譬稱以論之, 分別以明之, 欣驩芬薌以送之, 寶之珍之貴之神之. 如是則說常無不受. 雖不說, 人人莫不貴. 夫是之謂能貴其所貴. 傳曰, 唯君子爲能貴其所貴. 此之謂也.

1 談說—담(談)은 언론, 세(說)는 설유(說諭), 즉 달램. 언어를 가지고 남이 내 주장에 따르도록 타이름.

2 矜莊以莅 —긍장(矜莊)이란 사람 대하는 태도가 조심성 있고 장중함. 리(莅)
는 임(臨)자와 마찬가지 의미. 신중한 태도로 임함.

3 譬稱以諭 —이론만으로는 이해시키기 어려우므로 비근한 예를 끌어가지고 설
명함.

4 欣驩芬薌 —흔환(欣驩)은 기쁨과 즐거움. 환(驩)은 환(歡)자로 통함. 분향(芬
薌)은 향내. 향(薌)은 향(香)자와 같은 뜻. 네 글자 모두 화기(和氣), 부드러
운 분위기를 의미함.

5 不說 —설(說)은 열(悅)자와 같은 음으로 읽음. 흡족치 못한 경우를 상정하고
있음.

6 傳曰 —예부터 사람들의 입에서 입으로 전해지는 말. 고언(古諺).

[8]

군자는 반드시 말을 잘한다. 모든 사람이 그 선하다고 여기는 바를
말하기 좋아하지 않는 이가 없으며 군자는 그것이 특히 더하다. 이런
까닭으로 소인은 헐뜯는 말[1]만 하고 군자는 어진 말[2]만 한다. 말이 인
(仁)에 알맞은 것이 아니라면 그 말은 침묵[3]만 같지 못하고 그 하는 말
은 눌변[4]만 같지 못하다. 말이 인에 알맞는다면 바른말하기 좋아하는
자가 상(上)이 될 것이고 말하기를 좋아하지 않는 자는 하(下)가 될 것
이다. 그러므로 어진 말이 중대한 것이니 상위자로부터 시작하면[5] 아랫
사람을 이끄는 근거가 되므로 정령(政令)[6]이 바로 그것이다. 하위자로
부터 시작하면 윗사람에게 충성하는 근거가 되므로 간구(諫救)[7]가 바
로 그것이다. 그래서 군자는 어진 말을 그대로 행함에 싫증을 내지 않
는다. 마음은 그것을 좋아하고 행위는 거기에 안존하며 말하기를 즐긴
다. 그러므로 군자는 반드시 말을 잘한다.

君子必辯. 凡人莫不好言其所善, 而君子爲甚焉. 是以小人辯言險, 君子
辯言仁也. 言而非仁之中也, 則其言不若其默也, 其辯不若其吶也. 言而
仁之中也, 則好言者上矣, 不好言者下也. 故仁言大矣. 起於上 所以導於
下, 政令是也. 起於下所以忠於上, 諫救是也. 故君子之行也無厭. 志好
之, 行安之, 樂言之, 故君子必辯.

1 言險—언험(言險)이란 험구(險口)함을 가리킴. 남을 헐뜯으려는 바르지 못한 자의 말버릇.

2 言仁—인애(仁愛)의 정서가 담긴 바른말. 덕담을 하는 경우와 마찬가지 뜻을 지님.

3 不若其默—묵(默)은 침묵함을 의미함. 『논어』 「이인」(里仁)편의 '말은 더듬는 듯하고 행동은 민첩하다'라고 한 말과 같음.

4 不若其訥—눌(訥)은 눌(訒)자와 통용됨. 말더듬이를 가리킴. 『논어』 「자로」(子路)편의 목눌(木訥)과 마찬가지 의미.

5 起於上—인애의 도에 알맞은 언론이 상위직의 입을 통하여 적극적으로 다루어짐을 의미함.

6 政令—정치 명령이라는 뜻. 여기서는 예의와 법도를 가리킴.

7 諫救—간(諫)은 다른 판본에 모(謨)자로 되어 있지만 마찬가지 뜻. 간쟁(諫諍)과 같음. 구(救)는 『설문해자』(說文解字)에 지(止)자로 되어 있음. 충고하여 일을 못하도록 막음.

[9]

자세히 말함[1]은 단서를 드러내는 것[2]만 같지 못하고 단서를 드러냄은 기본에 근거함[3]만 같지 못하다. 자세히 말하여 살펴지고 단서를 드러내어 밝혀지며 기본에 근거하여 정리되면 성인과 사·군자의 직분이 골고루 갖추어진 것이다.

小辯不如見端, 見端不如本分. 小辯而察, 見端而明, 本分而理, 聖人士君子之分具矣.

1 小辯—여기서 소(小)란 자상(仔詳)함. 세심한 변설. 상세하게 하는 말.

2 見端—현(見)은 드러내어 보임. 단(端)은 서(緒)자와 함께 일의 실마리를 가리킴.

3 本分—분(分)은 본질적으로 타고난 그 성품. 따라서 각자의 분수가 결정됨. 본(本)은 그것을 기본 원리로 삼음.

[10]

소인이 하는 말이 있고 사·군자가 하는 말이 있으며 성인이 하는 말이 있다. 일에 앞서 먼저 생각하지 않고 일찍부터 꾀하지 않아도 발언을 하되 타당하고 문리를 이루어 조리가 있으며[1] 거조(居錯) 천사(遷徙)[2]와 변화의 대응에 있어 막히지 않음이 바로 성인이 하는 말이다. 먼저 생각하고 일찍부터 꾀하며 잠깐 사이[3] 하는 말도 족히 들을 만하고 화려하되 진실하며[4] 해박하면서도 올바름[5]이 바로 사·군자가 하는 말이다. 그 하는 말을 들어보면 말씨는 능변[6]이면서 정리가 잘 안되고 그 자신을 실제로 시켜보면 속임수가 많아 공적이 없으며 위로는 영명한 왕을 따르기에 부족하고 아래로는 백성들을 알맞게 통제하기에 부족하며 그럼에도 입에 발린 말은 영리하고[7] 말이 많든 한 마디를 하든[8] 훌륭해 보이며 지위가 높은[9] 족속으로 여겨지기에 충분하다. 이를 가리켜 간악한 사람 가운데 우두머리라고 할 수 있어 성왕이 흥기한다면 맨 먼저 주벌할 대상이다. 도둑은 그런 연후에 다스리는 것이다. 도둑은 변화시킬 수 있으나 이런 소인은 변화시킬 수 없기 때문이다.

有小人之辯者, 有士君子之辯者, 有聖人之辯者. 不先慮, 不早謀, 發之而當, 成文而類, 居錯遷徙應變不窮, 是聖人之辯者也. 先慮之, 早謀之, 斯須之言而足聽, 文而致實, 博而黨正, 是士君子之辯者也. 聽其言, 則辭辨而無統, 用其身, 則多詐而無功, 上不足以順明王, 下不足以和齊百姓, 然而口舌之均, 噡唯則節, 足以爲奇偉偃却之屬. 夫是之謂姦人之雄. 聖王起, 所以先誅也. 然後盜賊次之. 盜賊得變, 此不得變也.

1 成文而類 ─ 문(文)은 문식(文飾). 아름다운 수사(修辭) 말. 류(類)는 법(法)자와 같은 뜻으로, 법칙 또는 세부 규칙을 말함.
2 居錯遷徙 ─ 거(居)는 거(擧)자, 조(錯)는 조(措)·치(置)자로 통함. 몸놀림. 천사(遷徙)는 천이(遷移)와 마찬가지 의미.
3 斯須 ─ 사(斯)와 수(須) 두 글자 모두 잠깐이란 뜻. 수유(須臾)와 같은 뜻.
4 致實 ─ 치(致)는 질(質)자로 통함. 신(信)자와 같은 뜻. 또한 극(極)자로도 봄.

5 黨正—여기서 당(黨)은 바른말 당(讜)자로 통함. 친비(親比)의 뜻도 있음. 정언(正言) 또는 직언(直言)을 말함.

6 辭辨—변(辨)은 변(辯)자와 통용됨. 잘 지껄임. 요설(饒舌)과 같은 의미.

7 口舌之均—구설(口舌)은 시비·비방하는 말. 지(之)는 즉(則)자로 읽음. 균(均)은 잘 조정함.

8 囁唯則節—첩(囁)은 말이 많음. 유(唯)는 윗사람에게 예라고 한마디로 공손하게 대답하는 말소리. 절(節)은 절도가 있음.

9 奇偉偃却—기위(奇偉)는 과대(誇大)의 뜻으로, 대단히 훌륭하게 보임. 언각(偃却)은 언건(偃蹇)과 같은 의미로 교만해 보임.

6 비십이자非十二子

전편의 비상(非相)과 마찬가지로 비(非)자에는 역시 비난한다는 의미가 있다. 춘추·전국시대 영향력을 크게 떨치던 사상가 열두 사람, 즉 십이자를 들어 민중을 현혹하고 정치·사회를 교란시키는 자들이라고 비난 배격하고 있다. 이 편은 순황이 처한 당시의 상황과 그 세계관을 이해할 수 있으며, 또 『장자』「천하」편과 아울러 제자백가(諸子百家)의 여러 동향도 알 수 있는 귀중한 자료라고 할 것이다. 다만 편명에 걸맞는 내용이 담긴 것은 첫 장뿐이며, 이후의 장은 주로 사·군자의 진실한 모습에 대해 논술하고 미혹에 대해 경종을 울리고 있다.

[1]

지금 세상[1]에 그릇된 설과 간사한 말을 꾸며 천하를 흔들어놓고[2] 과장된 거짓말과 기괴한 언설과 은미한 방담[3]으로 천하 사람들을 혼란스럽게 만들어 시비 · 선악의 기준[4]을 알지 못하게 하는 자들이 있다.

타고난 성정 그대로 거리낌없고 방자하게 굴기를 즐기고[5] 짐승처럼 행동하므로 예의에 맞추어 다스려지기[6] 부족하면서, 그러나 그 주장에는 근거가 있어 그 말이 조리에 닿아[7] 족히 어리석은 대중들을 속이고 현혹시킬 수 있으니 이가 바로 타효(它囂)와 위모(魏牟)[8]다. 타고난 성정을 억누르고 아주 멀리 세속을 떠나[9] 적어도 다른 사람과 달리하는 것을 가지고 고결하다 여기므로 대중들과 합쳐서 그 기본 예의를 밝히기는 부족하면서, 그러나 그 주장에는 근거가 있어 그 말이 조리에 닿아 족히 어리석은 대중들을 속이고 현혹시킬 수 있으니 이가 바로 진중(陳仲)과 사추(史鰌)[10]다. 천하를 하나로 하고 국가를 세울 잣대[11]를 알지 못하며 공리와 효용만 높여 검약을 중히 하고 차등을 업신여기므로 곧 달리 구별하거나 군신간의 거리 두는[12] 일에 부족하면서, 그러나 그 주장에는 근거가 있어 그 말이 조리에 닿아 족히 어리석은 대중들을 속이고 현혹시킬 수 있으니 이가 바로 묵적(墨翟)과 송견(宋鈃)[13]이다. 법을 숭상하나 법은 없고[14] 수위(脩爲)를 무시하나[15] 제작하기를 좋아하며[16] 위로는 곧 상위자에게 받들여질 것을 취하고 아래로는 곧 세속에 따를 것을 취하며 하루종일 말을 계속하여 문장 좋은 법전[17]을 이루더라도 반복하여 살펴본다면[18] 실제와 동떨어져[19] 돌아가 머무를 데가 없으므로 나라를 다스리고 분수를 정할 수 없으면서, 그러나 그 주장에는 근거가 있어 그 말이 조리에 닿아 족히 어리석은 대중들을 속이고 현혹시킬 수 있으니 이가 바로 신도(愼到)와 전변(田騈)[20]이다. 선왕을 본받지 않고 예의를 시인하지 않으며 괴상한 설 다루기를 좋아하고 기이한 말 가지고 놀며[21] 대단히 깊게 살피지만 긴요하지 않고 말 잘하지만 쓸모없으며 일을 많이 하지만 실효가 적으므로 정치 기강을 삼을 수 없으면서, 그러나 그 주장에는 근거가 있어 그 말이 조리에 닿아 족히 어리석은 대중들을 속이고 현혹시킬 수 있으니 이가 바로 혜시(惠施)와 등석(鄧析)[22]이다. 대체로 선왕을 본받더라도 그 법통을 알지 못하고 대범하더라도 재질은 급해서[23] 뜻이 크며 듣고 보는 것은 잡박하게 넓고 지나간 옛일을 살펴서 새 설을 만들어 이를 가리켜 오행(五行)[24]이라고 말하지만 대단히 편향되어 같은 유례가 없으며[25] 심오하여 설명이 없고[26] 폐쇄되어 해설이 없다.[27] 여기에 그 말을 아무렇게나 꾸며 위엄부리고[28] 말하기를 이것이 참으로 선군자(先君子)[29]의 말이라고 한다. 자사(子思)[30]가 이를 제창하고 맹자[31]가 여기에 동조하였다. 세상의 어리석은 속유(俗儒)들[32]은 시끄럽게 소란피우면서도[33] 그것이 잘못된 것을 알지 못하고 마침내 받아들여 전하여 공자와 자유(子游)[34]가 이 때문에 후세에 존중받게 되었다고 생각한다. 이것이 바로 자사와 맹자의 죄다.

만약에 방책을 총괄하고 언행을 같게 하며 기강을 하나로 하여[35] 천하의 뛰어난 인재들을 모아서 알리기를 대도(大道)를 가지고 하며 가르치기를 지극한 종순의 덕을 가지고 한다면 방구석[36] 사이 돗자리 멍석 위에도 일제히 성왕의 문물제도가 갖추어지고 태평세의 풍속이 발연히 말없이 일어날 것이니, 그러면 여섯 가지 사설이란 것이 파고들 수 없으며 십이자(十二子)들도 가까이할 수 없을 것이다. 송곳을 세워둘 땅은 없더라도 왕공(王公)이 그와 함께 명성을 다툴 수 없으며 일개 대부 자리에 있더라도 한 군주가 그를 독차지하여 머물게 할[37] 수 없고 한 나라가 그를 단독으로 받아들일 수 없으며 그 명성은 제후들보다 더 높아서[38] 신하 삼기를 원하지 않는 이가 없다. 이는 성인 가운데 권세 자리를 얻지 못한 자[39]이니 공자와 자궁(子弓)이 바로 그다. 천하를 통일하여 모든 것을 완수[40]하고 인민을 양육하며 아울러 천하를 이롭게 하고 발 닿는 데라면[41] 복종하지 않는 자가 없어 여섯 가지 사설이란 것은 그 자리에서 종식되고 십이자가 감화받아 천선(遷善)함은 바로 성인 가운데 권세 자리를 얻은 자이니 순(舜)과 우(禹)가 그다.

이제 그 인인(仁人)은 장차 무엇을 힘써 할 것인가. 위로는 순·우의 제도를 본받고 아래로는 공자와 자궁의 도의를 본받아 그것을 가지고 십이자의 학설을 종식시키는 데 힘써야 할 것이니, 이와 같이 한다면 천하의 해악이 제거되고 인인의 일이 완성되며 성왕의 발자취가 밝게 드러날 것이다.

假今之世, 飾邪說, 文姦言, 以濤亂天下, 矞宇嵬瑣, 使天下混然不知是非治亂之所存者, 有人矣.

縱情性, 安恣睢, 禽獸行, 不足以合文通治, 然而其持之有故, 其言之成理, 足以欺惑愚衆, 是它囂魏牟也. 忍情性, 綦谿利跂, 苟以分異人爲高, 不足以合大衆明大分, 然而其持之有故, 其言之成理, 足以欺惑愚衆, 是陳仲史鰌也. 不知壹天下建國家之權稱, 上功用, 大儉約, 而僈差等, 曾不足以容辨異縣君臣, 然而其持之有故, 其言之成理, 足以欺惑愚衆, 是墨翟宋鈃也. 尚法而無法, 下脩而好作, 上則取聽於上, 下則取從於俗, 終日言成文典, 及紃察之, 則偶然無所歸宿, 不可以經國定分, 然而其持之有故, 其言之成理, 足以欺惑愚衆, 是愼到田駢也. 不法先王, 不是禮義, 而好治怪說, 玩琦辭, 甚察而不急, 辯而無用, 多事而寡功, 不可以爲治綱紀, 然而其持之有故, 其言之成理, 足以欺惑愚衆, 是惠施鄧析也. 略法先王, 而不知其統, 猶然而材劇志大, 聞見雜博. 案往舊造說, 謂之五行, 甚僻違而無類, 幽隱而無說, 閉約而無解. 案飾其辭而祇敬之 曰此眞先君子之言也. 子思唱之, 孟軻和之. 世俗之溝猶瞀儒, 嚾嚾然不知其所非也, 遂受而傳之, 以爲仲尼子游爲茲厚於後世. 是則子思孟軻之罪也.

若夫總方略齊言行壹統類, 而群天下之英傑, 而告之以大道, 敎之以至順, 奧窔之間, 簟席之上斂然聖王之文章具焉, 佛然平世之俗起焉, 則六說

者不能入也, 十二子者不能親也. 無置錐之地而王公不能與之爭名, 在一大夫之位, 則一君不能獨畜, 一國不能獨容, 成名況乎諸侯, 莫不願以爲臣, 是聖人之不得執者也, 仲尼, 子弓是也. 一天下財萬物, 長養人民, 兼利天下, 通達之屬莫不從服, 六者說立息, 十二子者遷化, 則是聖人之得執者, 舜 禹是也.

今夫仁人也將何務哉. 上則法舜禹之制, 下則法仲尼子弓之義, 以務息十二子之說, 如是則天下之害除, 仁人之事畢, 聖王之跡箸矣.

1 假今 ― 가(假)는 지(至)자로 통하지만 여기서는 당(當)자의 뜻. 당금(當今)은 실제로 전국시대를 가리킴.

2 濠亂 ― 교(濠)는 교(獟)자와 같은 뜻. 교란(攪亂)과 마찬가지 의미. 뒤흔들어 어지럽힘.

3 矞宇嵬瑣 ― 율(矞)은 휼(譎)자와 같음. 속일 기(欺)자의 뜻. 우(宇)는 큰소리 칠 우(訏)자로 통함. 외(嵬)는 기괴한 말. 쇄(瑣)는 은미(隱微)함. 자질구레하여 조금도 취할 것이 없음.

4 所存者 ― 존재하는 근거. 분별할 수 있는 기본 원리를 말함.

5 安恣睢 ― 방자하게 제멋대로 놀기를 즐김. 안(安)은 안존함. 수(睢)는 눈을 부릅떠 봄.

6 合文通治 ― 문(文)은 문식(文飾), 즉 예(禮)를 가리킴. 질서를 유지하기 위한 일종의 형식.

7 成理 ― 리(理)는 조리(條理)를 말함. 맥락이 닿음. 논리가 성립됨. 또는 이론이 통함.

8 它囂魏牟 ― 타효(它囂) · 위모(魏牟) 두 사람 모두 어느 시대 사람인지 분명치 않음.

9 綦谿利跂 ― 기(綦)는 극(極)자와 같은 뜻. 아주 심함. 계(谿)는 지름길 혜(蹊)자로 통함. 리(利)는 리(離)자로 쓰임. 기(跂)는 기(企)자와 마찬가지로 발돋움하여 멀리 바라봄. 속세와 달리하여 스스로 꼿꼿하고 깔끔하다고 봄.

10 陳仲史鰌 ― 진중(陳仲)은 제(齊)나라 사람으로 전중(田仲)이라 부르기도 함. 사추(史鰌)는 위(衛)의 대부(大夫). 청렴하고 강식하다는 평가를 받았으나 순황은 이를 도명(盜名)한 자라고 공격하였음.

11 權稱 ― 경중의 무게를 저울질할 때 수평을 유지하는 눈금. 여기서는 예의를 가리킴.

12 縣君臣 ― 현(縣)은 현격(懸隔)의 뜻. 군신간의 구분을 엄격히 하여 헷갈리지

않도록 거리를 둠.

13 墨翟宋鈃―묵적(墨翟)은 송(宋)나라 사람. 겸애(兼愛)·교리(交利)를 주장하는 묵가(墨家)학파의 대표. 송견(宋鈃)은 금공(禁攻), 즉 반전사상가로 맹자와 같은 시대 사람. 송경(宋牼)이라고도 부름.

14 無法―실제로 진정한 의미의 법·규범을 제시하지 못하고 있다는 뜻으로 풀이됨.

15 下脩―후천적 작위, 즉 수위(脩爲) 노력을 가치 없는 일이라고 얕봄.

16 好作―제멋대로 창작하기를 즐김. 공자의 술이부작(述而不作)이란 말과 대칭을 이룸.

17 成文典―문(文)은 문리(文理), 정리된 법 제정. 전(典)은 전칙(典則)·준칙(準則)을 말함.

18 及紃察―순(紃)은 순(循)자로 통함. 다시 뒤돌아보고 자세히 살핌. 바르게 조사함.

19 偶然―까마득할 척(偶)은 뜻이 높고 얽매이지 않는 형용으로, 대범하다는 의미.

20 愼到田騈―신도(愼到)는 법가(法家) 사상 형성에 영향을 준 사람으로 세(勢)의 중요성을 말하였음. 전변(田騈)은 신도와 같은 시대 제(齊)의 직하(稷下)에서 활동하던 도가(道家) 사상가.

21 玩琦辭―기(琦)는 기이할 기(奇)자와 같음. 남의 관심을 끌 별난 말을 심심풀이로 가지고 놂.

22 惠施鄧析―혜시(惠施)는 맹자와 같은 시기 위(魏)의 재상이며 명가(名家) 사상의 대표. 등석(鄧析)은 춘추시대 궤변가로 이름난 이.

23 猶然而材劇―유연(猶然)은 느릿느릿한 모양. 서지(舒遲)와 같은 뜻. 재(材)는 재(才)자로 통함. 타고난 그대로의 성질. 극(劇)은 성급함. 조바심함.

24 五行―목(木)·화(火)·토(土)·금(金)·수(水) 등 다섯 가지 물질 원소. 전국 말기 제(齊)나라 추연(鄒衍)에 의해 체계화됨.

25 僻違而無類―벽위(僻違)는 비뚤어짐. 한쪽으로 기울어 그 유형을 찾지 못함. 류(類)는 일반적인 규범성.

26 幽隱而無說―유은(幽隱)은 세상을 피하여 깊이 숨어 삶. 언론이 심오하여 이해하기 어려움.

27 閉約而無解―폐약(閉約)은 문을 닫고 단속함. 언론이 모호함.

28 祇敬―삼가며 공경함.

29 先君子―여기서는 중니(仲尼), 즉 공자를 가리킴.

30 子思―공자의 손자. 이름은 급(伋)이며, 자사(子思)는 자(字).

31 孟軻 ―가(軻)는 맹자의 이름. 왕도(王道)를 제창함.

32 溝猶瞀儒 ―구(溝)는 어리석을 구(恂)자와 같음. 유(猶)는 머뭇거리고 망설임. 무(瞀)는 어두울 암(暗)자로 통함. 유(儒)란 속유(俗儒)를 가리킴.

33 嚾嚾然 ―시끄럽게 지껄임. 요란하게 떠들어댐.

34 子游 ―공자 문인 중의 한 사람인 언언(言偃)의 자(字).

35 壹統類 ―통(統)은 강기(綱紀)를 말하며 류(類)는 비류(比類)의 뜻. 규범의 계통.

36 奧窔 ―오(奧)는 서남쪽 방구석. 요(窔)는 동남쪽 방구석. 으슥한 방안에서 밖으로 나오지 않음.

37 獨畜 ―축(畜)은 지(止)자와 같음. 독점하여 떠나지 못하게 만류함.

38 成名況乎 ―성(成)은 성(盛)자로 통함. 명성이 보다 더 알려짐. 황(況)은 비(比)자와 같음. 호(乎)는 비교조사 어(於)자의 뜻.

39 不得埶 ―세(埶)는 위(位)자와 마찬가지 의미. 세위(勢位)와 같음. 권세 있는 자리를 얻지 못함.

40 財萬物 ―재(財)는 이루어냄. 성(成)자와 같은 뜻. 모든 사물이 그 존재방식대로 있게 함.

41 通達之屬 ―교통수단이 미치는 지역을 한계로 하여 그 안에 사는 사람.

[2]

믿어야 할 것을 믿는 것이 신(信)이다. 의심해야 할 것을 의심하는 것도 역시 신이다. 어진 이를 존중하는 것[1]이 인(仁)이다. 어질지 못한 이를 경멸하는 것도 역시 인이다. 말을 하여 진실에 알맞은 것이 지(知)다. 말하지 않아도 알맞은 것 역시 지다. 그러므로 말하지 않는 침묵을 안다는 것은 말한 진실을 안다는 것과 같다.[2]

信信信也. 疑疑亦信也. 貴賢仁也. 賤不肖亦仁也. 言而當知也. 默而當亦知也. 故知默由知言也.

1 貴賢 ―여기서 현(賢)이란 지적인 측면이 아니라 도덕적으로 훌륭한 이를 가리킴.
2 由知言 ―유(由)는 같을 유(猶)자로 통함. 지묵(知默)과 지언(知言)을 대등하게 다룸.

[3]

대저[1] 말을 많이 하더라도 규범[2]에 맞는 이가 성인이다. 말이 적더라도 법칙에 맞는 이가 군자다. 많거나 적거나 법칙에 맞지 않고 제멋대로 지껄인다면[3] 비록 말을 잘할지라도 소인이다.

故多言而類聖人也. 少言而法君子也, 多少無法而流湎, 然雖辯小人也.

1 故―여기서 고(故)는 발어사로 부(夫)자와 함께 쓰임.
2 類―류(類)는 법(法)과 대칭되는 관습법과 같은 일종의 규범성을 가리킴.
3 流湎―류(流)는 떠내려가서 되돌아올 줄 모름. 조금도 도움이 안 됨. 면(湎)은 술독에 빠질 닉(溺)자로 통함. 무질서하고 산만함.

[4]

대저 있는 힘을 다 쓰더라도 민중의 요긴한 일[1]에 맞지 않는다면 이를 가리켜 간악한 일이라고 말한다. 있는 지능을 다 쓰더라도 선왕의 규범을 지키지 못한다면 이를 가리켜 간악한 마음이라고 말한다. 변설이나 비유의 말이 날렵할지라도[2] 예의를 따르지 않는다면 이를 가리켜 간악한 설이라고 말한다. 이 세 가지 간악한 것은 성왕이 금하는 바다.

故勞力而不當民務, 謂之姦事. 勞知而不律先王, 謂之姦心. 辯說譬諭齊給便利, 而不順禮義, 謂之姦說. 此三姦者, 聖王之所禁也.

1 民務―민중이 필요로 하는 중요한 일. 마땅히 힘써야 할 임무.
2 齊給便利―제(齊)는 질속(疾速)의 뜻. 급(給)은 급(急)자로 통함. 네 글자 모두 부정적 의미로 쓰임.

[5]

지적이면서도 음험하고[1] 남을 해치면서도 귀신같이 하며[2] 거짓으로 속이면서도[3) 교묘히 하고 쓸데없으면서도 슬기를 부리며[4) 다급하지 않으면서도 찰찰함은 다스림에 있어 큰 재앙이 되는 것이다. 괴벽스런 짓을 행하면서도[5) 고집부리고 옳지 못한 일을 꾸미고도 좋아하며 간악한 짓에 익숙하고도 기뻐하고[6) 말을 잘하면서도 거슬림은 옛날부터 크게 금하던[7) 바다. 지적이면서도 법도가 없고 용감하면서도 거리낌이 없으며 똑똑하면서도[8) 몸가짐은 편벽되고 사치가 지나치면서도[9) 실용에는 모자라며 간악한 일을 좋아하면서도 대중과 함께 하고[10) 발빠르게 굴면서도 길을 헤매며[11) 돌을 짊어지고 물에 빠지듯 제 능력을 모르고 날뛰는 것은 모두 천하 사람들이 버리는 바다.

知而險, 賊而神, 爲詐而巧, 無用而辯, 不急而察, 治之大殃也. 行辟而堅, 飾非而好, 玩姦而澤, 言辯而逆, 古之大禁也. 知而無法, 勇而無憚, 察辯而操僻, 淫大而用乏, 好姦而與衆, 利足而迷, 負石而墜, 是天下之所棄也.

1 知而險 — 여기서 지(知)는 교사(巧詐)의 뜻. 약삭빠름. 기지(機智)와 같은 의미.
2 賊而神 — 남을 손상시키면서도 그 행위가 신묘해서 깨닫지 못함을 말함.
3 爲詐 — 위(爲)는 거짓 위(僞)자로 통함. 위사(僞詐)와 마찬가지 의미.
4 無用而辯 — 여기서 변(辯)은 슬기로울 지(智)자와 같음. 밝을 혜(慧)자로 통함.
5 行辟 — 벽(辟)은 벽(僻)자와 같음. 사벽(邪僻)의 뜻.
6 玩姦而澤 — 완(玩)은 관행으로 길들여짐. 택(澤)은 택(懌)자와 같음. 열(悅)자의 뜻.
7 古之大禁 — 고(古)는 이상으로 삼던 시기를 가리킴. 대(大)는 엄(嚴)자와 같은 의미.
8 察辯 — 찰혜(察慧)와 마찬가지 뜻. 재지(才智)가 뛰어남. 총명함을 가리킴.
9 淫大 — 대(大)는 태(汰)자로 통함. 신분에 맞지 않는 지나친 사치를 말함.
10 與衆 — 많은 사람을 모아서 도당(徒黨)을 결성함.
11 利足而迷 — 가까운 길을 찾는다고 도리어 걷기 어려운 길로 감.

[6]

　천하 사람의 마음을 다 함께 모두 복종시키려면 신분이 높고 존귀하
더라도 남에게 교만 떨지 아니하고 총명하고 슬기롭더라도[1] 남을 궁지
로 내몰지 아니하며[2] 민첩하고 재치가 있더라도[3] 남과 앞을 다투지 아
니하고 강직하고 용감하더라도 남을 해치지 아니하며 알지 못하면 묻
고 할 줄 모르면 배우며 비록 할 수 있더라도 반드시 겸양을 한 후라야
만 덕(德)이라 할 수 있다. 군주를 대하여는 신하의 도리를 다하고[4] 고
향 사람을 대하여는 장유(長幼)의 도리를 다하며 어른을 대하여는 자제
의 도리를 다하고 신분이 낮고 연소한 자를 대하여는 타이르고 관용하
는 도리를 다하여 모두를 사랑하지 않는 일이 없고 공경하지 않는 일이
없으며 남과 다투는 일이 없어서 그 마음 넓고 큼[5]이 마치 천지가 만물
을 감싸주는 것[6]과 같다. 이와 같다면 현자도 그를 존귀하게 여기고 어
리석은 자라도 그를 가까이할 것이다. 이와 같이 하더라도 복종하지 않
는 자라면 가히 괴이하고[7] 교활한 사람이라고 말할 수 있다. 비록 가까
운 자제들 가운데 있더라도[8] 형벌이 거기에 미쳐야 마땅할 것이다.
『시』[9]에 이르기를 '상제(上帝)가 선하지 않은 것은 아니나[10] 은(殷)이
고법(古法)을 따르지 않도다.[11] 비록 고로(古老)는 없으나[12] 오히려 전
형(典刑)은 있도다.[13] 바로 이를 듣지 않는다면 천명이 그 때문에 기울
도다'라고 하였으니 이것을 가리켜 하는 말이다.

兼服天下之心, 高上尊貴不以驕人, 聰明聖知不以窮人, 齊給速通不爭先
人, 剛毅勇敢不以傷人, 不知則問, 不能則學, 雖能必讓, 然後爲德. 遇君
則脩臣下之義, 遇鄕則脩長幼之義. 遇長則脩子弟之義, 遇友則脩禮節辭
讓之義, 遇賤而少者則脩告導寬容之義. 無不愛, 無不敬也, 無與人爭也,
恢然如天地之苞萬物. 如是則賢者貴之, 不肖者親之. 如是而不服者, 則
可謂訞怪狡猾之人矣. 雖在子弟之中, 刑及之而宜. 詩云, 匪上帝不時, 殷
不用舊, 雖無老成人, 尙有典刑, 曾是莫聽, 大命以傾. 此之謂也.

1 聰明聖知—총(聰)은 귀가 밝고 민감함. 명(明)은 시력이 날카로움. 감각이 예민하다는 뜻. 성지(聖知)란 예지(叡智)와 같은 의미.

2 窮人—남을 꼼짝 못하게 만듦. 끝까지 밀어붙임.

3 速通—앞을 내다보는 안목을 가짐. 재지(才智)가 넘쳐서 반응이 대단히 빠름.

4 脩臣下之義—신하로서 의무를 극진히 다함. 의(義)란 여러 형태의 인간관계에서 각각 요청되는 행위 방식을 가리킴.

5 恢然—회(恢)는 광(廣) 또는 대(大)자로 통함. 마음이 활달한 모양.

6 苞萬物—여기서 포(苞)는 포(包)자와 같은 뜻. 포용(包容)과 마찬가지 의미.

7 訞怪—요(訞)는 요(妖)자와 같음. 괴(怪)는 기이함. 간교하고 요사스럽다는 뜻.

8 雖在子弟—여러 판본에 재(在)가 즉(則)자로 되어 있으나 뜻에는 별로 차가 없음. 여기서 자제란 혈연관계가 짙은 일족의 뜻.

9 詩—『시경』「대아(大雅)·탕(蕩)」편 제7장의 인용 구절.

10 匪上帝不時—비(匪)는 비(非)자로 통함. 시(時)는 선(善)자와 같은 뜻으로 쓰임. 상제(上帝)란 무의지적 천(天)을 가리킴.

11 殷不用舊—은(殷) 왕조 멸망의 원인을 말함. 구(舊)는 예부터 전해오는 고법.

12 老成人—이윤(伊尹)과 같은 국가 원훈인 현자를 가리켜 말함.

13 典刑—변하지 않는 일정한 형벌. 또는 고법을 말함.

[7]

옛날의 이른바 사사(仕士)[1]라 하는 자는 인정이 두터운[2] 자이고 많은 사람을 잘 모으는 자이며 귀중한 도를 즐기는[3] 자이고 분수에 맞는 것을 좋아하는[4] 자이며 범죄를 멀리하는 자이고 일 처리를 바르게 하는 데 힘쓰는[5] 자이며 혼자만의 부를 수치로 아는 자다. 오늘의 이른바 사사라 하는 자는 마음이 더러운[6] 자이고 남을 해쳐서 어지럽히는 자이며 제멋대로 구는 자이고 이(利)를 탐내는 자이며 형벌에 저촉되는[7] 자이고 예의를 무시하며 오직 권세만을 즐기는 자다. 옛날의 이른바 처사(處士)[8]라 하는 자는 덕이 많은 자이고 안정할 수 있는 자이며 수양이 바른 자이고 명[9]을 아는 자이며 착실한[10] 자다. 오늘의 이른바 처사라 하는 자는 능하지 못하면서 능하다 말하는 자이고 알지 못하면서 안다 말하는 자이며 욕심부림이 한없으면서[11] 욕심 없다 속이는 자이고 행위[12]가

음험하여 더러우면서 억지로 근엄 정직하다 장담하는[13] 자이며 일반 풍속 아닌 것을 풍속으로 삼아 세상과 달리 방종하면서 남을 헐뜯는[14] 자다.

古之所謂仕士者, 厚敦者也, 合群者也, 樂可貴者也, 樂分施者也, 遠罪過者也, 務事理者也, 羞獨富者也. 今之所謂仕士者, 汙漫者也, 賊亂者也, 恣睢者也, 貪利者也, 觸抵者也, 無禮義而唯權执之嗜者也. 古之所謂處士者, 德盛者也, 能靜者也, 脩正者也, 知命者也, 著定者也. 今之所謂處士者, 無能而云能者也, 無知而云知者也, 利心無足而佯無欲者也, 行偽險穢, 而彊高言謹慤者也, 以不俗爲俗, 離縱而跂訾者也.

1 仕士―사(仕)는 사환(仕宦)의 뜻. 벼슬하여 관리로 종사하는 인사를 가리킴.

2 厚敦―여기서 돈(敦) 또한 후(厚)자와 같은 뜻. 후덕함을 의미함.

3 樂可貴―가귀(可貴)가 원판본에는 부귀(富貴)로 되어 있으나 석연치 않음. 여기서는 높일 만한 실천적 도를 가리킴.

4 分施―분(分)이란 그 사회가 정한 여러 형태의 차별, 즉 신분 질서. 시(施)는 각각 다른 분수에 따라 시행함.

5 務事理―일 처리에 있어 바른 방향을 추구하고자 노력함.

6 汙漫―만(漫) 또한 우(汙)자와 같은 뜻. 때묻고 아무렇게나 하는 사악한 행위를 말함.

7 觸抵―촉(觸)·저(抵) 두 글자 모두 사물에 부닥친다는 뜻. 여기서는 죄를 범함.

8 處士―사사(仕士)의 대칭으로, 벼슬길에 나가지 않은 재야(在野)의 인사. 야인(野人)을 말함.

9 知命―여기서 명(命)이란 여러 가지 사회적 요소가 복합적으로 얽혀서 되어 가는 일을 가리킴.

10 著定―원판본에는 정(定)이 시(是)로 되어 있으나, 침착하게 자리잡는다는 뜻으로 보아 그대로가 타당함.

11 利心無足―이심(利心)은 이욕(利欲)의 심정. 족(足)은 염족(厭足)의 뜻. 마음에 차지 않음.

12 行偽―여기서 위(偽)란 거짓의 뜻이 아니라 인간이 취하는 행위 그대로 위(爲)자를 가리킴.

13 彊高言謹慤―강(彊)은 무리하게 함. 고언(高言)은 희떠운 큰소리. 근각(謹

殼)은 깊이 삼가는 올바른 자세.

14 離縱而跂訾 ─ 사(縱)는 방종의 종(縱)자와 같음. 대중과 떠나 달리 처신함.
기(跂)는 훼(毀)자의 뜻으로 통함. 기자(跂訾)란 자기만 높이고 남을 헐뜯는
독선을 말함.

[8]

사·군자가 할 수 있는 일과 할 수 없는 일. 군자는 귀하게 받들어야
할 것[1]을 능히 할 수는 있어도 다른 사람으로 하여금 반드시 자기를 귀
하게 받들도록 할 수 없고 신뢰해야만 할 것을 능히 할 수는 있더라도
다른 사람으로 하여금 반드시 자기를 신뢰하도록 할 수 없으며 유용하
게 쓰여야 할 것을 능히 할 수는 있더라도 다른 사람으로 하여금 반드
시 자기를 유용하게 쓰도록 할 수 없다. 그러므로 군자는 자신이 닦여
지지 않은 것을 부끄러워하되 남에게 더럽힘당하는 것[2]은 부끄러워하
지 않고 성실하지 못한 것을 부끄러워하되 남이 성실하게 대해주지 않
는 것을 부끄러워하지 않으며 자신이 할 수 없는 것을 부끄러워하되 남
에게 쓰여지지 않는 것을 부끄러워하지 않는다. 이런 까닭으로 명예에
이끌리지 않고[3] 비방하는 말을 두려워하지 않으며 도를 따라서 행하고
단정하게[4] 자신을 바로잡으며 밖의 사물에 뜻을 굽히지 않는다.[5] 바로
이를 가리켜 진실한 군자라고 말하는 것이다. 『시』[6]에 이르기를 '나긋
나긋 온화하고[7] 공손한 사람이여, 오직 덕(德)의 바탕이라네'라고 하였
으니 이것을 가리켜 하는 말이다.

士君子之所能爲不能爲. 君子能爲可貴, 不能使人必貴己, 能爲可信, 不
能使人必信己, 能爲可用, 不能使人必用己. 故君子恥不脩, 不恥見汙, 恥
不信, 不恥不見信, 恥不能, 不恥不見用. 是以不誘於譽, 不恐於誹, 率道
而行, 端然正己, 不爲物傾側. 夫是之謂誠君子. 詩云, 溫溫恭人, 維德之
基. 此之謂也.

1 可貴 ─ 고귀하게 존중받아야 할 대상. 여기서는 사람 누구나 다 살아갈 길.

150

즉 도를 가리킴.

2 見汙 ─ 우(汙)는 오욕(汚辱)과 같은 의미. 남에게 치욕을 당함. 더럽다고 트집을 당함.

3 誘於譽 ─ 여기서 예(譽)란 허망한 명예. 칭찬하는 말에 갈피를 못 잡고 헤맴.

4 端然 ─ 규범에 맞게 처신함. 몸차림이 깔끔한 모양.

5 不爲物傾側 ─ 경(傾)·측(側) 두 글자 모두 옆으로 기울어짐. 잡다한 사물에 유혹받아 질질 끌려서 마음이 쏠림. 중지(中止)를 잃음.

6 詩 ─ 『시경』「대아(大雅)·억(抑)」편 제9장의 인용 글귀임.

7 溫溫 ─ 마음이 너그럽고 부드러운 모양. 관유(寬柔)의 뜻.

[9]

사·군자의 용모. 그 관이 높고¹⁾ 그 의복은 큼직하고²⁾ 그 모양이 양순해 보이며 위엄 있고 장중하며 온화하고 느긋하며³⁾ 대범하고 도량이 넓어 보이며 분명하고 구질구질하지 아니함은 바로 부형(父兄)의 모양이다. 그 관이 높고 그 의복은 큼직하고 그 모양이 근실해 보이며 겸손하고 미덥고 친밀하며⁴⁾ 단정하고 부드럽고 조심성 있으며⁵⁾ 쌀쌀하지 않고 어리숙해 보임⁶⁾은 바로 자제의 모습이다.

내가 너희들에게 학자들의 괴이한 모양을 말해주겠다. 그 관이 단정하지 못하고⁷⁾ 그 끈을 늘어뜨리고⁸⁾ 그 얼굴은 점잖은 체하며⁹⁾ 뽐내고¹⁰⁾ 날뛰며¹¹⁾ 때로는 당당한 체하면서도¹²⁾ 곁눈질하며¹³⁾ 겁이 나서¹⁴⁾ 풀이 죽다가도¹⁵⁾ 눈을 부릅뜨며 술과 음식, 노래와 여색을 즐기는 동안은 눈 감고¹⁶⁾ 모르는 체하며¹⁷⁾ 예절 차리는 중에는 마지못해하고¹⁸⁾ 눈치를 보며¹⁹⁾ 힘든 일을 벌이는 데는 게으름피우고²⁰⁾ 성의를 보이지 않으며²¹⁾ 일을 꺼리고 편하려 하며²²⁾ 염치없고 부끄러운 줄²³⁾ 모르니 이것이 바로 학자들의 괴이한 모양이다. 그 관을 눌러 쓰고²⁴⁾ 그 하는 말은 거침없어²⁵⁾ 경박하지만 우(禹)처럼 걷고 순(舜)처럼 빠른 걸음이 바로 자장씨(子張氏)²⁶⁾의 천유(賤儒)들이다. 그 의관을 바르게 하고 그 얼굴 표정은 단정히 하며 우쭐하여²⁷⁾ 하루종일 말하지 않음이 바로 자하씨(子夏氏)²⁸⁾의 천유들이다. 게을러서 일을 꺼리고 염치없이 마시고 먹기만 즐기며 반드시 말하기를 '군자는 본래가 힘든 일을 하지 않는다'라고 함이 바로 자유씨(子游氏)[29]의 천유들이다.

　저 진정한 군자란 그렇지 않다. 편안할 때도 게으르지 않고 힘들 때도 소홀하지 않으며 근본을 지켜[30] 변화에 대응하고 세밀한 데 이르기까지 알맞게 할 수 있다. 이와 같이 한 연후라야 성인이라 하는 것이다.

士君子之容. 其冠進其衣逢其容良, 儼然壯然祺然蕼然, 恢恢然廣廣然, 昭昭然蕩蕩然, 是父兄之容也. 其冠進其衣逢其容愨, 儉然恀然輔然端然訾然洞然, 綴綴然督督然, 是子弟之容也.

吾語汝學者之嵬容, 其冠絻其纓禁緩其容簡連, 塡塡然狄狄然, 莫莫然瞡瞡然, 瞿瞿然盡盡然盱盱然, 酒食聲色之中, 則瞞瞞然瞑瞑然, 禮節之中, 則疾疾然訾訾然, 勞苦事業之中, 則儢儢然離離然, 偸儒而罔, 無廉恥而忍謑詢, 是學者之嵬也. 弟佗其冠, 衶禫其辭, 禹行而舜趨, 是子張氏之賤儒也. 正其衣冠, 齊其顔色, 嗛然而終日不言, 是子夏氏之賤儒也. 偸儒憚事, 無廉恥而耆飮食, 必曰君子固不用也, 是子游氏之賤儒也.

彼君子則不然, 佚而不惰, 勞而不僈, 宗原應變, 曲得其宜, 如是然後聖人也.

1 冠進―진(進)은 준(峻)자와 통용됨. 고(高)자와 마찬가지 의미. 관의 형태가 우뚝한 모양.

2 衣逢―봉(逢)은 대(大)자와 같음. 겨드랑이가 넓게 트이고 소매가 큰 도포의 일종. 유자가 입는 일반 예복을 말함.

3 祺然蕼然―기(祺)는 상길(祥吉)의 뜻으로 마음이 편안함. 사소한 일에 걱정하지 아니함. 사(蕼)는 사(肆)자로 통함. 여기서는 관대한 모양.

4 恀然輔然―치(恀)는 예쁠 제(姼)자와 같은 뜻. 호감이 가는 모양. 보(輔)는 친숙하게 따르는 형용.

5 訾然洞然―자(訾)는 자(孶)자로 통함. 유약한 모습. 통(洞)은 속이 텅 빈 모양. 자기를 드러내지 아니함.

6 綴綴然督督然―철철(綴綴)은 서로 연결되어 떨어지지 않는 모양. 여기서는 서먹서먹하지 않음. 무무(督督)는 눈을 내리깔고 똑바로 보지 못하는 모습.

겸허함을 가리킴.

7 冠絻 ―문(絻)은 면(俛)자와 같음. 너무 커서 관의 앞면이 축 늘어진 모양.

8 纓禁緩 ―금(禁)은 옷고름 금(紟) 또는 띠 대(帶)자로 통함. 갓 끈이 느슨해
보이는 형용.

9 簡連 ―간거(簡居), 즉 오만부림. 얼굴 표정이 딱딱하게 굳어 보임을 말함.

10 塡塡然 ―전(塡)은 영만(盈滿)의 뜻. 만족스러워 으스대는 꼴을 가리킴.

11 狄狄然 ―여기서 적(狄)은 적(趯)자로 통함. 도약하는 모양. 팔딱팔딱 뜀.

12 莫莫然 ―막(莫)은 맥(貊) 또는 정(靜)자와 마찬가지 뜻. 말없이 조용함.

13 瞡瞡然 ―규규(瞡瞡)는 규규(規規)와 같은 표현. 한쪽 눈을 가늘게 뜨고 살
펴보는 모양. 사소한 일에 신경을 씀.

14 瞿瞿然 ―구구(瞿瞿)란 겁에 질려 눈망울을 뒤룩거림. 몹시 떨리는 모양.

15 盡盡然 ―진진(盡盡)은 초연(悄然)과 같은 의미. 근심 때문에 맥빠진 모습.
기운이 없어 보임.

16 瞞瞞然 ―만(瞞)은 모(悗)자로 통함. 애욕(愛欲)의 뜻. 여기서는 눈을 감는
모양.

17 瞑瞑然 ―명(瞑)은 민몰(泯沒) 또는 침닉(沈溺)과 같은 의미. 잘 알 수 없는
상태를 표현함.

18 疾疾然 ―질질(疾疾)은 괴롭지만 억지로 일을 떠맡는 모양. 싫다고 도리질함.

19 訾訾然 ―자자(訾訾)란 자훼(訾毁)의 뜻. 주 5의 자(訾)자와 다른 의미. 헐
뜯으며 나쁘게 말하는 모양.

20 儢儢然 ―려려(儢儢)는 노돈(勞頓)을 견디지 못해 하기 싫어지는 모양. 부지
런하지 못함.

21 離離然 ―리리(離離)는 마음이 떠나서 친근감이 없는 모양. 정성들일 수 없
는 상태.

22 偸儒而罔 ―투(偸)는 구차하게 일을 회피하려고 함. 유(儒)는 나약(懦弱)의
뜻. 망(罔)은 안일(安逸)을 꾀함.

23 譩詬 ―계(譩)는 모독할 혜(謑)자와 같은 뜻. 구(詬)는 남을 욕되게 꾸짖음.

24 弟佗 ―제타(弟佗)는 원래 제타(帝佗)로 되어 있음. 손복(遜伏)의 뜻. 야무
지지 못하게 축 늘어진 모양.

25 神襌 ―충선(神襌)은 충담(沖澹)과 마찬가지 의미. 꾸밈없는 담백함을 가리킴.

26 子張氏 ―여기서 씨(氏)란 학문의 한 분파 그 문하의 계보를 가리킴. 자장
(子張)은 공자의 제자로 형식에 너무 얽매인다고 비판받은 이. 성은 전손(顓
孫), 이름은 사(師).

27 嗛然 ―겸(嗛)은 겸(慊)자와 같음. 득의(得意), 즉 만족해서 즐거운 표정을

가리킴.

28 子夏氏—자하(子夏)는 공자의 제자로 엄격한 풍모가 있어 보였음. 성은 복(卜), 이름은 상(商).

29 子游氏—자유(子游)는 공자의 제자로 고지식하고 꼼꼼한 성품이었으나 경건함이 부족하다는 평이 있음. 성은 언(言), 이름은 언(偃).

30 宗原—원(原)은 근원, 즉 사회규범이나 이념을 가리킴. 종(宗)은 높임. 바탕 또는 근거를 삼음.

7 중니仲尼

중니는 공자의 자(字)다. 편의 맨 앞머리 두 글자로 편
명을 삼았다. 『논어』·『맹자』와 같은 예다. 먼저 패자
(覇者)에 대하여 왕자(王者)를 비교하고 왕도(王道)를
강조한다. 그러나 왕도를 처음 내세운 맹자보다 순황은
오히려 패도(覇道)를 용인한다. 당시의 냉엄한 세태를
반영하여 처세에 관한 덕목들을 다룬다는 점에서 시대
적 특색을 엿볼 수 있다. 마지막에 연령의 차이, 신분의
귀·천, 지능의 현·우를 바탕으로 사회적 서열, 계급
질서를 감안한 유가적 입장을 천명한다.

[1]

공자의 제자[1]는 어린아이들[2]까지 오백(五伯) 쳐들기[3]를 부끄럽게 생각한다고 말들을 하고 있으니 이것이 무엇인가. 말하기를 '있는 그대로다'라고 한다. 저들은 정말 쳐들어 말하기 부끄러워할 만하다. 제(齊)나라의 환공(桓公)은 오백 가운데 가장 선하던 자이나 앞서 한 일[4]은 형을 죽이고 나라를 다투어 빼앗았으며 친척간의 행실은 고모나 자매들 가운데 시집 안 보낸 자가 일곱이나 되었고 궁궐 안은 향락과 사치가 극에 달하여[5] 제나라 세수의 절반을 가지고 받들어도 부족하며 밖의 일은 주(邾)를 속이고 거(莒)를 덮쳐서 병탄한 나라가 서른다섯이나 될 정도로 그 일이나 행적이 이같이 음험하고 더러우며 방자스러웠다. 저들을 처음부터 어찌 공자[6]의 문하에서 쳐들어 말하기에 족할 것인가.

이와 같으면서 망하지 않고 마침내 패자(霸者)가 된 까닭이 무엇인가. 말하기를 '아아, 저 제환공은 천하의 큰 절의(節義)를 지녔으니 그 누가 능히 그를 멸망시킬 수 있었겠는가. 관중(管仲)이 능히 나라를 맡기기에 족하다고 한눈[7]에 알아차린 것은 바로 천하의 큰 지혜다. 안정되어 그 노여움을 잊고 그 원수 갚을 일을 잊으며 드디어 내세워 중부(仲父)[8]를 삼았으니 이것은 천하의 큰 결단이다. 세워서 (그를) 중부로 삼더라도 친척들[9]이 감히 시새우지 못하고 그에게 고(高)·국(國)[10]과 같은 경(卿)자리를 주더라도 역대의 신하들이 감히 미워하지 못하며 그에게 삼백 마을[11]의 영지를 주더라도 부호들이 감히 막지 못하고 귀·천, 장·유 모두가 순순히[12] 환공을 따라 그를 높여 존경하지 않을 수 없었으니 이것이 바로 천하의 큰 절의인 것이다. 제후가 이런 절의 하나라도 갖는다면 능히 멸망시킬 수가 없다. 환공은 이 여러 절의라 하는 것을 모두 합쳐서 다 지녔던 것이다. 도대체 누가 감히 멸망시킬 수 있겠는가. 그가 패자가 된 것은 당연하다. 우연이 아니고 필연이다'[13]라고 한다. 그러면서 공자의 제자는 어린아이들까지 오백 쳐들어 말하기를 부끄럽게 생각한다고 말들을 하고 있으니 이것이 무엇인가. 말하기를 '있는 그대로다'라고 한다. 저들은 정치 교화를 근본으로 삼지 않고 예의를 높이지도[14] 않고 질서를 다하지도[15] 않고 민심을 열복시키지도 않고 책략을 부려[16] 일의 힘들고 편함을 살피며 축적하고 군비를 닦아서[17] 능히 그 적을 거꾸러뜨릴 수 있었던 자들이다. 거짓마음을 다부지게 먹음으로써 이기고도 저들은 겸양을 가장하여 쟁탈을 미화시키고 인애를 기대어 실리를 챙기는 자로서 소인 가운데 걸물들이다. 저들을 처음부터 어찌 공자의 문하에서 쳐들어 말하기에 족할 것인가.

저 왕자(王者)는 그렇지가 않다. 스스로 현명하게 하면서 능히 어리석은 자를 구하고 자기 나라를 강대하게 하면서 약한 자를 관용하며 싸우면 반드시 그를 능히 위태롭게 할 수 있어도 함께 다투기를 부끄럽게 여기며 분명하게[18] 예의 법도를 완성하여 천하에 제시하면 포악한 나라도 이에[19] 스스로 감화될 것이니 악한 자[20]가 있다면 그런 연후에 주벌한다. 그러므로 성왕의 주벌이란 극히 드물다.[21] 문왕의 주벌은 네 건이고 무왕의 주벌은 두 건이며 주공이 일을 성취하여 성왕에 이르러 이제는 주벌할 까닭이 없었다. 그러니 도가 어찌 행해지지 않았겠는가. 문왕은 백리 땅으로 시작했어도[22] 천하를 통일했으며 걸과 주는 그것[23]을 버렸기 때문에 천하를 가질 형세가 충분했는데도 필부로 늙을[24] 수도 없었다. 그러므로 그것을 선용하면 백리의 영토로도 충분히 독립할 수 있으며 선용하지 못하면 초(楚)나라 육천 리로도 원수의 역부[25]가 될 수밖에 없다. 그래서 군주가 도를 체득하려고 힘쓰지 않고 그 권세를 넓혀 가지려는 것은 바로 자신을 위태롭게 하는 원인이 된다.

仲尼之門, 五尺之豎子, 言羞稱乎五伯. 是何也. 曰, 然. 彼誠可羞稱也. 齊桓五伯之盛者也, 前事則殺兄而爭國, 內行則姑姉妹之不嫁者七人, 閨門之內般樂奢汰, 以齊之分奉之而不足, 外事則詐邾襲莒, 幷國三十五.

其事行也, 若是其險汙淫汏也. 被固曷足稱乎大君子之門哉.

若是而不亡乃霸, 何也. 曰, 於乎, 夫齊桓公, 有天下之大節焉, 夫孰能亡之. 倓然見管仲之能足以託國也, 是天下之大知也. 安忘其怒, 忘其讐, 遂立以爲仲父, 是天下之大決也. 立以爲仲父, 而貴戚莫之敢妬也, 與之高國之位, 而本朝之臣莫之敢惡也, 與之書社三百, 而富人莫之敢距也. 貴賤長少, 秩秩焉莫不從桓公而貴敬之, 是天下之大節也. 諸侯, 有一節如是, 則莫之能亡也. 桓公兼此數節者而盡有之. 夫又何可亡也. 其霸也宜哉. 非幸也, 數也. 然而仲尼之門, 五尺之豎子, 言羞稱乎五伯, 是何也. 曰, 然. 彼非本政教也非致隆高也, 非綦文理也非服人之心也. 鄉方略審勞佚, 畜積脩鬪而能顚倒其敵者也. 詐心以勝矣. 彼以讓飾爭, 依乎仁而蹈利者也, 小人之傑也. 彼固曷足稱乎大君子之門哉.

彼王者則不然. 致賢而能以救不肖, 致彊而能以寬弱, 戰必能殆之而羞與之鬪, 委然成文, 以示之天下, 而暴國安自化矣, 有災繆者, 然後誅之. 故聖王之誅也, 綦省矣. 文王誅四, 武王誅二, 周公卒業, 至於成王, 則安以無誅矣. 故道豈不行矣哉. 文王載百里地, 而天下一, 桀紂舍之, 厚於有天下之勢而不得以匹夫老. 故善用之, 則百里之國足以獨立矣, 不善用之, 則楚六千里而爲讐人役. 故人主, 不務得道而廣有其埶, 是其所以危也.

1 仲尼之門 — 공자의 문하생. 제자. 문도(門徒). 다른 판본에는 문인(門人)으로 되어 있음.

2 五尺之豎子 — 수자(豎子)는 동자(童子)를 말함. 어른을 가리켜 장부(丈夫)라 함은 키가 일장(一丈)이 됨을 의미함. 아이는 그 절반인 오척(五尺)으로 통칭됨.

3 稱乎五伯 — 오백(五伯)은 춘추시대 제후들 가운데 특히 제(齊) 환공(桓公)·진(晋) 문공(文公)·초(楚) 장왕(莊王)·오왕(吳王) 합려(闔閭)·월왕(越王) 구천(句踐) 등 다섯 패자(霸者)를 가리킴. 칭(稱)은 칭찬 혹은 거론(擧論)을 뜻함.

4 前事 — 제(齊) 양공(襄公)이 무도하여 난이 일어 살해당하자 자규(子糾)·소백(小白) 형제가 자리싸움 끝에 아우인 소백이 이긴 사건을 가리킴.

5 般樂奢汰 — 반(般)·락(樂) 두 글자 모두 즐기고 놂. 태(汰)는 치(侈)자의 뜻. 사치의 극치를 형용함.

6 大君子 — 여기서 군자 앞에 대(大)자를 붙인 것은 특히 공자를 일컬음.

7 倓然 — 담(倓)은 섬(睒)자의 가차(假借). 잠견(暫見)의 뜻. 언뜻 보는 모양.

8 仲父 — 여기서 중(仲)은 관이오(管吏吾)의 자(字). 부(父)란 환공이 관중을 친아버지처럼 섬긴다는 뜻의 호칭.

9 貴戚 — 왕의 혈연 가운데 지위가 높은 이들을 일컫는 말.

10 高國 — 제(齊) 나라의 공경(公卿) 중 최상위 격인 고씨(高氏)와 국씨(國氏) 를 가리킴.

11 書社 — 서사(書社)란 한 마을을 의미함. 주(周)왕조는 25개 가(家)를 한 리 (里) 단위로 하여 리마다 사(社)를 세워 그 호구와 택지 수를 장부에 기록 보관하였음. 도판에 적은 호구 수를 말함.

12 秩秩焉 — 질(秩)은 서순(叙順)의 뜻. 서열 바르게 정연(整然)한 모양.

13 幸也數也 — 여기서 행(幸)은 요행의 행(倖), 수(數)는 정명(定命)의 뜻. 법 칙성을 말함.

14 致隆高 — 치(致)는 극치에 이름. 륭(隆)은 고(高)자와 마찬가지로 예의, 즉 규범을 존중하여 확립시킴.

15 綦文理 — 기(綦)는 극(極)자로 통함. 문리(文理)는 사회질서. 그 조리 또는 맥락을 말함.

16 鄕方略 — 여기서 향(鄕)은 향(向) 또는 추(趨)자와 같음. 방략(方略)은 책략 의 뜻.

17 脩鬪 — 군비를 닦아 갖추어 능히 그 적을 거꾸러뜨린다는 의미.

18 委然 — 위(委)는 자상히 다한다는 곡(曲)자와 서로 통함. 의젓하고 천연스런 모양.

19 安 — 여기서 안(安)은 조사로 쓰임. 즉(則)자와 마찬가지 용법.

20 災繆者 — 천하에 재해를 입히고 세상을 그릇되게 어지럽히는 자. 어찌할 수 없는 악당들을 가리킴.

21 綦省 — 생(省)은 소(少)자로 통함. 빈도수가 대단히 적음.

22 載百里地 — 재(載)는 시(始)자와 마찬가지 뜻. 토지 넓이가 백리라 함은 작 은 나라를 가리킴.

23 舍之 — 여기서 지(之)는 왕도를 말함. 사(舍)는 버릴 사(捨)자와 같음.

24 匹夫老 — 이름 없는 서민의 신분으로 자기 수명을 다하도록 산다고 하는 의 미로 쓰임.

25 讐人役 — 역(役)은 관가에 딸려서 허드렛일 하는 사람. 여기서 원수란 초

(楚) 회왕(懷王)이 진(秦)에 붙들려 가서 죽은 일을 가리킴.

[2]

군주의 총애를 유지하고 높은 자리[1]에서 평생 싫어하지 않게 하는 방법. 군주가 존귀하게 대하면 공경하여 조심하고[2] 군주가 믿고 사랑하면 근신하여 만족해[3]하며 군주가 일을 한결같이 맡기면 단단히 지켜[4] 상세히 행하고 군주가 안심하여 가까이하면 친근히 그 뜻을 따라[5] 못되게 굴지 않으며 군주가 소원하게 대하면 성의를 다하여[6] 배반하지 않고 군주가 낮추어 물리치면 [7] 두려워 삼가 원망하지 않는다. 귀하게 되더라도 뻐기지 않고 신임받더라도 겸양하기를 잊지 않으며 중임을 맡기더라도 감히 전횡하지 않고 재물이나 이득이 있더라도 아껴서 달려들지 않으며[8] 반드시[9] 사양하는 의리를 다한 연후에 받아들인다. 복된 일이 오면 즐겨 좋아하더라도 도리를 지키며 불행한 일이 닥치면 근심에 빠질지라도 도리를 지키며 부하면 널리 베풀고 가난하면 씀씀이를 절약한다. 귀하면 귀한 대로 천하면 천한 대로 부하면 부한 대로 가난하면 가난한 대로 적절하게 처리하고, 비록 죽인다 해도 간사한 짓은 하지 않는다. 이것이 바로 군주의 총애를 유지하고 높은 자리에서 평생 싫어하지 않게 하는 방법이다. 비록 빈궁하고 벼슬자리가 없는 처지[10]에 있더라도 역시 이렇게 해야 할 것이다. 대저 이것을 가리켜 길인(吉人)이라고 일컫는다. 『시』[11]에 이르기를 '한 아름다운 사람이여[12] 종순하는 덕을 따르라.[13] 오래오래 효행을 잊지 않고[14] 조상이 이룩한 대업을 이어 빛내도다'[15]라고 하였으니 이를 가리킨 말이다.

持寵處位, 終身不厭之術. 主尊貴之則恭敬而僔, 主信愛之則謹愼而嗛, 主專任之則拘守而詳, 主安近之則愼比而不邪, 主疏遠之則全一而不倍, 主損絀之則恐懼而不怨. 貴而不爲夸, 信而不忘處謙, 任重而不敢專, 財利至則善而不及也, 必將盡辭讓之義然後受. 福事至則和而理, 禍事至則靜而理, 富則施廣, 貧則用節. 可貴可賤也, 可富可貧也, 可殺而不可使

爲姦也. 是持寵處位, 終身不厭之術也. 雖在貧窮徒處之埶, 亦取象於是
矣. 夫是之謂吉人. 詩曰, 媚玆一人, 應侯順德. 永言孝思, 昭哉嗣服. 此
之謂也.

1 持寵處位─신하로서 군주를 섬길 경우 계속해서 총애받고 고위직을 지키는
   일을 말함.
2 僎─준(僎)은 공손함. 또는 억제할 준(撙)자로도 통함. 자기 몸을 낮춤.
3 嗛─겸(嗛)이란 넉넉함. 상쾌하게 여김. 혹은 겸손할 겸(謙)자와 같은 뜻으
   로 봄.
4 拘守─여기서 구(拘)는 고(固)자로 통함. 양손에 꽉 쥐고 놓치지 아니함.
5 愼比─신(愼)은 순(順), 비(比)는 친(親)자와 같음.
6 㒰──전(㒰)이란 정성을 다함. 일(一)은 하나에 온 정성 다 들여 두 마음 갖
   지 않음.
7 詘紬─출(紬)은 퇴(退)자와 같음. 지위를 낮추거나 퇴출시킴.
8 善而不及─선(善)은 소중히 함. 선언(善言), 즉 말을 아끼는 태도와 같음. 이
   (而)는 여(如)자와 마찬가지 뜻. 급(及)은 급급(汲汲)하는 모양.
9 必將─여기서 장(將) 역시 필(必)자와 마찬가지 의미로 복합조사임.
10 徒處之埶─도행(徒行) 또는 독처(獨處), 즉 고립무원의 상태. 무관(無官)의
   뜻. 세(埶)는 세위, 즉 형편을 가리킴.
11 詩─『시경』「대아(大雅)·하무(下武)」편 제4장의 인용 구절.
12 媚玆一人─미(媚)는 미(美)자와 같음. 여기서 자(玆)는 바로 주(周) 무왕
   (武王)을 가리킴.
13 應侯─응(應)은 당(當)자의 뜻. 부응함. 후(侯)는 유(維)자로 통함. 차(此)
   자와 같음.
14 永言孝思─언(言)은 자(玆)자와 같은 의미. 사(思)·언(言) 모두 어조사.
15 昭哉嗣服─소(昭)는 명(明)자의 뜻. 복(服)은 사(事)자와 마찬가지 의미.
   사복(嗣服)이란 일을 계승해 나감.

[3]

중요한 자리¹⁾를 훌륭히 지키고 큰일을 맡고 만승의 나라²⁾에서 군주
의 총애를 독차지하고도 반드시 후환이 없도록 하는 방법을 찾으려면
다른 사람과 협동하기³⁾를 좋아함만 같지 못하다. 어진 이를 끌어올리고

널리 베풀며 원한을 떨어버리고 남을 방해하지 않으며 능력이 중임을 맡을 만하다면[4] 바로 신중히 이 방법[5]을 시행할 일이다. 만약 능력[6]이 중임을 맡아 견디지 못하고 장차 총애를 잃을까 두렵다면 빨리 그 일을 다른 사람과 협동하는 것만 같지 못하다. 현자를 추천하고 달리 유능한 자에게 사양하여 편안하게 그 뒤를 따라갈 일이다. 이와 같이 하여 총애를 받으면 반드시 영달할 것이고 총애를 잃더라도 반드시 죄받지는 않을 것이다. 바로 이것이 군주 섬기는 자의 보배이며 반드시 후환이 없도록 하는 방법이다. 그러므로 슬기로운 자는 일을 거행함[7]에 있어 충분하면 부족할 경우를 생각하고[8] 평탄하면 험악할 경우를 생각하며 편안하면 위험할 경우를 생각하고 세밀하게 그 예방[9]을 중히 여기더라도 오히려 그 화가 미칠까봐 두려워한다. 이런 까닭으로 백 번 일을 거행하더라도 잘못에 빠져들지 않는다. 공자가 말하기를 '재주 있고[10] 법규를 좋아하면 반드시 절도가 있고 용감하면서 협동을 좋아하면 반드시 이겨내며[11] 슬기로우면서 겸양을 좋아하면 반드시 어질다'라고 하였으니 이것을 가리켜 한 말이다. 어리석은 자는 이와 반대다. 중요한 자리에 있어 권력을 휘두르게 되면 전행(專行)하기를 좋아하여 어질고 유능한 자를 질투하고 공 있는 자를 억눌러 죄지은 자로 떨어뜨리며[12] 마음은 교만이 가득 차서 묵은 원한을 쉽게 갚고[13] 인색하여 은혜를 베풀지 않으며 윗자리를 빌려 권위부리고[14] 아랫사람에게서 권한을 거두어[15] 남을 방해하니 비록 위태롭지 않기를 바라더라도 그럴 수 있겠는가. 이런 까닭으로 자리가 높으면 반드시 위태하고 중책을 맡으면 반드시 그만두게 되며 총애받아 제멋대로 굴면 반드시 곤욕당할 일을 선 채로 기다릴 만하고 밥을 지어서 먹을 사이에 들이닥칠 만하다.[16] 이것이 무엇인가. 이를 무너뜨리는 자가 많고 이를 유지하는 자가 적기 때문이다.

求善處大重, 任大事, 擅寵於萬乘之國, 必無後患之術, 莫若好同之. 援賢博施, 除怨而無妨害人, 能耐任之, 則愼行此道也. 能而不耐任, 且恐失

寵, 則莫若早同之. 推賢讓能而安隨其後. 如是有寵則必榮, 失寵則必無罪. 是事君者之寶, 而必無後患之術也. 故知者之擧事也, 滿則慮嗛, 平則慮險, 安則慮危, 曲重其豫, 猶恐及其禍, 是以百擧而不陷也. 孔子曰, 巧而好度必節, 勇而好同必勝, 知而好謙必賢. 此之謂也. 愚者反是. 處重擅權, 則好專而妬賢能, 抑有功而擠有罪, 志驕盈而輕舊怨, 以吝嗇而不行施, 道乎上爲重, 招權於下以妨害人, 雖欲無危, 得乎哉. 是以位尊則必危, 任重則必廢, 擅寵則必辱, 可立而待也, 可炊而僾也. 是何也. 則墮之者衆, 而持之者寡矣.

1 大重―대중(大重)은 대위(大位). 소중한 자리 또는 신분을 가리킴. 영향력이 큰 지위.

2 萬乘之國―승(乘)은 전차 대수. 즉 만 대의 전차를 동원할 수 있는 규모의 나라. 전국시대에 오면 천자와 맞먹는 대제후국을 일컬음.

3 同之―독단과 전횡을 피하고 남들과 협동함. 여기서 지(之)란 권력자로서의 군주를 포함한 어진 이와 능력 있는 이를 가리킴.

4 能耐―능(能)은 재주 있는 유능한 사람. 내(耐)는 일을 감당해냄.

5 此道―차(此)는 유능한 자가 하겠다고 제시한 시책을 말함. 도(道)는 그 방법.

6 能而―여기서 능(能)이란 능력의 한계를 말함. 이(而)는 여(如)자와 마찬가지로 가정조사.

7 知者之擧事―지자(知者)가 지병자(知兵者)로 되어 있는 판본도 있음. 거(擧)는 행(行)자와 같은 의미로 쓰임.

8 滿則慮嗛―만(滿)은 가득 찬 영만(盈滿)의 뜻. 겸(嗛)은 부족하다고 느끼는 모양.

9 曲重其豫―곡(曲)은 위곡(委曲), 즉 상세하게 배려함. 예(豫)는 앞서서 미리 대비한다는 의미.

10 巧―여기서 교(巧)란 재주가 많아 똑똑함. 앞을 내다보는 선견(先見) 있는, 혹은 요령이 좋은 이를 일컬음.

11 必勝―승(勝)은 극(克) 또는 능(能)자로 통함. 맡은 일을 충분히 견디어 해냄.

12 擠有罪―제(擠)는 본래 물리칠 배(排)자의 뜻이나 여기서는 남을 함정에 몰아넣는 제함(擠陷)과 마찬가지 의미로 쓰임.

13 輕舊怨―경(輕)은 경홀(輕忽)의 뜻. 구원(舊怨)은 숙한(宿恨)과 같음. 이전부터 원한 쌓인 자를 깔보고 물리침.

14 道乎上爲重—여기서 도(道)란 유(由) 또는 종(從)자와 같은 의미. 상위자를
　　빙자하여 혼자서 위엄 있는 체함.

15 招權於下—초(招)는 흡(吸)자와 마찬가지 뜻. 하위자의 권위를 빨아들여 제
　　한 몸에 권력을 집중시킴.

16 可炊而僕—억(億)은 마칠 경(竟), 끝낼 종(終)자로 통함. 밥을 지어 식사가
　　다 끝날 만한 극히 짧은 시간을 가리킴.

[4]

천하에 행할 방법을 가지고 군주를 섬기면 반드시 통달하고 그것을
가지고 사람들을 위해 다하면[1) 반드시 성명(聖明)[2)을 이룬다. 규범을
세워 어기지 않은[3) 연후에 공경을 가지고 이를 이끌고 충신(忠臣)을 가
지고 이를 거느리며 근신을 가지고 이를 행하고 정직을 가지고 이를 지
키며 비록 곤궁할지라도 힘써 거듭 노력한다.[4) 군주가 비록 알아주지
않더라도[5) 원망하거나 미워하는 마음을 갖지 않고 공이 비록 대단히 클
지라도 제 덕을 자랑하는 기색을 안 보이며 욕구를 줄이고 공은 많게
하며[6) 사랑과 공경을 게을리하지 않는다. 이와 같으면 언제나 하는 일
이 순탄하지 않을 수 없다. 그것을 가지고 군주를 섬기면 반드시 통달
하고 그것을 가지고 사람들을 위해 다하면 반드시 성명을 이룬다. 대저
이를 가리켜 천하에 행할 방법이라고 말한다.

天下之行術, 以事君則必通, 以爲仁則必聖. 立隆而勿貳也. 然後恭敬以
先之, 忠信以統之. 愼謹以行之, 端慤以守之, 頓窮則疾力以申重之. 君雖
不知無怨疾之心, 功雖甚大無伐德之色, 省求多功, 愛敬不倦. 如是則常
無不順矣. 以事君則必通, 以爲仁則必聖. 夫是之謂天下之行術.

1 以爲仁—유월(兪樾)의 주장에 따르면 여기서 인(仁)을 인(人)자로 읽음. 본
　　래 인(仁)과 인(人) 두 글자가 서로 통용됨.

2 聖—성(聖)이란 지극한 슬기, 즉 성지(聖智)를 말함. 모든 일이 원활하게 잘
　　되어감.

3 立隆而勿貳—륭(隆)은 중(中) 혹은 예(禮)를 가리킴. 이(貳)는 위(違)자와

같은 의미. 서로 어긋나지 않음.

4 申重—신중(申重)은 재삼(再三)과 마찬가지 의미. 반복하여 거듭 힘씀.

5 不知—여기서 부지(不知)라고 함은 『논어』 「학이」(學而)편의 인부지(人不
知)와 같은 뜻.

6 省求多功—사심에 바탕을 둔 욕구를 적게 갖고 남을 위한 공적을 많이 쌓아
올림.

[5]

연소자가 연장자를 섬기고 미천한 자가 고귀한 자를 섬기며 어리석
은 자가 어진 자를 섬김이 바로 천하에 통용되는 도리다.[1] 지위[2]가 다
른 사람의 위에 있지 않으면서 남의 아래 되기를 부끄러워하는 사람이
있다면 이는 간악한 사람의 마음가짐이다. 의지가 간악한 생각을 면치
못하고 행동이 옳지 않은 길을 벗어나지 못하면서 군자나 성인의 명성
갖기를 바란다면 비유하건대[3] 이는 마치 엎드려서 하늘을 핥고[4] 목매
어 죽는 이를 구한다고[5] 그 발을 끌어당기는 것과 같다. 이론적으로 반
드시 행할 수 없다. 힘쓰면 힘쓸수록[6] 더욱더 멀어진다. 그러므로 군자
는 굽혀야 할 때는[7] 굽히고 펼 때 가서는 펴야 하는 것이다.

少事長, 賤事貴, 不肖事賢, 是天下之通義也. 有人也, 埶不在人上, 而羞
爲人下, 是姦人之心也. 志不免乎姦心, 行不免乎姦道, 而求有君子聖人
之名, 辟之是猶伏而咶天, 救經而引其足也, 說必不行矣. 愈務而愈遠.
故君子時詘則詘, 時伸則伸也.

1 通義—통의(通義)란 유교 사회에서 누구나 다 납득하는 일반 원리. 『맹자』
「등문공」(滕文公) 상편의 통의(通義)와 같은 내용.

2 埶—여기서 세(埶)란 위(位)자와 마찬가지 뜻. 사회적 위계질서를 가리킴.

3 辟之—비(辟)는 비유하는 말 비(譬)자로 통함. 예를 제시하여 논리를 전개하
는 형식.

4 咶天—지(咶)는 지(舐)자로 통용됨. 누워서 하늘을 바라보는 자세와 전혀 다
른 예시.

5 救經—경(經)은 목조를 액(縊)자와 마찬가지 의미. 목졸라 죽으려는 사람을 구출함.

6 兪務—유(兪)는 심할 유(愈)자와 같음. 노력하면 할수록 더욱 힘드는 상태.

7 時詘—굴(詘)은 굴(屈) 또는 축(縮)자로 통함. 정황으로 보아 움츠려야 할 시기를 말함.

8 유효儒效

유효란 유자(儒者)가 세운 공적을 의미한다. 특히 뛰어난 대유(大儒)가 군주를 섬길 경우 그가 이상으로 삼는 성인 군자의 역할에 대한 이론이라 할 수 있다. 전편에 걸쳐 대유의 학문·품격·공적 등을 상세하게 다루었다. 순황의 독자적인 주장인 후왕설(後王說) 사법론(師法論)은 그 문장과 내용이 치밀하고 생동감이 있어 음미해볼 만한 가치가 있다.

[1]

훌륭한 유자(儒者)의 공적에 대하여. 무왕(武王)이 죽고 성왕(成王)은 나이가 어려 주공(周公)이 성왕을 제쳐[1] 무왕을 이어[2] 천하를 묶어둔[3] 일은 천하가 주(周)를 배반할까 두려워했기[4] 때문이다. 천자 자리에 올라[5] 천하를 결단하고[6] 태연하기[7]가 본래 그 자리를 가졌던 것같이 하되 천하 사람들은 탐욕스럽다고 일컫지 않았다. 관숙(管叔)을 주살하고[8] 은(殷)을 멸망시켰으되 천하 사람들은 도리에 어긋난다고 일컫지 않았다. 천하를 제패하여 제후국 일흔하나를 세우고 희성(姬姓)이 쉰세 사람이나 독차지하되[9] 천하 사람들은 편향적이라고 일컫지 않았다. 성왕을 잘 가르치고 깨우쳐 왕도(王道)로 나아가게 타이르고 능히 문왕·무왕을 답습할[10] 수 있도록 하여 주공이 천하를 성왕에게 돌려주고[11] 천자 자리를 되돌리되 천하 사람들이 주 섬기기를 그만두지 않았다. 그렇게 한 연후에 주공은 북면하여 성왕을 섬긴[12] 것이다. 대저 천자라고 하는 자리는 어려서 맡을 수 없고 일시적인 섭정을 할 수도 없는 것이다. 능하면 천하가 귀복(歸服)하지만 능하지 못하면 천하 사람이 떠나게 되어 있다. 이런 까닭으로 주공이 성왕을 제쳐 무왕을 이어 천하를 묶어둔 일은 천하가 주를 이반할까 두려워했기 때문이다.

성왕이 관례를 치르자[13] 바로 주공이 천하를 돌려주고 천자 자리를 되돌린 일은 주군(主君)을 멸할 수 없다고 하는 대의를 밝힌 것이다. 주공이 전에는 천하를 가졌다가 지금은 천하가 없는 것은 양위함[14]이 아니다. 성왕이 전에는 일시 천하가 없었다가 지금은 천하를 가진 것도 탈취함이 아니다. 정세 변화에 따른 순서와 절차로 그렇게 된 것이다. 그러므로 지손이 적자를 대신하여도[15] 월권이 아니고 아우가 형을 주살하여도 포악은 아니며 군주와 신하가 자리를 바꾸어도 반역은 아니다.

천하 화평의 원칙에 따라 문왕·무왕의 대업을 완수하고 지손과 적자의 대의를 밝힌 것이니, 또한 한때의 변화는 있었으나 천하가 평온하기는[16] 오히려 한결같았다. 성인이 아니면 능히 할 수 없는 일이었다. 대저 이를 가리켜 훌륭한 유자의 공적이라 말하는 것이다.

大儒之效. 武王崩成王幼, 周公屛成王而及武王, 以屬天下, 惡天下之倍周也. 履天子之籍聽天下之斷, 偃然如固有之, 而天下不稱貪焉. 殺管叔虛殷國, 而天下不稱戾焉. 兼制天下, 立七十一國, 姬姓獨居五十三人, 而天下不稱偏焉. 敎誨開導成王, 使諭於道而能揜迹於文武, 周公歸周反籍於成王, 而天下不輟事周, 然而周公北面而朝之. 天子也者不可以少當也, 不可以攝爲也. 能則天下歸之, 不能則天下去之. 是以周公屛成王而及武王, 以屬天下, 惡天下之離周也.

成王冠成人, 周公歸周反籍焉, 明不滅主之義也. 周公鄕有天下今無天下, 非擅也. 成王鄕無天下今有天下, 非奪也. 變勢次序之節然也. 故以枝代主而非越也, 以弟誅兄而非暴也, 君臣易位而非不順也. 因天下之和遂文武之業, 明枝主之義抑亦變化矣, 天下厭然猶一也. 非聖人莫之能爲. 夫是謂大儒之效.

1 屛成王 —병(屛)은 퇴(退)자와 같은 의미. 그러나 여기서는 가릴 폐(蔽)자의 뜻. 번병(藩屛)이 되어 성왕을 도와줌.
2 及武王 —급(及)은 계(繼)자와 마찬가지 의미. 특히 형이 죽고 아우가 계승할 경우에 쓰임.
3 屬天下 —속(屬)은 얽을 계(繫)자로 통함. 천하를 한데 묶어서 결속함.
4 惡天下 —오(惡)는 공(恐)자와 같음. 천하가 등돌릴까 두려워하는 상황.
5 履天下之籍 —천자의 자리에 즉위함. 여기서 적(籍)은 위(位)자와 같음.
6 聽天下之斷 —청(聽)·단(斷) 두 글자 모두 결단의 뜻을 가짐. 중대 정치사건을 의논하고 다룸.
7 偃然 —언(偃)은 편할 안(安)자로 통함. 편안한 모습 혹은 침착한 상태를 말함.
8 殺管叔 —관숙(管叔)은 주공(周公) 단(旦)의 형. 무왕의 사후 주공의 세력에 반발하다가 도리어 주벌당한 사건.

9 姬姓獨居―희(姬)는 주왕조의 성. 주공이 타성을 배제하고 동족을 다수 봉건(封建)한 일. 독거(獨居)는 독점과 같음.

10 襲迹於文武―습(襲)은 이어받을 습(襲)자와 같은 의미. 적(迹)은 발자국. 선인이 남긴 일을 그대로 답습해 나감.

11 歸周―여기서 귀(歸)란 천하, 즉 주실(周室)을 성왕에게 돌려줌. 주공이 자기 봉지인 주(周) 땅으로 돌아감과 다른 의미.

12 北面而朝之―천자가 남쪽을 향하므로 북면(北面)은 신하의 자리를 상징함. 조(朝)는 신하가 천자에 대하여 아침 인사를 드리는 일.

13 冠成人―관(冠)은 관례(冠禮)를 행함. 남자의 성인식. 원복(元服)과 같음. 천자나 제후들은 열두 살 나이에 관을 쓰던 제도.

14 非擅―여기서 천(擅)이란 선(禪)자로 통함. 임금의 자리를 물려주는 선위(禪位)를 일컬음.

15 以枝代主―지(枝)는 분가한 지족(支族) 또는 서(庶)를 말함. 주(主)는 종가(宗家)·종손(宗孫)을 말함.

16 厭然―염연(厭然)은 안화(安和)의 뜻. 조용한 상태. 편안한 모습을 가리킴.

[2]

진(秦)의 소왕(昭王)[1]이 손경자(孫卿子)[2]에게 묻기를 '유자(儒者)란 나라에 도움이 안 되는 것인가'라고 하였다. 손경자가 말하기를 '유자는 선왕을 본떠 예의를 높이고 신하와 자제들을 근신시켜 그 윗사람을 극진히 존대하도록 하는 자입니다. 군주가 그를 임용하면 조정에 자리 잡아[3] 알맞게 처리하고 임용하지 않으면 야인의 몸으로 물러나 백성들 사이에 끼어서[4] 성실하게 살며 반드시 종순할[5] 것입니다. 비록 빈곤하고 궁핍하여 춥고 배고프더라도[6] 결코 그릇된 길로 탐욕부리지 않고 송곳 하나 꽂을 땅이 없더라도 사직(社稷)을 유지할 대의를 밝혀 가릴 줄 알며 소리질러 불러도[7] 이에 능히 응답할 수 없지만 만사를 잘 헤아려서[8] 백성들을 부양할 대강(大綱)[9]을 이해하고 있습니다. 세위가 남의 위에 있으면 왕공(王公)이 될 재목이고 남의 아래 있으면 사직의 중신, 국군(國君)의 보배가 될 것입니다. 비록 궁염(窮閭) 누옥(漏屋)[10]에 숨어 살더라도 사람들이 그를 존경하지 않을 수 없는 것은 도가 진실로 존재하기 때문입니다. 공자가 장차 노(魯)나라 사구(司寇)[11]가 되려고 할 적에 심유씨(沈猶氏)[12]는 감히 아침에 그 양을 물먹이지 못하고 공신씨(公愼氏)는 그 아내를 내쫓았으며[13] 신궤씨(愼潰氏)[14]는 국경을 넘어 이사가고 노나라의 소나 말 파는 자들이 값을 속이지 못했습니다.[15] 이는 반드시 솔선하여 바르게 몸을 갖고 그들을 대했기 때문입니다. 궐당(闕堂)[16]에 살 적에 궐당의 자제들이 사냥해 온 짐승을 나눔에 있어[17] 부모 있는 자가 많이 받았습니다. 효제(孝悌)를 가지고 그들을 감화시켰기 때문입니다. 유자가 조정에 있게 되면 정치가 훌륭히 행해지고 아랫자리에 있게 되면 풍속이 훌륭해집니다. 유자가 남의 아래 됨이 이와 같은 것입니다' 라고 하였다.

왕이 묻기를 '그렇다면 그가 남의 위(군주)가 된다면 어떻겠는가' 라고 하였다. 손경자가 대답하여 말하기를 '그가 남의 위가 된다면 효과는 넓고 클 것입니다. 의지가 마음속에 정해지고 예의범절이 조정에 갖추어지며 법칙·제도가 관서에 바로잡히고 충신(忠信)·애리(愛利)가 아랫사람들에게 실현될 것입니다. 단 한 가지라도 불의를 행하거나 단 한 사람이라도 죄없는 자를 죽여 천하를 얻는 일은 하지 않을 것입니다. 이 대의가 사람들에게 믿음을 주고 온 천하에 두루 알려지면 천하 사람들이 이에 응하여 돌아옴이 귀찮을 정도[18]일 것이니 이것이 무슨 이유겠습니까. 바로 그 고귀한 명성이 밝게 드러나서[19] 천하가 평온해지기[20] 때문입니다. 그러므로 가까운 데 있는 사람들은 이를 구가하여 즐거워하고 먼 데 있는 사람들은 황급히 달려 모여들며[21] 온 천하가 마치 한 집안같이 되고 오갈 수 있는 범위의 사람들은 능히 심복하지 않을 수 없는 것입니다. 대저 이를 가리켜서 인류의 스승이라 말하는 것입니다. 『시』[22]에 이르기를 '서쪽으로부터 동쪽으로부터 남쪽으로부터 북쪽으로부터 복속하지 않는 자 없도다' 라고 하였으니 이를 두고 하는 말입니다. 대저 그가 남의 아래 되어서는 저와 같고 그가 남의 위 되어서는 이와 같사온데 어찌 그가 나라에 도움이 안 된다 하겠습니까' 라고 하였다. 소왕이 말하기를 '좋다' 라고 하였다.

秦昭王,問孫卿子曰,儒無益於人之國. 孫卿子曰,儒者法先王隆禮義,謹乎臣子而致貴其上者也. 人主用之則勢在本朝而宜,不用則退編百姓而慤,必爲順下矣. 雖窮困凍餧,必不以邪道爲貪,無置錐之地,而明於持社稷之大義,嗃呼而莫之能應,然而通乎財萬物養百姓之經紀. 勢在人上則王公之材也,在人下則社稷之臣國君之寶也. 雖隱於窮閻漏屋,人莫不貴之,道誠存也. 仲尼將爲魯司寇,沈猶氏不敢朝飮其羊,公愼氏出其妻,愼潰氏踰境而徙,魯之粥牛馬者不豫賈,必蚤正以待之也. 居於闕黨闕黨之子弟,罔不分有親者取多,孝弟以化之也. 儒者在本朝則美政,在下位則美俗,儒之爲人下如是矣.

王曰,然則其爲人上何如. 孫卿曰,其爲人上也廣大矣. 志意定乎內,禮節脩乎朝,法則度量正乎官,忠信愛利形乎下,行一不義殺一無罪而得天下,不爲也. 此義信乎人矣通於四海,則天下應之如讙. 是何也. 則貴名白而天下治也. 故近者歌謳而樂之,遠者竭蹶而趨之,四海之內若一家,通達之屬莫不從服,夫是之謂人師. 詩曰,自西自東,自南自北,無思不服. 此之謂也. 夫其爲人下也如彼,其爲人上也如此,何謂其無益於人之國也. 昭王曰,善.

---

1 秦昭王 ― 소왕(昭王)은 56년이라는 장기간 재위하여 진(秦)의 국력을 신장시킨 자. 진시황의 3대 앞에 해당함.

2 孫卿子 ― 손경자(孫卿子)는 순자(荀子)를 일컬음. 손(孫)은 그 본성이며 이름은 황(況)임. 경(卿)·자(子) 두 글자 모두 경칭.

3 勢在本朝 ― 세(勢)는 위(位)자와 같음. 본조(本朝)란 현 조정을 말함. 조정의 요직을 차지하여 영향력을 미침.

4 編百姓 ― 편(編)은 편입(編入)의 뜻. 일반 민중 틈에 끼어들어 야인으로 살아감.

5 爲順下 ― 순(順)이란 종순의 뜻. 패란(悖亂)을 일으키지 아니함.

6 凍餧 ― 뇌(餧)는 뇌(餒)자와 같음. 기(飢)자의 뜻. 헐벗고 굶주린 상태를 말함.

7 嗃呼 ― 교(嗃)는 고함지를 호(嘑)자로 통함. 규호(叫呼)와 마찬가지 의미. 여기서는 군주가 큰 소리로 불러들임.

8 財萬物 ― 재(財)는 마를 재(裁)자로 통함. 재량함. 모든 일을 재단함.

9 經紀 ― 경기(經紀)는 강기(綱紀)와 마찬가지 의미. 나라 다스리는 데 기본이

되는 원칙.

10 窮閻漏屋 —궁염(窮閻)은 좁고 더러운 거리. 누항(陋巷)과 같음. 누옥(漏屋)
은 비 새는 집.

11 司寇 —사구(司寇)는 사법 경찰. 『사기』(史記)에는 공자가 오십여 세 때 대
사구(大司寇)가 된 것으로 전하고 있음.

12 沈猶氏 —심유(沈猶)는 노(魯)나라 사람으로 양을 물 먹이고 무게를 속여 판
악덕 상인.

13 出其妻 —여기서 출(出)은 공신(公愼)이란 자가 음란한 그의 처와 이혼하여
내보낸 일을 말함.

14 愼潰氏 —신궤(愼潰)는 법규를 어겨가며 분에 넘치는 사치를 즐긴 노나라
사람.

15 不豫賈 —예(豫)는 속일 광(誑) 또는 속일 사(詐)자와 마찬가지 의미. 가
(賈)는 가(價)자로 통함.

16 闕黨 —궐당(闕黨)은 궐리(闕里)로 부르기도 함. 공자가 살던 노나라의 한
지명.

17 罔不分 —망(罔)은 망(網)자로 통함. 부(不)는 토끼그물 부(罘)자와 같은
뜻. 분(分)은 어획물의 분배를 말함.

18 如讙 —훤(讙)은 시끄러움. 지껄일 훤(喧)자와 같음. 응해 오는 사람 수가
많음을 가리킴.

19 貴名白 —명(名)은 명성·평가를 말함. 백(白)은 밝게 드러냄. 현창(顯彰)의 뜻.

20 天下治 —여기서 치(治)란 정(正)·리(理)·평(平) 등과 같은 개념으로 쓰임.

21 竭蹶而趨之 —갈궐(竭蹶)은 채어서 비틀거림. 허둥거리는 모양. 추지(趨之)
란 부랴부랴 달려감.

22 詩 —『시경』「대아(大雅)·문왕(文王) 유성(有聲)」편의 인용 구절.

[3]

옛 선왕의 도는 인(仁)이 성한[1] 것이다. 중도(中道)에 따라서[2] 행해
졌다. 무엇을 가리켜 중도라 일컫는가. 예의가 그것이다. 도라는 것은
하늘의 도가 아니고 땅의 도도 아니며 사람이 행하여야 할 바의 도이고
군자가 실제로 행하는 바의 도이다. 이른바 군자의 현(賢)이란 능히 사
람이 할 수[3] 있는 것을 모두 할 수 있다는 말이 아니고, 이른바 군자의
지(知)란 능히 사람이 아는 것을 모두 알 수 있다는 말이 아니며, 이른

바 군자의 변(辨)⁴⁾이란 능히 사람이 변론하는 것을 모두 변론할 수 있다는 말이 아니고, 이른바 군자의 찰(察)⁵⁾이란 능히 사람이 살피는 것을 모두 살필 수 있다는 말이 아니며 그칠 데⁶⁾가 있다는 것이다. 지형의 높낮음을 보고 척박과 비옥을 가려 차례로 오곡을 가꾸는 일⁷⁾은 군자가 농사짓는 사람만 같지 못하다. 재화를 유통시켜 품질이 좋고 나쁨을 보고 값의 고하를 판단하는 일은 군자가 장사꾼만 같지 못하다. 규구(規矩)를 갖추고 먹줄을 대어 쓸 물건을 편리하게 만드는 일⁸⁾은 군자가 공인(工人)만 같지 못하다. 옳고 그름, 긍정과 부정⁹⁾이라는 실정은 고려하지 않고¹⁰⁾ 서로 상대를 짓밟아 누르고¹¹⁾ 서로 욕보이는¹²⁾ 일은 군자가 혜시(惠施)나 등석(鄧析)¹³⁾만 같지 못하다. 만약 그 덕을 판단하여¹⁴⁾ 자리의 서열을 정하고 재능을 헤아려 관직을 주며 현자나 어리석은 자가 모두 그 알맞은 자리를 얻도록 하고 능한 자나 능하지 못한 자가 모두 그 관직을 얻도록 하며 모든 것이 거기에 적절히 걸맞을 수 있게 하고 사태 변화에 그 대응이 걸맞을 수 있게 하며 신도(愼到)나 묵적(墨翟)¹⁵⁾이 그 담론을 진행시킬 수 없도록 하고 혜시나 등석이 그 찰변(察辯)을 감히 끼워넣을 수¹⁶⁾ 없도록 하며 언사는 반드시 원칙에 타당하게 하며 행사는 반드시 임무에 적합하도록 한다면, 바로 그런 연후에 그것이 군자의 장점이 되는 것이다.

先王之道仁之隆也. 比中而行之. 曷謂中. 曰禮義是也. 道者非天之道非地之道, 人之所以道也, 君子之所道也. 君子之所謂賢者, 非能徧能人之所能之謂也, 君子之所謂知者, 非能徧知人之所知之謂也, 君子之所謂辨者, 非能徧辨人之所辨之謂也, 君子之所謂察者, 非能徧察人之所察之謂也, 有所止矣. 相高下, 視墝肥, 序五種, 君子不如農人. 通財貨, 相美惡, 辨貴賤, 君子不如賈人. 設規矩, 陳繩墨, 便備用, 君子不如工人. 不卹是非然不之情, 以相薦撙, 以相恥怍, 君子不若惠施鄧析也. 若夫謫德而定次, 量能而授官, 使賢不肖皆得其位, 能不能皆得其官, 萬物得其宜, 事變得其應, 愼墨不得進其談, 惠施鄧析不敢竄其察, 言必當理事必當務, 是

然後君子之所長也.

1 仁之隆―여기서 륭(隆)은 성(盛)자와 마찬가지 의미로 어느 최상의 상태를 말함.

2 比中―비(比)란 종(從)자와 같음. 중(中)은 중도(中道)를 가리킴. 꼭 들어맞는 중도를 택하여 이에 따름.

3 能徧―편(徧)은 두루 편(遍)자와 같은 뜻. 널리 빠짐없이 모두 다 할 수 있음.

4 辨―변(辨)은 변(辯)자와 통용됨. 여기서는 웅변과 마찬가지 의미.

5 察―찰(察)은 명찰(明察)과 같은 뜻. 예리하게 살핌. 또는 치밀하게 생각함.

6 有所止―지(止)가 원판본에는 정(正)자로 되어 있음. 일정한 영역, 즉 예에 들어맞는 선에서 그친다는 의미.

7 序五種―서(序)란 계절 순서에 따라 파종 시기를 놓치지 않음. 오종(五種)은 오곡(五穀)과 같은 뜻으로, 여러 가지 농작물.

8 便備用―편(便)은 기구를 편리하게 쓸 수 있게 만듦. 비용(備用)은 일상용품을 가리킴.

9 不卹―술(卹)은 돌아볼 고(顧)자로 통함. 걱정하지 않음. 또는 문제삼지 아니함.

10 然不―여기서 연불(然不)이란 연불연(然不然)과 같은 뜻. 불(不)은 긍부(肯否)에 있어 부정사 부(否)자로 통함.

11 薦撙―천(薦)은 밟을 자(藉)자로 통함. 도자(蹈藉), 즉 짓밟음. 준(撙)은 누를 억(抑)자와 같은 뜻.

12 恥怍―치(恥) · 작(怍) 두 글자 모두 참괴(慚愧)의 뜻으로, 남을 무안하게 만듦.

13 惠施鄧析―혜시(惠施) · 등석(鄧析) 둘 다 중국 고대의 궤변론자.「비십이자」(非十二子)편 참조.

14 譎德―결(譎)은 결(決)자와 같은 뜻. 결덕(譎德)은 원래 적덕(謫德)으로 되어 있음. 사람의 덕을 상량(商量)한다는 의미.

15 慎墨―신(慎)은 신도(慎到)를 가리킴. 제(齊)나라의 법가사상가로 특히 세(勢)를 존중하였음. 묵(墨)은 묵가사상의 창시자 묵적(墨翟)을 가리킴.

16 竄其察―찬(竄)은 용납할 용(容)자와 같은 뜻. 은밀히 끼워넣음. 찰(察)은 찰변(察辯), 즉 진실과는 거리가 먼 말.

[4]

모든 사업 · 행위가 정치에 유익한[1] 것이라면 내세우고 정치에 유익하지 못한 것이라면 그만두는 것을 가리켜 중사(中事)[2]라 말한다. 모든 지식·학설이 정치에 유익한 것이라면 받아들이고 정치에 유익하지 못한 것이라면 내버리는 것을 가리켜 중설(中說)이라 한다. 사업·행위가 중을 잃으면 이를 간사(姦事)라 말하고 지식·학설이 중을 잃으면 이를 간도(姦道)라 말한다. 간사·간도는 치세에 버려지는 바이고 난세에 즐겨 따르게 되는 바이다. 그[3] 실(實)과 허(虛)를 서로 전도[4]하거나 견백(堅白)·동이(同異)[5]를 따로 떼어놓는 논리란 바로 총기 있는 귀로도 능히 들을 수 없는 바이고 밝은 눈으로도 능히 볼 수 없는 바이며 변사로도 능히 말할 수 없는 바이다. 비록 성인의 지혜를 가질지라도 이는 능히 바로 가리켜 알게 할[6] 수 없다. 그것을 알지 못하더라도 군자 되기에 해가 없고 알더라도 소인 되기에 손이 없다. 공장(工匠)이 그것을 알지 못하더라도 재주부리는 데 해가 없고 군자가 알지 못하더라도 다스리는 데 해가 없다. 반대로 왕공(王公)이 그것을 좋아하면 법을 어지럽히고 백성들이 그것을 좋아하면 일을 어지럽힌다. 그래서 정상이 아닌 어리석은 사람[7]은 이에 비로소 그런 무리들을 이끌어 그 담설을 따지고 그런 비유나 칭찬하는 말[8]을 밝히느라 한평생[9] 미워할 줄 모른다. 대저 이를 가리켜 어리석은 자의 상질이라 말한다. 일찍이 닭이나 개의 상을 잘 보기로 이름낼 수 있는 것만 같지 못하다. 『시』[10]에 말하기를 '귀신이나 물여우[11]라면 어찌할 수가 없겠네만 얼굴 마주대니[12] 사람인데 못 보네. 이 좋은 노래 지어 마음을 끝까지 돌려놓겠네'[13]라고 하였으니 이것을 가리켜 하는 말이다.

凡事行, 有益於理者立之, 無益於理者廢之, 夫是之謂中事. 凡知說, 有益於理者爲之, 無益於理者舍之, 夫是之謂中說. 事行失中謂之姦事, 知說失中謂之姦道. 姦事姦道, 治世之所棄而亂世之所從服. 若夫充虛之相施易也, 堅白同異之分隔也, 是聰耳之所不能聽也, 明目之所不能見也, 辯士之所不能言也. 雖有聖人之知, 未能僂指也. 不知無害爲君子, 知之無損爲小人. 工匠不知無害爲巧, 君子不知無害爲治. 王公好之則亂法,

百姓好之則亂事. 而狂惑戆陋之人, 乃始率其群徒, 辨其談說, 明其辟稱, 老身長子, 不知惡也. 夫是之謂上愚. 曾不如好相狗之可以爲名也. 詩曰, 爲鬼爲蜮, 則不可得, 有靦面目, 視人罔極. 作此好歌, 以極反側. 此之謂也.

1 有益於理 — 리(理)는 원판본에 치(治)자로 되어 있음. 다스림에 도움을 주게 됨.

2 中事 — 여기서 중(中)이란 일정한 기준에 들어맞는 상태. 중용(中庸)과 마찬가지 의미.

3 若夫 — 약(若)·부(夫) 두 글자 모두 아무 뜻 없이 발어사로 쓰이고 있음.

4 充虛之相施易 — 충(充)은 실(實)자로 통함. 시(施)는 이(移)자와 뜻이 같음. 이역(移易)이란 충실과 공허의 이론이 서로 뒤바뀜.

5 堅白同異 — 견백(堅白)은 단단한 차돌과 흰 차돌을 개념상 분별하는 논리. 동이(同異)란 사물의 차이와 동일성에 대한 인식 문제를 전체와 특수성 관계로 혼동시키는 설.

6 僂指 — 루(僂)는 질(疾)자로 통함. 신속하게 손가락으로 가리킴. 빠짐없이 죄다 말함.

7 狂惑戆陋 — 광혹(狂惑)은 미치거나 홀려서 마음이 안정되지 못한 상태. 당루(戆陋)는 천치 같은 사람을 말함. 당(戆)은 우(愚)자로 통함.

8 辟稱 — 비(辟)는 비유(譬喩)하는 말. 칭(稱)은 칭설(稱說), 즉 어떤 주장이나 담론을 칭찬하느라 널리 퍼뜨림.

9 老身長子 — 노신(老身)은 나이 먹고 몸이 늙음. 장자(長子)란 자식들이 모두 자람. 오랜 세월을 일컫는 말.

10 詩 — 『시경』「소아(小雅)·하인사(何人斯)」끝장의 인용 구절.

11 爲蜮 — 역(蜮)은 물여우 또는 단호(短狐)라고 함. 일종의 괴물. 자라 모양으로 생겨서 모래 속에 몸을 숨겨 물총을 쏘면 맞은 사람이 병에 걸린다는 설이 전해짐.

12 靦面目 — 전(靦)은 향면(向面)하여 물끄러미 봄. 맞대면하여 분명하게 볼 수 있는 상태를 말함.

13 極反側 — 극(極)은 충분히 다 드러냄. 여기서 반측(反側)이란 정직하지 못한 마음을 바로잡음.

[5]

나는 미천한 데서 고귀하게, 어리석은 데서 슬기롭게, 가난한 데서 부하게 되기를 바란다. 가능할 것인가. 대하여 말하기를 '그것은 오로지 학문을 하면 된다'라고 한다. 저 학문이란 것은 행하면[1] 사(士)가 된다. 다잡아 힘쓰면[2] 군자가 되며 깨달아 알면[3] 성인이 된다. 위로 잘 되면 성인이 되고 아래로 사·군자는 될 것이니 누가 나를 막을 것인가. 전에는 아무것도 모르는 길가의 사람[4]이던 것이 별안간에 요(堯)나 우(禹)와 나란히 하니 어찌 미천한 데서 고귀하게 된 것이 아니겠는가. 전에는 문과 방의 구분[5]조차 혼동하여 이내 판단할 수 없던 것이 별안간 인의(仁義)를 근거로 시비(선악)를 분별하고 손바닥에 천하 굴리기[6]를 흑과 백 가리듯이[7] 하니 어찌 어리석은 데서 슬기롭게 된 것이 아니겠는가. 전에는 가진 것 없이 텅 빈 사람[8]이던 것이 별안간 천하 다스릴 큰 그릇이 모두 안에 있으니 어찌 가난한 데서 부하게 된 것이 아니겠는가. 만일 여기에 어떤 사람이 있어 근근히[9] 돈 모아 천금의 보물[10]을 지닌다면 비록 거리에서 빌어먹는다[11] 하더라도 사람들은 그를 가리켜 부자라고 말할 것이다. 저 보물이라 하는 것은 입으려야 입을 수 없고 먹으려야 먹을 수 없으며 팔려야 곧 팔 수도 없는 것이다. 그런데도 사람들이 그를 가리켜 부자라고 말하는 것은 무엇인가. 어찌 큰 부자가 될 그릇[12]이 정말 여기에 있지 않겠는가. 이는 분명히 만족할 만한[13] 부자이다. 어찌 가난한 데서 부하게 된 것이 아니겠는가.

我欲賤而貴, 愚而知, 貧而富, 可乎. 曰, 其唯學乎. 彼學者, 行之曰士也. 敦慕焉君子也, 知之聖人也. 上爲聖人, 下爲士君子, 孰禁我哉. 鄉也混然涂之人也, 俄而竝乎堯禹, 豈不賤而貴矣哉. 鄉也效門室之辨混然曾不能決也, 俄而原仁義分是非. 圓回天下於掌上而辨白黑, 豈不愚而知矣哉. 鄉也胥靡之人, 俄而治天下之大器擧在此, 豈不貧而富矣哉. 今有人於此, 屑然藏千溢之寶雖行貸而食. 人謂之富矣. 彼寶也者衣之不可衣也, 食之不可食也, 賣之不可僂售也, 然而人謂之富何也. 豈不大富之器誠在

此也. 是杅杅亦富人已, 豈不貧而富矣哉.

1 行之曰 — 행(行)은 수(脩)자와 같은 뜻. 여기서 왈(曰)은 즉(則)자와 마찬가지 조사.『묵자』「천지」(天志)편 등에 왈을 즉으로 읽는 예가 많음.

2 敦慕焉 — 돈모(敦慕)는 면려(勉勵)와 마찬가지 의미. 왕인지(王引之)는 돈(敦)・모(慕) 두 글자 모두 힘쓸 면(勉)자로 봄.

3 知之 — 지(知)는 숙지(熟知)의 뜻. 통효(通曉), 즉 내용을 환하게 깨달아 이해함.

4 混然涂之人 — 혼연(混然)이란 암우하여 사려분별이 없는 무지의 상태. 도(涂)는 도(塗)자와 같음.

5 效門室之辨 — 효(效)는 고(考) 또는 험(險)자로 통함. 변(辨)은 살펴서 분별함.

6 圓回天下 — 원회(圓回)란 회전(回轉)을 말함. 운용(運用)의 뜻. 천하를 정연하게 다스림.

7 而辨白黑 — 여기서 이(而)는 여(如)자와 통용됨. 흰색과 검정색을 분간하듯이 용이한 상태를 가리킴.

8 胥靡 — 서(胥)는 소(疏)자와 같음. 공소(空疏)한 상태. 미(靡)는 무(無)자로 통함. 자기 소유가 전혀 없는 형편을 말함.

9 屑然 — 설연(屑然)은 인색하게 구는 상태를 가리키지만, 여기서는 앞의 향(鄕)자와 연계된 아(俄)자로 봄이 타당함.

10 千溢之寶 — 일(溢)은 일(鎰)자와 같음. 금의 무게를 다는 단위. 거금(巨金)을 말함.

11 行貣 — 특(貣)은 대(貸) 또는 구(求)자로 통함. 행걸(行乞)과 같은 뜻. 구걸 행각을 말함.

12 大富之器 — 여기서 기(器)란 수단이나 재주를 말함. 특히 경세(經世)의 도, 바로 학문을 통하여 축적된 그 능력을 가리킴.

13 杅杅 — 우우(杅杅)는 우우(于于)와 마찬가지 표현. 크고 넓은 모양. 풍요로운 상태를 말함.

[6]

그래서 군자는 작위가 없어도 존귀하고 봉록이 없어도 부유하며 말을 하지 않아도 믿어지고 노하지 않아도 위엄이 있으며 곤궁하게 살아도 영예롭고 홀로 있어도 즐긴다. 이 어찌 최상의 존귀, 최상의 부, 최상의 자중, 최상의 위엄이라 하는 실질이 여기에 모두 쌓인[1] 것이 아니겠는가. 그러므로 고귀한 명성은 친숙함[2]을 가지고 겨룰 수 있는 것이 아니고 황당한 거짓3)을 가지고 얻어질 수 있는 것도 아니며 막중한 권세를 가지고 위협받을 수 있는 것도 아니고 반드시4) 여기에 성실해야만 그런 다음에 성취할 수 있는 것이다. 그것을 겨루려고 하면 잃게 되고 사양하려고 하면 이르게 된다. 뒤로 물러서면5) 쌓이고 부풀리면 공허하게 된다. 그러므로 군자는 힘써 그 덕을 안으로 닦아 밖으로는 이를 사양하고 힘써 덕을 몸에 쌓아 물러서는 것을 가지고 대처한다. 이와 같이 한다면 존귀한 명성을 잃는 것이 해와 달과 같고 천하 사람들이 응해 오는 것이 천둥소리와 같을 것이다. 그러므로 말하기를 '군자는 숨어 있더라도 드러나고 미천하더라도 밝게 빛나며 사양하더라도 이기는 법이다'라고 한다. 『시』6)에 이르기를 '학은 구고(九皐)7)에서 울더라도 그 소리가 하늘에 들린다'라고 하니 이를 가리켜 말한 것이다. 하찮은 사람은 이와 반대로 친근하게 굴더라도 평판은 더욱 적어지고 추하게 겨룰수록 이름을 더욱 욕보이며 번거롭게 수고하여 안락과 이익을 구하더라도 그 몸은 더욱 위태롭다. 『시』8)에 이르기를 '좋지 못함이여 백성들아! 서로 한쪽을 원망하며 작(爵)을 받더라도 사양하지 않으니 끝내 몸을 망치는 데 이르도다'라고 하니 이를 가리켜 말한 것이다.

故君子無爵而貴, 無祿而富, 不言而信, 不怒而威, 窮處而榮, 獨居而樂. 豈不至尊至富至重至嚴之情, 舉積此哉. 故曰, 貴名不可以比周爭也, 不可以夸誕有也, 不可以勢重脅也, 必將誠此然後就也. 爭之則失, 讓之則至. 遵遁則積, 夸誕則虛. 故君子務脩其內而讓之於外, 務積德於身而處之以遵遁. 如是則貴名起如日月, 天下應之如雷霆. 故曰君子隱而顯, 微而明, 辭讓而勝. 詩曰, 鶴鳴于九皐, 聲聞于天. 此之謂也. 鄙夫反是. 比周而譽愈少, 鄙爭而名愈辱, 煩勞以求安利其身而愈危. 詩曰, 民之無良, 相怨一方, 受爵不讓, 至于己斯亡, 此之謂也.

1 舉積―거(舉)는 다 개(皆)자로 통함. 적(積)은 북돋울 배(培)자와 같음. 빠짐 없이 모두 배양함.

2 比周—아첨하여 친숙하게 굶. 본래 비주(比周)란 악한 무리들과 패거리지어 추종하는 상태를 말함.

3 夸誕—과(夸)는 과(詩)자와 같음. 탄(誕) 역시 마찬가지 뜻으로, 짐짓 거짓을 떠벌림.

4 必將—필(必)과 장(將)은 중복조사. 필과 장이 연달아 함께 쓰이는 경우가 많음.

5 遵遁—왕염손(王念孫)은 준돈(遵遁)을 준순(逡巡)과 같은 퇴양(退讓)의 뜻으로 파악함. 뒷걸음치며 물러남.

6 詩—『시경』「소아(小雅)·학명(鶴鳴)」편의 끝장 인용 글귀.

7 九皐—깊숙하고 낮은 소택 한가운데를 말함.

8 詩—『시경』「소아(小雅)·각궁(角弓)」편 제4장의 구절.

[7]

대저[1] 능력이 작으면서 큰일을 벌이려 하는 것은, 비유하자면 마치 힘은 적으면서 무거운 짐을 짊어지려는 것과 같아 몸이 부스러질[2] 수밖에 없는 것이다. 자신은 어리석으면서 어진 자인 척하는 것은 마치 꼽추의 몸으로 높은 데 오르기를 좋아하는 것과 같아 그 이마 꼭대기를 손가락질하는 자[3]가 더욱 많아질 것이다. 그러므로 현명한 군주가 덕을 감안하여[4] 자리 서열을 정하는 것은 어지럽히지 않으려 함이다. 충성스런 신하가 정말 능력이 있는 다음에야 나아가 감히 관직을 받는 것은 궁지에 빠지지 않으려 함이다. 위로 신분질서를 어지럽히지 않고 아래로 재능이 막히지 않는 것이 정치의 극치다. 『시』[5]에 이르기를 '좌우(신하들)를 평평(平平)[6]하게 하고 또한 이에 복종시키네'라고 하였으니 바로 상하가 교감하여 서로 어지럽히지 않음을 말한 것이다.

故能小而事大, 辟之是猶力之少而任重也, 舍粹折無適也. 身不肖而誣賢, 是猶傴身而好升高也, 指其頂者愈衆. 故明主譎德而序位, 所以爲不亂也. 忠臣誠能然後敢受職, 所以爲不窮也. 分不亂於上, 能不窮於下, 治辨之極也. 詩曰, 平平左右, 亦是率從. 是言上下之交不相亂也.

1 故―여기서 고(故)란 고어(古語)를 가리킴. 부(夫)자와 마찬가지 발어사. 윗 글과 이어 읽으면 의미가 통하지 않음.

2 粹折―수(粹)는 부스러질 쇄(碎)자로 통함. 절(折)은 좌절과 같은 뜻.

3 指其頂―정(頂)은 머리의 정상 부위를 말함. 머리가 볼품없어 사람들이 꼽추 의 몸놀림을 비웃음.

4 譎德―결(譎)은 결(決)자와 같은 뜻. 결덕(譎德)이란 신하의 덕성을 판단하 고 그 정도를 결정함.

5 詩―『시경』「소아(小雅)‧채숙(茉菽)」편 제4장의 시구.

6 平平―여기서 평(平)은 치(治)자로 통함. 평평이란 편향되지 않게 정연히 잘 다스림.

[8]

세속에 따르는 것을 선이라 생각하고 돈이나 재물을 보배라 생각하며 양생하는 것을 최상의 길이라 생각함이 바로 서민의 덕이다. 행위는 바르고 의지가 굳으며[1] 사욕을 가지고 배운 바[2]를 어지럽히지 않음이 이와 같으면 가히 일러 경사(勁士)[3]라고 말할 수 있다. 행위는 바르고 의지가 굳으며 그 배운 바를 즐겨 바르게 닦아서 그 성정을 고치고[4] 그 언동은 거의 타당하더라도 아직 깨닫지는 못하고 그 행동은 거의 타당하더라도 아직 쉽지는 않으며 그 지려가 거의 타당하더라도 아직 깊지[5]는 못하고 위로는 높일 만한 자를 능히 높일[6] 수 있으며 아래로는 자신만 못한 자를 능히 이끌어나갈[7] 수 있음이 이와 같으면 가히 일러 독실한 군자라고 말할 수 있다. 수많은 선왕들의 법을 닦아 익히기를 마치 흑백을 가리듯이[8] 하고 현 시세 변화에 대응하기를 마치 하나 둘 세듯이 하며 예를 행하고 절도에 맞추어[9] 안정 찾기를 마치 사지를 움직이듯이[10] 하고 때를 맞추어 공 세우는 재주 부리기[11]를 마치 사계절을 알려주듯이 하며 공평한 정치[12]로 민중을 화합하게 하여 억만의 많은 무리를 마치 한 사람 대하듯이[13] 한다. 이와 같으면 가히 일러 성인이라고 말할 수 있다.

어김없어[14] 조리가 있고 엄숙하여 그 자신을 능히 삼갈 수 있으며 단단하여[15] 그 시종이 한결같고 편안하여[16] 능히 오래갈 수 있으며 묵직하여[17] 그 도를 지킴이 위태하지 않고 명석하여[18] 그 지(知)의 효용이 밝으며 정연하여[19] 그 기강이 행해지고 태연하여[20] 그 언행에 문식이 스며 있으며 기뻐하여[21] 그 사람들의 선행을 즐겨하고 근심하여[22] 그 사람들이 도에서 벗어날까 두려워한다. 이와 같으면 가히 일러 성인이라고 말할 수 있다. 이것은 그 도가 '일'(一)에서 나오기 때문이다. 무엇을 일러 '일'이라 말하는가. '신'(神)을 지켜서 '고'(固)함[23]을 말한다. 무엇을 일러 '신'·'고'라 말하는가. 선을 두루 다하고 샅샅이 잘 다스리는 것[24]을 일러 '신'이라 말하고 모든 것으로도 족히 흔들어댈 수 없는 것을 일러 '고'라 말한다. '신'하며 '고'하는 것을 일러 성인이라 말한다.

성인이란 자는 도를 관할하는 핵심[25]이다. 천하의 도가 모두 여기에 있다. 여러 선왕들의 도 또한 하나로 이에 집중한다. 그러므로 『시』·『예』·『악』의 도가 이에 수렴·귀착한다. 『시』는 바로 그 의지를 말하고 『서』는 바로 그 일을 말하며 『예』는 바로 그 행위를 말하고 『악』은 바로 그 조화를 말하며 『춘추』(春秋)는 바로 그 은밀한 정신[26]을 말한다. 그러므로 「풍」(風)[27]이 음란과 분방에 흐르지 않은[28] 까닭은 이를 근거[29]로 조절하였기 때문이다. 「소아」(小雅)[30]가 소(小)로서 성립된 까닭은 이를 근거로 아름답게 꾸몄기 때문이다. 「대아」(大雅)가 대(大)로서 성립된 까닭은 이를 근거로 광대[31]하였기 때문이다. 「송」(頌)[32]이 지극히 성하게 된 까닭은 이를 근거로 관철하였기 때문이다. 천하의 도가 성인에서 다하고 있으니 이를 향하는 자 잘 되고 이를 등지는 자 망한다. 이를 향하더라도 잘못되고 이를 등지더라도 망하지 않는 자 예부터 이제까지 일찍이 있지 않았다.

以從俗爲善, 以貨財爲寶, 以養生爲己至道, 是民德也. 行法至堅, 不以私欲亂所聞, 如是則可謂勁士矣. 行法至堅, 好脩正其所聞以橋飾其情性, 其言多當矣而未諭也, 其行多當矣而未安也, 其知慮多當矣而未周密也, 上則能大其所隆, 下則能開道不已若者, 如是則可謂篤厚君子矣. 脩百王

之法若辨白黑, 應當世之變若數一二, 行禮要節而安之若運四枝, 要時立功之巧若詔四時, 平正和民之善, 億萬之衆而搏若一人. 如是則可謂聖人矣.

井井兮其有理也, 嚴嚴兮其能敬己也, 介介兮其有終始也, 猒猒兮其能長久也, 樂樂兮其執道不殆也, 炤炤兮其用知之明也, 脩脩兮其統類之行也, 綏綏兮其有文章也, 熙熙兮其樂人之臧也, 隱隱兮其恐人之不當也. 如是則可謂聖人矣. 此其道出乎一. 曷謂一. 曰, 執神而固. 曷謂神固. 曰, 盡善挾治之謂神, 萬物莫足以傾之之謂固. 神固之謂聖人.

聖人也者道之管也. 天下之道管是矣, 百王之道一是矣. 故詩書禮樂之道歸是矣. 詩言是其志也, 書言是其事也, 禮言是其行也, 樂言是其和也, 春秋言是其微也. 故風之所以爲不逐者, 取是以節之也. 小雅之所以爲小者, 取是而文之也. 大雅之所以爲大者, 取是而光之也. 頌之所以爲至者, 取是而通之也. 天下之道畢是矣. 鄉是者臧, 倍是者亡. 鄉是如不臧, 倍是如不亡者, 自古及今未嘗有也.

---

1 行法至堅—법(法)은 정(正)자와 같은 뜻으로 쓰임. 지(至)는 지(志)자로 통용되고 있음.

2 所聞—여기서 문(聞)이란 전수받은 지식. 혹은 익혀 들은 가르침을 말함.

3 勁士—경(勁)은 굳세고 건전한 모습. 의리가 강한 사람을 말함. 군자·성인과의 차를 가리킴.

4 橋飾其情性—교(橋)는 교(矯)자와 같음. 교정(矯正)의 뜻. 정성(情性)은 본래 타고난 성질.

5 周密—주밀(周密)이란 빈틈없고 자상한 모양. 구석구석 골고루 미침.

6 大其所隆—대(大)·융(隆) 두 글자 모두 존(尊)자와 같은 뜻. 여기서 소(所)는 가(可)자로 쓰임. 그 높일 만한 이를 존중함.

7 開道—도(道)는 도(導)자로 통함. 가르쳐서 잘 깨우침. 계도(啓導)와 마찬가지 의미.

8 略辨白黑—변(辨)은 분별함. 흑백 가리듯이 틀림없음.

9 要節—요(要)는 맞을 요(邀)자와 같은 뜻. 절(節)은 절문(節文), 즉 예의 규정. 스스로 절도를 지킴.

10 若運四枝—지(枝)는 지(肢)자로 통함. 네 손발을 마음대로 움직임. 자유자

재의 상태.

11 要時之功 ― 요시(要時)란 때를 맞이함. 공(功)은 농사짓는 일. 사계절의 변화에 따라 농사를 어김없이 해나감.

12 平正 ― 평(平)과 정(正) 두 글자 모두 정(政)자로 통함. 평정(平政)과 마찬가지 의미.

13 搏若一人 ― 전(搏)은 오로지 할 전(專)자의 뜻으로 봄. 원판본에는 박(搏)자로 되어 있음.

14 井井兮 ― 정정(井井)이란 어떤 일이나 행동에 절도가 있어 단정하게 보이는 모습을 형용함.

15 介介兮 ― 개개(介介)는 개연(介然)과 같음. 확고해서 변하지 않는 상태. 줄곧 똑같음.

16 猒猒兮 ― 염염(猒猒)은 염염(厭厭)과 같은 뜻. 안정(安靜)을 가리켜 말함. 편안하고 조용함.

17 樂樂兮 ― 락(樂)은 조약돌 력(礫)자로 통함. 돌덩어리처럼 단단하고 묵직함. 태연자약한 모습.

18 炤炤兮 ― 소소(炤炤)는 소소(昭昭)·조조(照照)와 같음. 밝은 모양. 명백함.

19 脩脩兮 ― 수수(脩脩)는 정제(整齊)와 같은 뜻. 질서가 잘 유지된 상태. 일이 순탄하게 되어감.

20 綏綏兮 ― 수수(綏綏)란 안태(安泰)와 마찬가지 의미. 태평스런 상태를 말함.

21 熙熙兮 ― 희희(熙熙)는 화목(和睦)의 상태. 기뻐 즐거워하는 모양을 형용함.

22 隱隱兮 ― 은은(隱隱)은 근심 걱정하는 상태를 가리킴.

23 神而固 ― 신(神)은 심리작용의 정묘함을 형용하고 고(固)는 단단한 심리상태를 말함.

24 挾治 ― 협(挾)은 협(浹)자와 같음. 구석구석 널리 퍼짐. 치(治)를 두루 할 흡(洽)자로 보는 판본도 있음.

25 道之管 ― 관(管)은 추요(樞要)를 말함. 일 맡는 중심. 가장 요긴한 데를 가리킴.

26 其微 ― 미(微)는 그 뜻이 표면에 드러나지 않는 오묘함을 말함. 『춘추』 기록과정에 스며든 공자의 은밀한 비판정신을 가리킴.

27 風 ― 풍(風)은 「국풍」(國風)을 가리킴. 『시경』 육의(六義) 중의 하나. 제후국 여러 지방의 민요.

28 不逐 ― 축(逐)은 유탕(流蕩)과 같음. 음란과 사치에 빠져든 상태. 사리에 맞지 않는 언동.

29 取是 ― 취(取)는 가려냄. 채(採)자로 통함. 시(是)란 성인의 도를 가리킴. 그것을 근거로 의지함.

30 小雅—아(雅)는 풍(風)과 마찬가지로 『시경』 육의(六義) 중의 하나. 「소아」는
   주로 연회에 부르는 노래, 「대아」(大雅)는 조정에서 부르는 정악(正樂)을 말함.
31 光之—광(光)은 넓을 광(廣)자로 통함. 또한 대(大)자와 마찬가지 의미.
32 頌—「송」(頌)은 역시 『시경』 육의 중의 하나. 종묘 제사 때 조상의 공덕을
   기리는 노래.

[9]

객들 중 말을 하는 자가 있었다.[1] 말하기를 '공자가 이르기를 "주공
(周公)은 참 위대하다. 자신이 귀할수록 더욱 공손하고 집이 부유할수
록 더욱 검소하며 적을 이겨낼수록 더욱 엄히 경계한다"라고 하였다.'
이에 응대하여 말하기를 '이는 아마도 주공의 행위가 아니고 공자의 말
도 아닐 것이다. 무왕이 죽고 성왕은 나이가 어려 주공이 성왕을 제치
고 무왕에 이어 천자의 자리에 올라 칸막이를 등지고[2] 서면 제후들이
당(堂) 아래 종종걸음쳤다.[3] 이런 때를 맞아서 그 누가 또 공손하다 하
겠는가. 천하를 제패하여 제후국 일흔하나를 세우고 희성(姬姓)만 쉰세
사람이나 독차지하여, 주실(周室) 자손이면 아주 미친 변태자[4] 아니고
는 천하의 빛나는 제후 안 된 이가 없었다. 누가 주공을 일러 검소하다
고 말하겠는가. 무왕이 주(紂)를 칠 적에 출병하는 날을 병가(兵家)가
꺼리는 그날로 하고 동쪽을 향하여 태세(太歲)를 마주보며[5] 범(氾)에
다다르자 강물은 넘치고[6] 회(懷)에 다다르자 땅이 꺼지며[7] 공두(共頭)
에 다다르자 산이 무너져 내렸다.[8] 아우 곽숙(霍叔)이 두려워 말하기를
"출동한 지 삼일 만에 다섯 번이나 재앙을 마주쳤으니 바로 좋지 않은
일이 없겠습니까"라고 하였다. 주공이 여기서 말하기를 "비간(比干)의
가슴을 쪼개고[9] 기자(箕子)를 잡아 가두며 비렴(飛廉)・악래(惡來)가
정사를 도맡았다.[10] 그 어찌 또 좋지 않은 일이 있겠는가"라고 하였다.
그대로 말머리를 갖추어[11] 진군하여 아침은 척(戚)에서 먹고 저녁은 백
천(百泉)에서 자고 이튿날 일찍 목(牧)의 들판에 진을 치고 압박해 들
어가[12] 북을 치자 주(紂)의 군졸이 향을 바꾸니[13] 마침내 은인(殷人)이
틈을 타서[14] 주를 죽일 수 있었다. 결국 죽인 것은 주(周)나라 사람이

아니라 은(殷)나라 사람이었다. 그래서 수급(首級)이나 포로의 수확이 없고 어려움을 이겨낸[15] 포상도 없었다. 돌아와서는 삼혁(三革)을 벗고 무기를 거두어[16] 천하의 제후들을 모으고[17] 새 음악을 제정하였다. 여기서 무상(武象)[18]이 일고 소호(韶護)[19]가 폐하여 온 사해 안이 마음을 바꾸고 생각을 고쳐 감화받아서 귀순하지 않는 이가 없었다. 그러므로 바깥 문[20]을 닫지 않고 천하를 다 걸쳐서도 경계[21]가 없었다. 이때를 맞아서 그 누가 또 경계를 하겠는가 라고 하였다.

客有道. 曰, 孔子曰周公其盛乎, 身貴而愈恭, 家富而愈儉, 勝敵而愈戒. 應之曰, 是殆非周公之行, 非孔子之言也. 武王崩成王幼, 周公屛成王而及武王, 履天子之籍負扆而立, 諸侯趨走堂下. 當是時也, 夫又誰爲恭矣哉. 兼制天下, 立七十一國, 姬姓獨居五十三人焉, 周之子孫苟不狂惑者, 莫不爲天下之顯諸侯. 孰謂周公儉哉. 武王之誅紂也, 行之日以兵忌, 東面而迎太歲, 至氾而氾, 至懷而壞, 至共頭而山隧. 霍叔懼曰, 出三日而五災至, 無乃不可乎. 周公曰, 剔比干而囚箕子, 飛廉惡來知政, 夫又惡有不可焉. 遂選馬而進, 朝食於戚, 暮宿乎百泉, 旦厭於牧之野, 鼓之而紂卒易鄉, 遂乘殷人而誅紂. 蓋殺者非周人, 因殷人也. 故無首虜之獲無蹈難之賞, 反而定三革偃五兵, 合天下立聲樂. 於是武象起而韶護廢矣. 四海之內, 莫不變心易慮, 以化順之. 故外闔不閉, 跨天下而無蘄. 當是時也, 夫又誰爲戒矣哉.

1 客有道―객(客)은 많은 논객 토론자들 가운데 어느 한 사람을 가리킴. 도(道)는 말할 언(言)자의 뜻으로 쓰임.

2 負扆而立―의(扆)는 병풍처럼 되어 있는 칸막이를 말함. 천자가 앉는 자리의 뒤 배경을 가리킴.

3 趨走―추주(趨走)란 공경의 표현으로 허리 굽혀 남 앞을 빨리 지나감. 군주에 대하여 신하의 예의를 갖춤.

4 狂惑―광(狂)은 정신나간 사람. 이인(異人)을 말함. 혹(惑)은 사리판단 못하는 소인의 뜻.

190

5 迎太歲 ─태세(太歲)는 목성(木星). 속설에 그 별이 나타나는 방향을 가리켜 흉방(凶方)이라 함. 영(迎)은 그쪽으로 나아감.

6 至氾而氾 ─여기서 범(氾)은 강 이름. 범(氾)은 물이 범람함. 이(而)는 즉(則)자로 통함.

7 至懷而壞 ─회(懷)는 지명. 괴(壞)는 땅이 함몰되는 상태를 가리킴.

8 共頭而山隆 ─공두(共頭)는 산 이름. 수(隆)는 추(墜)자로 통함. 일종의 산사태를 말함.

9 刳比干 ─고(刳)는 할(割)자와 같음. 비간(比干)은 주(紂)의 충신. 비간의 심장을 도려냄.

10 知政 ─지(知)는 주(主) 혹은 맡을 사(司)자와 같은 뜻. 일을 주관함.

11 選馬 ─선(選)이란 간택(簡擇)의 뜻. 여기서는 정비(整備)와 마찬가지 의미.

12 旦厭於牧 ─단(旦)은 새벽을 가리킴. 염(厭)은 압(壓)자로 통함. 단(旦)·염(厭)이 도치된 판본도 있음. 목(牧)은 지명.

13 易鄉 ─향(鄉)은 향(向)자와 같음. 역(易)은 방향을 바꿈. 적군이 창을 역으로 돌려 이쪽으로 가세함.

14 乘殷人 ─은인(殷人)이란 주(紂)에게서 이미 떠난 은(殷)의 민심을 말함. 승(乘)은 그런 틈을 이용함. 어떤 정세에 힘입음.

15 蹈難 ─도(蹈)는 견디어 버팀. 난(難)은 간난(艱難)의 뜻. 위험을 무릅쓰고 싸움.

16 定三革偃五兵 ─정(定)은 지(止)자로 통함. 쉴 식(息)자의 뜻. 삼혁(三革)은 갑옷·투구·방패. 언(偃)은 부(仆)자와 같음. 다섯 가지 무기를 눕힘. 무장 해제를 말함.

17 合天下 ─천하(天下)란 제후(諸侯)를 말함. 합(合)은 제후를 조정에 모아 만나봄.

18 武象 ─무상(武象)은 주(周)왕조의 음악. 무왕이 은(殷)을 타도했던 무용을 기리는 노래.

19 韶護 ─소호(韶護)는 소호(韶濩)와 같음. 탕(湯)이 제정하였다고 전하는 은(殷)왕조의 음악.

20 外闔 ─합(闔)은 문짝 비(扉)자와 같음. 바깥문을 잠금.

21 無畿 ─기(畿)는 기(圻)자로 통함. 지경 경(境)자의 뜻. 봉강(封疆)의 한계를 가리킴.

[10]

조보(造父)¹⁾란 자는 천하의 말 잘 부리는 자이지만 수레나 말이 없다면 그 재능을 드러내 보일 데가 없다. 예(羿)[2]란 자는 천하의 활 잘 쏘는 자이지만 활이나 화살이 없다면 그 솜씨를 드러내 보일 데가 없다. 대유(大儒)라는 자는 천하를 잘 조화 통일시키는 자이지만 사방 백리의 땅이 없다면 그 공을 세워 보일 데가 없다. 수레가 단단하고 말은 갖추어져 있더라도[3] 능히 먼길을 나서서 하루 천리를 치달을 수 없다면 조보가 아니다. 활도 고르고 화살이 곧더라도 능히 멀리 쏘아서 작은 것(표적)을 맞힐 수 없다면 예가 아니다. 사방 백리의 땅을 다스리더라도[4] 능히 천하를 조화 통일시켜 포악한 자[5]를 제압할 수 없다면 대유가 아니다. 저 대유라는 자는 비록 궁벽진 시골 비 새는 집에 숨어 살고[6] 송곳 하나 꽂을 땅이 없더라도 왕공(王公)들이 능히 그와 함께 명성을 다툴 수 없다. 사방 백리의 땅을 다스린다면 천리의 큰 나라라도 능히 함께 승부를 다툴 수 없으며 포악한 나라를 매질하고[7] 천하를 가지런히 통일하여 그 누구도 능히 뒤집을 수가 없다. 이것이 바로 대유의 증표다. 그 말은 정연하고 그 행동은 예의바르고 그 일을 하더라도 뉘우침 없고 그 험난함을 버티어 변화 대응이 모두 알맞으며[8] 시대와 함께 옮기고 세상과 함께 태도를 바꾸어[9] 천만 번을 변신하더라도 그 도는 하나다. 이것이 바로 대유의 극치[10]다. 그 곤궁할 적에는 속유(俗儒)가 이를 비웃을지라도 그 통달할 적에는 영걸도 이에 감화되며 괴상한 말질을 하는 자[11]는 이를 피하고 사설(邪說) 지껄이는 자는 이를 두려워하며 대중들은 이를 부끄러워한다. 통달하면 천하를 하나로 통일하고 곤궁하면 홀로 물러서서 귀한 명성을 지키니 하늘이 죽게 할 수 없고 땅이 묻어버릴 수 없으며 걸이나 도척의 세상도 더럽힐 수가 없다. 대유가 아니면 능히 설 수 없는 것이다. 공자와 자궁(子弓)이 바로 그런 이다.

그래서 속인(俗人)이란 자가 있고 속유(俗儒)란 자가 있고 아유(雅儒)란 자가 있으며 대유(大儒)라는 자가 있는 것이다. 학문은 하지 않고 정의감이 없으며 부(富)와 이(利)만 제일로 높여 생각하니 이가 바로 속인이란 자다. 소매 큰 옷과 느슨한 띠 두르고[12] 관을 축 늘어지게 쓰며[13] 선왕을 대충 본받아 도리어 세상 어지럽히기에 족하고 학술은 도리에 어긋나 잡박스러우며[14] 후왕[15]을 본받아서 제도를 하나로 정할 줄 모르고 예의를 높여서 『시』·『서』를 버금으로 할[16] 줄도 모른다. 그 의관이나 거짓 행동이 이미 세속과 똑같은데도 그대로 미워할 줄 모르고 그 언설이나 논의가 이미 묵자와 다를 바 없는데도 그대로 능히 분별할 수 없으며 선왕을 부르짖어 어리석은 자를 속여서 의식을 구하고 저축[17]이 족히 그 입을 채울[18] 수 있으면 만족스러워하며[19] 그 세자[20]를 따르고 그 측근[21]을 섬기며 그 상객(上客)들 사이에 끼어[22] 태연하게[23] 마치 한평생 포로처럼 감히 다른 마음 먹지 않으니 이가 바로 속유란 자다.

후왕을 본받아 제도를 하나로 정하고 예의를 높여 『시』·『서』를 버금으로 하며 그 언행은 이미 법도에 대체로 맞으나 그럼에도 밝은 지혜가 능히 이를 하나같이 다룰 수 없고 법과 가르침이 미치지 못하는 데나 견문이 이르지 못하는 데를 식견이 능히 유추하여 알 수 없으며 알면 안다고 말하고 모르면 모른다고 말하며 안으로 그렇게 함으로써 자신을 속이지 않고 밖으로도 그렇게 함으로써 남을 속이지 않으며 그리하여 어진 이를 높이고 법을 두려워하며 감히 거만떨지 않으니 이가 바로 아유란 자다. 선왕을 본받아 예의를 하나로 통괄하여 제도를 정하고 천박하고 비근한 것(지식)을 가지고 넓게 알며[24] 옛것으로 오늘을 알고 하나를 미루어 만사를 안다. 적어도 인의와 같은 유에 대해서는 비록 새나 짐승들 속에 있을지라도 흑백 가리듯이 분명히 구별하고 일찍이 듣지 못하고 일찍이 보지 못하던 기이한 일이나 괴변이 갑자기 어느 한쪽에 일어난다면 이에 체계적[25]으로 대응하여 주저함[26]이 없으며 법을 펼쳐서[27] 이를 헤아려본다면 꼭 들어맞기[28]가 마치 부절(符節) 합치듯 하니 이가 바로 대유란 자다.

그래서 군주가 속인을 등용한다면 만승의 나라라도 망할 것이고 속유를 등용한다면 만승의 나라야 존속할 것이며 아유를 등용한다면 천승의 나라가 편안해질 것이고 대유를 등용한다면 백리의 지역으로도 오래 버틸 것이며 삼년 후에는 천하가 하나되어 제후들이 신하가 될 것이다. 만승의 나라에 대유를 등용한다면 한번 움직여서 안정될 것이며[29] 하루아침에 명성이 드러날 것이다.[30]

造父者天下之善御者也, 無輿馬則無所見其能. 羿者天下之善射者也, 無弓矢則無所見其巧. 大儒者善調一天下者也, 無百里之地則無所見其功. 輿固馬選矣, 而不能以至遠一日而千里, 則非造父也. 弓調矢直矣, 而不能以射遠中微, 則非羿也. 用百里之地, 而不能以調一天下制强暴, 則非大儒也. 彼大儒者, 雖隱於窮閭漏屋無置錐之地, 而王公不能與之爭名. 用百里之地, 而千里之國莫能與之爭勝, 笞捶暴國齊一天下, 而莫能傾也. 是大儒之徵也. 其言有類其行有禮, 其擧事無悔, 其持險應變曲當, 與時遷徙與世偃仰, 千擧萬變其道一也. 是大儒之稽也. 其窮也俗儒笑之, 其通也英傑化之, 嵬瑣逃之, 邪說畏之, 衆人愧之. 通則一天下, 窮則獨立貴名, 天不能死, 地不能埋, 桀跖之世不能汙. 非大儒莫之能立, 仲尼子弓是也.

故有俗人者, 有俗儒者, 有雅儒者, 有大儒者. 不學問無正義, 以富利爲隆, 是俗人者也. 逢衣淺帶, 解果其冠, 略法先王而足亂世, 術繆學雜, 不知法後王而一制度, 不知隆禮義而殺詩書. 其衣冠行僞已同於世俗矣, 然而不知惡, 其言議談說已無以異於墨子矣, 然而不能別, 呼先王以欺愚者而求衣食焉, 得委積足以揜其口, 則揚揚如也, 隨其長子, 事其便辟, 擧其上客, 億然若終身之虜, 而不敢有他志, 是俗儒者也.

法後王一制度, 隆禮義而殺詩書, 其言行已有大法矣, 然而明不能齊, 法敎之所不及聞見之所未至, 則知不能類也, 知之曰知之, 不知曰不知, 內不自以誣, 外不自以欺, 以是尊賢畏法而不敢怠傲, 是雅儒者也. 法先王統禮義一制度, 以淺持博, 以古持今, 以一持萬. 苟仁義之類也, 雖在鳥獸之中若別白黑, 倚物怪變所未嘗聞也, 未嘗見也, 卒然起一方, 則擧統類而應之, 無所儗怎, 張法而度之, 則晻然若合符節, 是大儒者也.

故人主, 用俗人則萬乘之國亡, 用俗儒則萬乘之國存, 用雅儒則千乘之國

安, 用大儒則百里之地久, 而後三年天下爲一, 諸侯爲臣. 用萬乘之國則擧錯而定, 一朝而伯.

1 造父―조보(造父)는 서주(西周) 때 목왕(穆王)을 구종들던 유명한 어자(御者)의 이름.

2 羿―예(羿)는 활 잘 쏘는 명궁의 이름. 하(夏) 왕조 때 태강(太康)에게 등돌린 유궁(有窮)이란 나라의 군주.

3 馬選―선(選)은 가지런히 할 제(齊)자로 통함. 정제(整齊)와 같은 뜻. 말을 정비함.

4 用百里之地―용(用)은 치(治)자와 마찬가지 의미. 백리지지(百里之地)란 사방 백리밖에 안 되는 작은 영토를 말함.

5 强暴―포(暴)는 완강하고 포악한 군주를 가리킴. 우악스럽게 사나운 사람.

6 窮閻漏屋―궁염(窮閻)은 항간(巷間)과 같은 뜻. 궁벽진 시골. 누옥(漏屋)은 비가 새어 다 허물어져 가는 집.

7 笞捶暴國―태(笞)나 추(捶) 두 글자 모두 볼기 침. 매 때림. 난폭한 나라를 징벌함.

8 持險應變曲當―험(險)은 위(危)자로 통함. 위험을 버티어냄. 곡당(曲當)은 빠짐없이 골고루 당해냄. 변화에 대응하여 소상하게 처리해 나감.

9 與世偃仰―언(偃)은 엎드림. 앙(仰)은 고개 들어 위를 쳐다봄. 세상 변화에 따라서 태도를 바꾸어 대처하는 모양.

10 大儒之稽―계(稽)는 고(考)자로 통함. 성(成)자와 같은 뜻. 일의 극치 또는 이룬 성적.

11 嵬瑣―외(嵬)는 괴(傀)자로 통함. 괴(怪)자와 같은 뜻. 쇄(瑣)는 자질구레함. 까닭 모를 소리를 지껄여대는 사람.

12 逢衣淺帶―봉(逢)은 대(大)자로 통함. 봉의(逢衣)는 옆이 넓게 트이고 소매가 큰 도포의 한 가지. 천대(淺帶)는 박대(博帶)와 같음. 옷을 느슨하게 조이는 띠.

13 解果其冠―여기서 관(冠)은 가운데가 높고 테가 늘어진 모자. 그 모양이 칠칠치 못함을 가리킴.

14 術繆學雜―술(術)은 수단 방법. 이 경우는 행위를 말함. 류(繆)는 려(戾)자로 통함. 도리에 거슬림. 잡(雜)은 순수치 못함.

15 後王―후왕(後王)은 선왕(先王)의 대칭. 맹자가 선왕을 높였던 것과 대조적으로 순자는 후왕을 보다 강조한 점이 특색임.

16 殺詩書―쇄(殺)는 감(減)·생(省)자와 마찬가지 의미. 예(禮)와 대비하여

『시』·『서』의 무게를 덞.

17 委積―위(委)는 적을 소(少)자, 적(積)은 많을 다(多)자로 통함. 재물 비축
   을 가리킴.

18 揜其口―암(揜)은 엄(掩)자와 같은 뜻. 음식물이 입안에 꽉 차 있는 상태를
   말함.

19 揚揚如―양(揚)은 득의(得意)하는 행태. 만족스런 빛이 외모나 행동에 나타
   나 보이는 형용.

20 其長子―장자(長子)란 신하가 모시고 있는 군주의 맏아들. 대를 이을 세자
   를 가리킴.

21 便辟―변벽(便辟)은 폐신(嬖臣)과 같은 뜻. 군주의 측근에 있어 비위 잘 맞
   추는 신하.

22 擧其上客―거(擧)는 추거(推擧)와 같은 뜻. 여(與)자로도 통함. 상객(上客)
   은 식객 중에서 윗자리 사람. 한패가 되어 사귐.

23 儇然―억(億)은 억(億)의 본글자. 편안할 안(安)자와 마찬가지 의미.

24 持博―여기서 지(持)는 지(知)자로 통용되고 있음. 미루어서 헤아림. 「비
   상」(非相)편에 같은 예가 보임.

25 擧統類―통(統)이란 계통을 세움. 류(類)는 유별(類別)과 같은 뜻. 차이점
   을 체계적으로 정리함.

26 儗懘―의(儗)는 의(疑)자로 통함. 불안해하는 모습. 체(懘)는 체(滯)자와
   같음. 마음속에 의문이 생겨 일이 진척되지 않음.

27 張法―장법(張法)이란 법령을 부연 확대하여 검토함을 가리킴.

28 晻然―암(晻)은 엄(奄) 또는 엄(弇)자로 통함. 여기서는 똑같은 형태를 표
   현함.

29 擧錯而定―거(擧)는 손을 드는 것. 조(錯)는 둘 조(措)자로 통함. 손발을 들
   었다 내리는 잠깐 사이. 한 번 동작으로 천하를 안정시킴.

30 一朝而伯―일조(一朝)란 순식간을 말함. 눈 깜짝할 사이. 백(伯)은 명성이
   빛나 보임. 왕염손(王念孫)은 백(伯)을 백(白)자와 마찬가지 의미로 해석함.
   현저(顯著)와 같은 뜻.

[11]

듣지 않음은 이를 듣는 것만 같지 못하다. 듣는다 함은 이를 보는 것
만 같지 못하다. 본다 함은 이를 아는 것만 같지 못하다. 안다 함은 이
를 행하는 것만 같지 못하다. 배움이란 이를 행하는 데 이르러서 그치

는 것이다. 이를 행하면 밝아진다. 밝아지면 성인이 된다. 성인이란 자가 인의를 근본으로 삼고 시비(판단)가 알맞으며[1] 언행이 일치하고 아주 작은 실수도 하지 않는 데[2]는 다른 방법이 없다. 오직 행하는 데서 멈추기[3] 때문이다. 그러므로 듣기만 하고 보지 못한다면 비록 넓다 하더라도 반드시 그르치고[4] 보기만 하고 그 의미를 알지 못한다면 비록 안다 하더라도 반드시 실없으며 알기만 하고 행하지 못한다면 비록 두텁다 하더라도 반드시 곤궁해질[5] 것이다. 듣지 못하고 보지 못한다면 비록 우연히 맞는다 하더라도 인(仁)이 아니고 그런 방법은 백 번 듣는다 하더라도 백 번 실패할 것이다.

그러므로 사람에게 스승이 없고 법 모르는 상태로 지혜만 있다면 반드시 도둑질하게 되고 용기만 있다면 반드시 남을 해치게 되며 재능만 있다면[6] 반드시 난을 꾀하게 되고 찰찰하기만 하면 반드시 괴설(怪說)을 세우게 되며[7] 말을 잘한다면 반드시 거짓말하게 될 것이다. 한편 사람에게 스승이 있고 법을 아는 상태로 지혜가 있다면 빨리 통달하게 되고 용기가 있다면 빨리 위엄을 갖추게 되며 재능이 있다면 빨리 성사하게 되고 찰찰하다면 빨리 연구를 극진히 다하게 되며 말을 잘한다면 빨리 논단하게 될 것이다. 그러므로 스승과 법(규범)을 갖는다는 것은 사람에게 큰 보배가 되는 것이다. 반대로 스승과 법이 없다는 것은 사람에게 큰 재앙이 되는 것이다. 사람에게 스승과 법이 없다면 성(性) 그대로 높이게 될[8] 것이며 스승과 법이 있다면 적(積)을 높이게 될[9] 것이다. 스승이나 법이라 하는 것은 후천적으로 노력을 쌓는 데서 얻어지는 것이며 성 자체에서 받는 것이 아니다. 성 자체로는 족히 홀로 서서 다스릴 수 없다.[10] 성이라 하는 것은 내가 어찌할 수 없는 것이지만 그렇다 하더라도 변화시켜 바꿀 수 있는 것이다. 적이라 하는 것은 내가 가지고 있는 것은 아니지만 그렇다 하더라도 어찌할 수 있는 것이다. 거동이나 습속[11]은 성을 바꾸어놓는 까닭이 된다. 오로지 하나만 하고 두 가지 일을 돌보지 않음[12]은 적을 이루는 방법이다. 습속은 마음을 바꾸고 안정이 오래가면 질마저 달라지며[13] 오로지 하나만 하고 두 가지 일을 돌아보지 아니하면 신묘한 밝은 상태로 통달하여 천지와 나란히[14] 하게 될 것이다. 그러므로 흙을 쌓아올리면 산이 되고 물을 쌓아 포개면 바다가 되며 아침 저녁이 쌓인 것을 일러 한 해라 말하고 지극히 높은 것을 일러 하늘이라 말하고 지극히 낮은 것을 일러 땅이라 말하며 우주 안에 여섯을 지칭하여[15] 극이라 하고 길가는 사람들[16]도 선을 쌓아서 온전히 다한다면 이를 가리켜 성인이라 하는 것이다. 구한 연후에 그것이 얻어지고 실행한 연후에 그것이 이루어지고 쌓은 연후에 그것이 높아지고 모든 것을 다한 연후에 성인이 되는 것이다. 그러므로 성인이라 하는 자는 일반 사람이 쌓아올린 바의 것이다.

사람은 김매고 밭가는 일을 쌓아서 농부가 되고 나무 베고 깎는 일을 쌓아서 공장(工匠)이 되며 물건 파는 일을 쌓아서 장사꾼이 되고[17] 예의 지키는 일을 쌓아서 군자가 된다. 공장의 자식은 그 일을 이어가지 않을 수 없고 그래서 도성 안의 민중[18]은 그 입는 옷(풍습)에 익숙해진다. 초(楚)나라에 살면 초의 풍습에 따르고[19] 월(越)나라에 살면 월의 풍습에 따르며 중하(中夏)에 살면[20] 중하 풍습에 따른다. 이는 타고난 천성이 아니라 습속의 영향[21]이 그렇게 시킨 것이다. 그러므로 사람이 거동을 삼가고 습속에 신중할 줄 알며 가르침의 영향을 크게 생각한다면 군자가 된다. 제멋대로 성정에 따르고 충분히 학문을 하지 않는다면 소인이 된다. 군자가 되면 언제나 편안하고 영예스럽고 소인이 되면 언제나 위태하고 치욕스러울 것이다. 무릇 사람이란 편안하고 영예스럽기를 바라며 위태하고 치욕스럽기를 싫어하지 않을 수 없는 것이다. 그러므로 오직 군자만이 그 좋아하는 것을 능히 얻어낼 수 있으며 소인이라면 매일 그 싫어하는 것을 불러들이게[22] 될 것이다. 『시』[23]에 이르기를 '이 우아한 사람[24]을 찾지 않고 보내지도 않으며[25] 저 못된 자만[26]을 돌보고 거듭 부르네.[27] 민은 탐욕을 부려 어지럽히고 태연히 못된 짓[28]만 하네'라고 하였으니 이것을 가리켜서 한 말이다.

不聞不若聞之, 聞之不若見之, 見之不若知之, 知之不若行之, 學至於行

之而止矣. 行之明也. 明之爲聖人. 聖人也者, 本仁義, 當是非, 齊言行, 不失豪釐, 無他道焉, 已乎行之矣. 故聞之而不見, 雖博必謬, 見之而不知, 雖識必妄, 知之而不行, 雖敦必困. 不聞不見則雖當非仁也, 其道百擧而百陷也.

故人, 無師無法而知則必爲盜, 勇則必爲賊, 云能則必爲亂, 察則必爲怪, 辨則必爲誕. 人, 有師有法而知則速通, 勇則速威, 云能則速成, 察則速盡, 辨則速論. 故有師法者人之大寶也. 無師法者人之大殃也. 人無師法則隆性矣, 有師法則隆積矣. 而師法者所得乎積, 非所受乎性, 性不足以獨立而治. 性也者吾所不能爲也, 然而可化也. 積也者, 非吾所有也, 然而可爲也. 注錯習俗所以化性也, 幷一而不二, 所以成積也. 習俗移志, 安久移質, 幷一而不二, 則通於神明參於天地矣. 故積土而爲山, 積水而爲海, 旦暮積謂之歲, 至高謂之天, 至下謂之地, 宇中六指謂之極, 涂之人百姓積善而全盡謂之聖人. 彼求之而後得, 爲之而後成, 積之而後高, 盡之而後聖. 故聖人也者人之所積也.

人積耨耕而爲農夫, 積斲削而爲工匠, 積反貨而爲商賈, 積禮義而爲君子. 工匠之子莫不繼事, 而都國之民安習其服. 居楚而楚, 居越而越, 居夏而夏, 是非天性也, 積靡使然也. 故人知謹注錯愼習俗, 大積靡, 則爲君子矣. 縱情性而不足問學, 則爲小人矣. 爲君子則常安榮矣, 爲小人則常危辱矣. 凡人莫不欲安榮而惡危辱. 故唯君子爲能得其所好, 小人則日徼其所惡. 詩曰, 維此良人, 弗求弗迪, 維彼忍心, 是顧是復. 民之貪亂, 寧爲荼毒. 此之謂也.

1 當是非―당(當)은 적중(的中)과 같은 뜻. 시비·선악을 가림에 정확을 기함.
2 不失豪釐―실(失)은 어긋남. 호(豪)는 호(毫)자로 통함. 리(釐)와 마찬가지로 근소함.
3 已乎行之―이(已)는 지(止)자와 같음. 실제 행동을 최종 목표로 삼음.
4 雖博必謬―박(博)이란 듣는 정보의 양이나 범위가 넓음.
5 雖敦必困―돈(敦)은 사려 깊은 모습. 곤(困)은 정체 속에 빠져든 상태를 가리킴.
6 云能―운(云)은 유(有)자로 통함. 운능(云能)이란 유능과 마찬가지 의미.

7 察則必爲怪 —찰(察)은 명찰(明察)과 같음. 투철한 사고력. 위괴(爲怪)란 기괴한 논리를 내세움.

8 隆性 —융(隆)은 소중하게 다룸. 성(性)은 사람이 나면서 지닌 본성. 자기 정감에 충실함.

9 隆積 —적(積)은 적습(積習)과 같은 뜻. 예의 사법에 의한 성(性)의 교정 노력을 쌓음.

10 獨立而治 —독립(獨立)이란 혼자의 힘으로 일을 해내는 상태. 치(治)는 자기 변혁을 가리킴.

11 注錯習俗 —주조(注錯)는 조치를 취함. 몸가짐. 습속(習俗)은 일상적 행위에 따르는 습관 또는 풍속을 말함.

12 幷一而不二 —병(幷)은 전(專)자로 통함. 전일(專一)의 뜻. 오로지 스승의 가르침과 법을 따름. 불이(不二)란 두 가지를 돌아보지 아니함. 한눈 팔지 않음.

13 安久移質 —안구(安久)는 편안한 상태로 오랫동안 친숙해짐. 이질(移質)은 질 자체의 변화를 가리킴.

14 參於天地 —삼(參)은 인간이 천지와 함께 셋이 된다는 능삼(能三)의 논리. 자연의 움직임에 동참, 한 역할을 하는 상태.

15 宇中六指 —우중(宇中)은 우내(宇內)와 같음. 육지(六指)는 상하 사방 여섯 방향의 지표를 말함.

16 涂之人百姓 —도(涂)는 길 도(塗)자와 같음. 인(人)은 뭇사람. 중백성(衆百姓)과 마찬가지 의미.

17 反貨而爲商賈 —반(反)은 판(販)자로 통함. 상(商)은 행상하는 이. 고(賈)는 점포 가진 사람.

18 都國之民 —도(都)와 국(國) 두 글자 모두 도성(都城)을 가리킴. 성안에 사는 주민.

19 居楚而楚 —초(楚)는 장강(長江)의 중류 지역. 이초(而楚)란 초나라의 환경에 적응하고 그 풍속에 익숙해짐을 가리킴.

20 居夏 —하(夏)는 문화의 중심지 중원(中原)을 말함. 그 풍속이 월이나 초와는 현저하게 다름.

21 積靡 —적(積)은 적습(積習). 미(靡)는 순(順)자로 통함. 영향을 받아 감화됨. 가르침에 따름.

22 日徵 —교(徵)는 요(邀)자와 같음. 초(招)자로 통함. 손짓하며 불러들임.

23 詩 —『시경』 「대아(大雅)·상유(桑柔)」편의 인용 시구.

24 維此良人 —유(維)는 유(唯)자와 같음. 일종의 발어사. 양인(良人)이란 군자를 말함.

25 弗迪─불(弗)은 부정사. 적(迪)은 진(進)자와 같음. 군주의 측근 자리로 나 아가지 못함.

26 忍心─인심(忍心)이란 잔혹하고 모진 마음. 여기서는 소인배를 가리켜 말함.

27 是復─시(是)는 유(維)와 마찬가지 조사. 복(復)은 반복의 뜻. 중한 자리에 거듭 등용됨.

28 荼毒─도(荼)는 씀바귀, 즉 고채(苦茱)를 말함. 악독 부림. 해악에 대한 비유 의 말.

[12]

인간의 유형(類型)[1)]에 대하여. 마음가짐이 비뚤어지고 사욕에서 벗어나지 않으면서 남들이 자기를 공정하다 생각하기를 바라고 행위는 추잡함[2)]에서 벗어나지 못하면서 남들이 자기를 온전하다 생각하기를 바라며 대단히 어리석고 무지[3)]하면서 남들이 자기를 지혜롭다 생각하기를 바라니 이는 바로 중인(衆人)이란 것이다. 마음가짐은 사욕을 참고 억누른 다음에 능히 공정할 수 있고 행위는 성정 그대로를 참고 억누른 다음에 능히 온전할 수 있으며 지혜로우면서 묻기를 좋아한 다음에 능히 재능을 발휘할[4)] 수 있으니 공정하고 온전하며 재능을 발휘함을 일러 소유(小儒)라 할 수 있는 것이다. 마음가짐이 언제나 공정하고[5)] 행위가 언제나 온전하며 지혜가 법 전체계[6)]를 환하게 통효하니 이와 같다면 가히 대유(大儒)라 말할 수 있는 것이다. 대유란 자는 천자의 삼공(三公)[7)]이 될 사람이다. 소유란 자는 제후들의 대부나 사가 될 사람이다. 중인이란 자는 농·공이나 상인이 될 사람이다. 예란 것은 군주가 여러 신하들(자질)을 잴 표준[8)]을 삼는 근거다. 여기에 인간의 유형을 다 들었다.

人論. 志不免於曲私, 而冀人之以己爲公也, 行不免於汗漫, 而冀人之以己爲脩也, 甚愚陋溝瞀, 而冀人之以己爲知也, 是衆人也. 志忍私然後能公, 行忍情性然後能脩, 知而好問然後能才. 公脩而才, 可謂小儒矣. 志安公, 行安脩, 知通統類, 如是則可謂大儒矣. 大儒者天子三公也, 小儒者

諸候大夫士也, 衆人者工農商賈也. 禮者人主之所以爲群臣寸尺尋丈檢式也. 人倫, 盡矣.

1 人論一론(論)은 륜(倫)자를 빌려온 글자. 류(類)자와 마찬가지 의미. 윤류(倫類) 혹은 등류(等類)·동배(同輩)를 말함.
2 汙漫一우(汙)는 오(汚)자와 같음. 만(漫) 또한 오(汚)로 통함. 오예(汚穢)와 같은 뜻.
3 溝瞀一구(溝)·무(瞀) 두 글자 모두 암우(暗愚)하고 몽매(蒙昧)한 무지 상태를 말함.
4 能才一능재(能才)란 자기 재능을 충분히 발휘하여 사물을 올바르게 잘 처리함.
5 志安公一안(安)은 차분하게 가라앉은 상태. 노력 없이도 항상 편안함을 가리킴.
6 統類一통(統)은 통괄하여 체계화함. 류(類)는 법의 일정한 유례. 정리된 중심 법칙.
7 天子三公一태사(大師)·태부(大傅)·태보(大保) 등 천자를 보좌하는 최고의 관리.
8 寸尺尋丈檢式一촌(寸)·척(尺)·심(尋)·장(丈)·검(檢)·식(式) 모두 법도(法度)와 같은 뜻. 표준 법칙을 말함.

[13]

군자는 그 말에 기준[1]이 있고 그 행동에 한계[2]가 있으며 그 도에 한 가닥 예[3]가 있다. 정치에 대해[4] 물으면 안존 외에는 그 아래 수준의 문제는 말하지 않고 의지에 대해 물으면 사(士)의 마음가짐 이하로는 말하지 않으며 도덕에 대해 물으면 후왕의 법을 어기는 일은 말하지 않는다. 도가 삼대(三代) 이전으로 넘어서는 것[5]을 일러 탕(蕩)[6]이라 말하고 법이 후왕을 어기는 것을 일러 바르지 못하다고 말한다. 그 언행과 도를 높이거나 낮추거나 또는 작게 하거나 크게 하거나 여기서 벗어나지 않는다. 이것이 바로 군자가 그 의지를 일정 범위[7]로 몰아서 생각하는 까닭이다. 그러므로 제후들이 정사를 물음에 있어 안존에 미치지 못하면 말하지 않고 필부가 학문을 물음에 있어 사 되기에 미치지 못하면 가르치지 않으며 백가의 설이 후왕의 법에 미치지 못하면 듣지 않는다.

대저 이것을 가리켜 군자는 그 말에 기준이 있고 그 행동에 한계가 있다 말하는 것이다.

君子言有壇宇, 行有防表, 道有一隆. 言政治之求不下於安存, 言志意之求不下於士, 言道德之求不二後王. 道過三代謂之蕩, 法二後王謂之不雅, 高之下之小之臣之, 不外是矣. 是君子之所以騁志意於壇宇宮庭也. 故諸侯問政, 不及安存則不告也, 匹夫問學, 不及爲士則不敎也, 百家之說不及先王則不聽也. 夫是之謂君子言有壇宇, 行有防表也.

1 壇宇—단(壇)은 당기(堂基). 집터. 우(宇)는 집 언저리. 일정 지역을 가리켜 말함.
2 防表—방(防)은 제방(堤防). 지켜야 할 일정 범위. 표(表)는 표(標)자와 같음. 표준의 뜻.
3 一隆—일(一)은 전일(專一)과 마찬가지 의미. 륭(隆)은 예(禮)를 가리킴.
4 政治之求—원판본은 정치(政治)가 도덕(道德)으로 되어 있음. 구(求)는 질문에 대한 답변의 요구.
5 過三代—삼대(三代)란 하(夏)·은(殷)·주(周) 삼왕조를 가리킴. 과(過)는 그 이전의 시대로 거슬러올라감을 뜻함.
6 蕩—탕(蕩)은 호탕(浩蕩)하여 믿어지지 아니함. 난신(難信)과 마찬가지 의미. 먼 옛날 일은 분명하게 밝히기가 어려움.
7 宮庭—궁(宮)은 실(室)자와 같음. 정(庭)은 대문 안쪽을 말함. 단우(壇宇)와 마찬가지로 일정한 영역 안, 테두리를 가리킴.

9 왕제王制

왕제란 왕자(王者)의 정치제도에 대한 기본 논의를 의미한다. 왕자가 나라를 다스림에 있어 지녀야 할 마음가짐과 그 시책을 여러 측면에서 상세하게 논하고 있다. 순황의 정치론도 어쨌든 왕자를 그 이상으로 삼는다. 그러나 패자(覇者)를 반드시 부정하지는 않는다. 실제로 패자를 오히려 현실적인 것으로 평가한다는 점이 맹자와 현저하게 다른 특색이다.

정치하는 법을 묻고 싶다. 대답해 말하기를 '현자나 유능한 이는 차
례를 기다림 없이[1] 등용하고 어리석거나 무능한 자는 지체없이[2] 그만
두게 하며 극악한 자는 깨우침 없이 벌주고 일반 사람[3]은 형벌 가함 없
이[4] 감화시킨다. 신분은 아직 정해지지 않더라도 그 등급 절차는 있는
것이다.[5] 비록 왕공(王公) 사대부의 자손일지라도 예의를 힘써 할 수
없다면 그를 서인으로 돌리고 비록 소인의 자손일지라도 학문을 쌓아
서 몸을 바르게 하고 행동이 능히 예의를 힘써 할 수 있다면 그를 경상
(卿相)이나 사대부 신분으로 귀속시킨다는 것이다. 그러므로 간악한 말
과 간악한 논리를 펼치고 간악한 일과 간악한 재주를 부리며 사람 눈을
피하고 마음 바르지 못한[6] 민은 한결같이 가르쳐 깨우치며[7] 잠시 기다
려 포상으로 힘쓰게 하고 형벌로 응징하며 하는 일에 안정되면 머무르
게 하고[8] 안정하지 못하면 내버린다. 다섯 종의 질환자[9]는 관이 거두어
부양하고 재능을 가늠하여 일을 시키며[10] 벼슬자리에 임용하여[11] 옷 입
고 밥 먹게 하여 모두를 다 함께 감싸서[12] 빠짐 없게 한다. 그 기능과 행
동이 시의(時宜)와 반하는 자는 죽이고 용서하지 않는다. 대저 이를 일
러 천덕(天德)이라 말한다. 이것이 바로 왕자의 정치라고 하는 것이다'
라고 한다.

請問爲政. 曰, 賢能不待次而擧, 罷不能不待頃而廢, 元惡不待敎而誅, 中
庸雜民不待政而化. 分未定也則有昭繆也. 雖王公士大夫之子孫也, 不能
屬於禮義, 則歸之庶人. 雖庶人之子孫也, 積文學正身行能屬於禮義, 則
歸之卿相士大夫. 故姦言姦說姦事姦能遁逃反側之民, 職而敎之, 須而待
之, 勉之以慶賞, 懲之以刑罰, 安職則畜, 不安職則棄. 五疾上收而養之,

材而事之, 官施而衣食之, 兼覆無遺. 才行反時者死無赦. 夫是之謂天德, 是王者之政也.

1 不待次―차(次)는 서열을 말함. 벼슬자리나 신분상의 순위를 기다리지 아니함.
2 罷不能不待頃―파(罷)는 우자(愚者). 능력 부족으로 일을 감당하지 못하는 사람. 경(頃)은 짧은 시간. 수(須)자로 통함.
3 中庸―중용(中庸)이란 재능이 평범한 보통 사람.
4 不待政―정(政)은 형(刑)과 마찬가지 의미. 형벌 같은 강제적 규제를 가하지 않음.
5 有昭繆―무(繆)는 목(穆)자와 통용됨. 소목(昭穆)이란 종족질서 보존을 위해서 마련된 종묘(宗廟)의 위패(位牌) 배열 순서를 가리킴.
6 遁逃反側―둔도(遁逃)는 법망을 피해서 빠져나감. 반측(反側)은 불안해하는 심리상태를 말함.
7 職而教之―직(職)은 몇 가지 주석이 있으나 여기서는 전(專)·주(主)자와 같은 뜻으로 봄. 교(教)는 교회(教誨)의 뜻.
8 安職則畜―직(職)은 직무를 말함. 축(畜)은 류(留)자로 통함. 용납함.
9 五疾―오질(五疾)이란 다섯 가지 불치병. 여기서는 불구자를 가리킴.
10 材而事之―재(材)는 재(才)자와 같음. 사(事)는 사(使)자로 통함. 재능에 알맞은 일을 시킴.
11 官施―관(官)은 임(任)자와 마찬가지 의미. 시(施)는 용(用)자와 같음. 임용함.
12 兼覆―복(覆)은 개(蓋)자와 같음. 비호(庇護)의 뜻. 널리 두루 보호해줌.

[2]

정사를 맡아보는 기본 원칙.[1] 선을 가지고 오는 자는 예로 대우하고 악을 가지고 오는 자는 형벌로 대응한다. 이 양자가 구분된다면 현자와 어리석은 자가 뒤섞이지 않고 옳고 그릇된 일이 문란해지지 않는다. 현자와 어리석은 자가 뒤섞이지 않는다면 영걸들이 이르고 옳고 그릇된 일이 문란해지지 않는다면 국가가 다스려진다. 이와 같다면 명성이 드러나[2] 천하가 우러르고 영이 행해져 금하는 일이 지켜진다면[3] 왕자가 할 일을 다 마친다. 무릇 정사 보는 일이란 위엄이 너무 강해서 너그럽게 사람 이끌기⁴⁾를 좋아하지 않는다면 아랫사람이 두려워서 가까이하지 않고 본심을 숨겨⁵⁾ 다 드러내지 않는다. 이렇게 되면 큰일을 거의 그르치고⁶⁾ 작은 일도 거의 망가진다. 온화하게 풀려 잘 통하고 너그럽게 사람 이끌기를 좋아해서 이를 규제할 바⁷⁾가 없다면 간악한 언론이 한꺼번에 몰려들어 무책임한 논의가 떼지어 일어난다.⁸⁾ 이렇게 되면 들을 것은 많고 일도 번잡하여 이 또한 해가 된다. 그러므로 법을 마련하더라도 충분히 토의하지 않으면 그 법이 닿지 않는 데 것은 반드시 못쓰게 되고 직무가 주어지더라도 환하게 알지 못하면 그 직무가 미치지 않는 데 것은 반드시 실패한다. 그러므로 법을 마련하여 충분히 토의하고 직무가 주어지되 환하게 알며 빠뜨린 계략⁹⁾이 없고 버려진 선언(善言)이 없으며 모든 일에 잘못이 없도록 하는 것은 군자가 아니면 할 수 없다. 그러므로 공평이라 하는 것은 정사를 보는 데 기준¹⁰⁾이 되고 중화(中和)라 하는 것은 정사를 보는 데 규범이 된다. 그 법이 있는 경우는 법을 가지고 행하고 법이 없는 경우는 관례를 가지고 처리함¹¹⁾이 정사를 극진히 다하는 것이다. 한쪽을 편들어 정상을 잃음¹²⁾은 정사를 공정치 못하게 보는¹³⁾ 것이다. 그러므로 좋은 법이 있더라도 어지러울 경우는 있으나 군자가 있어서 어지러울 경우는 예부터 지금까지 일찍이 들어보지 못하였다. 전해오는 말에 '치세는 군자로부터 오고 난세는 소인으로부터 온다'라고 하니 이를 가리켜 하는 말이다.

聽政之大分. 以善至者待之以禮, 以不善至者待之以刑. 兩者分別, 則賢不肖不雜, 是非不亂. 賢不肖不雜則英傑至, 是非不亂則國家治. 若是名聲白天下願, 令行禁止, 則王者之事畢矣. 凡聽, 威嚴猛厲而不好假導人, 則下畏恐而不親, 周閉而不竭. 若是則大事殆乎弛, 小事殆乎遂. 和解調通, 好假導人而無所凝止之, 則姦言並至, 嘗試之說鋒起, 若是則聽大事煩, 是又傷之也. 故法而不議, 則法之所不至者必廢, 職而不通, 則職之所不及者必隊. 故法而議職而通, 無隱謀無遺善而百事無過, 非君子莫能. 故公平者聽之衡也, 中和者聽之繩也. 其有法者以法行, 無法者以類擧,

聽之盡也. 偏黨而無經, 聽之辟也. 故有良法而亂者有之矣, 有君子而亂
者自古及今未嘗聞也. 傳曰, 治生乎君子, 亂生乎小人. 此之謂也.

1 聽政之大分─청정(聽政)이란 정무를 집행함. 분(分)은 리(理)자로 통함. 원
  리 또는 요점.
2 名聲白─백(白)은 현백(顯白)의 뜻. 다른 판본은 일문(日聞)으로 되어 있음.
  널리 알려짐.
3 令行禁止─영행(令行)은 명령한 그대로 잘 통함. 금지(禁止)는 금한 비행(非
  行)을 어기지 않고 모두 그침.
4 假導人─가(假)는 가(暇)자로 통함. 넉넉함. 관용의 뜻. 도(導)는 인도함.
5 周閉─주폐(周閉)란 표면에 드러내지 아니함. 위축되어 마음의 문을 아주 닫아
  버림.
6 殆乎弛─태(殆)는 근(近)자와 마찬가지 의미. 이(弛)는 이완(弛緩)의 뜻. 맥
  풀림.
7 凝止之─응(凝)은 정(定)자와 같음. 제지함. 옳지 못한 일을 정지시킴.
8 嘗試之說鋒起─상(嘗)·시(試) 두 글자 모두 시험삼아 해봄. 깊이 생각하지
  않고 지껄이는 말. 봉(鋒)은 봉(蜂)자로 통함.
9 隱謨─은(隱)은 감추고 드러내지 않음. 모(謨)는 양책(良策)을 가리킴.
10 聽之衡─청(聽)은 청정(聽政)의 줄인 말. 형(衡)은 권형(權衡). 무게를 다
  는 저울대.
11 類擧─류(類)는 넓은 의미의 법. 성문법에 대한 관습법의 관계. 거(擧)는
  행(行)자와 같음.
12 無經─경(經)은 상(常)자와 같음. 상도(常道)를 말함. 정상 상태에 서지 못함.
13 聽之辟─벽(辟)은 벽(僻)자와 같음. 사벽(邪僻)의 뜻. 불공정한 정치 행태.

[3]

신분이 고르면 다스려지지 않고[1] 권세가 같으면 하나되지 못하며 민
중이 차등 없으면 일을 시킬 수 없다. 하늘이 있고 땅이 있어 아래와 위
의 차가 있다. 현명한 군주가 처음 일어나 나라 다스릴 적에 그 제도를
갖는다.[2] 대저 쌍방이 다 귀하면 서로를 섬길 수 없고 쌍방이 다 천하면
서로를 부릴 수 없는 것이 바로 천수(天數)[3]다. 권세나 지위가 동등하
고 욕심과 싫어하는 정도 같되 물건이 넉넉하지 못하다면[4] 반드시 다툼

이 일어난다. 다투면 반드시 혼란해지고 혼란하면 궁해진다. 선왕은 그 혼란이 싫어 예의 법도를 마련하여 그것으로 신분을 가르고 빈부 귀천의 차등을 지어 족히 서로가 다 함께 임하도록 시키는 것이니 바로 천하 사람 기르는 근본이 된다. 『서』[5]에 이르기를 '고루 가지런하다 함은 가지런한 것이 아니다'[6]라고 하였으니 이것을 가리켜 한 말이다.

分均則不偏, 執齊則不壹, 衆齊則不使. 有天有地而上下有差, 明王始立而處國有制. 夫兩貴之不能相事兩賤之不能相使, 是天數也. 執位齊而欲惡同, 物不能澹, 則必爭. 爭則必亂, 亂則窮矣. 先王惡其亂也, 故制禮義以分之, 使有貧富貴賤之等足以相兼臨者, 是養天下之本也. 書曰, 維齊非齊, 此之謂也.

1 分均則不偏―분(分)은 신분의 귀하고 천함. 균(均)은 상하 구별 없는 평등의 뜻. 편(偏)은 변(辨)자로 통함. 치(治)자와 마찬가지 의미.
2 處國有制―처국(處國)이란 국정을 처리함. 유제(有制)는 등급제도의 설정을 가리킴.
3 天數―천(天)은 인위(人爲)의 대칭으로 쓰임. 수(數)는 리(理)자와 같음. 자연의 원리, 일정한 법칙성을 말함.
4 物不能澹―담(澹)은 섬(瞻)자로 통함. 족(足)자와 마찬가지 의미. 물건을 충분하게 댈 수 없음.
5 書―서(書)는 『상서』(尙書)「주서(周書)·여형(呂刑)」편의 인용 글귀.
6 維齊非齊―유(維)는 발어사. 제(齊)는 진정한 의미의 평등을 말함. 비제(非齊)란 획일적인 무차별의 평등이 아님을 가리킴.

[4]

말이 수레에 놀란다면 군자가 수레 타기를 불안해하고 일반 사람들이 정사에 놀란다면 군자[1]가 그 자리에서 불안해한다. 말이 수레에 놀란다면 조용히 가라앉히는 수밖에 없고 일반 백성들이 정사에 놀란다면 은혜를 베푸는 수밖에 없다. 현명하고 착한 자를 골라 쓰고 독실하고 공경스런 자를 끌어올리며 효제(孝悌)를 일으키고[2] 고과(孤寡)를 거두어[3] 빈궁한 자를 도와준다.[4] 이와 같다면 일반 백성들이 정사에 안심할 것이다. 일반 백성들이 정사에 안심한 연후라야 군자도 그 자리에서 편안할 것이다. 전해오는 말에 이르기를 '군주란 배요 일반 백성들은 물이다. 물은 배를 뜨게 하지만 그 물이 배를 뒤엎기도 한다'라고 하였으니 이것을 가리켜 한 말이다. 그러므로 인군이란 자가 편안하기를 바란다면 정사를 공평하게 하고 백성을 사랑함만 같지 못하고 영광되기를 바란다면 예의를 높이고 사인(士人)을 공경함만 같지 못하며 공명 세우기를 바란다면 어진 자를 받들고 유능한 자를 부림만 같지 못하다. 바로 이것이 인군이란 자가 지켜야 할 중요한 원칙이다.[5] 이 세 가지 원칙이 알맞다면 그 나머지는 맞지 않을 수 없고 이 세 가지 원칙이 맞지 않는다면 그 나머지가 비록 하나하나 모두 맞더라도[6] 오히려 도움이 못 된다.[7] 공자도 말하기를 '중요한 원칙이 맞고 작은 원칙도 맞는다 함은 상질의 군주다. 중요한 원칙은 맞더라도 작은 원칙이 때에 따라 맞았다 맞지 않았다[8] 함은 중질의 군주다. 중요한 원칙이 맞지 않는다면 작은 원칙이 비록 맞더라도 나는 그 나머지를 보지 않겠다'라고 하였다.

馬駭輿則君子不安輿, 庶人駭政則君子不安位. 馬駭輿則莫若靜之, 庶人駭政則莫若惠之. 選賢良擧篤敬, 興孝悌收孤寡補貧窮, 如是則庶人安政矣. 庶人安政然后君子安位. 傳曰, 君者舟也, 庶人者水也. 水則載舟, 水則覆舟, 此之謂也. 故君人者, 欲安則莫若平政愛民矣, 欲榮則莫若隆禮敬士矣, 欲立功名則莫若尚賢使能矣. 是君人者之大節也. 三節者當, 則其餘莫不當矣. 三節者不當, 則其餘雖曲當猶將無益也. 孔子曰, 大節是也小節是也, 上君也. 大節是也小節一出焉一入焉, 中君也. 大節非也, 小節雖是也吾無觀其餘矣.

1 君子—여기서 군자라고 함은 통치자, 특히 군주의 자리에 나아가 있는 자를 가리킴.

2 興孝悌―홍(興)은 현창(顯彰)의 뜻. 효자나 어른 공경하는 자를 보살펴서 제 구실을 하도록 함.

3 收孤寡―고과(孤寡)는 부모 없는 아이와 남편 없는 과부. 국가가 이들을 수 용하여 살게 해줌.

4 補貧窮―보(補)는 보(輔)자로 통함. 조(助)자와 같음. 빈(貧)·궁(窮) 모두 궁핍을 말함.

5 大節―절(節)은 절의(節義). 지켜야 될 행위 요건. 자율행동의 규칙 또는 법 도를 가리킴.

6 曲當―곡(曲)은 위곡(委曲)의 뜻. 국부(局部)를 가리킴. 부분적으로 세세한 데까지 타당함.

7 猶將無益―장(將) 역시 유(猶)자와 마찬가지 의미. 상유(尙猶)와 같은 뜻.

8 一出焉―入焉―일출(一出)이란 일입(一入)과 함께 그 드나듦이 일정치 않음. 타당 여부가 수시로 변하는 상태.

[5]

성후(成侯)와 사공(嗣公)[1]은 세금 잘 거두어들이고 계책에 밝은[2] 군 주지만 민심을 얻는 데까지 이르지 못하였다. 정(鄭)나라의 자산(子産)[3] 은 민심을 얻은 자이지만 정치를 하는[4] 데까지 이르지 못하였다. 관중 (管仲)은 정치를 잘한 자이지만 예를 갖추는[5] 데까지 이르지 못하였다. 그래서 예를 갖춘 자는 왕이 되고 정치를 하는 자는 강대해지며 민심을 얻는 자는 안전하고 세금 잘 거두는 자는 멸망한다. 그러므로 왕자는 민 을 부유하게 만들고 패자는 사(士)를 부유하게 만들며 간신히 존속하는 나라는 대부(大夫)를 부유하게 만들고 망해가는 나라는 광주리나 상자[6] 가 넉넉하며 창고가 가득 차게 된다. 광주리와 상자가 이미 넉넉하고 창 고가 가득 차 있는데도 백성들은 가난하다. 대저 이것을 가리켜 위는 넘 치지만 아래는 말라붙는다고[7] 말하는 것이다. 안으로 나라를 지킬 수 없 고 밖으로 싸울 수 없어 뒤집어지고 멸망하게 되는 것을 서서 기다릴 만 하다. 그래서 내 나라는 거두어들임으로써 멸망하고 적국은 그것을 얻음 으로써[8] 더욱 강대해진다. 세금을 잘 거두어들인다는 것은 적을 불러들 여 적국을 살찌우고 내 나라를 망치고 자신까지 위태롭게 하는 방법이다. 그러므로 현명한 군주라면 취하지 않는다[9]는 것이다.

成侯嗣公聚斂計數之君也, 未及取民也. 鄭子産取民者也, 未及爲政也. 管仲爲政者也, 未及脩禮也. 故脩禮者王, 爲政者彊, 取民者安, 聚斂者亡. 故王者富民, 霸者富士, 僅存之國富大夫, 亡國富筐篋實府庫. 筐篋已富府庫已實, 而百姓貧, 夫是之謂上溢而下漏. 入不可以守, 出不可以戰, 則傾覆滅亡可立而待也. 故我聚之以亡, 敵得之以彊. 聚斂者, 召寇肥敵亡國危身之道也. 故明君不蹈也.

1 成侯嗣公―성후(成侯)·사공(嗣公) 둘 다 위(衛)의 군주. 성후는 사공의 조부에 해당됨.
2 聚斂計數―렴(斂)은 취(聚)자와 같은 뜻. 세금을 가혹하게 거두어들임. 계수(計數)는 계략 또는 술수와 마찬가지 의미.
3 鄭子産―춘추시대 정(鄭)나라의 현명한 재상. 공자는 그가 민심을 얻으려고 은혜를 베풀었으나 진정한 정치가는 못 된다고 비판하였음.
4 爲政―여기서 위정(爲政)이란 『논어』에서 말하는 정(正)의 뜻이 아니라 형(刑)·상(賞)을 내거는 정치 방법을 가리킴.
5 脩禮―수례(脩禮)는 예제(禮制)를 정비하여 정치 일선에 반영시킴. 예를 가지고 규제함.
6 筐篋―광(筐)·협(篋) 둘 다 책이나 옷을 넣어두는 네모난 대나무 상자.
7 上溢而下漏―일(溢)은 만(滿)자와 같음. 루(漏)는 다할 록(漉)자로 통함. 고갈(涸渴)과 마찬가지 의미. 군주는 부유하나 민은 도리어 가난해짐.
8 敵得之―득(得)은 탈취함. 상대국이 중세로 거둔 재물을 역으로 빼앗은 격을 말함.
9 不蹈―도(蹈)는 천(踐)자와 같은 뜻. 세금을 가혹하게 거두는 방법을 취하지 아니함.

[6]

왕자는 천하 인심을 얻고[1] 패자는 자기 편[2]을 얻으며 강자는 남의 영토를 얻는다. 인심을 얻는 자는 제후를 신하로 삼고 자기 편을 얻는 자는 제후를 벗으로 하며 영토를 얻는 자는 제후를 적으로 대한다. 제후를 신하로 삼는 자가 왕이 되고 제후를 벗으로 하는 자가 패자가 되며 제후를 적으로 대하는 자는 위험에 빠진다.

강력한 힘을 쓸 경우[3] 남의 성곽이 지켜지고 남의 병사가 맞싸우더라도[4] 내 쪽이 무력을 가지고 이겨내려 한다면 반드시 남의 백성을 많이 상하게 할 것이다. 남의 백성을 많이 상하게 한다면 남의 백성도 나를 많이 미워할 것이다. 남의 백성이 나를 많이 미워한다면 날이 갈수록 나와 싸우기를 바랄 것이다. 남의 성곽이 지켜지고 남의 병사가 맞싸우더라도 내 쪽이 무력을 가지고 이겨내려 한다면 내 백성도 반드시 많이 상할 것이다. 내 백성이 많이 상한다면 내 백성도 반드시 나를 미워할 것이다. 내 백성이 나를 많이 미워한다면 날이 갈수록 나를 위하여 싸우기를 바라지 않을 것이다. 남의 백성이 날이 갈수록 나와 싸우기를 바라고 한편 내 백성은 날이 갈수록 나를 위하여 싸우기를 바라지 않는다 함은 바로 강자가 도리어 약해지는 원인이 된다. 땅은 손 안에 들어오더라도 백성은 떠나가고[5] 번거로운 일은 많더라도[6] 효과는 적으며 비록 지킬 것(영토)은 늘어나지만 지켜야 할 바 사람은 줄어든다. 이것이 바로 큰 나라가 도리어 영토가 깎이는 원인이 된다. 제후들이 서로 사귀더라도 원한을 품지 않을 수 없으며 그 적이라는 사실을 잊지 않고 틈새를 엿보아 강대국의 허점을 노린다.[7] 이것이 바로 강대국의 위태로운 시기다. 정말 강해지는 길을 아는 자는 강병(強兵)에 힘쓰지[8] 않는다. 대체로 왕명에 따라[9] 그 역량을 온전히 하고 그 덕을 닦아 안정한다.[10] 역량을 온전히 한다면 제후들이 약하게 할 수 없고 덕을 닦아 안정된다면 제후들이 그 영토를 깎을 수 없다. 천하에 왕이나 패자다운 군주가 없다면 늘 승리를 거둘 것이다. 이것이 바로 강해지는 길을 아는 자다.

저 패자는 그렇지 않다. 밭과 들을 일구어[11] 창고를 가득 채우고 쓸 기구를 편리하게 만들며 모집 선발을 신중히[12] 하여 재능 있는 사람을 발탁한[13] 연후에 점차 포상함으로써 그를 이끌고[14] 형벌을 엄하게 함으로써 그를 바로잡는다. 망해가는 나라를 존속시키고 대가 끊어진 나라를 잇게 하며 약한 나라를 지켜주고 포악한 자를 억제하더라도 병합할 마음이 없다면 제후들이 그를 친근히 여길 것이다. 우방의 대등한 예[15]를 갖추고 삼가는 마음으로 제후를 사귄다면 제후들이 그를 좋아할 것이다. 그를 친근히 여기는 까닭이란 것은 병합하지 않기 때문이고 병합할 낌새가 보인다면 제후들이 그를 멀리할 것이다. 그를 좋아하는 까닭은 우방으로 대등하게 대하기 때문이고 신하로 대할 낌새가 보인다면 제후들이 떠나버릴 것이다. 그러므로 그 병합하지 않을 것을 명확히 하고 그 우방의 대등한 예를 신뢰토록 해야 된다. 천하에 왕다운 군주가 없다면 늘 승리를 거둘 것이다. 이것이 바로 패도를 아는 자다.

민왕(閔王)[16]이 다섯 나라에 무너지고 환공(桓公)[17]도 노(魯)의 장공(莊公)에게 협박당한 일은 다른 까닭이 아니다. 그 바른 도가 아니면서 왕자가 되려고 꾀하였기 때문이다. 저 왕자는 그렇지 않다. 인(仁)이 천하에 대단히 높고[18] 의(義)가 천하에 대단히 높으며 위엄도 천하에 대단히 높다. 인이 천하에 대단히 높기 때문에 천하가 친근히 여기지 않을 수 없고 의가 천하에 대단히 높기 때문에 천하가 귀히 여기지 않을 수 없으며 위엄이 천하에 대단히 높기 때문에 천하가 감히 대적할 수 없다. 대적할 수 없는 위엄을 가지고 사람을 심복시킬 도를 돕는다.[19] 그러므로 싸우지 않고 이기고 치지 않고 얻으며 무기를 쓰지 않고 천하가 다 복귀한다. 이것이 바로 왕도를 아는 자다. 이 세 가지 요건[20]을 알고 왕자가 되고자 한다면 왕자가 되고 패자가 되고자 한다면 패자가 되며 강자가 되고자 한다면 강자가 될 수 있을 것이다.

王奪之人, 霸奪之與, 彊奪之地. 奪之人者臣諸侯. 奪之與者友諸侯, 奪之地者敵諸侯. 臣諸侯者王, 友諸侯者霸, 敵諸侯者危.

用彊者, 人之城守人之士戰, 而我以力勝之也, 則傷人之民必甚矣. 傷人之民甚, 則人之民惡我必甚矣. 人之民惡我甚, 則日欲與我鬪. 人之城守人之士戰, 而我以力勝之, 則傷吾民必甚矣. 傷吾民甚, 則吾民之惡我必甚矣. 吾民之惡我甚, 則日不欲爲我鬪. 人之民日欲與我鬪, 吾民日不欲

爲我鬪, 是彊者之所以反弱也. 地來而民去, 累多而功少, 雖守者益所以守者損. 是大者之所以反削也. 諸侯交接莫不懷怨, 而不忘其敵, 伺彊大之間承彊大之敝也. 此彊大之殆時也. 知彊道者不務彊也, 慮以王命全其力, 凝其德. 力全則諸侯不能弱也, 德凝則諸候不能削也. 天下無王霸主則常勝矣. 是知彊道者也.

彼霸者不然, 辟田野實倉廩便備用, 案謹募選閱材技之士, 然後漸慶賞以先之, 嚴刑罰以糾之. 存亡繼絶, 衛弱禁暴, 而無兼并之心, 則諸侯親之矣. 脩友敵之道, 以敬接諸侯, 則諸侯說之矣. 所以親之者以不并也, 并之見則諸侯疏矣. 所以說之者以友敵也, 臣之見則諸侯離矣. 故明其不并之行, 信其友敵之道. 天下無王主則常勝矣. 是知霸道者也.

閔王毀於五國, 桓公劫於魯莊, 無他故焉. 非其道而慮之以王也. 彼王者不然, 仁眇天下, 義眇天下, 威眇天下. 仁眇天下故天下莫不親也, 義眇天下故天下莫不貴也, 威眇天下故天下莫敢敵也. 以不敵之威輔服人之道, 故不戰而勝, 不攻而得, 甲兵不勞而天下服. 是知王道者也. 知此三具者, 欲王而王, 欲霸而霸, 欲彊而彊矣.

1 奪之人 — 탈(奪)은 획득의 뜻. 인(人)은 민심을 가리킴. 천하 사람의 마음을 얻어냄.

2 與 — 여기서 여(與)는 여국(與國), 즉 같은 동맹국을 말함.

3 用彊者 — 강(彊)이란 무력과 마찬가지 의미. 무력을 동원하여 상대국을 이기는 자.

4 人之士戰 — 인(人)은 다른 나라 병사. 사(士)는 출(出)자로 되어 있는 판본도 있음. 영적(迎敵)과 같은 뜻. 항전(抗戰)함.

5 地來而民去 — 지래(地來)는 영토가 수중에 들어옴. 확장됨. 민거(民去)란 민심의 이산을 가리킴.

6 累多 — 루(累)는 우루(憂累) · 번로(煩勞)와 마찬가지 의미. 귀찮은 일이 많음.

7 承彊大之敝 — 승(承)은 승(乘)자로 통함. 폐(敝)는 피폐(疲弊)와 같은 뜻. 약점을 노려 역이용함.

8 務彊 — 강(彊)은 강력한 힘을 말함. 군비 증강에 노력함.

9 慮以王命 — 려(慮)는 범(凡)자로 통함. 대저(大抵)와 같은 뜻. 이(以)는 용(用)자와 마찬가지 의미. 왕(王)은 천자를 가리킴.

10 凝其德 —여기서 응(凝)은 정(定)자로 통함. 안정된 상태를 가리켜 말함.

11 辟田野 —벽(辟)은 벽(闢)자로 통함. 개벽(開闢)과 같은 뜻. 농지를 개간함.

12 案謹募選 —안(案)이란 일종의 조사로 쓰임. 모선(募選)은 사람을 모아 인재를 가려 뽑음.

13 閱材技之士 —열(閱)은 간택의 뜻. 재기(材技)란 재능과 기예를 말함. 무예가 남달리 뛰어남.

14 漸慶賞而先之 —점(漸)은 서서히 번짐. 진(進)자와 같음. 선(先)은 이끌 도(導)자로 통함.

15 友敵之道 —적(敵)은 필적(匹敵)과 같은 뜻. 대등한 관계를 말함. 우방으로서 지켜야 할 도리.

16 閔王 —민(閔)을 민(湣)자로 부르기도 함. 전국 말기의 제(齊)나라 왕. 진(秦) 소왕(昭王)과 패권을 다툼.

17 桓公 —환공(桓公)이란 제(齊) 환공(桓公)을 말함. 춘추시대 초기 최초의 패자로 군림한 자.

18 眇天下 —묘(眇)는 묘(妙)자로 통함. 고원(高遠)과 같은 뜻. 아득함을 가리킴. 천하란 이 세계에 견줄 만한 것이 없는 상태.

19 輔服人之道 —보(輔)는 힘들여서 일을 도와줌. 도(道)란 인(仁)·의(義)를 가리킴.

20 三具 —구(具)는 비(備)자로 통함. 반드시 갖추어야 할 요건. 삼(三)은 왕(王)·패(霸)·강(彊) 세 가지를 가리킴.

[7]

왕자의 사람됨. 행동 단속하기[1]를 예의를 가지고 하며 송사 재단하기를 판례를 가지고 하며[2] 명찰하기는 가는 털끝을 들어서 볼 정도가 되며[3] 몸놀림이 변화에 잘 맞아서 궁지에 몰리지 않아야 한다. 대저 이를 가리켜 근본이 있다고 말하는 것이다. 이것이 바로 왕자의 사람됨이다.

王者之人. 飾動以禮義, 聽斷以類, 明振毫末, 擧錯應變而不窮. 夫是之謂有原. 是王者之人也.

1 飾動 —식(飾)은 칙(飭)자로 통용됨. 행동을 바르게 갖춤.

2 聽斷以類 —청단(聽斷)이란 소송을 맡아 중재함. 류(類)는 일반 법칙. 법 판

례를 유추 적용시킴.

3 振毫末—진(振)은 거(擧)자와 같은 뜻. 호말(毫末)은 가는 털끝. 극히 미세한 부분을 들어서 식별이 가능한 상태를 말함.

[8]

왕자의 제도. 도(道)는 삼대 전으로 소급하지 않고[1] 법(法)은 후왕과 틀리지 않는다.[2] 도가 삼대 전으로 소급하는 것을 가리켜 막연하다[3] 말하고 법이 후왕과 틀리는 것을 가리켜 떳떳치 못하다[4]고 말한다. 입는 옷은 규제가 있고 사는 집은 법도가 있으며 부릴 사람[5]은 정해진 수가 있고 상례나 제사에 쓰일 기구는 모두 등급[6]이 있다. 악성은 아악소리[7] 아닌 것은 다 폐하고 색채는 옛 문채[8] 아닌 것은 다 그만두며 기구도 옛 기구 아닌 것은 다 버린다. 대저 이것을 가리켜서 복고(復古)라 말한다. 이것이 바로 왕자의 제도다.

王者之制. 道不過三代, 法不貳後王. 道過三代謂之蕩, 法貳後王謂之不雅. 衣服有制, 宮室有度, 人徒有數, 喪祭械用皆有等宜, 聲則凡非雅聲者擧廢, 色則凡非舊文者擧息, 械用則凡非舊器者擧毀. 夫是之謂復古. 是王者之制也.

1 不過三代—과(過)는 거슬러올라감. 삼대(三代)란 하(夏)·은(殷)·주(周) 삼왕조의 문화를 가리킴. 그 이전은 미개한 상태.

2 不貳後王—이(貳)는 변(變)자로 통함. 바꾸거나 또는 어김. 후왕은 선왕에 대한 대칭으로 당대의 이상적인 군주 개념.

3 蕩—탕(蕩)은 광대(廣大)와 같은 뜻. 흐리멍텅하여 알기 어려운 상태를 형용함.

4 不雅—아(雅)는 정(正)자와 같음. 품위 있고 바른 모양을 가리킨 말.

5 人徒—인도(人徒)라고 함은 사졸(士卒)이나 혹은 온갖 일, 즉 서역(胥役) 맡는 사람을 가리킴.

6 等宜—의(宜)는 의(儀)자로 통함. 등(等)자와 마찬가지 의미. 신분에 걸맞는 등차 규정.

7 雅聲—여기서 아(雅)는 아악(雅樂)을 말함. 유교의 전통적 음악을 가리킴.

8 舊文—구(舊) 역시 전통적인 것을 가리킴. 문(文)은 색깔·무늬를 말함. 문
양·색채에 있어 다섯 가지 원색이란 뜻.

[9]

왕자가 논의할 일. 덕 없는 자를 높이지 않고 무능한 자를 벼슬시키지 않으며 공 없는 자를 상주지 않고 죄 없는 자를 벌하지 않으며 조정에 생각지도 않은 자리[1] 없고 민간에 요행스런 삶이 없으며 현자를 높게 올리고 유능한 자를 임용하여 걸맞는 자리에 빠지지 않게 하고[2] 진실된 자를 고르고[3] 포악한 자를 금하며 형벌에 잘못이 없게 한다. 그래서 백성들은 모두가 '집안에서 선행을 하더라도 조정에서 상을 받고 모르게[4] 악을 하더라도 드러나게[5] 형벌을 받는다'라고 하는 것을 분명히 안다. 대저 이것을 가리켜서 정론(定論)[6]이라 말한다. 이것이 바로 왕자가 논의할 일이다.

王者之論. 無德不貴, 無能不官, 無功不賞, 無罪不罰, 朝無幸位民無幸生, 尙賢使能而等位不遺, 析愿禁悍而刑罰不過. 百姓曉然皆知夫爲善於家而取賞於朝也, 爲不善於幽而蒙刑於顯也. 夫是之謂定論. 是王者之論也.

1 幸位—행(幸)은 행(倖)자와 같음. 자격 없이 고위직을 의외로 얻음. 우연한
자리를 가리킴.

2 不遺—불유(不遺)란 빠뜨리지 아니함. 재능에 맞추어 걸맞는 등급의 자리를 줌.

3 析愿—석(析)은 사람을 가려서 달리 뽑음. 원(愿)은 원(愿)자로 통함. 비뚤
어진 데가 없음.

4 幽—유(幽)는 암(暗)자와 같은 뜻. 어두운 곳. 다른 사람이 알지 못하는 은밀
한 장소.

5 蒙刑於顯—몽(蒙)은 수(受)자로 통함. 현(顯)은 일반이 보는 면전에 드러냄.
공개적으로 형벌을 받음.

6 定論—정론(定論)이란 정평(定評)과 마찬가지 의미. 확고한 판정. 옳고 그른 판단.

220

[10]

왕자가 나라 다스리는 법.[1] 세금에 등급을 매기고 일을 바르게 함[2]은 만물을 다 갖추어[3] 온 백성을 잘 살게 하는 까닭이 된다. 논밭에 십분의 일 세를 거두고[4] 관문이나 시장을 검문하더라도 세금 매기지 않으며[5] 산림 소택[6]을 때에 따라 금하고 풀더라도 세 받지 아니하고 토질을 살펴서 세액을 달리 정하며[7] 길의 원근 거리를 분간하여 공물을 보내고 재화나 곡물의 유통 과정에 지체가 없이 서로 수송하도록[8] 한다면 온 천하가 마치 한 집안같이 될 것이다. 그러므로 가까운 지역 사람이 그 능력을 숨기지 않고 먼 지역 사람도 그 노고를 마다지 않으며 비록 깊숙한 궁벽진 나라 사람이라도[9] 부지런히 일하여[10] 편안하게 즐기지 않을 수 없다. 대저 이것을 가리켜서 인사(人師)[11]라 말한다. 이것이 바로 왕자가 나라 다스리는 법이다.

王者之法. 等賦政事, 所以財萬物養萬民也. 田野什一, 關市幾而不征, 山林澤梁以時禁發而不稅, 相地而衰政, 理道之遠近而致貢, 通流財物 粟米無有滯留, 使相歸移也. 四海之內若一家. 故近者不隱其能, 遠者不 疾其勞, 無幽閒隱僻之國莫不趨使而安樂之. 夫是之謂人師. 是王者之 法也.

---

1 王者之法 —법(法)은 경제정책의 기본 원칙을 말함. 원판본에는 법(法)자가 없으나 여러 설을 참작하여 보완함.
2 等賦政事 —등부(等賦)란 부세(賦稅)에 차등을 두어 징수함. 정(政)은 정(正) 자와 같음. 민사(民事)에 대한 일을 바로잡음.
3 財萬物 —재(財)는 성(成)자로 통함. 모든 것을 다 갖춤.
4 什一 —십일(什一)이란 농가의 총수확량 기준으로 십분의 일을 거두는 토지 세의 하나.
5 幾而不征 —기(幾)는 기(譏)자로 통함. 문(問)자와 같음. 정(征)은 세금을 매김.
6 山林澤梁 —산림(山林)이란 벌채나 수렵을 가리킴. 택량(澤梁)은 수택(藪澤) 과 같은 뜻. 수목이 우거진 큰 늪을 말함. 어로작업.
7 相地而衰政 —상(相)은 시(視)자와 같음. 토지의 비옥·척박 여부를 조사함.

쇠(衰)란 차이를 둠. 정(政)은 정(征)자로 통함.

8 歸移 — 귀(歸)는 궤(饋)자로 통함. 물건을 보냄. 이(移)는 전(轉)자와 같은 뜻. 각지로 재화를 운반함.

9 無幽閒隱僻 — 무(無)는 수(雖)자와 같은 뜻으로 쓰임. 유(幽)는 요원(遙遠)함. 간(閒)은 막힐 격(隔)자와 같음. 은벽(隱僻)이란 궁벽진 변경을 말함.

10 趨使 — 추사(趨使)란 분주(奔走)와 마찬가지 의미. 바지런하게 그 있는 힘을 다함.

11 人師 — 사(師)는 품행이 단정하여 다른 사람의 모범이 되는 이를 가리킴. 또는 군장(君長)을 말함.

[11]

북쪽 지방[1]에는 달리는 말과 짖는 개가 나지만 중원의 나라들은 그것을 들여다가 기르고 부린다. 남쪽 지방에는 깃털·상아·무소 가죽[2]·증청(曾靑)·단사(丹砂)[3]가 나지만 중원의 나라들은 그것을 들여다가 재보로 삼는다. 동쪽 지방에는 자초(茈草)나 칡베[4]·생선·소금이 나지만 중원의 나라들은 그것을 들여다가 먹고 입는 것을 댄다. 서쪽 지방에는 가죽과 아름다운 쇠꼬리털[5]이 나지만 중원의 나라들은 그것을 들여다가 이용한다. 그러므로 물가 사람들[6]도 재목이 부족하지 않고 산간 사람들도 생선이 부족하지 않으며 농부가 나무를 자르거나 깎지 않고 질그릇을 굽거나 쇠붙이를 녹이지 않아도 쓸 기구가 부족하지 않으며 공인이나 상인이 농사짓지 않아도 먹을 식량이 부족하지 않다. 호랑이나 표범은 맹수지만 군자가 그 가죽을 쓴다. 그러므로 천지 사이에 존재하는 모든 것[7]은 그 장점을 살려 그 용도를 극진히 다하지 않는 것이 없다. 위로는 그것을 가지고 어질고 착한 이를 꾸며주며 아래로는 그것을 가지고 백성들을 길러주어 안락하게 한다. 대저 이것을 가리켜서 대신(大神)[8]이라 말한다. 『시』[9]에 이르기를 '하늘이 고산(高山)[10]을 일으키고 태왕(大王)이 이를 넓혔네.[11] 그가 기틀을 잡고 문왕(文王)이 이를 안정시켰네'라고 하였으니 이것을 가리켜 말한 것이다.

222

北海則有走馬吠犬焉, 然而中國得而畜使之. 南海則有羽翮齒革曾青丹
干焉, 然而中國得而財之. 東海則有紫綌魚鹽焉, 然而中國得而衣食之.
西海則有皮革文旄焉, 然而中國得而用之. 故澤人足乎木, 山人足乎魚,
農夫不斲削不陶冶而足械用, 工賈不耕田而足菽粟. 故虎豹爲猛矣, 然而
君子剝而用之. 故天之所覆地之所載 莫不盡其美致其用, 上以飾賢良下
以養百姓而安樂之. 夫是之謂大神. 詩曰, 天作高山, 大王荒之, 彼作矣,
文王康之, 此之謂也.

1 北海—여기서 해(海)란 아득히 먼 지역 땅을 가리킴. 반드시 바닷물이 아님.
2 羽翮齒革—획(翮)은 큰 새의 깃털. 우경(羽莖)을 말함. 치(齒)는 코끼리 어금
　니. 혁(革)은 서시(犀兕), 즉 외뿔소의 가죽. 무구(武具) 만드는 재료로 쓰임.
3 曾青丹干—증(曾)은 심(深)자로 통함. 증청(曾青)은 짙푸른 물감. 남동광(藍
　銅鑛). 단(丹)은 붉은 빛. 수은과 유황의 화합물인 단사(丹砂). 간(干)은 낭간
　(琅玕). 옥에 버금가는 미석(美石).
4 紫綌—자(紫)는 자(茈)자로 통함. 뿌리로 자줏빛 색깔을 내는 풀. 격(綌)은
　치(絺)자와 같음. 양질의 갈포(葛布). 가는 베.
5 文旄—모(旄)는 털이 긴 소의 꼬리. 아름답게 물들여 깃대의 장식으로 씀.
6 澤人—택(澤)은 나무가 자라지 않는 소택(沼澤)지대. 물가에 살아 고기잡이
　로 사는 사람.
7 天之所覆地之所載—부(覆)는 재(載)자와 관련지어 하늘과 땅 그 사이에 존
　재하는 모든 것을 가리킴.
8 大神—대신(大神)이란 대치(大治)와 마찬가지 의미. 『이아』(爾雅)에 신(神)
　을 치(治)자로 풀. 변통하여 재제(裁制)를 잘함.
9 詩—시(詩)는 『시경』 「주송(周頌)·천작(天作)」편의 시구.
10 高山—고산(高山)은 기산(岐山)을 가리킴. 고공단보(古公亶父)가 그곳으로
　옮겨와 주(周) 왕조의 기초를 다진 곳.
11 大王荒之—대왕(大王)은 문왕(文王)의 조부 고공단보. 황(荒)은 대(大)자
　와 같음. 개척함.

[12]

원칙을 가지고 잡다한 일에 대처하고[1] 하나를 가지고 많은 것을 처리
해 나가 시작하면 끝나고 끝나면 다시 시작하여 마치 둥근 고리가 끝이

없는 것처럼 한다. 이것을 내버려둔다면 천하는 그 때문에 쇠하게 될
것이다. 천지라 하는 것은 생의 근원이다.[2] 예의라 하는 것은 치(治)의
기본이다. 군자라 하는 것은 예의의 주체다. 이를 배워 익히고[3] 포개 쌓
아서 극진하게 좋아한다 함은 군자 됨의 기초다. 그래서 천지는 군자를
낳지만 한편 군자가 천지를 다스린다.[4] 군자라 하는 자는 천지와 함께
삼(參)[5]이 되고 만물의 총수가 되며 민의 부모가 된다. 군자가 없다면
천지가 바로잡히지 않고 예의가 계통이 없으며 위로 군주와 스승의 가
르침이 없고 아래로 부자의 도리도 없게 될 것이다. 대저 이것을 가리
켜서 지극히 혼란한 상태라고 말한다. 군주와 신하, 부모와 자식, 형과
아우, 남편과 아내의 관계란 시작하면 끝나고 끝나면 시작하여 천지와
함께 같은 원리로 이어져 만대에 이르기까지 함께 오래갈 것이다. 대저
이것을 가리켜서 대본(大本)[6]이라 말한다. 그러므로 상례나 제사, 조빙
(朝聘)[7]과 군 제도가 똑같다.[8] 신분의 귀천, 형벌에 있어 살생과 여탈
의 원리도 똑같다. 군주가 군주 노릇 하고 신하가 신하 노릇 하며 아버
지가 아버지 노릇 하고 자식이 자식 노릇 하며 형이 형 노릇하고 아우
가 아우 노릇 하는 원리도 똑같다. 농부는 농부답고 사(士)는 사답고 공
인은 공인답고 상인은 상인다운 원리도 똑같은 것이다.

以類行雜以一行萬, 始則終, 終則始, 若環之無端也. 舍是而天下以衰矣.
天地者生之始也, 禮義者治之始也, 君子者禮義之始也. 爲之貫之, 積重
之致好之者, 君子之始也. 故天地生君子, 君子理天地. 君子者天地之參
也, 萬物之總也, 民之父母也. 無君子則天地不理, 禮義無統, 上無君師下
無父子, 夫是之謂至亂. 君臣父子兄弟夫婦, 始則終, 終則始, 與天地同
理, 與萬世同久. 夫是之謂大本. 故喪祭朝聘師旅一也, 貴賤殺生與奪一
也, 君君臣臣父父子子兄兄弟弟一也, 農農士士工工商商一也.

1 以類行雜―류(類)는 통류(統類), 즉 근본 원리. 잡(雜)은 복잡하게 얽힌 정치
  문제. 또는 여러 가지 사상(事象)을 말함.

2 生之始—생(生)은 이 세계에 살아 존재하는 모든 생명체. 시(始)는 시원(始源)·근본이란 뜻.

3 爲之貫之—위(爲)는 수위(修爲)와 같음. 지(之)는 예의를 가리킴. 관(貫)은 습숙(習熟).

4 理天地—리(理)는 치(治)자와 통함. 가지런히 바로잡음. 하늘과 땅 사이의 모든 것을 관리함.

5 天地之參—삼(參)은 천·지·인 세 자리 가운데 하나를 가리킴. 독자적으로 한 위치를 차지함.

6 大本—본(本)이란 근본의 뜻. 예의를 바탕으로 질서를 확립시킨 양상을 가리킴.

7 朝聘—조(朝)는 제후가 천자를 배알하는 의식. 빙(聘)은 제후 서로간에 교환하는 예의.

8 師旅一也—사(師)·려(旅) 둘 다 군 편성체제의 일종. 형식은 다르더라도 원리는 똑같음.

[13]

　물과 불에는 기(氣)[1]가 있으나 생명은 없고 초목에는 생명은 있어도 지각은 없으며 짐승에는 지각이 있어도 도의[2]가 없다. 사람에게는 기가 있고 생명이 있고 지각이 있고 또 도의까지 있으므로 천하에서 가장 존귀하다. 힘은 소만 같지 못하고 달리기는 말만 같지 못하더라도 소나 말이 도리어 사람에게 쓰이는 것은 무슨 까닭인가. 말하기를 사람은 능히 모여 살고[3] 그것들은 능히 모여 살 수 없기 때문이라고 한다. 사람은 무슨 까닭으로 능히 모여 살 수 있는가. 말하기를 분별하기[4] 때문이라고 한다. 분별은 무슨 까닭으로 능히 행해지는가. 말하기를 도의 때문이라고 한다. 그러므로 도의를 가지고 분별하면 화합되고 화합되면 하나가 되며 하나가 되면 힘이 많아지고 힘이 많아지면 강해지며 강해지면 무엇이든지 다 이겨내는[5] 것이다. 여기서 가옥을 얻어 살 수 있는 것이다. 그러므로 네 계절에 맞추어 만물을 다루고[6] 천하를 아울러서 이롭게 한다 함은 다른 까닭이 아니다. 분(分)과 의(義)를 지킬[7] 수 있기 때문이다. 그러므로 사람이 태어나 모여 살지 않을 수 없으며 모여 살면서 분별이 없으면 다투게 되고 다투면 어지러워지며 어지러워지면 흩어지고 흩어지면 약해지며 약해지면 무엇이든 다 이겨낼 수 없는 것이다. 그러므로 가옥을 얻어 살 수가 없다. 이것은 잠시라도 예의를 내버려둘 수 없다는 것을 가리켜 말한 것이다. 능히 예의를 가지고 부모 섬김을 가리켜 효라 하고 능히 그것을 가지고 형 섬김을 가리켜 제(弟)[8]라 하며 능히 그것을 가지고 윗사람 섬김을 가리켜 종순이라 하고 능히 그것을 가지고 아랫사람 부림을 가리켜 군주라 한다. 군주라 하는 자는 잘 모여 살 수 있게 하는 이다. 모여 사는 도가 타당하다면 만물이 각기 모두 그 마땅함을 얻고 가축류[9]가 모두 그 생장방식을 취하며 모여 사는 생명체가 모두 그 수명을 다할 수 있을 것이다.

水火有氣而無生, 草木有生而無知, 禽獸有知而無義, 人有氣有生有知, 亦且有義, 故最爲天下貴也. 力不若牛, 走不若馬, 而牛馬爲用何也. 曰, 人能羣彼不能群也. 人何以能群. 曰, 分. 分何以能行. 曰, 義. 故義以分則和, 和則一, 一則多力, 多力則彊, 彊則勝物, 故宮室可得而居也. 故序四時裁萬物, 兼利天下, 無它故焉, 得之分義也. 故人生不能無群, 群而無分則爭, 爭則亂, 亂則離, 離則弱, 弱則不能勝物, 故宮室不可得而居也, 不可少頃舍禮義之謂也. 能以事親謂之孝, 能以事兄謂之弟, 能以事上謂之順, 能以使下謂之君. 君者善群也. 群道當則萬物皆得其宜, 六畜皆得其長, 群生皆得其命.

1 氣—기(氣)는 힘 력(力)자와 같음. 물질의 근원. 고대 중국에서는 기가 모든 힘의 근원으로 생각되었음.
2 義—의(義)라 함은 예의 법도를 가리킴. 사회적 정의 개념의 표상임.
3 羣—군(羣)은 군집(群集)과 같은 뜻. 특히 공동생활을 영위하는 상태의 의미로 쓰임.
4 分—분(分)은 사회적 신분상의 구분. 계층간의 등급. 혹은 도의에 기초한 분별의식.
5 勝物—물(物)은 나 아닌 타자(他者)의 뜻으로, 외계의 대상물을 총괄하여 가리킴.
6 序四時裁萬物—서(序)는 차례를 지킴. 계절 변화에 따라 대처함. 재(裁)는

재성(裁成)의 뜻. 일을 적절하게 성취함.

7 得之分義 —득(得)은 구득(求得)의 뜻. 분(分)은 계급적 분별의식. 의(義)는 사회정의 관념.

8 弟—제(弟)는 제(悌)자로 통함. 연장자에 대한 공손한 마음가짐을 가리킴.

9 六畜—여기서 축(畜)이란 사람이 기르는 가축을 말함. 말·소·양·돼지·개·닭 등 여섯 가지 짐승.

[14]

대저 때를 맞추어[1] 잘 기르면 가축류가 불어나고 때를 맞추어 베고 심으면[2] 초목이 우거지며 때를 맞추어 정령(政令)[3]을 내리면 백성들이 한데 모이고 현량들도 따르게 될 것이다. 이는 바로 성왕이 마련한 제도다. 초목이 꽃피고 크게 자랄[4] 시기에는 도끼류를 산림 속에 들이지 않는다. 이는 그 생을 일찍 꺾지 않고 그 성장을 끊지 않게 하기 위함이다. 큰 자라나 악어·물고기·미꾸라지와 장어류가 알을 깔 시기[5]에는 그물이나 독약류를 소택 속에 들이지 않는다. 이는 그 생을 일찍 꺾지 않고 그 성장을 끊지 않게 하기 위함이다. 봄에 밭 갈고 여름에 김매며 가을에 걷어들이고 겨울에 저장하여 네 가지가 시기를 어기지 않으므로 오곡이 모자라지 않고 백성들은 먹을 식량에 여유가 생긴다. 웅덩이나 연못·소택·하천에 시기 적절한[6] 금령을 삼가 지키므로 물고기·자라류가 더욱 많아져 백성들은 식용으로 쓸 여유가 생긴다. 나무를 벌채하고 기르는 그 시기를 어기지 않으므로 산림이 민둥산이 안 되어[7] 백성들은 재목에 여유가 생긴다. 이는 바로 성왕이 이룬 행정의 효용이다. 위로는 하늘을 살피고 아래로는 땅을 조처하여 천지 사이 구석구석 다 미치어[8] 만물 위에 더 베푸는 것이다. 그 효용은 희미하면서도 밝고 짧으면서도 길며 좁으면서도 넓어 신명스럽고 박대하되 지극히 간략한 것이다. 그러므로 말하기를 '때로는 주고 때로는 빼앗아 사람을 다스리는 자를 일러 성왕이라 할 것이다'라고 한다.

故養長時則六畜育, 殺生時則草木殖, 政令時則百姓一賢良服. 聖王之制

也, 草木榮華滋碩之時, 則斧斤不入山林, 不夭其生不絶其長也. 黿鼉魚鱉鰌鱣孕別之時, 罔罟毒藥不入澤, 不夭其生不絶其長也. 春耕夏耘秋收冬藏, 四者不失時, 故五穀不絶而百姓有餘食也. 汙池淵沼川澤謹其時禁, 故魚鱉優多而百姓有餘用也. 斬伐養長不失其時, 故山林不童而百姓有餘材也. 聖王之用也, 上察於天下錯於地, 塞備天地之間加施萬物之上. 微而明, 短而長, 狹而廣, 神明博大以至約. 故曰, 一與一奪爲人者, 謂之聖人也.

1 故養長時 — 고(故)는 부(夫)자와 마찬가지 발어사. 시(時)는 기르는 가축류의
  알맞은 교배시기를 놓치지 아니함.
2 殺生 — 살(殺)은 수목의 벌채(伐採), 생(生)은 식수(植樹)를 가리킴.
3 政令 — 여기서 정령(政令)이란 부역(賦役)을 가리킴. 국가가 명하는 노력 동
  원. 농번기를 피하여 내림이 원칙으로 되어 있음.
4 滋碩 — 자(滋)는 다(多)자로 통함. 석(碩)은 대(代)자와 같음. 잎이나 가지가
  성하게 뻗음.
5 孕別之時 — 잉(孕)은 물고기가 뱃속에 알을 품음. 별(別)은 치어가 독립함.
  산란시기를 말함.
6 時禁 — 금(禁)은 금어(禁漁)를 가리킨 말. 산란시기를 맞추어 어로작업을 엄
  히 금함.
7 不童 — 동(童)은 독(禿)자로 통함. 대머리처럼 산에 수목이 없는 상태를 말함.
8 塞備 — 색(塞)은 충만(充滿)의 뜻. 남김없이 두루 미침. 샅샅이 다 갖춤.

[15]

관(官)의 직책 차례.[1] 재작(宰爵)은 빈객의 접대·제사·향연·희생에 쓰일 소를 관장하고[2] 사도(司徒)는 민의 호적·성곽·기구에 대한 일[3]을 관장하며 사마(司馬)는 군대·무기·수레·깃대에 관한 일[4]을 관장한다. 법령을 손질하고 시·사(詩詞)의 문채를 살피며[5] 음란한 소리를 금하고 적절한 때를 맞추어 야만의 풍속, 부정한 음악으로 하여금 바른 아악을 감히 어지럽히지 않게 함이 태사(大師)가 할 일이다. 둑과 다리[6]를 수리하고 도랑을 개통하여 괸 물을 흘려보내고 안전하게 물을

가두어[7] 때맞추어 트고 막아 작황이 비록 수해나 가뭄으로 흉년들더라도 백성으로 하여금 농사지을 데가 있게 함이 사공(司工)이 할 일이다. 땅의 높낮음을 가려 그 기름지거나 메마름을 보고 차례로 오곡을 심어 그 수확을 살피며 엄격히 저장하고 때맞추어 조정하여 농부로 하여금 오로지 힘쓰게 하여 재간부리지 않도록 함[8]이 치전(治田)이 할 일이다. 불사르는 법령[9]을 손질하고 산림이나 수택의 초목, 물고기, 자라, 오만 가지 야채[10]를 길러내어 때맞추어 금하고 풀어 국가로 하여금 수요를 충족시켜 재물이 모자라지 않도록 함[11]이 우사(虞師)가 할 일이다.

마을 사람을 길들이고 사는 구역을 정하며[12] 가축류를 기르고 원예를 익히게[13] 하며 교화를 권하고 효제를 재촉하며 때맞추어 바로잡아 백성으로 하여금 위의 명을 따르게 하여 그 고장에 편안히 즐겨 살도록 함이 향사(鄕司)가 할 일이다. 모든 공장을 논하고 계절과 알맞은 일을 살피며 그 정교함과 조잡함을 분간하여[14] 튼튼함과 편리 여부를 중시하고 쓰기 좋게 갖추어 조각이나 그림 문양을 사가에서 감히 제멋대로 만들지[15] 못하도록 시킴이 공사(工師)가 할 일이다. 음양을 살펴 여러 징후를 점치고[16] 거북 등을 뚫어 구운 산가지를 배열하며[17] 다섯 가지 점괘를 가려 주관하고[18] 그 길흉화복을 알아냄이 무축(巫祝)[19]이 할 일이다. 무덤이나 더러운 데를 깨끗이 하고[20] 도로를 수리하며 도적을 단속하고 상거래를 공평히 하며[21] 때맞추어 바로잡아 행상[22]으로 하여금 안심하게 하여 재화를 유통시킴이 치시(治市)가 할 일이다. 선량하고 정직한 자를 가려내어 포악한 자를 억누르고 음란을 막아 사악을 물리치며 다섯 가지 형벌로 처벌하고 흉포한 자로 하여금 개심하여 간사한 일을 하지 않도록 함이 사구(司寇)가 할 일이다.

정치와 교화를 기본으로 삼아 법과 제도를 바르게 정하고 널리 의견을 들어서 항시 그것을 생각하며 그 공로를 헤아려 그 포상을 논의하고 때맞추어 바로잡아 모든 관리로 하여금 힘쓰게 하여[23] 일반 백성이 게으르지 않게 함이 총재(冢宰)가 할 일이다. 예와 악을 논하고 자신의 행동을 바로 가지며 교화를 넓히고 풍속을 아름답게 하여 나라 안 사람을 고루 함께 감싸서 이를 하나로 조화시킴이 벽공(辟公)[24]이 할 일이다. 도덕을 온전히 하고 최고 상태로 규범을 세우며[25] 예의 절차를 다하여[26] 천하를 하나로 하고 사소한 일도 모두 들어[27] 천하 사람들로 하여금 친숙하게 따르지[28] 않을 수 없도록 함이 천자가 할 일이다. 그러므로 징사가 어지러워진다면 이는 총재의 죄다. 국가가 떳떳한 풍속을 잃는다면 이는 벽공의 잘못이다. 천하가 하나되지 못하고 제후들이 배반하려[29] 한다면 이는 천자가 걸맞는 사람이 되지 못하기 때문이라는 것이다.

序官. 宰爵知賓客祭祀饗食犧牲之牢數, 司徒知百宗城郭立器之數, 司馬知師旅甲兵乘白之數. 脩憲命, 審詩商, 禁淫聲, 以時順脩, 使夷俗邪音不敢亂雅, 大師之事也. 脩隄梁, 通溝澮, 行水潦, 安水臧, 以時決塞, 歲雖凶敗水旱, 使民有所耘艾, 司空之事也. 相高下, 視肥墝, 序五種, 省農功, 謹蓄臧, 以時順脩, 使農夫樸力而寡能, 治田之事也. 脩火憲, 養山林藪澤草木魚鱉百素, 以時禁發, 使國家足用而財物不屈, 虞師之事也.

順州里, 定廛宅, 養六畜, 閒樹藝, 勸教化趨孝弟, 以時順脩, 使百姓順命安樂處鄉, 鄉師之事也. 論百工, 審時事, 辨功苦, 尚完利, 便備用, 使彫琢文采不敢專造於家, 工師之事也. 相陰陽, 占祲兆, 鑽龜陳卦, 主攘擇五卜, 知其吉凶妖祥, 傴巫跛擊之事也. 脩埰清, 易道路, 謹盜賊, 平質律, 以時順脩, 使賓旅安而貨財通, 治市之事也. 析愿禁悍, 防淫除邪, 戮之以五刑, 使暴悍以變姦邪不作, 司寇之事也.

本政教, 正法則, 兼聽而時稽之, 度其功勞, 論其慶賞, 以時順脩, 使百吏免盡而衆庶不偷, 冢宰之事也. 論禮樂, 正身行, 廣教化美風俗, 兼覆而調一之, 辟公之事也. 全道德, 致隆高, 綦文理, 一天下, 振毫末, 使天下莫不順比從服, 天王之事也. 故政事亂則冢宰之罪也. 國家失俗則辟公之過也. 天下不一諸侯倍反則天王非其人也.

1 序官—서(序)는 차서(次序)를 말함. 관직에 있어 그 서열을 말함.

2 知一지(知)는 주(主)자와 마찬가지 의미. 장(掌) 혹은 리(理)자와 통함. 일을 주관함.

3 立器之數一수(數)는 건(件)자와 같음. 사물의 가짓수 또는 항목(項目)을 말함. 기구를 만드는 법 규정.

4 乘白一승(乘)은 군 병력의 규모. 백(白)은 백(帛)자로 통함. 군의 출동 표시로 쓰이는 쌍룡을 그린 기. 백기(白旂)를 가리킴.

5 脩憲命審詩商一수(脩)는 정리(整理)의 뜻. 헌명(憲命)은 법령(法令)과 같음. 상(商)은 장(章)자로 통함. 사장(詞章)과 같음.

6 隄梁一제(隄)는 제(堤)자와 같음. 제방(堤防) · 둑. 여기서 량(梁)은 교량(橋梁)을 말함.

7 守藏一장(藏)은 장(藏)자로 통함. 저수지에 물을 가두어둠.

8 樸力而寡能一박(樸)은 순박(醇朴)함. 부화(浮華)하지 않음. 력(力)은 전력(專力)의 뜻. 과능(寡能)은 다능(多能)의 부정. 재주가 지나치면 농사일을 저버릴까 하는 배려의 반영임.

9 火憲一헌(憲)은 법(法)자와 같음. 초봄에 새싹이 잘 돋아나도록 산이나 소택의 마른 풀을 태우는 법 규정.

10 百素一소(素)는 색(索)자로 되어 있는 판본도 있음. 소(蔬)자와 같은 뜻. 백소(百素)란 여러 종류의 야채를 통틀어 말함.

11 不屈一굴(屈)은 갈(竭)자와 마찬가지 의미. 갈진(竭盡), 즉 다하여 없어짐.

12 定廛宅一전(廛)은 도성 안 일반인의 주거. 택(宅)은 촌락의 주거. 정(定)이란 안정을 말함. 서로가 그 분한을 넘보지 아니함.

13 閡樹藝一수(樹)와 예(藝) 두 글자 모두 심을 식(植)자와 같음. 과수나 소채를 가꿈. 한(閡)은 한(閑)자로 통함. 습숙(習熟)의 뜻.

14 辨功苦一공(功)은 교(巧)자로 통함. 정교하고 견고함. 고(苦)는 고(楛)자 또는 취약(脆弱)과 같은 뜻. 단단한가 무른가를 가려서 봄.

15 專造於家一여기서 가(家)란 개인의 가정을 가리킴. 오로지 작품을 개인 취향대로 맞추어 만듦.

16 占祲兆一침(祲)은 재해를 일으키는 기운, 즉 요분(妖氛)을 말함. 조(兆)는 이루어지려는 일의 조짐.

17 鑽龜陳卦一찬(鑽)은 송곳으로 구멍을 뚫음. 찬귀(鑽龜)란 거북의 등껍데기를 뚫어 불로 구워서 생긴 균열을 보고 점을 침. 괘(卦)는 점치는 산가지. 서죽(筮竹).

18 攘擇五卜一오복(五卜)이란 거북점의 여러 형태. 양(攘)은 제거함. 택(擇)은 취함. 불길(不吉)을 털고 길상(吉祥)을 끌어들임.

19 偏巫跛擊—구무(偏巫)는 곱사등이 무당. 파(跛)는 절름발이. 격(擊)은 격(覡)자와 음이 서로 통함. 박수 무당을 가리킴.

20 採淸—채(採)는 무덤 총(塚)자와 같음. 청(淸)은 『설문』(說文)에 측(厠)자로 되어 있음. 두 글자 모두 불결한 곳을 가리킴.

21 平質律—질(質)은 약속어음. 이익배당 전표. 상거래에 있어 법규정을 공평하게 함.

22 資旅—상(資)은 상(商)의 옛 글자. 행고(行賈)를 말함. 상(資)이 빈(賓)자로 쓰인 판본도 있으나 이는 의미가 통하지 않음.

23 免盡—면(免)은 면(勉)자로 통함. 왕염손(王念孫)은 진(盡) 또한 면(勉)자와 같은 뜻으로 봄.

24 辟公—벽(辟)이란 군(君)자와 마찬가지 의미를 지님. 천자 밑의 제후를 가리킴.

25 致隆高—치(致)는 극(極)자와 같음. 융고(隆高)란 그 규범의 최고 상태를 말함.

26 縶文理—기(縶) 또한 극(極)자와 같은 뜻. 문리(文理)란 예절을 갖추는 형식을 말함.

27 振毫末—진(振)은 거(擧)자로 통함. 호말(毫末)은 쇄말(瑣末)과 같음. 미세한 것도 모두 드러낼 만큼 명찰함을 가리킴.

28 順比從服—순(順)·비(比) 두 글자 모두 종복(從服)의 뜻.

29 倍反—배(倍)는 배(背)자로 통함. 다른 판본은 속(俗)자로 되어 있어 이를 욕(欲)자로도 봄.

[16]

요건이 구비되어[1] 왕자가 된다. 요건이 구비되어 패자가 된다. 요건이 구비되어 나라가 존립하고 요건이 구비되어 망한다. 만승의 나라를 다스린다[2] 하는 것은 위강이 선 까닭이고 명성이 뛰어난 까닭이며 적수되는 사람이 굴복한 까닭이다. 나라가 안존한가 위태로운가 하는 까닭, 그 잘되고 못되는 요건[3]은 모두 여기에 있고[4] 다른 사람에게 있지 않으며 왕자가 되거나 패자가 되거나 안존하거나 위태롭거나 멸망하는 요건은 모두 여기에 있고 다른 사람에게 있지 않다. 대저 위강이 족히 이웃 적국을 위태롭게 하지 못하고 명성이 족히 천하에 들어올려지지 못한다면 이 나라가 능히 홀로 서지 못하는 것이다. 어찌 천하로부터 그

232

괴로움5)을 벗어날 수 있겠는가. 포악한 나라에 협박을 받아 한패가 되어 자신이 바라지 않는 바를 하게 되는 자는 매일 걸(桀)과 같은 일을 하고 같은 행동을 하더라도 요(堯)가 되는 데 방해될 것은 없으나 이는 공명이 성취되고 멸망하는 나라를 존속시키며 위태로움을 안정시키는 길은 아니다. 공명이 성취되거나 멸망하는 나라를 존속시키거나 위태로움을 안정시키는 길은 반드시 기쁨이 크고 진심이 드러나는6) 데 달려 있다. 그 나라를 왕자가 걸맞는 데로 삼는다면 역시 왕자가 되고 그 나라를 위태롭고 멸망할 데로 만든다면 역시 위태롭고 멸망하게 될 것이다.

　나라가 성할 때7) 밖으로는 중립을 지키고 종횡으로 일을 하며8) 조용히 군을 장악하여9) 움직임 없이 저 포악한 나라끼리 서로 움켜쥐고 싸우는 것10)을 지켜볼 일이다. 안으로는 정치 교화를 고르게 다하고 예절을 세부까지 살피며11) 백성을 단련시키는12) 날에 그 병력이 천하에 최강이 될 것이다.13) 바로 인의를 닦고 사회규범을 존중하며14) 법 제도를 바로 하고 어진 이를 뽑아서 백성을 양육시키는 날에 곧 천하의 높은 명성을 얻게 될 것이다. 권위를 중히 하고 병력을 굳세게 하며 명성을 뛰어나게 하면, 저 요(堯)나 순(舜)이 천하를 하나로 할지라도 여기에 털끝도 더 보탤 수 없을 것이다. 권모를 꾸미고 전복을 꾀하는15) 사람이 물러나면 현량하고 총명한 사람이 저절로 진출할 것이다. 형정이 공평하고 백성들이 화합하며 나라 풍속이 절도있게 된다면 군대가 강해지고 성곽이 견고해져서 적국이 스스로 굴복해올16) 것이다. 농사일을 힘쓰고 재물을 쌓아 낭비하고 방만해지지17) 않게 하여 이에 여러 신하 백성들로 하여금 모두 정해진 제도에 따르게 한다면 재물이 쌓이고 국가가 곧 저절로 부해질 것이다. 세 가지 것이 여기에 갖추어진다면 천하가 복종하고 포악한 나라 군주도 곧 스스로 그 군대를 쓸 수 없게 될 것이다. 왜냐하면 포악한 나라와 더불어 오는 자가 없기18) 때문이다. 그와 더불어 올 것은 그 백성뿐이다. 그 백성들이 역으로 내 쪽을 친근하게 여기기를 마치 부모를 기뻐하듯 하고 내 쪽 좋아하기를 마치 지란

(芝蘭) 향내를 맡듯 하며 그 군주 돌아보기를 마치 묵형(墨刑) 당하듯이[19] 무서워하고 원수처럼 미워한다. 그 나라 사람의 성정이 비록 걸(桀)이나 도척(盜跖)과 같을지라도 어찌 그 증오하는 대상 때문에 그 좋아하는 대상 해치기를 즐길 자가 있겠는가. 그는 이미 나라를 빼앗겨 버린[20] 것이다. 그러므로 옛 사람 가운데 작은 한 나라를 가지고 천하를 취한 자가 있더라도 쳐들어가서 취한[21] 것은 아니다. 그곳을 바르게 다스려[22] 그 고장에 살기를 바라지 않는 자가 없었으니 이와 같다면 가히 포악한 자를 처벌하고 흉악을 금할 수 있을 것이다. 그러므로 주공(周公)이 남쪽을 정벌하자 북쪽 나라가 원망하여 말하기를 '왜 이쪽만 오지 않는가'라고 하였다. 동쪽을 정벌하자 서쪽 나라가 원망하여 말하기를 '왜 내 쪽만 뒤지는가'라고 하였다. 그 누가 능히 이를 상대로 다툴 자가 있겠는가. 바로[23] 그 나라를 가지고 이렇게 하는 이만이 왕자가 되는 것이다.

나라가 성할 때 바로 군을 조용히 함으로써 민을 쉬게 하고[24] 백성들을 사랑하며 전야를 개간하고 곡식 창고를 가득 채우며 일용도구를 편리하게 하고 여기서 모집과 선발을 신중히 하며 재능과 기예 가진 인사를 골라낸 후에 포상을 늘려 앞서게 권하고 형벌을 엄격히 하여 악을 막으며 인사들 중에 일 처리를 잘하는 자를 택하여 순순히 통솔해 나가도록[25] 시킨다. 이런 까닭으로 조용한 가운데[26] 축적과 정비가 잘되어 쓸 물자가 풍족해지는 것이다. 병기로 말하면 저쪽[27]은 연일 들판에 드러내 손상시키지만 내 쪽은 지금도 그것을 정비하고 아껴[28] 무기고에 소중히 간직한다.[29] 물자나 식량으로 말하면 저쪽은 연일 야외로 낭비하고 방만하게 버려두지만 내 쪽은 지금도 창고 안에 그것을 축적하고 함께 모아둔다. 재능이나 기예 있는 자, 수족이 될 인사,[30] 강건하고 용감한 무사[31]로 말하면 저쪽이 연일 적과의 싸움에 꺾이고 다하지만[32] 내 쪽은 지금도 그들을 불러들여 조정에 모두 수용하고[33] 연마시킨다. 이와 같다면 저쪽은 날로 더욱 피폐하고 내 쪽은 날로 더욱 굳건해지며 저쪽은 날로 더욱 빈궁해지고 내 쪽은 날로 더욱 부해지며 저쪽은 날로 더욱 고통받고 내 쪽은 더욱 편안해진다. 군신 상하관계로 말하면 저쪽은 으르렁거리며[34] 서로 연일 떨어져 반목하고 내 쪽은 돈독하여[35] 서로 연일 친애한다. 이렇게 하여 그 상대가 피폐해지기를 기다린다. 바로 그 나라를 가지고 이렇게 하는 자가 패자가 되는 것이다.

처신은 일반 풍속을 따르고[36] 일 처리는 일반 관행을 지키며 관직의 임명[37]은 일반 인사를 들어올리고 그[38] 백성들을 접하는 방법은 관용과 은혜를 취한다. 이와 같은 자는 곧 안존할 것이다. 처신은 경박하고 거칠며 일 처리는 꾸물대어 분명치 않으며[39] 관직의 임명은 영리하고 재빠른[40] 자를 들어올리고 그 백성들을 접하는 방법은 침탈하기를 좋아한다. 이와 같은 자는 위태할 것이다. 처신은 교만하고 난폭하며 일 처리는 뒤집기만 하고 관직의 임명은 거짓 일 꾸미는[41] 자를 들어쓰고 그 백성들을 접하는 방법은 그 죽을 힘을 쓰게 하되 그 공로를 만만히 여기기 좋아하며 그 세법[42]을 적용하기 좋아하되 그 농사일은 잊어버린다. 이와 같은 자는 멸망할 것이다.

이 다섯 가지 등급은 잘 선택해야 한다. 왕자와 패자, 안존함과 위태함, 그리고 멸망에 이르는 조건은 잘 선택하는 자가 남을 제압하고 잘 선택하지 못하는 자는 남이 그를 제압하며 잘 선택하는 자가 왕이 되고 잘 선택하지 못하는 자는 멸망하는 것이다. 대저 왕자가 되는 자와 망하는 자와 남을 제압하는 자와 남이 제압하는 자는 그 거리[43]가 또한 먼 것이다.

具, 具而王, 具, 具而霸, 具, 具而存, 具, 具而亡. 用萬乘之國者, 威彊之所以立也, 名聲之所以美也, 敵人之所以屈也. 國之所以安危臧否制, 與在此亡乎人. 王霸安存危殆滅亡制, 與在我亡乎人. 夫威彊未足以殆鄰敵也, 名聲未足以縣天下也, 則是國未能獨立也, 豈渠得免夫累乎天下. 脅於暴國而黨, 爲吾所不欲於是者, 日與桀同事同行, 無害爲堯, 是非功名之所就也, 非存亡安危之所隨也. 功名之所就, 存亡安危之所隨, 必將於愉殷赤心之所. 誠以其國爲王者之所亦王, 以其國爲危殆滅亡之所亦危

殆滅亡.

殷之日, 案以中立無有所偏, 而爲縱橫之事, 偃然案兵無動, 以觀夫暴國之相捽也. 案平政教, 審節奏, 砥礪百姓, 爲是之日而兵剸天下之勁矣. 案脩仁義, 伉隆高正法則, 選賢良養百姓, 爲是之日而名聲剸天下之美矣. 權者重之, 兵者勁之, 名聲者美之. 夫堯舜一天下也, 不能加毫末於是矣. 權謀傾覆之人退, 則賢良知聖之士案自進矣. 刑政平, 百姓和, 國俗節, 則兵勁城固, 敵國案自詘矣, 務本事積財物, 而勿棲遲薛越也, 是使群臣百姓皆以制度行, 則財物積, 國家案自富矣. 三者體此而天下服, 暴國之君案自不能用其兵矣. 何則彼無與至也. 彼其所與至者必其民也, 其民之親我也歡若父母, 好我也芳若芝蘭, 反顧其上則若灼黥若仇讎. 被人之情性也, 雖桀跖, 豈有肯爲其所惡賊其所好者哉. 彼以奪矣. 故古之人, 有以一國取天下者, 非往行之也, 脩政其所, 莫不願, 如是而可以誅暴禁悍矣. 故周公南征而北國怨, 曰, 何獨不來也. 東征而西國怨, 曰, 何獨後我也. 孰能有與是鬭者與. 安以其國爲是者王.

殷之日, 安以靜兵息民, 慈愛百姓, 辟田野, 實倉廩, 便備用, 安謹募選閱材技之士, 然後漸賞慶以先之, 嚴刑罰以防之, 擇士之知事者使相率貫也, 是以厭然畜積脩飾, 而物用之足也. 兵革器械者, 彼將日日暴露毀折之中原, 我今將脩飾之拊循之, 掩蓋之於府庫. 貨財粟米者, 彼將日日棲遲薛越之中野, 我今將畜積幷聚之於倉廩. 材技股肱健勇爪牙之士, 彼將日日挫頓竭之於仇敵, 我今將來致之, 幷閱之砥礪之於朝廷. 如是則彼日積敝, 我日積完, 彼日積貧, 我日積富, 彼日積勞, 我日積佚. 君臣上下之閒者, 彼將厲厲焉日日相離疾也, 我今將頓頓焉日日相親愛也, 以是待其敝. 安以其國爲是者霸.

立身則從傭俗, 事行則遵傭故, 進退貴賤則舉傭士, 之所以接下之百姓者, 則庸寬惠, 如是者則安存. 立身則輕楛, 事行則蠲疑, 進退貴賤則舉佞倪, 之所以接下之人百姓者, 則好取侵奪. 如是者危殆. 立身則憍暴, 事行則傾覆, 進退貴賤則舉幽險詐故, 之所以接下之人百姓者則好用其死力矣而慢其功勞, 好用其籍斂矣而忘其本務, 如是者滅亡.

236

此五等者不可不善擇也, 王霸安存危殆減亡之具也. 善擇者制人, 不善擇者人制之, 善擇之者王, 不善擇者亡. 夫王者之與亡者, 制人之與人制之也, 是其爲相懸也, 亦遠矣.

1 具具—앞의 구(具)는 구체적인 필요 조건, 뒤의 구(具)는 비(備)와 같은 뜻.

2 用萬乘之國—여기서 용(用)이란 위(爲)자로 통함. 치(治)자와 마찬가지 의미.

3 臧否制—장(臧)은 선(善)자와 같음. 제(制)는 법도의 뜻으로 긍(肯)·부(否)의 요점.

4 與在此—여(與)는 거(擧)자로 읽힘. 개(皆)자와 같음. 차(此)는 군주 자신을 가리킴.

5 累乎天下—루(累)는 계루(繫累)와 같은 뜻. 천하로부터 간섭을 받음.

6 愉殷赤心—유(愉)는 락(樂)자, 은(殷)은 성(盛)자와 같음. 적심(赤心)은 한결같은 본마음.

7 殷之日—여기서 은(殷)이란 국력(國力)이 왕성함을 가리킴. 나라의 전성 시기.

8 縱橫之事—종횡(縱橫)이란 자유자재를 말함. 자기가 하고 싶은 그대로 거리낌없이 하는 일.

9 偃然案兵—언(偃)은 안(安)자로 통용됨. 태연스런 형태. 안(案)은 안(按)자와 같음. 안병(案兵)이란 군 동원을 억지(抑止)함.

10 相捽—졸(捽)은 거머쥘 전(搏)자와 같은 뜻. 부딪칠 촉(觸)자로 통함. 서로 맞대항함.

11 審節奏—절주(節奏)란 본래 음악 용어임. 일의 세부까지 매듭짓게 함. 심(審)은 신중히 확인하고 처리해 나감.

12 砥礪—지려(砥礪)는 숫돌. 연마(鍊磨)의 뜻. 훈련 또는 격려를 가리킴.

13 剸天下之勁—전(剸)은 전(專)자로 통함. 마음 내키는 대로 천단(擅斷)함. 경(勁)은 강세(强勢), 즉 군셈을 말함.

14 亢—항(亢)은 고(高)자와 마찬가지 의미로, 높여 올림.

15 權謀傾覆—권모(權謀)는 정도(正道)를 벗어난 계략. 경복(傾覆)은 국가 전복을 가리킴.

16 自詘—여기서 굴(詘)이란 굽힐 굴(屈)자와 마찬가지 의미.

17 棲遲薛越—서지(棲遲)란 재화를 다 써버림. 설월(薛越)은 설월(屑越)과 같음. 가볍게 날림.

18 彼無與至—피(彼)란 포악한 군주를 가리킴. 여지(與至)는 함께 가세하여 공략해 들어옴.

19 若灼黥—작(灼)은 불인두로 얼굴을 지짐. 경(黥)은 먹물 들이는 형벌. 묵형

(墨刑)을 말함.

20 彼以奪―이(以)는 이미 이(已)자로 통용됨. 싸워서 지기 전에 벌써 나라를 빼앗김.

21 往行之―여기서 왕행(往行)이란 직접 남의 나라로 쳐들어가서 빼앗는 일을 말함.

22 脩政其所―소(所)는 처(處)자와 같은 뜻으로 쓰임. 그가 사는 나라에 머물면서 정치를 해나감.

23 安―안(安)은 안(案)자로 통함. 즉(則)자 또는 어시(於是)와 마찬가지 조사 구실을 함.

24 靜兵息民―정(靜)은 동(動)자의 반대 뜻. 병(兵)은 전쟁. 식(息)은 각종 부역에 징발하지 않음.

25 相率貫―상(相)은 순(順)자로 통함. 상솔(相率)이란 분야별로 통솔함. 관(貫)은 행(行)자와 같은 뜻.

26 厭然―여기서 염연(厭然)이란 안연(安然) 또는 태연(泰然)과 마찬가지 의미로 쓰임.

27 彼將―피(彼)는 아(我)와 대칭으로 제시된 조사. 장(將)은 유(惟)자와 같은 뜻으로 읽힘.

28 拊循之―부(拊)는 어루만질 무(撫)자로 통함. 부순(拊循)은 무순(撫循)과 같음. 애호의 뜻.

29 掩蓋之―엄(掩)·개(蓋) 두 글자 모두 덮개로 가림. 물건을 소중하게 보존함.

30 股肱―고(股)는 허벅다리, 굉(肱)은 팔꿈치. 군주가 수족처럼 믿고 부릴 수 있는 신하.

31 爪牙―조아(爪牙)는 짐승의 발톱과 어금니. 적을 막고 군주를 호위하는 무사.

32 挫頓竭之―좌돈(挫頓)은 좌절(挫折)과 같은 뜻. 세력이 없어짐. 갈(竭)이란 전사하여 군의 수가 줄어듦.

33 幷閱之―병(幷)은 아우를 병(倂)자로 통용함. 열(閱)은 용(容)자와 같음. 포용(包容)의 뜻.

34 厲厲―려(厲)는 엄(嚴)자 또는 질(疾)자로 통함. 몹시 심하게 질시함.

35 頓頓―돈(頓)은 돈(敦)자와 같음. 친후(親厚)와 마찬가지 의미. 사이가 두터워짐.

36 傭俗―용(傭)은 용(庸)자와 같음. 속(俗)이란 평범한 일반인의 생활방식을 말함.

37 進退貴賤―귀천(貴賤)은 신분의 높고 낮음. 진퇴(進退)는 그 지위를 올리거나 내림. 임면(任免)과 같은 뜻.

38 之所以 — 지(之)는 기(其)자와 같은 뜻으로 쓰임.『순자』에 유독 자주 보이는 용례.

39 蠲疑 — 견(蠲)은 혐(嫌) 또는 혹(或)자로 통함. 의(疑)는 호의(狐疑)와 같음. 주저하고 망설임.

40 佞倪 — 녕(佞)은 민첩함. 태(倪)는 열(悅)자와 같음. 겉으로만 상냥함. 진실하지 못함.

41 幽險詐故 — 유험(幽險)이란 음험(陰險)과 같은 뜻. 숨어서 나쁜 일을 꾀함. 고(故) 또한 사(詐)자로 통함. 속여서 재물을 갈취함.

42 籍斂 — 적(籍)은 세(稅)자와 같음. 렴(斂)은 수(收)자로 통함. 여기서는 조세를 징수하는 수단을 가리킴.

43 相懸 — 현(懸)은 동떨어짐. 현절(懸絶)의 뜻. 차이가 매우 큼. 현격함.

10 부국富國

이 편에서는 국가가 부유해지는 방법에 대해 논했다. 부국강병은 전국시대 제후들의 최대 관심사였다. 순황 부국책의 요점은 예의 법도를 확립하고 신분 등차와 상하 구별을 엄격히 하여 각자가 그 직분을 충실히 다하도록 적극 장려하는 것이다. 특히 순황은 유가의 정치 논리를 견지하는 입장에서 묵자의 비악(非樂)과 절용설(節用說) 등에 대해 비현실적 극단론으로 결코 부국의 정도(正道)가 못 된다고 반박 비판하였다.

[1]

만물은 같은 우주에 있으면서[1] 형체를 달리하고 의의는 없으면서[2] 인간에게 유용함이 자연의 도리다. 인류가 함께 살아[3] 구함은 같으나 방법이 다르고 욕망은 같으나 지혜가 다름은 그 본성이다. 옳다고 하는 바가 있는 것은 지자나 우자가 다 같지만 가하다 하는 바 대상의 차이로 지자와 우자가 갈린다. 세위(勢位)는 같더라도 지혜가 다르고 사사로운 일을 행하여도 화가 없으며 제멋대로 하여도 궁지로 몰리지 않는다면 민심이 격분하여 기뻐할 수 없을 것이다. 이와 같다면 지자라도 잘 다스릴 수가 없고 지자라도 잘 다스릴 수가 없다면 공명을 이루지 못하며 공명을 이루지 못한다면 군중을 분계지을 수 없고[4] 군중을 분계지을 수 없다면 군신관계가 서지 못하며 군주가 신하를 제어할 방법이 없고 위가 아래를 통제할 수단도 없다. 천하의 해악이란 제멋대로 하는 데서 생긴다. 구하고 싫어하는 대상[5]은 같은데 구하는 자가 많으면 그 대상은 적어지고 적어진다면 반드시 다투게 될 것이다.

원래 온갖 기술이 이루어낸 바[6]가 한 사람 기르는 소이가 된다. 그러나 유능한 자라도 기술을 모두 지닐 수 없고[7] 사람이 관직을 다 겸할 수 없다. 뿔뿔이 흩어져 살고 서로 대하지 않는다면 궁해질 것이며 모이더라도[8] 분계가 서 있지 않다면 다투게 될 것이다. 궁하다는 것은 근심거리가 되며 다툰다는 것은 화근이 된다. 근심거리를 구하고 화근을 제거하자면 분계를 명확히 세우고 무리지어 살게 하는 것만 같지 못하다. 강자가 약자를 협박하고 지자가 우자를 두렵게 하며 아랫사람이 윗사람을 거스르고 연소자가 연장자를 넘보아 덕을 가지고 정치하지 못하니 이와 같다면 노인이나 어린이가 부양받지 못할까 걱정되고[9] 장자는 분계를 다툴[10] 화근이 있을 것이다. 일은 싫어하고[11] 이익만 좋아하여 직업에 정해진 구분이 없게 될 것이니 이와 같다면 사람들이 제멋대로 일을 할[12] 우려가 있고 공만 다툴 화근이 일어날 것이다. 남녀간의 화합, 부부간의 분별, 혼인에 있어 문명(問名) · 결납(結納) · 송영(送迎)하는[13] 예가 없게 될 것이니 이와 같다면 사람들이 배우자를 잃을[14] 우려가 있고 여색만 탐해 서로 다툴 화근이 일어날 것이다. 그러므로 지자는 그 구분지을 예규를 만드는 것이다.

萬物同宇而異體, 無宜而有用爲人, 數也. 人倫竝處, 同求而異道, 同欲而異知, 生也. 皆有可也知愚同, 所可異也知愚分. 執同而知異, 行私而無禍, 縱欲而不窮, 則民心奮而不可說也. 如是則知者未得治也, 知者未得治, 則功名未成也, 功名未成, 則群衆未縣也, 群衆未縣, 則君臣未立也. 無君以制臣, 無上以制下, 天下害生縱欲. 欲惡同物欲多而物寡, 寡則必爭矣.

故百技所成, 所以養一人也. 而能不能兼技, 人不能兼官, 離居不相待則窮, 群而無分則爭. 窮者患也, 爭者禍也, 救患除禍, 則莫若明分使群矣. 强脅弱也, 知懼愚也, 下違上, 少陵長, 不以德爲政, 如是則老弱有失養之憂, 而壯者有爭分之禍矣. 事業所惡也, 功利所好也, 職業無分, 如是則人有樹事之患, 而有爭功之禍矣. 男女之合, 夫婦之分, 婚姻娉內送逆無禮, 如是則人有失合之憂而有爭色之禍矣. 故知者爲之分也.

1 萬物同宇─만물(萬物)이란 인간을 제외한 모든 것을 가리킴. 동우(同宇)는 동일한 우주 공간을 차지함.
2 無宜─의(宜)는 의(義)자로 통함. 일정한 관계를 규정지음. 혹은 그 의의를 말함.
3 人倫竝處─륜(倫)은 류(類)자와 같음. 처(處)는 거(居)자로 통함. 다 함께 어울려 사회생활을 영위함.
4 群衆未縣─군중(群衆)은 일반 서민을 가리킴. 현(縣)은 현(懸)자와 같음. 간격을 둠. 계층간의 분계(分界)를 말함.
5 欲惡同物─욕(欲)은 욕구(欲求), 오(惡)는 혐오(嫌惡). 물(物)은 욕망의 대상을 말함.

6 百技所成 — 백기(百技)는 공인들의 다양한 기술. 소성(所成)은 그 여러 종의 제품을 가리킴.

7 能不能兼技 — 앞의 능(能)은 유능한 자를 말함. 겸기(兼技)란 그 많은 기술을 혼자서 다 익힘.

8 群 — 여기서 군(群)이란 무리를 지어 삶. 군집(群集) 생활을 말함.

9 失養之憂 — 양(養)은 봉양(奉養) 또는 양육(養育)의 뜻. 실양(失養)이란 생계를 위협받음.

10 爭分 — 쟁분(爭分)이 다른 판본에는 분쟁(分爭)으로 되어 있음. 각자 신분 계층간의 구분을 지키지 않으려고 다툼.

11 事業所惡 — 여기서 사업(事業)이란 노역(勞役)과 같음. 힘들어 괴로워하는 일을 가리킴.

12 樹事 — 수(樹)는 세울 립(立)자와 같이 쓰임. 자의대로 사업을 기획하여 일으킴.

13 娉內送逆 — 빙(娉)은 빙(聘)자와 같음. 여자의 이름을 묻는 의식. 납(內)은 납(納)자로 통함. 폐백(幣帛) 드리는 결납(結納) 의식. 역(逆)은 영(迎)자와 같음. 친영(親迎)하는 의례.

14 失合 — 실합(失合)이란 남녀가 화합할 기회, 즉 그 적령기를 놓침.

[2]

나라가 풍족해지는 방법은 비용을 절약하여[1] 민을 넉넉하게 하고 그 나머지를 잘 저장하는[2] 데 있다. 비용의 절약은 예로써 하고 민을 넉넉히 함은 정치로 한다. 그 민을 넉넉히 하기 때문에 남는 재화가 많을 것이다. 민이 넉넉하다면 민은 부유해지고 민이 부유하다면 농토가 비옥해져서 농사를 잘 짓게 되며[3] 농토가 비옥해져서 농사를 잘 짓게 된다면 수확[4]은 백배나 될 것이다. 위가 법에 따라 이를 취하고 아래가 예에 따라 씀씀이를 절약한다면 남는 곡식이 산더미 같아 수시로 불태우지 않는다면 저장할 데가 없을 것이다. 저 군자[5]가 어찌 남는 것이 없게 될까 근심을 하는가. 그러므로 비용을 절약하여 민을 넉넉하게 할 줄 안다면 반드시 인의성량(仁義聖良)이란 명성을 얻고 또한 산더미 같은 부의 축적을 얻을 것이다. 이것은 다른 까닭이 아니다. 비용을 절약하여 민을 넉넉하게 하는 데서 생기는 것이다. 비용을 절약하여 민을 넉넉하게 할 줄 모른다면 민은 가난해지고 민이 가난해진다면 농토가 메 말라 황폐해지며⁶⁾ 농토가 메말라 황폐해진다면 수확은 절반도 못 될 것이다. 위가 비록 억지로 거두어들이기를 좋아하더라도 오히려⁷⁾ 수확은 적을 것이다. 그런데도 혹 예를 가지고 비용을 절약함이 없다면 반드시 이만 탐내어 수탈하는 악명⁸⁾을 남기고 또한 창고가 텅 비고 궁핍해지는 실상만 있을 것이다. 이것은 다른 까닭이 아니다. 비용을 절약하여 민을 넉넉하게 할 줄 모르기 때문이다. 「강고」(康誥)⁹⁾에 말하기를 '널리 감싸기를 하늘과 같이 하고 덕에 따라 한다면 네 몸도 넉넉하리라'고 하였으니 이것을 가리켜 말한 것이다.

예란 것은 귀천에 따라 등급이 있고 장유에 따라 차별이 있으며 빈부나 경중에도 모두 그 알맞은 바¹⁰⁾가 있는 것이다. 그러므로 천자는 자줏빛 바탕의 곤의(袞衣)를 입고 면관(冕冠)을 쓰며¹¹⁾ 제후는 검은 바탕의 곤의를 입고 면관을 쓰며 대부는 비의(裨衣)를 입고 면관을 쓰며¹²⁾ 사(士)는 피변(皮弁)¹³⁾을 쓴다. 덕은 반드시 그 지위에 알맞아야 하고 지위는 반드시 그 봉록에 알맞아야 하며 봉록은 반드시 그 쓰임에 알맞아야만 한다. 사 이상이라면 반드시 예와 악으로써 이를 조절하고 일반 백성들은 반드시 법의 항목으로 규제하여야 될 것이다. 땅 넓이를 측량하여 제후의 나라를 세우고 거두어들이는 이익을 계산하여 민을 기르며 사람의 노동력을 헤아려서 일거리를 주고 민으로 하여금 반드시 일을 견디게 하며 일은 반드시 이득을 내고 그 이득은 족히 민을 살도록 하며 모두가 입고 먹는 온갖 일용에 있어 들고 나는 출납이 서로 같도록¹⁴⁾ 하여 반드시 수시로 그 나머지를 저장할 것이니 이를 가리켜 알맞은 수단이라고 말한다. 그러므로 천자부터 서인에 이르기까지 일함에 있어 크고 작음, 많고 적음에 관계없이 이에 따라 나가야 할 것이다. 그러므로 말하기를 '조정에 요행스런 자리 없고 민간에 요행스런 삶이 없다'라고 하니 이것을 가리켜 말한 것이다. 농토의 세를 경감하고 관세나 시장세를 공평히 하며 장사하는 사람 수를 줄이고 각종 공사를 드물게 일으키며¹⁵⁾ 농사지을 시기를 빼앗지 않는다. 이와 같이 한다면 나라

246

가 부해질 것이다. 대저 이를 가리켜 정치로써 민을 넉넉히 한다고 말하는 것이다.

足國之道, 節用裕民, 而善臧其餘. 節用以禮, 裕民以政. 彼裕民故多餘. 裕民則民富, 民富則田肥以易, 田肥以易則出實百倍. 上以法取焉, 而下以禮節用之. 餘若丘山, 不時焚燒無所臧之. 夫君子奚患乎無餘. 故知節用裕民, 則必有仁義聖良之名而且有富厚丘山之積矣. 此無佗故焉, 生於節用裕民也. 不知節用裕民則民貧, 民貧則田瘠以穢, 田瘠以穢則出實不半. 上雖好取侵奪, 猶將寡獲也. 而或無以禮節用之, 則必有貪利糾譑之名而且有空虛窮乏之實矣. 此無佗故焉. 不知節用裕民也. 康誥曰, 弘覆乎天, 若德裕乃身, 此之謂也.

禮者貴賤有等, 長幼有差, 貧富輕重皆有稱者也. 故天子袾裷衣冕, 諸侯玄裷衣冕, 大夫裨冕, 士皮弁服. 德必稱位, 位必稱祿, 祿必稱用. 由士以上則必以禮樂節之, 衆庶百姓則必以法數制之. 量地而立國, 計利而畜民, 度人力而授事, 使民必勝事, 事必出利, 利足以生民, 皆使衣食百用出入相揜, 必時臧餘, 謂之稱數. 故自天子通於庶人, 事無大小多少由是推之. 故曰, 朝無幸位, 民無幸生. 此之謂也. 輕田野之稅, 平關市之征, 省商賈之數, 罕興力役, 無奪農時, 如是則國富矣. 夫是之謂以政裕民.

---

1 節用―용(用)은 용재(用財)와 같음. 재정(財政)에 있어 씀씀이를 말함. 절(節)은 소비 절약.

2 臧其餘―장(臧)은 장(藏)자와 같음. 여(餘)는 민을 풍족하게 하고 남은 재화나 곡식.

3 以易―이(易)는 치(治)자와 마찬가지 의미. 여기서는 경작·제초 등 치농(治農)을 잘 해나감.

4 出實―실(實)은 논밭에서 거두는 곡식. 그 수확고를 올림.

5 군자―여기서 군자란 절용(節用)을 주장한 묵적(墨翟)을 반박하려고 암묵적으로 부른 칭호.

6 田瘠以穢―척(瘠)은 척박(瘠薄)의 뜻. 땅이 메마름. 예(穢)는 무(蕪)자와 같음. 황폐해짐.

7 猶將―유(猶)·장(將) 두 글자 모두 동의어임. 상(尙)자와 마찬가지 의미로 읽음.

8 糾譑之名―규(糾)는 거둘 수(收)와 같음. 교(譑)는 교(撟) 또는 취(取)자로 통함. 명(名)이란 오명(汚名)을 가리킴.

9 康誥―『서경』 주서(周書)의 편명.

10 稱者―칭(稱)은 적의(適宜)와 같은 뜻. 사회적으로 저마다 걸맞는 여러 종의 형태.

11 袾袶衣冕―주(袾)는 주(朱)의 옛 글자. 권(袶)은 곤(袞)자로 통함. 용을 그린 의복. 의(衣)는 복(服)자와 같음. 면(冕)은 대부 이상 신분인 자가 쓰는 관.

12 裨冕―비(裨)는 제복(祭服)의 일종인 비의(裨衣). 혹은 속에 곁들여 입는 옷을 말함.

13 皮弁―피변(皮弁)은 피관(皮冠)과 같음. 백록(白鹿) 가죽으로 만든 관. 흰색 바탕의 의관.

14 出入相揜―엄(揜)은 엄(掩)자와 통용됨. 동(同)자와 마찬가지 의미. 수입 지출에 균형을 이룸.

15 罕興力役―역역(力役)이란 힘들이는 부역. 토목공사 같은 일. 한흥(罕興)은 가급적 일을 줄여서 하지 않음.

[3]

인간의 본성이 모여 살지 않을 수 없으니 모여 살면서 분계가 없으면 다투게 되고 다투면 어지러워지며 어지러우면 곤궁해진다. 그러므로 분계가 없다는 것은 인간의 큰 해이고 분계가 있다는 것이 천하의 큰 이익이다.[1] 그런데 군주라고 하는 자는 분계를 관장하기 위한 요체다.[2] 그러므로 그를 아름답게 한다는[3] 것은 바로 천하의 근본을 아름답게 하는 것이다. 그를 편안하게 한다는 것은 바로 천하의 근본을 편안하게 하는 것이다. 그를 높인다는 것은 바로 천하의 근본을 높이는 것이다. 옛날의 선왕은 등급을 나누어[4] 그 단계를 다르게 정하였다. 그러므로 혹자는 아름답게 혹자는 검소하게 혹자는 후하게 혹자는 박하게 혹자는 편안하게 혹자는 근로에 종사하게[5] 했다. 이는 비단 호사스럽고 화려하게 하기 위한[6] 것만은 아니며 장차 인자에게 걸맞는 예문(禮文)[7]을 명확히 하고 인자에게 걸맞는 차서를 드러내고자 하는 것이다. 그러므로 옥을 다듬어 조각하고 옷의 색깔과 모양[8]을 정하는 것도 귀천을 족히 분별하는 정도면 되고 그 보기 좋게 하기를 바라지 않는다. 종·고·관·경·금·슬·생·우 등 악기류를 정하는 것도 길흉사를 족히 가려서 즐기고 화합하는 정도면 되고 그 나머지는 바라지 않는다. 궁실과 높은 다락을 만드는 것도 건조하고 습한 데를 피하여 족히 덕을 기르고 신분상의 경중을 가리는 정도면 되고 그 밖의 일은 바라지 않는다. 『시』[9]에 이르기를 '그 문채 조각처럼 찬연하고 그 재질[10] 금옥같이 단단하네. 근면한[11] 우리 왕이여, 사방 나라를 다스리네'라고 하였으니 이것을 가리켜 말한 것이다.

대저 여러 색깔의 옷을 겹쳐서 입고 여러 맛의 음식을 겹쳐서 먹으며 여러 재물을 겹쳐서 관장하고 천하를 다 합하여 군주 노릇 한다는 것은 비단 호사부리기 위한 것만은 아니며 본래 천하를 하나로 함으로써 변화하는 여러 사건들을 다스리고 만물을 이루게 하여[12] 만민을 길러 천하를 모두 다 이롭게 한다는 것은 어진 사람의 선만 같지 못하기 때문이다. 그런 까닭에 그 지려가 족히 민을 다스릴 만하고 그 인후함이 족히 민을 안정시킬 만하며 그 덕망이 족히 민을 감화시킬 만하다. 그를 얻는다면[13] 다스려지고 그를 잃는다면 어지러워진다. 백성들이 진실로 그 지려를 신뢰하기 때문에 서로 이끌어 그를 위하여 노고하며 힘을 써서 그를 편안하게 함으로써 그 지려를 더욱 훌륭히 기른다는 것이다. 진실로 그 인후함을 아름답게 여기기 때문에 그를 위하여 목숨을 걸고[14] 감싸줌으로써 그 인후함을 기른다는 것이다. 진실로 그 덕을 아름답게 여기기 때문에 그를 위하여 옥을 다듬어 조각하고 옷의 색깔과 문양을 정하여 꾸밈으로써[15] 그 덕을 기른다는 것이다. 그러므로 어진 사람이 윗자리에 있으면 백성들이 그를 높이기를 상제와 같이 하고 그를 친근히 하기를 부모와 같이 하며 그를 위하여 목숨 걸어 등한하지 않는[16] 것은 다른 까닭이 아니다. 그 좋다 하는 바가 정말로 아름답고 그 득된다 하는 바가 정말로 크며 그 이롭다 하는 바가 정말로 많기 때문이다. 『시』[17]에 이르기를 '등짐이나 손수레[18]나 수레나 소나 행장은 벌써 다 갖추었네.[19] 모두 함께 귀복하자꾸나'[20]라고 하였으니 이것을 가리켜 말한 것이다.

그러므로 말하기를 '군자가 덕을 가지고 한다면 소인은 힘을 가지고 한다'라고 하였다. 힘이란 것은 덕이 부리는 것이다. 백성들의 힘은 위정자의 덕을 기다린[21] 다음에 효과가 있고 백성들의 모임도 그것을 기다린 다음에 화합하며 백성들의 재물도 그것을 기다린 다음에 모아지고 백성들의 자리[22]도 그것을 기다린 다음에 안정되며 백성들의 수명도 그것을 기다린 다음에 길어진다. 부자간이 그것을 얻지 못하면 친근할 수 없고 형제간도 그것을 얻지 못하면 종순할 수 없고 남녀간도 그것을 얻지 못하면 즐길 수 없으며 연소자는 그것을 가지고 성장하고 연로자도 그것을 가지고 봉양받게 된다는 것이다. 그러므로 말하기를 '천지가 인간을 낳고 성인이 그를 육성하였다'고 하니 이것을 가리켜 말한 것이다. 오늘의 세태는 그렇지가 않아[23] 세금[24]을 많이 매겨 재화를 빼앗고 농지세를 무겁게 매겨 식량을 빼앗으며 관세나 시장세를 가혹하게 매겨 그 사업 자체를 어렵게 만들고 그래도 그만두지 않아 또 흔들어 약점을 들추고[25] 계략을 써서 뒤집어 서로 넘어뜨리고 쇠잔하게[26] 만든다. 백성들도 분명히 그가 추하고[27] 난폭해서 장차 큰 위험이 닥쳐 망하게 되리라는 것을 모두 알고 있다. 이런 까닭으로 신하가 혹 그 군주를 시해하고 아랫사람이 혹 그 윗사람을 죽이며 그 성을 팔아넘기고[28] 그 충절을 배반하여 그 나라 일에 목숨을 바치지 않는 것은 다른 까닭이 아니다. 군주 스스로가 취한 것이다. 『시』[29]에 이르기를 '어떤 말에도 앙갚음이 없지 않으며 어떤 덕에도 갚음이 없지 않다'라고 하니 이것을 가리켜 말한 것이다.

人之生不能無群, 群而無分則爭, 爭則亂, 亂則窮矣. 故無分者人之大害也. 有分者天下之本利也. 而人君者所以管分之樞要也. 故美之者是美天下之本也. 安之者是安天下之本也. 貴之者是貴天下之本也. 古者先王分割而等異之也. 故使或美或惡, 或厚或薄, 或佚樂或劬勞. 非特以爲淫泰

夸麗也, 將以明仁之文通仁之順也. 故爲之雕琢刻鏤黼黻文章, 使足以辨貴賤而已, 不求其觀. 爲之鍾鼓管磬琴瑟竽笙, 使足以辨吉凶合歡定和而已, 不求其餘. 爲之宮室臺榭, 使足以避燥溼養德辨輕重而已, 不求其外. 詩曰, 雕琢其章, 金玉其相. 亹亹我王, 綱紀四方. 此之謂也.

若夫重色而衣之, 重味而食之, 重財物而制之, 合天下而君之, 非特以爲淫泰也, 固以爲一天下治萬變, 材萬物養萬民, 兼制天下者, 莫若仁人之善也. 夫故其知慮足以治之, 其仁厚足以安之, 其德音足以化之. 得之則治, 失之則亂. 百姓誠賴其知也, 故相率而爲之勞苦, 以務佚之以養其知也. 誠美其厚也, 故爲之出死斷亡以覆救之, 以養其厚也. 誠美其德也, 故爲之雕琢刻鏤黼黻文章以藩飾之, 以養其德也. 故仁人在上, 百姓貴之如帝, 親之如父母, 爲之出死斷亡而不愉者, 無佗故焉. 其所是焉誠美, 其所得焉誠大, 其所利焉誠多. 詩曰, 我任我輦, 我車我牛, 我行旣集, 蓋云歸哉. 此之謂也.

故曰, 君子以德, 小人以力. 力者德之役也. 百姓之力待之而後功. 百姓之群待之而後和, 百姓之財待之而後聚, 百姓之埶待之而後安, 百姓之壽待之而後長. 父子不得不親, 兄弟不得不順, 男女不得不歡, 少者以長, 老者以養. 故曰, 天地生之, 聖人成之. 此之謂也. 今之世而不然, 厚刀布之斂以奪之財, 重田野之稅以奪之食, 苛關市之征以難其事, 不然而已矣, 有掎挈伺詐, 權謀傾覆, 以相顛倒, 以靡敝之. 百姓曉然皆知其汙漫暴亂而將大危亡也. 是以臣或弑其君, 下或殺其上, 鬻其城倍其節而不死其事者, 無它故焉, 人主自取之. 詩曰, 無言不讎, 無德不報. 此之謂也.

---

1 本利─본(本)은 우(宇)자와 같음. 대(大)자로 통함. 근본 이익을 말함.

2 管分之樞要─관(管)은 리(理)자와 마찬가지 뜻. 관할(管轄)함. 추(樞)는 가장 긴요한 주축.

3 美之─지(之)란 군주를 가리킴. 미(美)는 그 신변 또는 환경을 제도적으로 아름답게 꾸밈.

4 分割─분(分)과 할(割) 두 글자 모두 동의어로 나눔의 뜻. 신분상의 등차·귀천·상하를 구별지음.

5 劬勞─구(劬)와 로(勞) 두 글자 모두 수고로운 근로(勤勞)의 뜻으로 쓰임.

6 淫泰夸麗─음(淫)은 심(甚)자, 태(泰)는 태(汰)자로 통함. 과(夸)는 대(大)자 의 뜻. 지나친 사치나 화려함을 말함.

7 仁之文─문(文)이란 예(禮)의 형식 또는 그 꾸밈. 인덕(仁德)에 알맞은 절차 를 가리킴.

8 黼黻文章─보(黼)는 흑백 색실로 수놓은 대례복. 불(黻)은 아(亞)자 형의 수 를 놓은 제례복. 문장(文章)이란 그 의관을 꾸밈.

9 詩─『시경』「대아(大雅)·역박(棫樸)」편의 인용 구절.

10 其相─상(相)은 실상(實相). 그 재질(材質)을 가리켜 말함.

11 亹亹─미(亹)란 근면(勤勉)과 같은 뜻. 부지런한 모습을 형용함.

12 材萬物─재(材)는 재(財)자로 통함. 성(成)자와 마찬가지 의미. 만물이 본 래 모습대로 됨.

13 得之─지(之)는 '기덕음'(其德音)의 기(其)자와 같은 덕을 지닌 군주를 가 리킴.

14 出死斷亡─출사(出死)란 필사(必死)의 각오로 나옴. 단망(斷亡)의 단(斷)은 판(判)자와 같음. 죽기를 다함.

15 藩飾─번(藩)은 원(垣)자와 같음. 울타리 두르듯이 신변을 장식함.

16 不愉─유(愉)는 투(偸)자로 통용됨. 태(怠)와 같은 뜻.

17 詩─『시경』「대아(大雅)·서묘(黍苗)」편의 인용 구절.

18 我任我輦─임(任)이란 등에 짊어지는 짐을 말함. 련(輦)은 손으로 끄는 작 은 수레.

19 我行旣集─행(行)은 행장(行裝)을 말함. 집(集)은 성(成)자로 통함. 여행 준비물을 다 갖춤.

20 蓋云歸哉─개(蓋)는 개(皆)자로 통함. 운(云)은 조사로 쓰임. 귀(歸)란 귀 복(歸服)의 뜻.

21 待之─여기서 지(之)는 군자, 즉 위정자의 덕을 가리킴.

22 百姓之埶─세(埶)는 세(勢)의 고자. 세위(勢位)의 뜻으로 쓰임. 일상적 생 활환경.

23 今之世而不然─여기서 이(而)는 즉(則)자와 같은 뜻. 두 글자가 서로 통용 되는 예를 많이 봄.

24 刀布之斂─도(刀)와 포(布) 모두 고대 화폐인 동전의 일종. 렴(斂)은 징수 (徵收)와 같은 뜻.

25 有掎挈伺詐─유(有)는 우(又)자와 같음. 기(掎)는 뒤에서 끌어당김. 설(挈)은 앞에서 들어올림. 우롱(愚弄)의 뜻. 사(伺)는 규(窺)자로 통함. 속인 죄를 들춤.

26 靡敝―미(靡)는 진(盡)자와 같음. 폐(敝)는 패(敗)자로 통함. 쇠하여 피곤
    해짐.

27 汙漫―우(汙)는 오(汚)자와 같음. 오만(汚漫)이란 예행(穢行), 즉 추악한
    행실을 말함.

28 鬻其城―육(鬻)은 매(賣)자로 통함. 성문을 열어 적에게 항복함으로써 내
    한 몸의 이득을 취함.

29 詩―『시경』「대아(大雅)·억(抑)」편의 인용 구절.

[4]

천하를 모두 함께 충족시키는 방법은 그 직분을 명확히 하는 데[1] 있
다. 땅을 가꾸어[2] 북돋우고[3] 풀을 뽑아 곡식을 심으며[4] 거름을 많이 하
여 논밭을 걸게 함[5]은 바로 농부와 모든 백성들이 하는 일이다. 때를 지
켜 민을 힘쓰도록 독려하고 사업을 촉진시켜 그 이득의 성과를 크게 하
며 백성들을 고루 화합하도록 하고 사람들로 하여금 게으르지 않게 함
은 바로 장솔(將率)[6]이 하는 일이다. 높은 데도 가뭄 들지 않고 낮은 데
도 홍수 나지 않으며 차고 더움이 알맞아 오곡이 때에 따라 익음[7]은 바
로 하늘이 하는 일이다. 대저 이를 똑같이 함께 감싸고 이를 똑같이 함
께 애호하며 이를 똑같이 단속하여 그해 비록 흉작이고 홍수나 가뭄이
들더라도 백성들로 하여금 굶주리고 얼어죽을 우환이 없도록 함은 곧
성군(聖君) 현상(賢相)이 하는 일이다.

兼足天下之道, 在明分. 撩地表畝, 刺屮殖穀, 多糞肥田, 是農夫衆庶之
事也. 守時力民, 進事長功, 和齊百姓, 使人不偸, 是將率之事也. 高者不
旱, 下者不水, 寒暑和節而五穀以時孰, 是天之事也. 若夫兼而覆之, 兼
而愛之, 兼而制之, 歲雖凶敗水旱, 使百姓無凍餒之患, 則是聖君賢相之
事也.

1 明分―분(分)은 경제활동에 있어 그 분업 상태를 말함. 각자가 할 일을 분명
    히 나눔.

2 撩地―료(撩)는 리(理)자로 통함. 치지(治地), 즉 농지 관리의 뜻. 료(撩)를

다른 판본에 엄(掩)자로 쓰고 있으나 오자로 봄.

3 表畝—표(表)는 고(高)자와 마찬가지 의미. 밭이랑을 높게 돋우어 토질을 배양함.

4 剌艸殖穀—초(艸)는 풀 초(草)자의 고자. 자(剌)는 절멸(絶滅)과 같은 뜻. 식(殖)은 식(植)자로 통함.

5 多糞肥田—분(糞)은 흙을 썩임. 분토(糞土)를 말함. 시비(施肥)함. 비(肥)는 비옥의 뜻.

6 將率—장(將)·솔(率) 두 글자 모두 사람을 거느림. 농솔(農率)과 같음. 평상시의 지방 장관.

7 時孰—숙(孰)은 익을 숙(熟)자로 통함. 계절과 함께 잘 익음.

[5]

묵자(墨子)가 하는 말은 좀스럽게¹⁾ 천하를 위하여 부족될까 걱정하지만 그 부족이란 천하가 공인하는 우환²⁾이 아니다. 다만 묵자 혼자만의 걱정이요 지나친 생각³⁾이다. 지금 이 대지가 오곡을 생육함에 있어 사람이 그것을 잘 다스린다면 이랑마다 여러 분(盆)⁴⁾을 얻고 한 해에도 두 번씩 수확을 하며⁵⁾ 또한⁶⁾ 오이·복숭아·대추·오얏을 한 그루에 분고(盆鼓)⁷⁾를 가지고 세며 또한 오만 가지 채소류⁸⁾도 소택(沼澤)⁹⁾을 가지고 헤아리며 또한 가축이나 새·짐승들도 한 마리로 수레를 가득 채우며¹⁰⁾ 자라나 물고기류도 때를 맞아 떨어져 나간다면¹¹⁾ 저마다 한 무리를 이루며 또한 나는 새나 물오리들도 마치 연기 덮인 바다와 같으며¹²⁾ 또한 곤충이나 오만 가지 생물이 그 사이에 살아서 가히 서로 먹고 자랄 수 있는 것을 이루 다 헤아릴 수가 없다. 대저 천지 자연이 만물을 생육함에 있어 본래 여유를 가지고 그것으로 사람을 충분히 먹이게 한다. 마나 갈포, 누에 실, 새나 짐승의 깃이나 털, 상아, 가죽 모두 여유가 있어 그것으로 사람이 충분히 입을 수 있게 한다. 그 부족이란 천하가 공인하는 우환이 아니다. 다만 묵자 혼자만의 걱정이요 지나친 생각이다.

천하가 공인하는 우환이란 혼란을 일으켜 이를 해치는 것이다. 왜 혼란을 일으키는 자가 누구인가 서로 함께 찾아내려고 시도하지 않는가.

내가 생각하기로는 묵자의 비악(非樂)이란 바로 천하를 혼란하게 하고 묵자의 절용(節用)이란 바로 천하를 빈곤하게 하는 것이다. 그를 헐뜯으려는[13] 것이 아니라 논리의 당연한 귀결이다. 묵자가 크게는 천하를, 작게는 한 나라를 가진다면 반드시 걱정이 되어[14] 나쁜 옷을 입고 거친 음식을 먹으며[15] 근심스러워서 음악을 그만둘 것이다. 이와 같다면 수척해지고[16] 수척해진다면 욕망을 충족시키지 못하며 욕망을 충족시키지 못한다면 상 주는 일도 못할 것이다. 묵자가 크게는 천하를, 작게는 한 나라를 가진다면 반드시 부릴 사람을 적게 하고[17] 관직을 줄이며 일을 존중하고[18] 오로지 노고하면서 일반 백성들과 사업을 고르게 하고 똑같이 노동할 것이다. 이와 같다면 위엄이 서지 않고 위엄이 서지 않는다면 처벌하는 일도 못할 것이다. 상 주는 일을 못한다면 현자를 얻어서 나아가게 할 수 없고 처벌하는 일을 못한다면 불초자를 가려서 물러서게 할 수 없을 것이다. 현자를 얻어서 나아가게 할 수 없고 불초자를 가려서 물러서게 할 수도 없다면 능한 이와 능하지 못한 이를 가려서 상응하는 벼슬자리를 맡길 수 없을 것이다. 이와 같다면 만물이 마땅함을 얻지 못하고 일의 변화에 대응 못하며 위로는 천시(天時)를 잃고 아래로는 지리(地利)를 잃으며 가운데로는 인화(人和)를 잃어 천하가 모두 불에 못견디어[19] 타버리는 것과 같을 것이다. 묵자가 비록 이를 위하여 굵은 베옷을 입고 새끼줄을 매고 콩잎 국을 핥고[20] 물을 마시더라도 어떻게 그것을 능히 충족시킬 것인가. 이미 그 근본을 베고 그 근원을 말려서 천하가 불타버린 것이다.

그러므로 선왕이나 성인이 하는 것은 그렇지 않다. 대저 군주가 되어 위에 서는 자가 아름답지 않고 꾸미지 않는다면 민을 족히 하나로 할 수 없고 부하지 않고 후하지 않다면 아래를 족히 관할할 수 없으며 위세부리지 않고 강력하지 않다면 족히 난폭을 금하고 흉악을 이겨내지 못한다는 것을 알고 있다. 그러므로 반드시[21] 큰 종을 치고 잘 울리는 북을 두드리며 우(竽)와 생(笙)을 불고 거문고와 비파를 타서 그 귀를 충족시키고[22] 반드시 금옥 기물을 조각하고 의복 문양을 갖추어서 그 눈을 충족시키며 반드시 맛있는 소나 돼지의 고기, 쌀과 기장, 다섯 가지 맛과 좋은 향내를 가지고 그 입을 충족시킨 연후에 부릴 사람을 많이 늘려 관직을 정비하며 포상(褒賞)23)을 하고 형벌을 엄격히 함으로써 그 마음을 다잡는다. 천하의 백성들로 하여금 자신이 원하고 바라는 바가 여기에 다 있음을 알게 하기 때문에 그 상 주는 일을 행하는 것이다. 자신이 무섭고 두려워하는 바가 여기에 다 있음을 알게 하기 때문에 그 형벌이 위엄을 갖는 것이다. 상 주는 일이 행해지고 형벌이 위엄을 갖게 된다면 현자가 가려져 나아갈 수 있고 불초자가 가려져 물러나게 할 수 있으며 능한 이와 능하지 못한 이가 가려져 벼슬자리에 오를 수 있게 되는 것이다. 이와 같다면 만물이 그 마땅함을 얻고 일의 변화가 그 대응을 얻으며 위로는 천시를 얻고 아래로는 지리를 얻으며 가운데로는 인화를 얻어 재화가 마치 샘물 솟듯24) 하고 마치 황하나 바닷물이 넘치듯25) 하며 마치 산언덕같이 쌓여26) 수시로 불살라버리지 않는다면 저장할 데가 없게 될 것이다. 도대체 천하가 어찌 부족될까 근심하는가.

그러므로 유술(儒術)27)이 정말 행하여진다면 천하가 편안하여 넉넉하고28) 즐기면서 공적이 오르며 종을 치고 북을 두드리며 화합하게 될 것이다. 『시』29)에 이르기를 '종과 북소리 함께 울리고30) 피리소리 · 경쇠소리 잘 어울리네.31) 복 내리심이 많고32) 복 내리심이 크도다.33) 위의도 당당하네.34) 싫도록 취하고 배불리 먹으니 복록도 거듭 겹치는도다35)'라고 하였으니 이것을 가리켜 하는 말이다. 그러므로 묵술(墨術)36)이 정말 행하여진다면 천하가 검약을 소중히 하면서도 더욱 가난해지고 싸움을 거부하면서 매일 다투게 되며 애써 일하여 지치더라도37) 더 성과가 오르지 않고 줄곧 걱정하면서38) 음악을 그만두더라도 매일 화락하지 않게 될 것이다. 『시』39)에 이르기를 '하늘은 바야흐로 재해를 거듭하고40) 상란이 널리 더욱 커지네. 민은 여기서 칭찬이 없는데 일찍이 그만두지 못하네'41)라고 하였으니 이것을 가리켜 하는 말이다.

墨子之言, 昭昭然爲天下憂不足. 夫不足非天下之公患也, 特墨子之私憂過計也. 今是土之生五穀也, 人善治之, 則畝數盆, 一歲而再獲之, 然後瓜桃棗李, 一本數以盆鼓, 然後葷菜百疏, 以澤量, 然後六畜禽獸, 一而剸車, 黿鼉魚鼈鰌鱣以時別, 一而成群, 然後飛鳥鳧鴈若煙海, 然後昆蟲萬物生其閒, 可以相食養者, 不可勝數也. 夫天地之生萬物也, 固有餘足以食人矣. 麻葛繭絲, 鳥獸之羽毛齒革也, 固有餘足以衣人矣. 夫不足, 非天下之公患也, 特墨子之私憂過計也.

天下之公患, 亂傷之也. 胡不嘗試相與求亂之者誰也. 我以, 墨子之非樂也則使天下亂, 墨子之節用也則使天下貧. 非將墮之也, 說不免焉. 墨子大有天下小有一國, 將蹙然衣麤食惡, 憂戚而非樂. 若是則瘠, 瘠則不足欲, 不足欲則賞不行. 墨子大有天下小有一國, 將少人徒省官職上功勞苦, 與百姓均事業齊功勞. 若是則不威, 不威則罰不行. 賞不行, 則賢者不可得而進也, 罰不行, 則不肖者不可得而退也. 賢者不可得而進, 不肖不可得而退, 則能不能不可得而官也. 若是則萬物失宜, 事變失應, 上失天時, 下失地利, 中失人和, 天下敖然若燒若焦. 墨子雖爲之衣褐帶索, 嚽菽飲水, 惡能足之乎. 旣以伐其本竭其原, 而焦天下矣.

故先王聖人爲之不然. 知夫爲人主上者, 不美不飾之不足以一民也, 不富不厚之不足以管下也, 不威不强之不足以禁暴勝悍也. 故必將撞大鐘擊鳴鼓, 吹竽笙彈琴瑟, 以塞其耳, 必將雕琢刻鏤黼黻文章, 以塞其目, 必將芻豢稻粱五味芬芳, 以塞其口, 然後衆人徒備官職, 漸慶賞嚴刑罰, 以戒其心. 使天下生民之屬皆知己之所願欲之擧在于是也, 故其賞行. 皆知己之所畏恐之擧在于是也, 故其罰威. 賞行罰威, 則賢者可得而進也, 不肖者可得而退也, 能不能可得而官也. 若是, 則萬物得其宜, 事變得其應, 上得天時, 下得地利, 中得人和, 財貨渾渾如泉源, 汸汸如河海, 暴暴如丘山, 不時焚燒無所臧之, 夫天下何患乎不足也.

故儒術誠行, 則天下大而富, 佚而功. 撞鐘擊鼓而和. 詩曰, 鐘鼓喤喤, 管磬瑲瑲, 降福穰穰, 降福簡簡, 威儀反反, 旣醉旣飽, 福祿來反, 此之謂也. 故墨術誠行, 則天下尙儉而彌貧, 非鬪而日爭, 勞苦頓萃而愈無功, 愀

然憂戚, 非樂而日不和. 詩曰, 天方薦瘥, 喪亂弘多. 民言無嘉, 憯莫懲嗟, 此之謂也.

1 昭昭然 — 소(昭)는 소(小) 또는 협(狹)자와 같은 뜻. 생각이 좁은 모양. 사소한 일에 마음씀.

2 公患 — 여기서 공환(公患)이란 모든 사람이 인정하는 공공(公共)의 우환을 말함.

3 過計 — 계(計)는 계려(計慮)의 뜻으로, 헤아려봄. 쓸데없는 생각을 가리킴.

4 數盆 — 분(盆)은 부(鬴) 또는 부(釜)자와 같음. 분량을 되는 용기(容器)를 가리킴.

5 再穫之 — 획(穫)은 확(穫)자로 통함. 일년 농사를 지어 두 번 수확하게 되는 풍요를 누림.

6 然後 — 여기서 연후(然後)란 이(而)·우(又)와 같은 뜻으로 봄. 앞의 문맥을 이어서 그 밖에도 더 있음을 표현한 접속사.

7 盆鼓 — 고(鼓) 또한 분(盆)자와 마찬가지로 도량형 용기의 일종. 열 말 들이 곡(斛)과 같음.

8 葷菜百疏 — 훈(葷)은 매운 채소. 소(疏)는 소(蔬)자로 통함. 여러 가지 야채류를 가리킴.

9 澤量 — 여기서 택량(澤量)이란 소택(沼澤)에 가득 찰 만한 많은 양을 거둔다는 뜻으로 쓰임.

10 一而剸車 — 일(一)은 가축 한 마리 머릿수를 말함. 전(剸)은 전(專)자로 통함. 수레에 실어 가득 찰 정도로 살찐 모양.

11 以時別 — 별(別)이란 치어(稚魚)가 자라서 그 어미와 따로 떨어져나감을 말함. 시(時)는 생육하는 시기.

12 若煙海 — 연해(煙海)는 바다를 멀리서 바라보면 마치 연기가 덮인 듯이 흐릿해 보임을 말함. '많다'는 표현의 한 가지.

13 將墮之 — 타(墮)는 훼방(毀謗)과 같은 뜻. 남을 헐뜯어서 떨어뜨림. 장(將)은 의지를 나타냄.

14 將蹙然 — 여기서 장(將)은 필(必)자로 통함. 축연(蹙然)이란 근심 걱정 때문에 즐겁지 않은 모양.

15 衣麤食惡 — 추(麤)는 거칠 조(粗)자와 마찬가지 의미. 옷을 검소하게 입음. 식악(食惡)은 질이 나쁜 음식을 먹음.

16 瘠 — 척(瘠)은 여윌 수(瘦)자와 같음. 파리해짐. 경제적으로 침체된 상태를 가리킴.

17 少人徒—인도(人徒)란 손아래 두고 부리는 막일꾼. 역부(役夫)를 말함. 소(少)는 사람 숫자를 감소시킴.

18 上功—상(上)은 높일 상(尙)자로 통함. 공(功)은 막노동하는 것을 가리킴.

19 敖然—오(敖)는 볶을 오(熬)자와 같음. 불에 쬐어 굽는 모양. 불타서 다 없어짐.

20 嚽菽—철(嚽)은 훌쩍거릴 철(啜)자로 통함. 숙(菽)이란 콩잎으로 끓인 국을 말함. 물자를 아껴 쓰는 절검생활을 가리킴.

21 必將—여기서는 장(將)도 필(必)자와 마찬가지 의미. 두 글자 모두 복합어로 쓰임.

22 塞其耳—색(塞)은 충색(充塞)의 뜻. 가득 채움. 귀를 즐겁게 해줌.

23 漸慶賞—경상(慶賞)이란 포상(褒賞)과 같음. 점(漸)은 진(進)자로 통함. 격려의 뜻으로 상을 주어 나아가게 함.

24 渾渾如泉源—혼혼(渾渾)은 물이 솟아 흐르는 모양. 천원(泉源)이란 끊임없이 분출되는 모양을 가리킴.

25 汸汸如河海—방(汸)은 방(滂)자와 음이 같음. 큰 비가 내리는 모양. 하(河)는 황하(黃河)를 가리킴. 물이 많은 상태.

26 暴暴如丘山—폭폭(暴暴)은 폭로(暴露)와 같은 뜻. 산더미같이 많이 쌓임을 말함.

27 儒術—술(術)이란 하나의 정치 기술을 가리킴. 유가(儒家)의 이념에 맞는 논리와 방법.

28 大而富—대(大)는 태(泰)자로 음이 통함. 안태(安泰)와 같은 뜻. 부(富)란 넉넉함.

29 詩—『시경』「주송(周頌) · 집경(執競)」편의 인용 시구.

30 喤喤—황(喤)이란 어린아이가 우는 큰 소리. 황황(喤喤)은 악기소리가 조화를 이루는 모양.

31 滄滄—창(滄)이란 하늘이 넓고 파란 상태. 창창(滄滄)은 역시 소리의 조화를 가리킴.

32 穰穰—양(穰)은 많은 모습. 양양(穰穰)은 곡물의 결실이 잘되어 풍성해짐을 말함.

33 簡簡—간(簡)은 큰 대(大)자로 통함. 간간(簡簡)은 북소리가 부드럽고 성한 모양.

34 反反—반(反)은 거듭할 중(重)자로 통함. 반반(反反)은 조심스러워하는 모습.

35 來反—여기서 반(反)은 거듭 되풀이함을 가리킴. 래(來)는 어조사로 쓰임.

36 墨術—묵가(墨家)가 주장하는 절용과 비악의 구체적인 실천 방법.

37 頓萃—돈(頓)은 곤궁(困窮)한 모습. 췌(萃)는 병들 췌(顇)자와 같은 뜻. 지처버림.

38 愀然—초(愀)는 변동(變動)이란 의미. 근심 때문에 얼굴빛이 헬쑥하게 변함.

39 詩—『시경』「소아(小雅)·절남산(節南山)」편의 인용 시구.

40 薦瘥—천(薦)은 중(重)자와 마찬가지 의미. 차(瘥)는 병(病)과 같음. 재난이 겹침을 말함.

41 憯莫懲嗟—참(憯)은 일찍 증(曾)자로 통함. 징(懲)은 그칠 지(止)자와 같음. 차(嗟)는 탄(嘆)하는 조사.

[6]

할 일을 내버려두고[1] 민을 기르느라 어루만지고 귀여워하며[2] 겨울에는 죽을 쑤고[3] 여름에는 오이와 보리밥을 주며 한때의 명성을 훔쳐서 가지려 하지만 이것은 바로 투도(偸道)[4]이다. 그것으로 한때 간악스런 민의 명성을 얻을 수 있을지라도 오래갈 도가 아니며 일이 반드시 성취되지 못하고 공로도 반드시 세우지 못할 것이다. 이것은 바로 간악한 정치라고 하는 것이다. 요란스럽게[5] 시간을 다그쳐 민을 힘쓰게 하여 일을 추진시켜 공적을 크게 하고 비난이나 칭송은 가볍게 여겨서 민심 이반을 마음에 두지 않는다면[6] 일은 진척되더라도 백성들이 질시하게 될 것이니 이 또한 편향된 투도라 하는 것이다. 일이 무너져 실패하고[7] 반드시 공적이 도리어 없을 것이다. 그러므로 할 일을 내버려두고 명성만 얻으려 함은 불가하며 공적을 이루고자 함으로써 민을(노고를) 잊는 것도 불가하니 모두가 간도(姦道)인 것이다.

그러므로 옛 사람이 하는 방식은 그렇지 않다. 민으로 하여금 여름에 더위먹지 않게[8] 하고 겨울에 얼어죽지 않게 하며 급히 서둘다가 힘 상하지 않게 하고 늦추다가 때에 뒤지지 않게 하여 일을 이루어 공적이 서서 아래위가 함께 부유해진다면 백성들이 모두 그 위를 친애하게 되는 것이다. 사람들이 그에게 귀복함이 흐르는 물과 같고 그를 가까이하여 즐겨함이 부모 대하듯 하며 몸을 내던져 죽기를 마다지 않는[9] 것은 다른 까닭이 아니다. 성실과 조화와 공평함이 극치에 이르기[10] 때문이다. 그러므로 한 나라의 군주로 민의 어른 된 자가 시기를 서둘러 공적을 이루고자 한다면 조화와 절충[11]이 급히 다그치는 것보다 더 빠를 것이고 성실과 공평이 포상하는 것보다 더 기뻐할 것이며 반드시 먼저 그 자신에게 있는 것을 바르게 닦은 연후에 서서히 남에게 있는 것을 꾸짖는다면 형벌보다 더 위엄 있을 것이니 세 가지 덕이 정말 위에 있다면 아래가 여기에 응함이 그림자나 산울림 같을 것이다. 비록 명성이 밝게 통달하지 않기를 바라더라도 할 수가 있겠는가.『서』[12]에 이르기를 '군주가 크게 일을 밝힌다면 민이 그 힘을 다해 순순히 서두를 것이다'라고 하니 이것을 가리켜 하는 말이다.

垂事養民, 拊循之呴嘔之, 冬日則爲之饘鬻, 夏日則與之瓜麩, 以偸取少頃之譽焉, 是偸道也. 可以少頃得姦民之譽, 然而非長久之道也. 事必不就, 功必不立, 是姦治者也. 傮然要時務民, 進事長功, 輕非譽而恬失民, 事進矣而百姓疾之, 是又偸偏者也. 徙壞墮落, 必反無功. 故垂事養譽不可, 以遂功而忘民亦不可, 皆姦道也.

故古之人爲之不然. 使民夏不宛暍, 冬不凍寒, 急不傷力, 緩不後時, 事成功立, 上下俱富, 而百姓皆愛其上. 人歸之如流水, 親之歡如父母, 爲之出死斷亡而不愉者, 無它故焉. 忠信調和均辨之至也. 故君國長民者, 欲趨時遂功, 則和調累解, 速乎急疾矣, 忠信均辨, 說乎賞慶矣, 必先脩正其在我者, 然後徐責其在人者, 威乎刑罰矣, 三德者誠乎上, 則下應之如影嚮, 雖欲無明達得乎哉. 書曰, 乃大明服, 維民其力懋和而有疾. 此之謂也.

1 垂事—수(垂)는 위(委)자로 통용됨. 기(棄)자와 같음. 긴요한 직무를 내버리고 돌아보지 않음.
2 拊循·呴嘔는—부(拊)는 무(撫)자와 같음. 순(循)은 어루만질 순(揗)자로 통함. 안위(安慰)의 뜻. 애후(呴嘔)는 어린애가 응석부리는 말을 함. 어리광부림을 받아줌.
3 饘鬻—전(饘)은 미음이나 된죽을 말함. 죽(鬻)은 죽(粥)자와 같음. 주로 묽은

죽을 말함.

4 偸道─투(偸)는 도(盜)자와 같음. 도둑질하는 길. 명성을 절취하는 방도.

5 傮然─조(傮)는 시끄러울 조(嘈)자로 통함. 조연(傮然)이란 분잡(紛雜)한 모양.

6 恬失民─염(恬)은 안(安)자와 마찬가지 의미. 실민(失民)은 민심의 이반(離反)을 말함. 민심을 잃더라도 마음이 편안함.

7 徙壞─사(徙)는 옮길 천(遷)자와 같은 뜻. 사괴(徙壞)란 붕괴와 같은 뜻.

8 不宛喝─온(宛)은 온(蘊)자 음으로 읽음. 서기(暑氣)를 가리킴. 갈(喝) 역시 더위로 상함.

9 不愉─원판본은 유(愉) 한 글자로 되어 있으나 왕염손(王念孫) 설에 따라 불(不)자를 더하여 구차스러울 투(偸)자로 읽음.

10 均辨之至─변(辨)은 평(平)자와 같음. 균변(均辨)이란 공평(公平)을 가리킴. 지(至)는 치(致)자로 통함.

11 累解─루(累)는 일에 연루됨. 해(解)는 얽힌 것을 품. 누해(累解)란 부드럽게 조정함.

12 書─『서경』「강고」(康誥)편의 인용 구절.

[7]

대저1) 가르치지 않으면서 벌만 준다면 형벌이 번다하면서 악을 이겨내지 못할 것이고 가르치기만 하면서 벌주지 않는다면 간악한 민을 징계하지 못할 것이며 벌주기만 하고 상 주지 않는다면 근면한 민2)을 부지런히 힘쓰도록 하지 못할 것이고 벌과 상 주는 데 기준3)이 없다면 아래가 의심을 품고 풍속이 험악해져서4) 하나되지 못할 것이다. 그러므로 선왕은 예의 규범을 명확하게 하여 민을 하나로 하고 성심을 다해서 사랑하며 현자를 높여 유능한 이를 부림으로써 차서(次序)를 정하고 작위(爵位)와 복식(服飾)·포상(褒賞)을 가지고 거듭 후하게 대하며5) 그 일을 때맞추어 시키고 그 부담을 가볍게 줄임으로써 조정하고 대범하게6) 다 감싸서 기르기를 갓난아이를 보살피듯이 하였다 한다. 이와 같았기 때문에 간악한 일이 일어나지 않고 도적도 생기지 않아서 선에 감화된 자가 힘써 분발하게 되었던 것이다. 이것은 무슨 까닭인가. 바로 그 도가 잘 행하여지고7) 그 지켜야 할 법도도 단단하며8) 그 정령이 일정하고 그 기준9)도 명확하기 때문이다. 그러므로 이르기를 '위가 한결같으면 아래도 한결같고 위가 갈라지면[10] 아래도 갈라진다. 비유하자면 마치 초목의 가지나 잎이 반드시 뿌리를 닮는 것과 같다'라고 하니 이것을 가리켜 하는 말이다.

故不教而誅, 則刑繁而邪不勝, 教而不誅, 則姦民不懲, 誅而不賞, 則勤厲之民不勸, 誅賞而不類, 則下疑俗儉而百姓不一. 故先王明禮義以壹之, 致忠信以愛之, 尙賢使能以次之, 爵服慶賞以申重之, 時其事輕其任以調齊之, 潢然兼覆之養長之, 如保赤子. 若是故姦邪不作, 盜賊不起, 而化善者勸勉矣. 是何邪. 則其道易, 其塞固, 其政令一, 其防表明. 故曰, 上一則下一矣, 上二則下二矣, 辟之若中木枝葉必類本. 此之謂也.

1 故—여기서 고(故)는 발어사 구실을 함. 부(夫)자와 마찬가지 용법으로 쓰임.
2 勤厲之民—려(厲)는 려(勵)자로 통함. 근면과 같은 뜻.
3 不類—류(類)는 법(法)자와 함께 통용됨. 일정한 유례(類例)를 가리킴. 원칙을 말함.
4 俗儉—검(儉)은 험(險)자와 같은 뜻. 험(險)이란 사악(邪惡)을 가리킴.
5 申重之—신(申)·중(重) 두 글자 모두 거듭함을 가리킴. 중(重)은 특히 우대(優待)의 뜻.
6 潢然—황(潢)은 황(滉)자와 같은 뜻. 큰물이 남. 넓거나 깊숙한 모양.
7 其道易—이(易)는 치(治)자와 마찬가지 의미. 기(其)는 선왕을 가리킴.
8 其塞固—새(塞)는 보통 채(砦)자로 통함. 견고하게 지켜야 할 법이나 또는 예의 뜻.
9 防表—표(表)는 표지(標識), 즉 막는 표시. 여기서는 일정한 기준이 되는 예(禮)를 가리킴.
10 上二—상(上)은 군주의 시정 명령. 이(二)란 두 가닥으로 분할됨. 또는 반(畔)사와 같은 뜻으로, 서로 엇갈림.

[8]

이익을 주지 않으면서 민을 이용한다[1] 함은 이익을 주고 난 뒤에 그를 이용하는 이득만 같지 못하다. 애호하지 않으면서 그를 부린다 함은 애호하고 난 뒤에 그를 부리는 공효만 같지 못하다. 이익을 주고 난 뒤에 그를 이용한다 함은 이익을 주면서도 이용하지 않는 자의 이득만 같지 못하다. 애호하고 난 뒤에 그를 부린다 함은 애호하면서도 부리지 않는 자의 공효만 같지 못하다. 이익을 주면서도 이용하지 않고 애호하면서도 부리지 않는 자가 천하를 취하게 된다. 이익을 주고 난 뒤에 그를 이용하고 애호하고 난 뒤에 그를 부리는 자가 사직²⁾을 보전하게 된다. 이익을 주지 않으면서 그를 이용하고 애호하지 않으면서 그를 부리는 자가 국가를 위험하게 만드는 것이다.

不利而利之, 不如利而後利之之利也. 不愛而用之, 不如愛而後用之之功也. 利而後利之, 不如利而不利者之利也. 愛而後用之, 不如愛而不用者之功也. 利而不利也, 愛而不用也者, 取天下矣. 利而後利之, 愛而後用之者, 保社稷矣. 不利而利之, 不愛而用之者, 危國家也.

1 不利而利之─불리(不利)의 이(利)자는 민을 이롭게 함이고 이지(利之)의 이(利)자는 민을 이용한다는 뜻임.
2 保社稷─사(社)는 토지의 신, 직(稷)은 곡식의 신으로 사(社)와 직(稷) 두 글자 합하여 국가를 상징함. 보(保)란 보지(保持)와 같은 뜻. 보전함.

[9]

한 나라의 치란(治亂)과 선악을 관찰함에 있어 국경¹⁾에 이르면 단서가 벌써 드러난다. 그 척후병과 순찰대가 뒤섞이고²⁾ 그 관문의 징세³⁾가 가혹하니⁴⁾ 이는 바로 어지러운 나라인 것이다. 그 국경 안에 들어가 보면 전답은 황폐하고 도읍의 성곽이 무너져 패퇴하니⁵⁾ 이는 바로 탐욕스런 군주인 것이다. 그 조정을 보면 그 귀한 자가 어질지 못하고 그 관직을 보면 그 맡은 자가 능하지 못하며 그 측근⁶⁾을 보면 그 신임받는 자가 성실치 못하니 이는 바로 암우한 군주인 것이다. 무릇 군주와 재상·신하, 모든 관리들까지 그 재화의 들고 나는 계수⁷⁾에는 잘 길들어⁸⁾

세밀히 살피더라도 그 예의 범절[9]에 있어서는 거칠고 게으르며 느릿하고 단단치 못하니[10] 이는 바로 나라를 욕보이게 하는 것이다. 그 농사 짓는 자가 논밭 일을 즐겨하고 그 전사(戰士)가 위난에 안정하며[11] 그 모든 관리가 법 지키기를 좋아하고 그 조정이 예를 높이며 그 공경·재상이 협조하여 국사를 의논하니[12] 이는 바로 나라가 다스려지는 것이다. 그 조정을 보면 그 귀한 자가 어질고 그 관직을 보면 그 맡은 자가 유능하며 그 측근을 보면 그 신임받는 자가 성실하니 이는 바로 현명한 군주인 것이다. 무릇 군주와 재상·신하, 모든 관리들까지 그 재화의 들고 나는 계수에는 대범하고 엄격하지 않더라도[13] 그 예의범절에 있어서는 근엄하고[14] 까다로우니 이는 바로 번영하는 나라인 것이다. 현명함이 똑같으면 그 친근한 자를 먼저 귀하게 높이고 재능이 똑같으면 고참자[15]를 먼저 자리에 앉히며 그 신하와 여러 관리 중 더럽혀진 자도 모두 감화받아 바르게 되고 포악한 자도 모두 감화받아 착해지며[16] 교활한 자도 모두 감화받아 성실해지니 이는 바로 현명한 군주의 공인 것이다.

觀國之治亂臧否, 至於疆易而端已見矣. 其候徼支繚, 其竟關之政盡察, 是亂國已. 入其境, 其田疇穢, 都邑露, 是貪主已. 觀其朝廷則其貴者不賢, 觀其官職則其治者不能, 觀其便嬖則其信者不慤, 是闇主已. 凡主相臣下百吏之屬, 其於貨財取與計數也順孰盡察. 其於禮義節奏也芒軔僈楛, 是辱國已. 其耕者樂田, 其戰士安難, 其百吏好法, 其朝廷隆禮, 其卿相調議, 是治國已. 觀其朝廷則其貴者賢, 觀其官職則其治者能, 觀其便嬖則其信者慤, 是明主已. 凡主相臣下百吏之屬, 其於貨財取與計數也寬饒簡易, 其於禮義節奏也陵謹盡察, 是榮國已. 賢齊則其親者先貴, 能齊則其故者先官, 其臣下百吏, 汙者皆化而脩, 悍者皆化而愿, 躁者皆化而慤, 是明主之功已.

1 疆易 —역(易)은 장(場)의 뜻과 함께 쓰임. 강(疆)·장(場) 모두 토지의 경계를 말함.

2 候徼支繚―후(候)는 망보는 사람, 교(徼)는 기찰하는 순라꾼, 지료(支繚)는 흩어져 어지러움. 얽혀서 뒤범벅이 됨.

3 竟關之政―경(竟)은 경(境)자와 같음. 정(政)은 정(征)자로 통함. 관세를 매겨 징수함.

4 盡察―진찰(盡察)이란 가찰(苛察)과 마찬가지 의미. 엄중하게 살핌. 꼼꼼히 검색함.

5 露―로(露)를 왕염손(王念孫)은 퇴괴(退壞)의 뜻으로 봄. 패색(敗色)이 돎.

6 便嬖―폐(嬖)는 아첨하여 윗사람의 신임을 받는 이. 군주 곁에서 잔시중 들며 총애받는 신하.

7 取與計數―취여(取與)란 재화의 출납·지출을 말함. 계수(計數)는 셈에 밝음을 가리킴.

8 順埶―숙(埶)은 숙(熟)자와 같음. 습숙(習熟)의 뜻. 순순히 잘 길들여짐.

9 節奏―절주(節奏)란 절문(節文)과 마찬가지 의미로 사회규범을 말함. 절도(節度)와 같음.

10 芒軔僈楛―망(芒)은 매(昧), 혹은 황(荒)자와 같음. 거칠고 삭막함. 인(軔)은 유(柔)자로 통함. 만고(僈楛)란 견고치 못함.

11 安難―안(安)은 마음을 편안히 가짐. 어렵다고 국난을 피하지 아니함.

12 調議―조(調)는 협조의 뜻. 의(議)는 정사를 의논하여 정함.

13 寬饒簡易―관요(寬饒)는 너그럽고 풍부함. 간이(簡易)란 간단하고 엄하지 아니함.

14 陵謹―릉(陵)은 릉(稜)자로 통함. 위엄을 보임. 모가 남. 근(謹)은 근엄(謹嚴)의 뜻.

15 故者―고(故)는 고(古)자와 같음. 여기서는 고참(古參)을 가리킴.

16 愿―원(愿)이란 유순함. 착하고 순박함. 조심성 많음.

[10]

한 나라의 강약과 빈부를 관찰함에 있어 그 나타난 징험[1]이 있다. 위가 예를 높이지 않으면 군대가 약해지고 위가 민을 사랑하지 않으면 군대가 약해지며 승낙 여부를 믿을 수 없으면[2] 군대가 약해지고 포상이 없으면 군대가 약해지며 장수[3]가 능력 없으면 군대가 약해진다. 위가 공 세우기를 좋아하면 나라가 가난해지고 위가 이득 취하기를 좋아하면 나라가 가난해지며 사대부의 수가 많으면 나라가 가난해지고 공장

(工匠)과 장사꾼이 많으면 나라가 가난해지며 각종 도량형 제도[4]가 없으면 나라가 가난해진다. 아래가 가난하면 위도 가난하고 아래가 부유하면 위도 부유해진다는 것이다. 그러므로 전야(田野)나 촌락[5]이라 하는 것은 재부(財富)의 근본이다. 여러 가지 곡식 창고[6]에 저장된 것은 재부의 말단이다. 백성들이 잘 화합하여[7] 사업에 있어 차서를 지켜낼 수 있다는 것은 재화 취득의 원류다. 차등지어 거둔 조세·공물(貢物)이 창고에 가득한[8] 것은 재화의 말류다. 그러므로 현명한 군주는 반드시 그 화합을 힘써 기르고 그 말류를 절제하며 그 근원을 개간하여 때 맞추어 조정하고[9] 대범하게 그 아래로 하여금 반드시 남는 것이 있게 하여 위로 하여금 부족될까 걱정하지 않게 한다는 것이다. 이와 같이 한다면 위와 아래가 함께 부유해져 서로 그것을 저장할 데가 없게 될 것이다. 이는 바로 국가 재정을 꾀할 줄 아는 극치인 것이다. 그러므로 우왕(禹王) 때 십 년 동안 홍수가 나고 탕왕(湯王) 때 칠 년 동안 가뭄이 들었어도 천하에 굶는[10] 자가 없었고 십 년 지난 뒤에 오곡이 다시 잘 익어서 묵은 곡물이 쌓여[11] 여유가 있게 되었다. 이것은 다른 까닭이 아니다. 재화의 근본과 말단, 원류와 말류에 대하여 잘 알고 있기 때문이라고 말하는 것이다.

그러므로 전야가 황폐한데도 창고가 차 있고 백성들은 속이 비어 있는데도 보물 창고가 가득하다면 대저 이를 가리켜 나라가 위태롭다[12]고 말하는 것이다. 그 근본을 잘라내고 그 원천을 고갈시켜 그것을 그 말류로 합치더라도[13] 군주나 재상이 부끄러워 물리칠 줄 모른다면 바로[14] 뒤집혀서 멸망함을 서서 기다릴 만하다. 한 나라를 가지면서 족히 그 한 몸을 용납하지 못하니 대저 이를 가리켜 지극한 가난이라 말하는 것이고 이것이 우매한 군주의 극치인 것이다. 장차 그것을 가지고 부를 구하면서 그 나라를 잃고 장차 그것을 가지고 이를 구하면서 그 몸을 위태롭게 할 것이다. 옛적에는 만이나 되는 나라가 있었으나 지금은 열 몇 나라만 있게 되었으니 이는 다른 까닭이 아니다. 그 잃게 된 까닭은 같은 것이다. 남의 군주 된 자가 깨달아야 할 일이다. 백리밖에 안 되는 나라로도 족히 홀로 설 수 있다는 것이다.

觀國之强弱貧富有徵. 上不隆禮則兵弱, 上不愛民則兵弱, 已諾不信則兵弱, 慶賞不漸則兵弱, 將率不能則兵弱. 上好功則國貧, 上好利則國貧, 士大夫衆則國貧, 工商衆則國貧, 無制數度量則國貧. 下貧則上貧, 下富則上富. 故田野縣鄙者, 財之本也. 垣窌倉廩者財之末也. 百姓時和事業得紋者貨之源也. 等賦府庫者貨之流也. 故明主必謹養其和, 節其流, 開其源, 而時斟酌焉, 潢然使天下必有餘而上不憂不足. 如是則上下俱富, 交無所藏之. 是知國計之極也. 故禹十年水, 湯七年旱, 而天下無菜色者, 十年之後, 年穀復孰而陳積有餘. 是無它故焉, 知本末源流之謂也.

故田野荒而倉廩實, 百姓虛而府庫滿, 夫是之謂國蹶. 伐其本竭其源而并之其末流, 然而主相不知惡也, 則其傾覆滅亡則可立而待也. 以國持之, 而不足以容其身, 夫是之謂至貧, 是愚主之極也. 將以求富而喪其國, 將以求利而危其身. 古有萬國今有十數焉. 是無它故焉. 其所以失之一也. 君人者亦可以覺矣. 百里之國, 足以獨立矣.

1 有徵—징(徵)은 험(驗)자로 통함. 조짐을 말함. 징조가 앞서 나타남을 가리킴.
2 已諾不信—이락(已諾)이란 승인을 부정하는 뜻. 허락 여부가 일관되지 않아 신뢰하기 어려움.
3 將率—장(將)·솔(率) 두 글자 모두 거느릴 수(帥)자와 같이 활용함. 지휘(指揮)의 뜻.
4 數度量—수(數)는 가짓수를 셈, 도(度)는 길이를 잼, 양(量)은 무게를 달거나 부피를 되질함. 각종 도량형을 말함.
5 縣鄙—현(縣)은 이천오백 가구 단위, 비(鄙)는 오백 가구의 도성 밖의 취락을 가리킴.
6 垣窌倉廩—원(垣)은 담장으로 두른 저장 장소. 교(窌)는 움집 교(窖)자로 통함. 창(倉)은 일반 곡식 창고. 름(廩)은 쌀곳간.
7 時和—여기서 시(時)는 선(善)자와 같은 뜻으로 쓰임. 부드럽게 잘 누그러뜨림.
8 等賦府庫—등(等)이란 차등지음. 부(賦)는 조세 부과, 부(府)는 기물 창고, 고(庫)는 무기 두는 창고를 말함.
9 斟酌—짐(斟)·작(酌) 두 글자 모두 술을 잔에 따라서 마심. 알맞게 조절함.

268

조화를 가리킴.

10 菜色—채(菜)는 채소의 파란 색깔. 굶어서 얼굴빛이 채소 색깔처럼 파랗게
되는 모양.

11 陳積—진(陳)은 묵은 곡식을 말함. 적(積)은 곡물을 쌓아둠.

12 國蹶—척(蹶)은 쓰러질 지(躓)자와 같은 뜻. 비틀거려 넘어짐. 망할 징조를
가리킴.

13 幷之其末流—말류(末流)란 본원(本源)의 대칭. 근본이 되는 것을 빼앗아 말
단에 흡수시킴.

14 則—여기서 즉(則)이란 곧 즉(卽)자와 마찬가지 의미.

[11]

무릇 남의 나라를 친다는 것은 명예 때문이 아니라면[1] 이익을 취하기
위해서다. 그렇지 않으면 분노 때문인 것이다. 어진 사람은 나라 다스
림에 있어[2] 바로 그 마음을 닦고[3] 자기 행실을 바르게 하며 예의를 극
진히 하고[4] 성실을 다하며 절도를 지킨다.[5] 하찮은 사람일지라도[6] 정
말 이렇다면 비록 누추한 곳에 살더라도[7] 왕공(王公)이 그와 함께 명성
을 다툴 수 없을 것이다. 더구나 한 나라를 가지고 그것을 실행한다면[8]
천하가 이를 감출 수 없을 것이다. 이와 같다면 명예를 위해 치지는 못
할 것이다. 바로 전야를 개간하여 곡물 창고를 채우고 일상 도구를 쓰
기 편하게 하며 아래위가 한 마음으로 삼군[9]이 힘을 합친다면 그를
상대로 멀리에서 군대를 보내어 극력 싸운다 하여도[10] 불가할 것이며
국경 안의 촌락 방비를 튼튼히 하고[11] 때를 보아서 그 군대를 맞는다면
[12] 그 장수 붙잡기가 마치 볶은 보리처럼 쉬울 것이다.[13] 저들이 비록
이를 얻는다 하여도[14] 다친 자를 치료하고 손실을 보상하기에는 부족
할 것이다. 그래서 저들이 그 병사를 아끼고[15] 그 원수 되기를 두려워
하는 것이다. 이와 같다면 이익을 취하려고 하는 자가 치지는 못할 것
이다. 바로 크고 작은 나라의 강약관계[16]는 잘 닦아서 신중하게 유지되
고 예의 절차도 더없이 꾸미며 규벽(珪璧)[17]은 더없이 크고 바치는 재
화[18]도 더없이 후하며 유세를 맡은 외교 사절도 반드시 우아하고 총명

한 군자일 것이다. 저들이 진실로 사람의 마음을 갖는다면 그 누가 능히 분노할 수 있겠는가. 이와 같다면 분노하는 자가 치지는 못할 것이다.

명예를 위한 자는 하지 못하고 이익을 위한 자는 하지 못하며 분노하는 자도 하지 못한다면 나라가 반석보다 더 편안하고[19] 기(箕)·익(翼)[20]보다 더 오래갈 것이다. 남의 나라는 모두 어지러운데 내 나라만은 홀로 다스려지고 남의 나라는 모두 위태한데 내 나라만은 홀로 안전하며 남의 나라는 모두 멸망하는데 내 나라만은 곧[21] 일어서서 남의 나라를 제어해 나간다. 그러므로 어진 사람은 나라를 다스림에 있어 다만 그 나라를 유지해 나갈 뿐만 아니라 또 장차 남의 나라까지 아울러 합해 나가는 것이다. 『시』[22]에 이르기를 '저 착한 사람 군자여, 그 위의가 어긋나지 않도다. 그 위의가 어긋나지 않아 사방 나라들도 바르도다' 라고 하니 이것을 가리켜 하는 말이다.

凡攻人者, 非以爲名則案以爲利也. 不然則忿之也. 仁人之用國, 將脩志意, 正身行, 伉隆高, 致忠信, 期文理. 布衣紃屨之士誠是, 則雖在窮閻漏屋, 而王公不能與之爭名. 以國載之, 則天下莫之能隱匿也. 若是則爲名者不攻也. 將辟田野, 實倉廩, 便備用, 上下一心, 三軍同力, 與之遠擧極戰則不可. 境內之聚也保固, 視可午其軍, 取其將若撥麷. 彼得之, 不足以藥傷補敗. 彼愛其爪牙, 畏其仇敵, 若是則爲利者不攻也. 將脩小大强弱之義, 以持愼之, 禮節將甚文, 珪璧將甚碩, 貨賂將甚厚, 所以說之者, 必將雅文辨慧之君子也. 彼苟有人意焉, 夫誰能忿之. 若是則爲忿者不攻也.

爲名者否, 爲利者否, 爲忿者否, 則國安于盤石, 壽於旗翼. 人皆亂我獨治, 人皆危我獨安, 人皆失喪之我按起而制之. 故仁人之用國, 非特將持其有而已矣, 又將兼人. 詩曰, 淑人君子, 其儀不忒. 其儀不忒, 正是四國, 此之謂也.

1 則案—안(案)은 즉(則)자와 마찬가지 의미의 복합조사.

2 用國—용(用)은 위(爲)자와 같음. 치(治)자로 통함. 나라를 다스림.

3 將脩—장(將)은 내(乃)자와 마찬가지 조사로 쓰임.

4 伉隆高—항(伉)은 극진히 할 항(亢)자로 통함. 융고(隆高)란 예의의 뜻. 최고의 규범을 가리킴.

5 期文理—기(期)는 기(綦)자와 같음. 극(極)자의 뜻. 문리(文理)란 예의와 마찬가지로 외적인 꾸밈. 형식을 말함.

6 布衣紃屨—포의(布衣)는 변변치 못한 삼베옷. 순구(紃屨)는 실을 두른 삼신. 서민을 가리킴.

7 窮閻漏屋—염(閻)은 항간(巷間)을 가리킴. 궁핍한 골목. 누옥(漏屋)은 비 새는 집을 말함.

8 以國載之—재(載)는 위(爲) 또는 행(行)자로 통함. 행위(行爲)의 뜻.

9 三軍—여기서 군(軍)이란 일만 이천오백의 병력 단위. 삼군은 바로 대군(大軍)을 말함.

10 與之遠擧極戰—여지(與之)는 대항(對抗)의 뜻. 원거(遠擧)는 군대를 멀리 파견함. 극전(極戰)은 결사적으로 싸움.

11 境內之聚保固—취(聚)는 둔취(屯聚). 국경을 지키는 군대가 사는 촌락. 보고(保固)란 요새를 견고하게 확보함.

12 視可午其軍—여기서 시(視)란 군대를 움직일 만한 시기를 엿봄. 오(午)는 역(逆)자로 영(迎)자와 같은 뜻. 적을 맞아서 싸움.

13 若撥蘰—발(撥)은 불(拂)자로 통함. 풍(蘰)은 볶은 보리, 즉 오맥(熬麥)의 뜻. 찧기 쉬움.

14 彼得之—피(彼)는 침공해 들어오는 적국을 가리킴. 득(得)이란 이익을 얻음.

15 爪牙—조아(爪牙)란 짐승의 발톱과 어금니로, 적을 막고 군주를 호위하는 무사를 가리킴.

16 小大强弱之義—소대(小大)는 나라 규모의 크고 작음. 강약(强弱)이란 약소국이 강대국을 섬기지 않을 수 없는 현실적 역학관계.

17 珪璧—규(珪)·벽(璧) 두 글자 모두 사신이 외국에 갈 때 가지고 가는 서옥(瑞玉)을 말함.

18 貨賂—여기서 뢰(賂)란 진상(進上)하는 공물(貢物). 선물로 바치는 물건을 가리킴.

19 安于盤石—반(盤)은 반(磐)자로 통함. 넓적한 바위. 우(于)는 비교조사.

20 旗翼—기(旗)는 기(箕)자와 마찬가지로 쓰임. 익(翼)과 함께 수(壽)를 상징하는 별 이름.

[12]

나라를 지탱함에 있어 어려운 일과 쉬운 일. 포악한 나라를 섬기기는 어렵고 포악한 나라로 하여금 내 쪽을 섬기게 하기는 쉽다. 재화나 보물을 가지고 그를 섬긴다면 재화나 보물이 다하도록[1] 교섭관계를 맺지 못할 것이다. 약속을 나누고[2] 맹세한다면 약속이 정해지더라도 하루가 못 가서 어길[3] 것이다. 국토를 조금씩[4] 베어서 바친다면 베어 바치는 데는 한정[5]이 있더라도 욕심은 차지 않을 것이다. 그를 섬기기가 더욱 번거롭고 그가 남을 침범함은 더욱 심하여 반드시 재물을 다 말리고 나라를 들어올린 연후에 그칠 것이다. 비록 요(堯)를 왼편에 두고 순(舜)을 오른편에 두더라도 능히 이 방법을 가지고 모면하는 자는 없을 것이다. 비유하건대 이는 처녀로 하여금 진귀한 구슬을 목에 걸고[6] 보석을 허리에 차고 황금을 지고 이고 산중의 도둑을 만나게 하는 것과 같다. 비록 이 때문에 눈을 똑바로 뜨지 못하고[7] 허리를 굽히고 무릎을 꿇어[8] 하녀[9]와 같이 굴더라도 오히려[10] 모면하기에 부족할 것이다. 그러므로 인심을 하나로 하는 방법[11]을 갖지 않고 다만 말재주[12]를 가지고 간청하여 황공하게 섬겨도 나라를 지탱하고 한 몸의 안전을 꾀하기에 부족할 것이다. 그러므로 현명한 군주는 이에 따르지 않는다.[13]

현명한 군주는 반드시 예절을 닦아서 조정을 가지런히 하고 법을 바로 세워 관직을 가지런히 하며 정사를 공평하게 하여 민을 가지런히 하므로 그런 연후에 조정에 있어 예의 절도[14]가 바로잡히고 관에 있어 모든 일이 바로잡히며 아래로는 많은 서민들이 바로잡히게 된다. 이와 같다면 가까운 나라가 다투어 친교를 맺고 먼 나라도 이를 위해서 오며 아래위가 마음을 하나로 하고 삼군이 힘을 합치며 명성은 포악한 나라를 혼내주기에[15] 족하고 강한 위력은 매질을 하기에 족하며 몸을 움직이지 않고 지휘[16]하더라도 포악한 나라를 서둘러 부리지 못할 것이 없다. 비유하건대 이는 마치 오획(烏獲)과 초요(焦僥)가 서로 싸우는[17] 것과 같다. 그러므로 말하기를 '포악한 나라를 섬기기는 어렵고 포악한 나라로 하여금 내 쪽을 섬기게 하기는 쉽다'라고 하니 이것을 가리켜 하는 말이다.

持國之難易. 事强暴之國難, 使强暴之國事我易. 事之以貨寶, 則貨寶單而交不結. 約信盟誓, 則約定而畔無日. 割國之錙銖以賂之, 則割定而欲無猒. 事之彌煩, 其侵人愈甚, 必至於資單國擧然後已. 雖左堯而右舜, 未有能以此道得免焉者也. 辟之是猶使處女嬰寶珠佩寶玉, 負戴黃金而遇中山之盜也. 雖爲之逢蒙視, 詘要橈膕, 若盧屋妾, 由將不足以免也. 故非有一人之道也, 直將巧繁拜請而畏事之, 則不足以持國安身. 故明君不道也.

必將脩禮以齊朝, 正法以齊官, 平政以齊民, 然後節奏齊於朝, 百事齊於官, 衆庶齊於下. 如是則近者競親, 遠方致願, 上下一心三軍同力. 名聲足以暴炙之, 威强足以捶笞之, 拱揖指麾, 而强暴之國莫不趨使, 譬之是猶烏獲與焦僥搏也. 故曰, 事强暴之國難, 使强暴之國事我易, 此之謂也.

1 單―단(單)은 탄(殫) 또는 진(盡)자와 같음. 탄갈(殫竭)의 뜻. 남김없이 다함.
2 約信―신약(信約)과 마찬가지 의미. 나라와 나라 사이의 약속을 굳게 다짐.
3 畔無日―반(畔)은 반(叛)자로 통함. 위배(違背)의 뜻. 무일(無日)이란 하루도 지나지 않음.
4 錙銖―치(錙)·수(銖) 두 글자 모두 극히 적은 무게의 단위. 여기서는 얼마 안 되는 땅을 말함.
5 割定―정(定)이란 한정의 뜻. 분할해줄 영토에 한계가 있음.
6 嬰寶珠―영(嬰)은 두를 요(繞)자, 얽을 계(繫)자와 같음. 보주(寶珠)는 보석 구슬.
7 逢蒙視―봉몽(逢蒙)은 옛날 활 잘 쏘는 이 이름. 시(視)는 미시(微視). 똑바로 보지 못함.
8 詘要橈膕―굴(詘)은 굴(屈)자, 요(要)는 요(腰)자와 같음. 허리를 구부림. 요(橈)는 곡(曲)자로 통함. 각(膕)은 무릎 뒤쪽 구부러진 부분.

9 盧屋妾―노옥(盧屋)은 술 파는 여자가 거처하는 집. 첩(妾)은 미천한 계집종을 가리킴.

10 由將―유(由)·장(將) 두 글자 모두 상(尙)자와 마찬가지 의미로 쓰임.

11 一人之道―일인(一人)이란 사람 마음을 한데 모아 힘을 합침. 도(道)는 적과 대항하기 위한 방법.

12 巧繁―번(繁)은 민(敏)자로 통함. 교번(巧繁)이란 편녕(便佞)을 말함. 말재주로 겉만 꾸밈.

13 不道―도(道)는 언(言)자의 뜻을 지님. 여기서는 유(由)자와 같은 뜻으로 쓰임.

14 節奏―절주(節奏)란 원래 음악 용어지만 여기서는 예절이 바른 상태를 가리킴.

15 暴炙―폭(暴)은 폭(曝)자의 뜻으로 햇볕에 쬠. 적(炙)은 불로 굽는 일종의 징계 방법.

16 拱揖指麾―공읍(拱揖)은 손을 앞으로 마주 모음. 팔짱을 낌. 휘(麾)는 휘(揮)자와 같음.

17 烏獲與焦僥搏―오획(烏獲)은 진(秦)의 힘센 역사(力士). 초요(焦僥)는 신장이 삼척(三尺) 남짓한 난쟁이. 박(搏)은 치고 때림. 승부가 자명함을 비유한 말.

11 왕패王霸

이 편은 왕자(王者)와 패자(覇者)를 구별한 논의다. 유자(儒者)가 이상으로 삼는 정치와 나라를 멸망으로 이끄는 정치를 대비시키고 있다. 치국(治國)의 근본을 예의와 법 제도에 두어야 한다는 주장은 부국편과 마찬가지다. 실제로 왕자가 되는 조건의 하나는, 현명한 재상을 임용하여 그 재능을 다할 수 있도록 하고 자신은 언제나 무위(無爲)의 상태를 유지하여야 한다고 강조한다.

[1]

국가라 하는 것은 천하의 가장 큰 그릇이다.[1] 군주라 하는 것은 천하의 가장 큰 권세다. 도(道)를 지녀 그것을 유지한다면 크게 안정되고 크게 번영하며 훌륭한 덕을 쌓는 기초[2]가 되겠으나 도를 지니지 못하고 그것을 유지한다면 크게 위험하고 크게 해가 될 것이다. 그것이 있는 것이 없는 것만 못할 것이다. 그 극에 이르러서는 한낱 필부가 되기 바라더라도 할 수 없을 것이다. 제(齊)의 민왕(湣王)과 송(宋)의 헌공(獻公)이 바로 그 예다. 그러므로 군주가 천하의 가장 큰 권세지만 그렇더라도 스스로 안정될 수 없고 안정되게 하는 것은 반드시 도라야 한다. 그러므로 나라 다스리는 자[3]가 의를 세우면 왕자가 되고[4] 신의를 세우면 패자가 되며 권모를 세우면 망하는 것이다. 이 세 가지는 현명한 군주가 신중히 선택해야 할 일이며 어진 사람이 힘써서 명백하게 해야만 할 일이다.

나라 안의 모든 이를 예의를 가지고 먼저 이끌어[5] 그것을 어기는 일 없게 하고 설혹 한 가지 불의를 행하거나 죄없는 한 사람을 죽여서 천하를 얻는다 하더라도 인자는 하지 않는다. 단단히[6] 내 몸과 내 나라를 버티어 나가는 데는 바로 이와 같이[7] 확고함이 있어야 한다. 함께 거기에 참여하는 자는 모두 도의적인 인사다. 국가에 있어 펼쳐놓는 형법이란 것은 모두 도의적인 법령이다. 군주가 기민하게[8] 여러 신하들을 거느려 가지고 지향하는 것[9]은 모두 도의적인 마음이다. 이와 같다면 아래가 위 우러러보기를 도의를 가지고 할 것이니 이것은 바로 기본이 정해지는[10] 것이다. 기본이 정해지면 국가가 안정되고 국가가 안정되면 천하도 안정되는 것이다. 공자는 송곳 하나 꽂아둘 땅도 없었지만[11] 성실히 마음에 도의를 기하고 몸소 행함에 도의를 가하며 언어에 그것을 드러내었기[12] 때문에 그것을 이룬 날[13] 천하에 감추어지지 않고 이름이 후세에까지 드리워졌던 것이다. 오늘날도 또한 천하의 이름난 제후의 신분을 가지고 성실히 마음에 도의를 기하고 법칙과 도량(度量)에 도의를 가하며 그것을 정사에 드러내고[14] 이에 그것을 신분의 귀천이나 살생의 형벌에까지 거듭 펴서 시종 한결같이 맞추어지도록[15] 시킬 일이다. 이와 같다면 그 명성이 천지 사이에 열려 퍼질[16] 것이니 어찌 해와 달이나 천둥과 같지 않겠는가. 그러므로 말하기를 '나라를 가지고 도의를 이룬다면[17] 하루 만에 밝혀질 것이다'라고 하니 탕(湯)과 무왕(武王)이 바로 그들이다. 탕은 박(亳)[18]에서 무왕은 학(鄗)[19]에서 일으켜 모두 백리의 작은 땅이었지만 천하가 하나되고 제후들은 신하가 되며 왕래 가능한 지역의 족속들[20]이 복종하지 않을 수 없었던 것은 다른 까닭이 아니다. 도의가 이루어졌기 때문이다. 이것을 일러 '의를 앞세우면 왕자가 된다'라고 말하는 것이다.

덕은 비록 이르지 못하고 의는 비록 이룩하지 못하더라도 천하의 도리가 거의 다 모여 있고[21] 형벌과 포상의 낙부(諾否)[22]가 천하에 믿어지며 신하가 그 약속이 틀림없다는 것[23]을 분명히 알고 정령(政令)이 한번 선포되면 비록 이해가 맞닿더라도[24] 변경하여 그 민을 속이지 않으며 협약이 한번 체결되면 비록 이해가 맞닿더라도 그 동맹국[25]을 속이지 않는다. 이와 같다면 군대는 강해지고 성은 견고해져 적국도 그것을 두려워하며 나라가 하나되고 기본이 분명해져서[26] 동맹국이 그것을 믿게 되어 비록 궁벽한 데 있는 나라일지라도 위세가 천하를 움직일 만하다. 오백(五伯)[27]이 바로 그들이다. 그들은 정치 교화를 근본으로 하는 것도 아니고 예의를 극치로 삼은 것도 아니며 규범의 형식을 다한 것도 아니고 사람 마음을 열복시킨 것도 아니지만 통치 책략에 전념하여[28] 어렵고 쉬움을 살피고 물자 축적에 마음 쓰고 군비를 닦아 빈틈없이[29] 아래위가 합쳐서 서로 믿으니 천하에 감히 그들을 당해낼 자가 없는 것이다. 그러므로 제(齊) 환공(桓公)·진(晋) 문공(文公)·초(楚) 장공(莊公)·오(吳) 합려(闔閭)·월(越) 구천(九踐)은 바로 이 모두가 궁벽진 나라이면서 위세가 천하를 움직이고 강대함이 중앙의 나라를 위태하게 한 것은 다른 까닭이 아니다. 거의 신뢰가 있었기 때문이다. 이것이 이른바 '신의를 앞세우면 패자가 된다' 라고 하는 것이다.

　나라 안의 모두를 공리를 가지고 이끌어 그 도의를 펴거나 그 신의를 이루는 일은 힘쓰지 않고 오직 이익만 구하며 안으로 그 민을 속여서 작은 이득 취하기를 꺼리지 않고 밖으로 그 동맹국을 속여서 큰 이득 취하기를 꺼리지 않으며 그 가진 것[30]을 바로잡기를 좋아하지 않고 겨우[31] 남이 가진 것을 항상 욕심낸다. 이와 같다면 신하와 백성들이 속일 마음을 가지고 그 위를 대하지 않을 수 없다. 위가 그 아래를 속이고 아래가 그 위를 속인다면 이는 바로 위아래가 나누어지는 것이다. 이와 같다면 적국이 그를 경시하고 동맹국도 그를 의심하며 권모가 날로 행해져서 나라가 위험과 깎임을 면치 못하여 결국 망하게 되는 것이다. 제(齊)의 민왕(閔王)과 설공(薛公)[32]이 바로 그들이다. 그러므로 그들이 강대한 제(齊)를 다스림에 있어 예의를 닦아서 하는 것도 아니고 정치 교화를 근본으로 삼아서 하는 것도 아니며 천하를 하나로 하는 것도 아니고 끊임없이[33] 항상 말로 수레를 끌어 밖으로 치닫게 하기만[34] 일삼았으니, 그래서 강대함은 남으로 초(楚)를 격파하기에 충분하고 서쪽으로 진(秦)을 굴복시키기기에 충분하며 북으로 연(燕)을 물리치기에 충분하고 중앙으로 송(宋)을 들어 버리기에 충분하였으나 연(燕)과 조(趙)가 군사를 일으켜 공략해 오는 데 미쳐서는 마치 시든 나뭇잎이 흔들려 떨어지는 것 같았다.[35] 그렇게 해서 자신은 죽고 나라가 망하여 천하의 큰 치욕거리[36]가 되어 악을 말하게 되면 반드시 예로 들어졌다.[37] 이는 다른 까닭이 아니다. 오직 예의에 의하지 않고 권모만 일삼았기 때문이다. 이 세 가지는 현명한 군주가 신중히 삼가 선택해야 할 것이며 어진 사람이 힘써서 밝혀야만 할 일이다. 이를 잘 선택하는 자는 남을 제어하고 선택을 잘못하는 자는 남이 그를 제어하는 것이다.

國者天下之利用也, 人主者天下之利勢也. 得道以持之, 則大安也, 大榮

也, 積美之原也, 不得道以持之, 則大危也, 大累也, 有之不如無之, 及其
綦也, 索爲匹夫不可得也, 齊湣宋獻是也. 故人主天下之利勢也, 然而不
能自安也, 安之者必將道也. 故用國者, 義立而王, 信立而霸, 權謀立而
亡. 三者明主之所謹擇也, 仁人之所務白也.

挈國以呼禮義, 而無以害之, 行一不義殺一無罪而得天下, 仁者不爲也.
擽然扶持身國, 且若是其固也. 所與爲之者則擧義士也, 所以爲布陳於國
家刑法者, 則擧義法也, 之所極然帥群臣而首鄉之者, 則擧義志也. 如是
則下仰上以義矣, 是綦定也. 綦定而國定, 國定而天下定. 仲尼無置錐之
地, 誠義乎志意, 加義乎身行, 箸之言語, 濟之日不隱乎天下, 名垂乎後
世. 今亦以天下之顯諸侯誠義乎志意, 加義乎法則度量, 箸之以政事, 案
申重之以貴賤殺生, 使襲然終始猶一也. 如是則夫名聲之剖發於天地之間
也, 豈不如日月雷霆然矣哉. 故曰, 以國齊義, 一日而白, 湯武是也. 湯以
亳武王以鄗, 皆百里之地也, 天下爲一, 諸侯爲臣, 通達之屬莫不從服,
無它故焉, 以濟義矣. 是所謂義立而王也.

德雖未至也, 義雖未濟也, 然而天下之理略奏矣, 刑賞已諾信乎天下矣,
臣下曉然皆知其可要也. 政令已陳, 雖覩利敗 不欺其民, 約結已定, 雖覩
利敗不欺其與. 如是則兵勁城固, 敵國畏之, 國一綦明, 與國信之. 雖在
僻陋之國, 威動天下. 五伯是也. 非本政教也, 非致隆高也, 非綦文理也,
非服人之心也, 鄉方略審勞佚, 謹畜積, 脩戰備, 齺然上下相信, 而天下
莫之敢當也. 故齊桓晉文楚莊吳闔閭越句踐, 是皆僻陋之國也, 威動天下,
彊殆中國, 無它故焉, 略信也. 是所謂信立而霸也.

挈國以呼功利, 不務張其義齊其信, 唯利之求, 內則不憚詐其民而求小利
焉, 外則不憚詐其與而求大利焉, 不好脩正其所以有啽唊然常欲人之有.
如是則臣下百姓, 莫不以詐心待其上矣. 上詐其下下詐其上, 則是上下析
也. 如是則敵國輕之, 與國疑之, 權謀日行, 而國不免危削, 綦之而亡, 齊
閔薛公是也. 故用彊齊, 非以修禮義也, 非以本政教也, 非以一天下也,
緜緜常以結引馳外爲務. 故彊南足以破楚, 西足以詘秦, 北足以敗燕, 中
足以擧宋, 及以燕趙起而攻之, 若振槁然. 而身死國亡爲天下大戮, 後世

280

言惡則必稽焉. 是無它故焉. 唯其不由禮義, 而由權謀也. 三者明主之所
以謹擇也而仁人之所以務白也. 善擇者制人, 不善擇者人制之.

1 利用 — 이(利)는 대(大)자와 같은 뜻. 용(用)은 기(器)자로 통함. 일종의 통치
　도구를 말함.

2 積美之原 — 원(原)은 원(源)자와 같음. 미덕(美德)을 쌓아올리는 근원.

3 用國者 — 여기서 용(用)이란 위(爲)자로 통함. 치(治)자와 마찬가지 의미.

4 義立而王 — 의립(義立)은 정치 도의를 확립함. 이(而)는 즉(則)자와 같은 용
　법으로 쓰임.

5 挈國以呼禮義 — 설(挈)은 끌어당김. 설국(挈國)이란 거국(擧國)과 같은 뜻.
　호(呼)는 앞장서서 부르짖음. 창도함.

6 礫然 — 력(礫)은 조약돌 력(礫)자와 같음. 돌과 같이 단단한 모양을 가리킴.

7 且若 — 여기서 차(且)는 내(乃)자와 마찬가지 의미로 쓰임.

8 之所極然 — 지(之)는 기(其)자와 같은 용법으로 군주를 가리킴. 극(極)은 극
　(亟)자로 통함. 재빠름. 민질(敏疾)의 뜻.

9 首鄕 — 향(鄕)은 향(嚮)자와 같음. 머리를 돌림. 지향함을 가리킴.

10 綦定 — 기(綦)는 기(基)자로 통함. 근본 본(本)자와 같은 뜻. 여기서는 근본
　법칙.

11 無置錐之地 — 추(錐)는 송곳. 치(置)는 세워둠. 아주 작은 토지. 소국(小國)
　을 가리킴.

12 箸之言語 — 저(箸)는 저(著)자와 같음. 명(明)자의 뜻. 지(之)는 의(義)를 두
　고 말함.

13 濟之日 — 제(濟)는 성취를 의미함. 의(義)를 가지고 일을 끝낼 수 있었던 그
　시기.

14 箸之以政事 — 이(以)는 어(於)자와 마찬가지 조사. 저지(箸之)란 곧 정치에
　반영시킴.

15 襲然 — 습(襲)은 합(合)자와 같음. 똑같이 하나로 맞추어진 상태를 말함.

16 剖發 — 원판본에 부(剖)가 부(部)자로 되어 있으나 이는 오기임. 부발(剖發)
　이란 분명하게 드러난 상태를 가리킴.

17 齊義 — 제(齊)는 제지일(濟之日)의 제(濟)자와 마찬가지 의미.

18 亳 — 박(亳)은 은(殷) 최초의 도읍. 지금의 하남성 상구(商邱)현에 해당됨.

19 鄗 — 학(鄗)은 주(周) 무왕(武王)이 처음 정한 도읍. 섬서(陝西)성 서안(西
　安) 부근.

20 通達之屬 — 통달(通達)이란 막힌 데가 없이 환히 뚫림. 왕래할 수 있는 한계

내에 사는 주민.

21 略奏─주(湊)는 물이 모여들 주(湊)자로 통용됨. 대강 한데 끌어모음.

22 已諾─락(諾)은 허(許)자와 같음. 이(已)는 불허(不許)의 뜻. 부인하거나
승낙함을 가리킴.

23 可要─요(要)는 약(約)자와 같음. 가요(可要)란 약속이 가능함. 속을 염려
가 없음.

24 覩利敗─리패(利敗)는 이해관계를 말함. 새로운 이해관계가 이루어질 것을
알아차림.

25 其與─여(與)는 여국(與國), 즉 동맹을 맺은 나라를 일컬음.

26 綦明─기(綦)는 극(極)자와 같으나 여기서는 기(基)자로 통함. 명(明)은 명
백해짐. 국가의 기본 법칙. 근본 방침을 말함.

27 五伯─오백(五伯)이란 오패(五霸)와 같음. 춘추시대 제후 중의 수령들.

28 鄕方略─방략(方略)이란 사태 변화에 따라 대응하는 방책. 둘러대는 꾀. 향
(鄕)은 지향(志向)의 뜻.

29 齰然─삭(齰)은 이가 서로 맞물려 합치는 모양. 아래 윗니가 꼭 들어맞음.

30 其所以有─여기서 이(以)는 이(已)자로 통함. 이미 소유하고 있는 토지나
재화를 가리킴.

31 唊唊然─담(唊)은 병탄(幷呑), 즉 통째로 삼킴. 욕심내어 먹을 것을 구하는
모양.

32 齊閔薛公─민(閔)은 민왕(湣王)과 동일인. 설공(薛公)은 맹상군(孟嘗君) 전
문(田文). 민왕의 재상을 지냈음.

33 緜緜─여기서 면면(緜緜)이란 부절(不絶)의 상태. 계속 이어가는 모습.

34 結引馳外─인(引)은 인(靭)자와 같은 뜻. 수레를 말로 끄는 것. 치외(馳外)
란 세객(說客)을 외국에 내보냄. 권모를 일삼음.

35 振槁然─고(槁)는 고(枯)자로 통함. 고엽(枯葉)을 말함. 마른 나뭇잎이 우
수수 떨어지는 모양을 형용함.

36 大戮─륙(戮)은 욕(辱)자와 같은 뜻. 큰 욕을 당함.

37 稽焉─계(稽)는 상고할 고(考)자와 같음. 언(焉)은 지(之)자로 통함. 반성
의 자료로 삼음.

[2]

국가라 하는 것은 천하의 가장 큰 그릇이다. 가장 무거운 짐이다.[1] 그
때문에 둘 데를 잘 선택한 후에 두지 않을 수 없는 것이니 험한 데 두면[2]

위태하다. 그 때문에 갈 길을 잘 선택한 연후에 따라가지 않을 수 없는 것이니 길이 황폐하면[3] 막힌다. 위태하고 막힌다면 멸망할 것이다. 국가를 둔다고 하는 것은 거기에 경계를 긋는다는[4] 말이 아니다. 무슨 방법으로 따라가고 어떤 인물과 함께할 것인가. 말하기를 '왕자의 법을 따르고 패자 될 인물과 함께한다면 그도 역시 왕자가 될 것이고 패자의 법을 따르고 왕자 될 인물과 함께한다면 그도 역시 패자가 될 것이며 나라 망칠 법을 따르고 나라 망칠 위인과 함께한다면 그도 역시 망하게 될 것이니, 이 세 가지는 현명한 군주가 신중히 선택해야 할 일이며 어진 사람이 힘써서 명백히 해야만 할 일이다'라고 한다. 본래 국가라 하는 것[5]은 가장 무거운 짐이다. 오랜 기간에 걸쳐서 쌓아 지탱해내지 않으면 서지 못하는 것이다. 처음부터 국가라 하는 것은 대대로 갱신해 나가야 하는 바의 것이지만 이는 지극히 평탄하게 이루어지므로 변하지 않아[6] 보임은 허리에 옥을 바꿔 찬다고 걸음걸이를 바꾸는 것과 같다.[7] 하루는 하루 아침뿐[8]이고 오늘의 인생은 오늘뿐이지만 그럼에도 안존하게[9] 천년의 나라를 갖는다 함은 무슨 까닭인가. 말하기를 '저 천년을 신뢰할 법을 끌어 가지고 그것을 지탱해 나가고 이에[10] 저 천년을 신뢰받을 인사와 함께 그것을 해나가기 때문이다'라고 한다. 사람은 백 살의 수를 누릴 자가 없는데도 천년을 신뢰받을 인사가 있다 함은 무엇인가. 말하기를 '저 천년 변하지 않는 법을 가지고 스스로 지탱해 나가는 자가 바로 천년을 신뢰받을 인사다'라고 한다. 그러므로 예의를 쌓아 닦은 군자와 함께 정치를 해나간다면 왕자가 될 것이고 정직하고 성실하고 신뢰받기에 온전한 인사와 함께 해나간다면 패자가 될 것이며 권모를 부려서 남을 넘어뜨리는 위인과 함께 해나간다면 멸망하게 될 것이다. 이 세 가지는 현명한 군주가 신중히 선택해야 할 일이며 어진 사람이 힘써서 명백히 해야만 할 일이다. 이를 잘 선택하는 자는 남을 제어하고 잘못 선택하는 자는 남이 그를 제어하는 것이다.

國者天下之大器也. 重任也. 不可不善爲擇所而後錯之, 錯險則危. 不可

不善爲擇道然後道之, 涂薉則塞. 危塞則亡. 彼國錯者, 非封焉之謂也.
何法之道, 誰子之與也. 曰, 道王者之法, 與王者之人爲之則亦王, 道霸
者之法, 與霸者之人爲之則亦霸, 道亡國之法, 與亡國之人爲之則亦亡.
三者明王之所以謹擇也, 而仁人之所以務白也. 故國者重任也, 不以積
持之則不立. 故國者世所以新者也, 是憚憚非變也, 改玉改行也. 一朝
之日也, 一日之人也, 然而厭焉有千歲之國何也. 曰, 援夫千歲之信法
以持之也, 安與夫千歲之信士爲之也. 人無百歲之壽, 而有千歲之信士,
何也. 曰, 以夫千歲之法自持者, 是乃千歲之信士矣. 故與積禮義之君
子爲之則王, 與端誠信全之士爲之則霸, 與權謀傾覆之人爲之則亡. 三
者明主之所以謹擇也, 而仁人之所以務白也. 善擇之者制人, 不善擇之
者人制之.

1 重任—임(任)은 담(擔)자와 같음. 부하(負荷)의 뜻. 짊어질 짐을 말함.
2 錯險—조(錯)는 둘 조(措)자와 통용됨. 험(險)은 경사진 토지. 평탄치 못한
  곳을 말함.
3 涂薉—도(涂)는 도(塗)자와 통용됨. 예(薉)는 김 묵을 예(穢)자와 같음. 황무
  (荒蕪)의 뜻.
4 封焉之—봉(封)은 지경, 즉 땅의 경계를 설정하여 나라를 세움.
5 故國者—여기서 고(故)는 앞 말의 조사로 보기보다 고(固)자와 같은 뜻으로
  풀이함.
6 憚憚非變—탄(憚)은 탄(坦)자와 같음. 높낮음이 없는 평탄함. 평정(平靜)의
  뜻. 비변(非變)이란 본질적으로 변화가 없어 보이는 상태를 가리킴.
7 改玉改行—옥(玉)은 허리에 차는 패옥(佩玉). 행(行)은 걸음 보(步)자의 뜻.
  허리에 찰 옥을 바꾼다고 걸음걸이 자체를 본질적으로 고치기는 어렵다고 보
  는 비유의 말.
8 一朝之日—일조(一朝)란 단 하루뿐인 오늘 아침. 내일 아침은 다르다는 뜻.
  사물의 변천을 말함.
9 厭焉—염언(厭焉)은 순순히 따르는 모양. 안연(安然)과 같음.
10 安—여기서 안(安)은 어시(於是) 또는 언(焉)자와 마찬가지 조사로 쓰임.

[3]

대저 국가를 지탱한다는 것은 반드시 혼자서 할 수 있는 일이 아니다. 그렇다면 강하거나 패하거나[1] 영예롭거나 치욕스럽거나 재상을 취택하는[2] 데 달려 있다. 군주 자신이 유능하고 재상도 유능하다면 이와 같은 자가 왕자가 될 것이다. 자신은 무능하더라도 두려워하고 삼가[3] 유능한 자를 구할 줄 안다면 이와 같은 자가 강해질 것이다. 자신도 무능하고 두려워하고 삼가 유능한 자를 구할 줄도 모르면서 오직 좌우에서 알랑거리고[4] 자기에게 친근히 하는[5] 자만 등용한다면 이와 같은 자가 위험하고 영토를 깎여 결국 멸망하게 될 것이다.

彼持國者, 必不可以獨也, 然則彊固榮辱在於取相矣. 身能相能, 如是者王. 身不能知恐懼而求能者, 如是者彊. 身不能知恐懼而求能者, 安唯便僻左右親比己者之用, 如是者危削, 綦之而亡.

1 彊固―고(固)는 강(强)과 정반대의 뜻으로 쓰임. 무너질 폐(廢)자 또는 파(破)·패(敗)자와 마찬가지 의미.
2 取相―취(取)는 택(擇)자와 같은 뜻. 가려서 뽑음. 상(相)은 재상을 가리킴.
3 恐懼―여기서 공구(恐懼)란 계신(戒愼)과 이어진 말. 몹시 두려워 경계하고 삼가는 모양.
4 安唯便僻―안(安)은 즉(則) 혹은 연이(然而)와 같은 조사. 벽(僻)은 벽(辟)자로 통용됨. 폐(嬖)와 같은 뜻. 편벽(便僻)이란 남의 비위를 잘 맞춤.
5 親比―친(親)은 가깝게 접근함. 비(比)도 친근과 같은 뜻으로 쓰임.

[4]

국가라 하는 것은 그것을 크게 다스리면[1] 크게 되고 작게 다스리면 작게 된다. 그 다스리는 방식에 있어 지극히 크게 하면 왕자가 되고 지극히 작게 하면 멸망하며 작게 하거나 크게 하거나 반반인 경우[2]는 겨우 존속되는 것이다. 크게 다스린다 하는 것은 의를 먼저 하고 이익을 뒤로 하여 친소(親疏)를 돌보지 않고[3] 귀천도 돌보지 않고 오직 성실

하고 유능한 자만 구한다. 대저 이를 가리켜 크게 다스린다고 말하는
것이다. 작게 다스린다 하는 것은 이익을 먼저 하고 의를 뒤로 하여 시
비를 돌보지 않고 곡직도 가리지 않고[4] 오직 측근에 비위 맞추고 자기
를 펀드는 자만 등용한다. 대저 이를 가리켜 작게 다스린다고 말하는
것이다. 크게 다스리는 자가 저와 같고 작게 다스리는 자가 이와 같으
며 작게 하거나 크게 하거나 반반인 경우는 혹 저와 같고 혹 이와 같이
될 것이다. 그러므로 말하기를 '도의가 완전하면[5] 왕자가 되고 잡박
하면[6] 패자가 되며 전혀 없으면 멸망한다' 라고 하니 이것을 일컫는
말이다.

國者巨用之則大, 小用之則小, 綦大而王, 綦小而亡, 小巨分流者存. 巨用
之者, 先義而後利, 安不卹親疏不卹貴賤, 唯誠能之求, 夫是之謂巨用之.
小用之者, 先利而後義, 安不卹是非, 不治曲直, 唯便僻親比己者之用, 夫
是之謂小用之. 巨用之者若彼, 小用之者若此, 小巨分流者亦一若彼一若
此也. 故曰, 粹而王, 駁而覇, 無一焉而亡, 此之謂也.

1 巨用—거용(巨用)의 용(用)이란 앞 장의 이용(利用)과 마찬가지로 치(治)자
　의 뜻. 운용(運用)의 용(用)과 같음.
2 分流者—분류(分流)는 물이 두 갈래로 흐르듯이 어슷비슷함. 크고 작은 것이
　혼재함을 말함.
3 安不卹—안(安)은 어조사. 술(卹)은 걱정할 휼(恤)자와 같음. 고념(顧念)의
　뜻. 돌보아줌.
4 不治曲直—곡직(曲直)은 굽은 것과 곧은 것. 치(治)는 위(爲)자로 통함. 문제
　를 삼음.
5 粹—수(粹)는 온전할 전(全)자와 같은 뜻. 도의를 다 갖춤.
6 駁—박(駁)은 잡(雜)자로 통함. 뒤섞여서 순수하지 못함.

[5]
나라에 예가 없으면 바르게 되지 않는다. 예가 나라를 바르게 하는
까닭은 비유하건대 마치 저울이 무게를 달듯[1] 하고 먹줄이 곡직을 재

듯²⁾ 하며 규구(規矩)로 방원(方圓)을 그리듯³⁾ 하는 데 있다. 이미 그것을 두게 되면 사람이 능히 속일 수 없는 것이다. 『시』⁴⁾에 이르기를 '서리와 눈이 고루⁵⁾ 내리듯 해와 달이 두루 비추듯 예를 행하면 존속되고 행하지 않으면 멸망한다'라고 하니 이것을 일컫는 말이다.

國無禮則不正. 禮之所以正國也, 譬之猶衡之於輕重也, 猶繩墨之於曲直也, 猶規矩之於方圓也. 旣錯之而人莫之能誣也. 詩曰, 如霜雪之將將, 如日月之光明, 爲之則存, 不爲則亡, 此之謂也.

1 衡之於輕重—형(衡)은 저울대. 천칭(天秤) 같은 것을 말함. 경중(輕重)은 사물의 무게를 닮.
2 繩墨—승묵(繩墨)은 먹물에 적신 실로 된 줄. 곧게 펴서 선 긋는 데 쓰는 기구.
3 規矩—규(規)는 원 그리는 기구. 구(矩)는 각(角) 모서리를 그리는 기구. 예의 기능을 기구로 비유해 말한 것은 그 객관성을 시사하기 위한 것임.
4 詩—이 시(詩)는 현존하는 『시경』에 없는 일시(逸詩)임.
5 將將—장장(將將)이란 엄숙하고 바른 상태를 말하지만, 여기서는 넓고 큰 모양을 가리킴.

[6]

나라가 위태하다면 즐거워할 군주가 없고 나라가 편안하다면 근심할 군주가 없다. 어지러워지면 나라가 위태하고 다스려지면 나라가 편안해진다. 오늘의 군주 된 자는 낙을 좇는 일은 서두르고 나라 다스리는 일에는 등한하다. 잘못이 어찌 심하지 않겠는가. 비유하자면 이는 마치¹⁾ 소리나 색은 좋아하면서도 귀와 눈이 없는 데는 태연한 것²⁾과 같다. 어찌 슬프지 않겠는가. 대저 사람의 정이란 눈은 어디까지나³⁾ 색을 바라고 귀는 어디까지나 소리를 바라며 입은 어디까지나 맛을 바라고 코는 어디까지나 냄새를 바라며 마음은 어디까지나 즐기기를 바란다. 이 다섯 가지 끝없는 욕망이란 사람의 정이 반드시 면하지 못하는 바의 것이다. 다섯 가지 끝없는 욕망을 채우는 데는 구비해야 할 요건⁴⁾

이 있다. 그 요건이 없다면 다섯 가지 끝없는 욕망이란 가히 이룰 수 없는 것이다. 만승의 나라는 가히 광대하고 부유하다 말할 수 있고 다시 잘 다스려[5] 강고해질 도를 더하니 이와 같다면 즐겁기만[6] 하고 환난이란 없을 것이며 그런 뒤라야 다섯 가지 끝없는 욕망을 채울 요건이 갖추어질 것이다. 그러므로 온갖 즐거움이란 다스려진 나라에서 생기는 것이고 우환이란 어지러워진 나라에서 생기는 것이다. 낙을 좇는 일을 서두르고 나라 다스리는 일을 등한히 하는 자는 즐거움을 알지 못하는 자다. 그러므로 현명한 군주는 반드시[7] 먼저 그 나라를 다스리고 그런 뒤에 온갖 즐거움을 그 속에 얻으며 암우한 군주는 반드시 낙을 좇는 일을 서두르고 나라 다스리는 일을 등한히 하므로 우환 얻음을 헤아려 낼 수[8] 없어 반드시 자신이 죽고 나라가 멸망하는 데 이른 연후에 그칠 것이다. 어찌 슬프지 않겠는가. 장차 즐기려 하면서 이내 근심거리를 얻고 장차 편안하려 하면서 이내 위태함을 얻으며 장차 복을 누리려 하면서 이내 사망하게 된다. 어찌 슬프지 않겠는가. 아아,[9] 군주 된 자여, 이 말을 가히 살펴볼 일이다.

〔아아, 군주 된 자여, 이 말을 가히 살펴볼 일이다. 양주(楊朱)[10]가 갈림길[11]에서 소리내어 울며 말하기를 '이는 바로 반걸음 잘못 디뎌[12] 천리길 그르침[13]'을 깨달은 것이다'라고 하였다. 이것 역시 영욕과 안위 존망의 갈림길이다. 이는 그 슬퍼할 일이 갈림길보다 더 심한 것이다. 아아, 슬프다. 군주 된 자가 천년이 되어도 깨닫지 못하도다.〕

國危則無樂君, 國安則無憂民. 亂則國危, 治則國安. 今君人者, 急逐樂而緩治國, 豈不過甚矣哉. 譬之是由好聲色而恬無耳目也, 豈不哀哉. 夫人之情, 目欲綦色, 耳欲綦聲, 口欲綦味, 鼻欲綦臭, 心欲綦佚. 此五綦者, 人情之所必不免也. 養五綦者有具. 無其具, 則五綦者不可得而致也. 萬乘之國可謂廣大富厚矣, 加有治辨彊固之道焉, 若是則怡愉無患難矣, 然後養五綦者之具具也. 故百樂者生於治國也, 憂患者生於亂國也. 急逐樂而緩治國者, 非知樂者也. 故明君者必將先治其國, 然後百樂得其中. 闇

君者必將急逐樂而緩治國, 故憂患不可勝校也, 必至於身死國亡, 然後止也, 豈不哀哉. 將以爲樂, 乃得憂焉, 將以爲安, 乃得危焉, 將以爲福, 乃得死亡焉, 豈不哀哉. 於乎, 君人者亦可以察若言矣.

〔嗚呼, 君人者亦可以察若言矣. 楊朱哭衢涂曰, 此夫過擧蹞步而覺跌千里者夫. 哀哭之. 此亦榮辱安危存亡之衢已, 此其爲可哀, 甚於衢涂. 嗚呼哀哉. 君人者, 千歲而不覺也.〕

1 是由—여기서 유(由)는 유(猶)자와 마찬가지 의미로 쓰임.
2 恬—염(恬)은 안(安) 또는 정(靜)자와 같음. 아무렇지 않음. 마음이 편안한 상태.
3 欲綦—기(綦)는 극한(極限)의 뜻. 가능한 한계까지 이름. 끝없는 욕심을 부림.
4 有具—여기서 구(具)란 갖추어야 할 필요 조건을 가리킴.
5 治辨—판(辨)은 평(平)자와 같은 음으로 통용됨. 역시 치(治)자와 같은 뜻을 가짐.
6 怡愉—이(怡)는 화(和) 또는 열(悅)자와 같음. 유(愉)는 락(樂)자로 통함. 유열(愉悅).
7 必將—필(必)·장(將) 두 글자 모두 기필(期必)과 같은 뜻.
8 勝校—교(校)는 계교(計校)의 뜻. 일일이 다 셀 수 없을 정도로 많은 수를 말함.
9 於乎—오(於)는 까마귀 오(烏)자의 옛 글자. 감탄조사. 오호(嗚呼)와 마찬가지임.
10 楊朱—양주(楊朱)는 도가(道家) 성향의 사상가. 묵자의 겸애(兼愛)와 대조적인 위아(爲我), 즉 이기주의자로 알려짐.
11 衢涂—구(衢)는 원래 사달(四達) 길을 가리킴. 여기서는 두 갈래 갈림길, 즉 기로(岐路)를 말함.
12 蹞步—규(蹞)는 가랑이 한쪽 다리. 한 걸음은 좌우 가랑이 두 쪽을 말하므로 이는 반보(半步)를 가리킴.
13 跌—질(跌)은 발을 헛디딤. 넘어져 일을 그르침. 차질(蹉跌)과 같은 뜻.

[7]

무릇[1] 나라를 다스리는 데는 방법이 있고 군주에게는 직분이 있다. 여러 날을 걸려 그 일을 소상하게 다루거나[2] 하루를 걸려 곡진하게 가리는[3] 일 같은 것은 바로 그 많은 관리들에게 시킬 바로서 이를 가지고 군주의 놀이나 즐김⁴⁾을 해치기에 족하지는 않다. 그 재상 하나 뽑아 가지고⁵⁾ 다 거느리게 하여 신하와 모든 관리들로 하여금 정도에 머물러 방향 정하는 데⁶⁾ 힘쓰지 않을 수 없게 하는 일 같은 것은 바로 그 군주의 직분이다. 이와 같다면 천하를 하나로 하고 명성을 요(堯)나 우(禹)와 나란히 할 것이다. 이 군주란 자⁷⁾는 몸가짐이 지극히 간략하면서도⁸⁾ 소상하고 하는 일이 지극히 편안하면서도 공은 크다. 옷자락을 늘어뜨리고⁹⁾ 자리 위에서 내리지 않아도 온 천하 사람들이 그를 얻어 제왕 삼기를 원하지 않는 이가 없다. 대저 이를 가리켜 지극히 간략하다 말하고 즐거움이 이보다 더 큰 것은 없다는 것이다.

　군주는 남에게 벼슬 내리는 것을 본분으로 한다. 필부는 스스로 하는 일을 본분으로 한다. 군주는 사람을 부릴 수가 있으나 필부는 일을 남에게 넘길 수가 없고 백무(百畝) 땅을 오로지 지키며¹⁰⁾ 일이 막히더라도 그것을 남에게 넘길 수가 없다. 지금 한 사람 가지고 천하 정치를 다 들으면서도 매일 여유가 있고 그 처리가 부족한 것은 남을 시켜 하기 때문이다. 크게는 천하를, 작게는 한 나라를 가지고 반드시 모든 일을 스스로 해야 가하다고 한다면 고생하고 피로함¹¹⁾이 이보다 더 심할 수 없을 것이니, 이와 같다면 노비들도 천자와 그 일자리¹²⁾를 즐겨 바꾸지 않을 것이다. 이런 까닭으로 천하를 고르게 하고¹³⁾ 온 세계를 하나로 함에 있어 왜 반드시 그것을 스스로 하려 하겠는가. 그것은 역부(役夫)¹⁴⁾의 길이고 묵자(墨子)가 주장하는 논리다. 덕 있는 자를 뽑고 유능한 자를 시켜서 관직을 행하게 하는 것은 성왕의 길이며 유자(儒者)가 삼가 지켜야 할 바다. 전해지는 말에 이르기를 '농사꾼은 밭을 나누어서 농사짓고 장사꾼은 재화를 나누어서 팔며 백공(百工)은 일을 나누어서 힘쓰고 사대부는 직분을 나누어서 종사하며 봉건된 나라 제후는 영토를 나누어서 지키고 삼공(三公)이 정무를 통괄하여¹⁵⁾ 의정을 한다면 천자는 팔짱을 끼고¹⁶⁾ 가만히 있으면 되는 것이다. 밖으로 이와 같고 안으로 이와 같다면 천하가 고르게 되지 않을 수 없고 잘 다스려지지 않을 수 없다. 이것이 바로 많은 왕자가 함께하는 바이고 예의 법도의 큰 근본이다'¹⁷⁾라고 한다.

故治國有道, 人主有職. 若夫貫日而治詳, 一日而曲別之, 是所使夫百吏
官人爲也, 不足以是傷游玩安燕之樂. 若夫論一相以兼率之, 使臣下百吏
莫不宿道鄕方而務, 是夫人主之職也. 若是則一天下, 名配堯禹. 之主者
守至約而詳, 事之佚而功, 垂衣裳不下簞席之上, 而海內之人莫不願得以
爲帝王. 夫是之謂至約, 樂莫大焉.

人主者以官人爲能者也, 匹夫者以自能爲能者也. 人主得使人爲之, 匹夫
則無所移之, 百畝一守, 事業窮無所移之也. 今以一人兼聽天下, 日有餘
而治不足者, 使人爲之也. 大有天下小有一國, 必自爲之然後可, 則勞苦
耗頓莫甚焉, 如是則雖臧獲不肯與天子易埶業. 以是縣天下一四海, 何故
必自爲之. 爲之者役夫之道也, 墨子之說也. 論德使能而官施之者, 聖王
之道也, 儒之所謹守也. 傳曰, 農分田而耕, 賈分貨而販, 百工分事而勸,
士大夫分職而聽, 建國諸侯之君分土而守, 三公總方而議, 則天子共己而
已矣. 出若入若, 天下莫不平均, 莫不治辨. 是百王之所同也, 而禮法之大
分也.

1 故—여기서 고(故)는 부(夫)자와 같은 용법으로 쓰임. 일종의 발어사.

2 貫日而治詳—관(貫)은 포갤 루(累)자와 같음. 적일(積日)의 뜻. 치상(治詳)
이란 일을 면밀하게 처리함.

3 曲別—곡(曲)은 위곡(委曲)의 뜻. 별(別)은 변(辨)자로 통용됨. 상세히 분별함.

4 游玩安燕—유(游)는 유(遊)자와 같음. 완(玩)은 재미있는 놀이. 희완(戲玩)
의 뜻. 연(燕)은 연(宴)자로 통함.

5 論一相—론(論)은 고를 론(掄)자와 같음. 택(擇)자와 마찬가지임. 재상을 선
정함.

6 宿道鄕方—숙(宿)은 지(止)자로 통함. 정도에 머물고 샛길로 빠지지 않음.
향(鄕)은 향(向)자와 같음. 일정 방향 헷갈림이 없음.

7 之主者—지(之)는 시(是)자와 마찬가지 지시조사. 주(主)는 군주 일반이 아
니라 요(堯)·우(禹)를 가리킴.

8 至約—약(約)은 간(簡)자로 통함. 일을 덜어서 손쉽게 함.

9 垂衣裳—여기서 수(垂)는 옷이나 치맛자락을 땅 위로 길게 늘어뜨림. 바쁘지
않은 상태를 말함.

10 百畝—守(畝)는 땅 넓이의 단위. 일(一)은 전일(專一)의 뜻.

11 耗顇—모(耗)는 정신적 소모를 말함. 췌(顇)는 초췌(顦顇)의 뜻. 파리해짐.

12 埶業—세(埶)는 세(勢)자와 같음. 위(位)와 마찬가지 의미.

13 縣天下—현(縣)이란 현형(縣衡)의 뜻으로, 공평히 함. 화평(和平)과 같음.

14 役夫—역부(役夫)란 노역(勞役)에 종사하는 일꾼. 천한 신분을 가리킴.

15 總方—총(總)은 총통(總統)의 뜻. 방(方)은 백관(百官)이 맡는 정무(政務)
를 말함.

16 共己—공(共)은 공(拱)자의 빌린 글자. 팔짱을 낌. 아무 일도 하지 않고 수
수방관함.

17 大分—분(分)은 본(本)자와 같은 뜻. 강령(綱領)을 말함.

[8]

백리 땅을 가지고 가히 천하를 취할 수 있다 하니 이것은 거짓[1]이 아
니다. 어려운 것은 군주가 그 방법을 아는 데 있다. 천하를 취한다는 것
은 그 토지를 짊어지고 와서 따르게 하는 것을 말함이 아니다. 도(道)를
가지고 족히 사람을 하나로 하는[2] 것이다. 저 사람들[3]이 정말 하나가
되어 준다면 그 토지가 장차 어찌 나를 버리고 다른 데로 가겠는가. 그
러므로 백리의 땅으로도 그 벼슬 등급이나 작위 복제[4]가 천하의 현명
한 인사들을 포용하기에 족하고 그 벼슬 직책이나 하는 일이 천하의 유
능한 인사들을 포용하기에 족하며 그 옛 법에 따라 좋은 것만 골라 힘
써 적용한다면[5] 이득 취하기를 좋아하는 사람들을 순순히 복종시키기
에 족할 것이다. 현명한 인사들이 여기에 모이고[6] 유능한 인사들이 벼
슬자리에 나아가며 이득 취하기를 좋아하는 사람들이 복종한다. 이 세
가지가 갖추어져서 천하 일이 다한다면[7] 그 밖에 있을 것은 없다. 그러
므로 백리의 땅으로도 세를 다 모으기에 족하고 충신이 지극하고 인의
가 드러난다면 민심을 다 모으기에 족할 것이다. 그 두 가지가 합해져
서 천하를 취하는 것이니 제후들 가운데 모이는 데 뒤지는 자[8]가 먼저 위
태로울 것이다. 『시』[9]에 이르기를 '서로부터 동으로부터 남으로부터 북

으로부터 복종해 오지 않는 이가 없다'라고 하니 민심을 하나로 모은[10] 것을 가리킨 말이다.

百里之地可以取天下, 是不虛, 其難者, 右於人主之知之也. 取天下者, 非負其土地而從之之謂也, 道足以壹人而已矣. 彼其人苟壹, 則其土地且奚去我而適它. 故百里之地, 其等位爵服足以容天下之賢士矣, 其官職事業, 足以容天下之能士矣, 循其舊法, 擇其善者, 而明用之, 足以順服好利之人矣. 賢士一焉, 能士官焉, 好利之人服焉, 三者具而天下盡, 無有是其外矣. 故百里之地足以竭埶矣, 致忠信著仁義, 足以竭人矣. 兩者合而天下取, 諸侯後同者先危. 詩曰, 自西自東, 自南自北, 無思不服, 一人之謂也.

1 不虛—허(虛)는 허언(虛言)을 가리킴. 거짓말·허위의 뜻.
2 壹人—인(人)은 민심을 말함. 일(壹)이란 귀일(歸一)의 뜻. 사람을 복종시킴.
3 彼其人—기(其)는 지(之)자와 통용되므로 피지인(彼之人), 즉 저 다른 나라 사람을 가리킴.
4 等位爵服—등위(等位)는 위계(位階) 등급. 계급의 차례. 작복(爵服)은 작위에 따라 입는 옷.
5 明用之—명(明)은 면(勉)자와 고음(古音)으로 통용되는 마찬가지 의미. 용(用)은 맞추어 씀.
6 一焉—일언(一焉)이란 모두가 한데 모여들어 섬김을 말함. 언(焉)은 백리의 소국을 가리킴.
7 天下盡—진(盡)은 다 마칠 필(畢)자와 같음. 천하 통일의 과업을 완수해냄.
8 後同者—동(同)은 회동(會同)의 뜻. 모이는 데 뒤짐. 귀복(歸服)할 것을 주저함.
9 詩—『시경』「대아(大雅)·문왕유성(文王有聲)」편의 인용 구절.
10 一人—일인(一人)은 천하의 민심을 모두 한데 모음. 앞의 일(壹)자와 같은 뜻.

[9]

예(羿)와 봉문(蠭門)[1]은 활 쏘는 사수를 잘 복종시키는 자다. 왕량(王良)과 조보(造父)[2]는 말 부리는 어자(馭者)를 잘 복종시키는 자다.

총명한 군자는 사람을 잘 복종시키는 자다. 사람이 복종하면 세가 거기에 따르지만 사람이 복종하지 않으면 세도 떠나버린다. 그러므로 왕자는 사람을 복종시키는 데에 이르러 그만둔다는 것이다. 그러므로 군주가 먼 데를 쏘아 미세한 것을 맞힐 명사수를 얻으려 한다면 예나 봉문만한 자가 없을 것이고 먼 데를 빨리 당도할³⁾ 명어자를 얻으려 한다면 왕량과 조보만한 자가 없을 것이며 천하를 하나로 조화하여 진(秦)·초(楚)를 제압할 인물을 얻으려 한다면 총명한 군자만한 자가 없을 것이다. 왕자는 그 지려 작용이 대단히 간략하고 그 하는 일이 힘들지 않으면서 공적과 명성은 지극히 크니⁴⁾ 대처하기가 대단히 용이하면서 지극히 안락할 수 있다. 그러므로 현명한 군주는 이를 보배로 삼고 암우한 군주는 이를 어려운 일⁵⁾로 여기는 것이다.

羿蠭門者善服射者也. 王良造父者善服馭者也. 聰明君子者善服人者也. 人服而勢從之, 人不服而勢去之. 故王者已於服人矣. 故人主欲得善射射遠中微, 則莫若羿蠭門矣, 欲得善馭及速致遠, 則莫若王良造父矣, 欲得調壹天下制秦楚, 則莫若聰明君子矣. 其用知甚簡, 其爲事不勞, 而功名致大, 甚易處而綦可樂也. 故明君以爲寶, 而愚者以爲難.

1 羿蠭門―예(羿)는 하(夏) 왕조 때의 활 잘 쏘는 전설적 인물. 봉문(蠭門)은 예의 제자. 봉몽(逢蒙)과 같은 이.
2 王良造父―왕량(王良)은 춘추시대 조간자(趙簡子)를 섬기던 말 잘 부리는 어자(御者). 조보(造父)는 주(周) 목왕(穆王)의 유명한 어자.
3 及速―급(及)은 추(追)자와 같은 뜻. 속(速)은 신속(迅速)과 같음. 빨리 따라 붙음.
4 致大―여기서 치(致)는 극(極)자와 마찬가지 의미. 치원(致遠)의 치(致)자와 달리 봄.
5 爲難―난(難)이란 다루기 어려운 일. 방해받는 대상을 가리킴.

대저 존귀하기로 말하면 천자가 되고 부유하기로 말하면 천하를 가지며 명성 얻기로 말하면 성왕이 되고 남을 다 함께 제어하며 남이 자기를 제어할 수 없게 함이 바로 사람의 정이 똑같이 바라는 바다. 그래서 왕자가 이를 아울러서 갖는다는 것이다. 색을 다채롭게[1] 하여 옷을 해 입고 맛을 고루 갖추어서 먹으며 재물을 모아서 그것을 마음대로 쓰고[2] 천하를 합쳐서 그 군주가 되며 음식은 대단히 풍부하고 음악은 대단히 장대하며 대사(臺謝)[3]는 대단히 높고 원유(園囿)[4]는 대단히 넓으며 제후들을 신하로 부려 천하를 하나로 합함은 이 또한 사람의 정이 똑같이 바라는 바다. 그래서 천자의 예법 제도가 이와 같다는 것이다. 제도가 이미 마련되고[5] 정령(政令)은 이미 미치고 있는데도[6] 관리가 그 요긴한 것을 어긴다면 주살하고[7] 제후들이 예를 잘못 지키면 유폐하며 사방 여러 나라에 실덕하는[8] 일이 있다면 반드시 이를 멸망시켜 명성은 일월과 같고 공적은 천지와 같아 천하 사람들이 응하기를 그림자나 산울림같이 한다면 이 또한 사람의 정이 똑같이 바라는 바다. 그래서 왕자가 이를 아울러서 갖는다는 것이다. 그러므로 사람의 정이란 입은 맛을 좋아하지만 향긋함이 왕자보다 더 좋을 수는 없고[9] 귀는 소리를 좋아하지만 음악이 왕자보다 더 장대할 수는 없고 눈은 색을 좋아하지만 무늬 장식[10]이나 여자가 왕자보다 더 많을 수는 없고 몸은 편하기를 좋아하지만 한적함[11]이 왕자보다 즐거울 수는 없으며 마음은 이득을 좋아하지만 곡록(穀祿)[12]이 왕자보다 더 후할 수는 없으니 (왕자는) 천하가 똑같이 원하는 것을 다 합쳐 아울러서 갖고 천하를 손 안에 놓고[13] 제어하기를 마치 자손 다루듯이 한다. 사람이 정말 미치거나 어리석지[14] 않다면 그 누가 능히 이것을 보고 바라지[15] 않겠는가.

이를 바라던 군주들은 어깨를 나란히 하여 있었고 이를 해나갈[16] 수 있었던 인사들은 대가 끊기지 않았지만 천년에 걸쳐 그에 합한 왕자가 나타나지 못한 것은 무슨 까닭인가. 말하기를 '군주가 공평하지 못하였고 신하도 충직하지 못하였기 때문이다'라고 한다. 군주라 하면 현명한

자를 꺼려 가까운 자를 치우치게 등용하고[17] 신하라 하면 직책을 다투
어서 현명한 자를 투기하니 이것이 바로 그에 합한 왕자가 나타나지 못
한 이유가 되는 것이다. 군주가 어찌 마음을 넓혀서 친소에 구애받지 않
고 귀천에 치우침이 없이 오직 성실하고 유능한 자만을 구하지 않겠는
가. 만약 이와 같다면 신하가 직책에 매달리지 않고[18] 현명한 자에게 양
보하여 이에[19] 그 뒤를 따를 것이다. 이와 같다면 순(舜)·우(禹)가 바
로[20] 이르러 왕업이 바로 일고 공업은 천하를 하나로 하고 명성은 순·
우와 짝할 만한 것이다. 사물 중에 이처럼 즐거워할 만하고 알찬 것[21]이
있겠는가.

夫貴爲天子, 富有天下, 名爲聖王, 兼制人人莫得而制也, 是人情之所同
欲也, 而王者兼而有是者也. 重色而衣之, 重味而食之, 重財物而制之, 合
天下而君之, 飮食甚厚, 聲樂甚大, 臺謝甚高, 園囿甚廣, 臣使諸侯一天
下, 是又人情之所同欲也, 而天子之禮制如是者也. 制度以陳, 政令以挾,
官人失要則死, 公侯失禮則幽, 四方之國有侈離之德則必滅, 名聲若日月,
功績如天地, 天下之人應之如影景嚮, 是又人情之所同欲也, 而王者兼而
有是者也. 故人之情, 口好味而臭味莫美焉, 耳好聲而聲樂莫大焉, 目好
色而文章致繁婦女莫衆焉, 形體好佚而安重閑靜莫愉焉, 心好利而穀祿莫
厚焉, 合天下之所同願兼而有之, 睪牢天下而制之, 若制子孫. 人苟不狂
惑戇陋者, 其誰能睹是而不樂也哉.
欲是之主竝肩而存, 能建是之士不世絶, 千歲而不合, 何也. 曰, 人主不
公, 人臣不忠. 人主則外賢而偏擧, 人臣則爭職而妬賢, 是其所以不合
之故也. 人主胡不廣焉無卹親疏, 無偏貴賤, 唯誠能之求. 若是則人臣輕
職讓賢, 而安隨其後, 如是則舜禹還至, 王業還起, 功壹天下, 名配舜禹.
物由有可樂如是其美焉者乎.

1 重色—중(重)은 다(多)자로 통함. 의류의 색깔이 다채롭고 풍부한 모양.
2 制之—여기서 제(制)란 자유자재의 뜻. 재물을 제멋대로 다룸.
3 臺謝—대(臺)는 전망용의 높은 대지. 사(謝)는 사(榭)자와 같음. 지붕 있는

전망대.

4 園囿—원(園)·유(囿) 두 글자 모두 군주의 동산. 새나 짐승을 방목하는 사유지를 말함.

5 以陳—이(以)는 이미 이(已)자로 쓰임. 기(旣)자와 같은 뜻. 진(陳)은 펼침.

6 以挾—협(挾)은 협(浹)자로 통함. 흡(洽)자와 마찬가지 의미. 널리 두루 미침.

7 失要則死—요(要)는 중요한 점. 급소를 말함. 사(死)란 타동사 살(殺)자의 뜻.

8 侈離之德—치(侈)는 치(誃)자에서 빌린 글자. 별(別)자와 같은 뜻. 별리(別離)란 부도덕함을 가리킴.

9 臭味莫美焉—취(臭)는 향(香)자와 같은 뜻으로 봄. 언(焉)은 비교조사로 쓰임.

10 文章致繁—문장(文章)은 장식 무늬. 치번(致繁)이란 대단히 치밀함을 가리킴.

11 安重閑靜—안중(安重)은 매우 안락함. 한(閑)은 한적함. 마음의 평정 상태.

12 穀祿—곡(穀)은 곡식으로 지급되는 연봉. 수입을 말함.

13 睪牢—고(睪)는 높을 고(皐)자의 잘못 전해진 글자. 뢰(牢)는 롱(籠)자와 통용됨. 한데 묶어놓음. 겸유(兼有)와 같은 뜻.

14 戇陋—당(戇)은 우(愚)자와 같음. 우루(愚陋)함. 어리석을 정도로 경직되어 있음.

15 樂—여기서 악(樂)이란 원망(願望)의 뜻으로 봄. 왕자가 처한 여러 상황들을 부러워함.

16 能建—능(能)이란 가능함. 앞서 든 상태를 내세울 수 있는 능력.

17 外賢而偏擧—외(外)는 소외시킴. 편거(偏擧)란 인재를 들어쓰는 데 편파적임.

18 輕職—경(輕)은 가볍게 여겨 문제로 삼지 아니함. 매달리지 않는 모양.

19 安隨—여기서 안(安)은 내(乃)자와 같음. 일종의 어조사.

20 還至—환(還)이란 곧 즉(卽) 또는 홀(忽)자와 같이 쓰임.

21 其美—미(美)는 대단히 성한 모양. 『맹자』「진심(盡心) 하」편의 충실(充實)을 미(美)로 파악하는 경우와 마찬가지임.

[11]

어떤 나라도 좋은 법[1]이 있지 않은 나라 없고 악법이 있지 않은 나라 없다. 현명한 인사가 있지 않은 나라 없고 무능한[2] 인사가 있지 않은 나라 없다. 선량한 백성[3]이 있지 않은 나라 없고 사악한 백성이 있지 않은 나라 없다. 아름다운 풍속이 있지 않은 나라 없고 나쁜 풍속이 있지 않은 나라 없다. 서로 다른 성향의 양자가 병행한다면 나라는 그대로 존속될 것이며 전자 쪽으로 더 기울면[4] 나라가 안존하고 후자 쪽으로 더 기울면 나라가 위태하며 전자 쪽으로 모두 하나된다면5) 왕의 나라가 되고 후자 쪽으로 모두 하나된다면 나라가 망할 것이다. 그러므로 그 법은 이를 잘 다스리고 그 보좌할 사람은 현명하며 그 백성들은 선량하고 그 풍속은 아름다워 네 가지를 다 갖추게 된다. 대저 이를 가리켜 전자 쪽으로 모두 하나된다고 말하는 것이다. 이와 같다면 싸우지 않아도 이기고 치지 않아도 얻으며 무기를 번거롭게 쓰지 않아도 복종할 것이다. 그러므로 탕(湯)은 박(亳)을 가지고 일어서고 무왕(武王)은 학(鄗)을 가지고 일어서서 모두 백리의 좁은 땅이지만 천하가 하나되고 제후들이 신하가 되며 왕래 가능한 지역 안에 있는 족속들이 복종하지 않는 이가 없게 되었다. 이는 다른 까닭이 아니다. 네 가지를 다 갖추게 되었기 때문이다. 걸(桀)·주(紂)는 바로 천하를 가질 세가 두터웠으나 필부가 되기를 원했더라도 할 수 없었다. 이는 다른 까닭이 아니다. 네 가지를 아울러 잃었기 때문이다. 그러므로 많은 왕자의 법은 똑같지 않지만 그 귀착되는 바는 하나다.

無國而不有治法, 無國而不有亂法, 無國而不有賢士, 無國而不有罷士, 無國而不有愿民, 無國而不有悍民, 無國而不有美俗. 無國而不有惡俗. 兩者並行而國在, 上偏而國安, 在下偏而國危, 上一而王, 下一而亡. 故其法治, 其佐賢, 其民愿, 其俗美, 而四者齊, 夫是之謂上一. 如是則不戰而勝, 不攻而得, 甲兵不勞而天下服. 故湯以亳, 武王以鄗, 皆百里之地也, 天下爲一諸侯爲臣, 通達之屬莫不從服, 無它故焉, 四者齊也. 桀紂卽厚於有天下之勢, 索爲匹夫而不可得也, 是無它故焉, 四者並亡也. 故百王之法不同, 所歸者一也.

1 治法─치법(治法)이란 나라를 잘 다스려 나가는 데 필요한 바른 법. 난법(亂法)은 그 반대의 악법을 가리킴.
2 罷士─파(罷)는 병(病)자로 통함. 현(賢)과 대립관계의 무능함을 가리킴.
3 愿民─원(愿)은 성(誠)자와 마찬가지 의미. 성실하고 착한 백성. 원각(愿慤)과 같음.

4 上偏―여기서 상(上)이란 하(下)와 대조적으로 앞에 거론된 전·후자를 가리킴. 편(偏)은 한쪽으로 기우는 편향성을 말함.
5 上一―일(一)은 전일(專一)을 뜻함. 오로지 치법(治法)·현사(賢士)·원민(願民)·미속(美俗)만을 중요하게 여기고 그쪽으로 치우침.

[12]

위(군주)는 사랑을 그 아래 모두에게 다하지 않을 수 없으며 이를 통제하기를 예를 가지고 한다. 위가 아래를 대함에 있어 마치 갓난아이 기르듯 한다. 정령(政令)[1] 제도가 아래 있는 백성들을 대하는 방법에 불합리한 것이 혹 털끝만큼이라도[2] 있다면 비록 고독환과(孤獨鰥寡)[3]에게도 가하는 일이 없다. 그러므로 아래가 위를 가깝게 하여 기뻐하기를 마치 부모 대하듯 하며 비록 죽어도 위를 따르지 않고 (배반하는) 일은 없다. 군주와 신하, 윗사람과 아랫사람, 귀천·장유의 모든 서민에 이르기까지 서로 친애하는 정을 가지고 중정(中正)[4]을 삼지 않을 수 없으니 그런 연후에 모두가 안으로 자신을 되돌아보고 삼가 그 직분을 힘써 하게 된다. 이는 바로 그 많은 왕자가 똑같이 실행하던 바이며 예법의 가장 요긴한 것이다. 그런 연후에 농민은 논밭을 나누어서 경작하고 상인은 재화를 나누어서 판매하며 여러 공인들은 공사를 나누어서 일을 힘쓰고 사대부는 직분을 나누어서 정사를 맡으며 봉건 제후는 영토를 나누어서 지키고 삼공(三公)이 정사를 총괄하여 결정해 나간다면 천자는 팔짱을 끼고 가만히 있어도 될 것이다. 밖으로 이와 같고 안으로도 이와 같이 한다면 천하가 고루 공평하게 되지 않을 수 없고 잘 다스려지지 않을 수 없을 것이다. 이는 바로 그 많은 왕자가 똑같이 실행하던 바이며 예법의 큰 강령이다. 저 여러 날 걸려서 상세하게 일을 정리하고 사물을 계량하여[5] 실용에 맞추며 의복은 규정이 있고 사는 집은 법도가 있으며 부릴 사람[6]은 정해진 수가 있고 상을 당했을 때나 제사 때 쓰일 도구가 모두 차례대로 마땅함이 있어[7] 이를 가지고 모든 일에 두루 미치게 하여 치수를 재는 데[8]도 도량형[9]을 따르지 않을 수 없도록 한 연후에 실행하는 것은 바로 벼슬아치나 아전들의 일이다. 대인 군자인 군주 앞에서 말하기는[10] 족하지 않은 것이다.

그러므로 군주 된 자가 조정에 바른 기준을 세워서 마땅하고 모든 정사를 총괄시킨 바의 재상[11]이 정말 어진 사람이라면 몸이 편안하면서도 나라가 다스려지고 공은 크고 명성도 아름다워 위로 가히 왕자가 될 수 있고 아래라도 패자가 될 수 있을 것이다. 조정에 바른 기준을 세우더라도 마땅하지 않고 모든 정사를 총괄시킨 자가 어진 사람이 아니라면 몸은 고생하고 나라도 어지러워 공이 무너지고 이름도 욕되어 사직이 반드시 위태로울 것이다. 이것이 바로 군주 된 자가 지켜야 할 긴요한 점[12]이다. 그러므로 한 사람을 능히 마땅하게 재상을 삼을 수 있다면[13] 천하를 얻고 한 사람을 마땅하게 삼지 못한다면 사직이 위태하며 한 사람을 능히 마땅하게 삼을 수 없으면서 천 사람 백 사람 능히 마땅하게 삼을 수 있다 하는 것은 말[14]이 안 되는 것이다. 이미 한 사람을 능히 마땅하게 삼을 수 있다면 몸에 무슨 고생되는 일이 있겠는가. 옷자락 길게 늘어뜨리고도 천하가 안정될 것이다. 그래서 탕(湯)이 이윤(伊尹)을 등용하고 문왕(文王)이 여상(呂尙)을 등용하고 무왕(武王)이 소공(召公)을 등용하고 성왕(成王)이 주공(周公)을 등용하였다. 그리고 또 그만 못한 자도 오백(五伯)이 되었던 것이다. 제(齊) 환공(桓公)은 규문(閨門) 안[15]에 악기를 걸어놓고 극도로 사치하며 놀이에 깊이 빠져 세상에서 몸과 마음이 단정하다는 평을 얻지 못했다.[16] 그러나 제후들을 한데 모으고[17] 천하를 크게 바로잡아 오백들 가운데 장이 되었으니 이것은 역시 다른 까닭이 없다. 관중(管仲)에게 정사를 일임할 줄 알았기 때문이다. 이것이 바로 군주 된 자가 지켜야 할 긴요한 점이다. 이를 아는 자는 그 때문에 일을 일으키기[18] 쉬우며 공적과 명성도 지극히 크게 된다. 이것을 버리고 어느 누가 하기에 족할 것인가. 그러므로 옛 사람 가운데 공명을 크게 가진 자는 반드시 이를 따르던 자다. 그 나라를 상실하고 그 몸을 위태롭게 한 자는 반드시 이를 어긴 자다. 그러므로 공자가 말하기를 '지자의 지식은 본래 많되[19] 지켜야 할 것은 적으니[20] 능히 살핌이란 것이 없겠는가. 어리석은 자의 지식은 본래 적되 지켜야 할 것은 많으니 능히 어긋남이란 것이 없겠는가 라고 하였으니 이것을 가리켜 하는 말이다.

上莫不致愛其下, 而制之以禮. 上之於下, 如保赤子. 政令制度所以接下之人百姓, 有不理者如豪末, 則雖孤獨鰥寡, 必不加焉. 故下之親上歡如父母, 可殺而不可使不順. 君臣上下貴賤長幼, 至於庶人, 莫不以是爲隆正. 然後皆內自省以謹於分. 是百王之所同也而禮法之樞要也. 然後農分田而耕, 賈分貨而販, 百工分事而勸, 士大夫分職而聽, 建國諸侯之君分土而守, 三公摠方而議, 則天子共己而止矣. 出若入若, 天下莫不平均, 莫不治辨, 是百王之所同, 而禮法之大分也. 若夫貫日而治詳, 權物而稱用, 使衣服有制, 宮室有度, 人徒有數, 喪祭械用皆有等宜, 以是周挾於萬物, 尺寸尋丈, 莫得不循乎制數度量, 然後行, 則是官人使吏之事也, 不足數於大君子之前.

故君人者, 立隆政本朝而當, 所使要百事者誠仁人也, 則身佚而國治, 功大而名美, 上可以王下可以霸. 立隆正本朝而不當, 所使要百事者非仁人也, 則身勞而國亂, 功廢而名辱, 社稷必危, 是人君者之樞機也. 故能當一人而天下取, 失當一人而社稷危. 不能當一人, 而能當千人百人者, 說無之有也. 旣能當一人, 則身有何勞而爲. 垂衣裳而天下定. 故湯用伊尹, 文王用呂尙, 武王用召公, 成王用周公. 且卑者五伯. 齊桓公閨門之內縣樂奢泰, 游玩之脩, 於天下不見謂脩. 然九合諸侯, 一匡天下, 爲五伯長, 是亦無它故焉, 知一政於管仲也, 是君人者之要守也. 知者易爲之興力, 而功名蒙大. 舍是而孰足爲也. 故古之人有大功名者, 必道是者也. 喪其國危其身者, 必反是者也. 故孔子曰, 知者之知固以多矣, 有以守少, 能無察乎. 愚者之知固以少矣, 有以守多, 能無狂乎, 此之謂也.

1 政令―여기서 정령(政令)이란 군주가 발포하는 정치상의 여러 법령을 말함.
2 豪末―호(豪)는 호(毫)자를 빌린 글자. 호말(豪末)이란 지극히 미세한 것을

일러 말함.

3 孤獨鰥寡 ─ 고독(孤獨)은 고아나 자식 없는 홀몸의 늙은이. 환과(鰥寡)는 홀아비와 과부. 넷 모두 보잘것없는 처지를 일컬음.

4 隆正 ─ 륭(隆)은 성한 모양. 융정(隆正)이란 치우치지 않는 바른 기준. 중정(中正)과 같은 뜻.

5 權物 ─ 물(物)이란 사물 일반을 가리킴. 권(權)은 저울질 계산. 살펴서 잘 생각함.

6 人徒 ─ 도(徒)는 일반 종을 말함. 정부의 일, 즉 요역(徭役)에 동원되는 막노동 일꾼.

7 有等宜 ─ 등(等)이란 신분상의 등급차를 말함. 의(宜)는 서열을 지켜 그 처지에 마땅하게 함.

8 尺寸尋丈 ─ 척(尺)·촌(寸)·심(尋)·장(丈) 네 글자 모두 길이를 재는 단위 표시. 심(尋)은 여덟 자. 장(丈)은 열 자 한 길.

9 制數度量 ─ 제(制)는 베나 비단 폭의 넓이를 잼. 수(數)는 그 치수. 도(度)는 저울. 량(量)은 말을 되는 두곡(斗斛). 당시의 표준 도량형을 말함.

10 不足數 ─ 수(數)는 본래 뜻이 셀 수(數)자임. 여기서는 하나하나 열거하여 설명함을 가리킴.

11 要百事者 ─ 요(要)는 요약(要約)이란 뜻. 백사(百事)는 모든 정무(政務)를 가리킴. 주재하는 재상을 말함.

12 樞機 ─ 추(樞)는 문 여는 지도리. 일종의 회전축. 기(機)는 노(弩)의 줄. 발동의 기초. 모든 일의 중심을 가리킴.

13 能當一人 ─ 일인(一人)이란 재상 한 사람을 가리킴. 당(當)은 그 지위에 맞는 등용의 타당성.

14 說無之 ─ 설(說)은 일반의 화젯거리를 가리킴. 무지(無之)란 이론이 성립되지 아니함.

15 閨門之內 ─ 규(閨)는 궁궐의 작은 문. 내실 입구에 따로 세운 문. 사생활을 가리킨 말.

16 不見謂脩 ─ 수(脩)는 정수(精修)의 뜻. 몸과 마음이 단정함. 견(見)은 수동 조사. 위(謂)는 일종의 평가.

17 九合 ─ 구(九)는 규(糾)자와 음으로 통함. 규합(糾合)이란 집합(集合)의 뜻.

18 爲之興力 ─ 위지(爲之)란 마땅한 재상을 얻음. 흥력(興力)은 사업을 일으킴.

19 固以多 ─ 여기서 이(以)는 이(已)자와 통용됨. 기(旣)자와 마찬가지 의미.

20 有以守少 ─ 유(有)는 우(又)자와 음이 서로 통함. 수소(守少)란 여러 개를 손대지 않고 요점만 지킴.

302

[13]

나라를 다스린다 하는 것은 직분이 명확하게 정해져 있어[1] 바로 군주·재상·신하, 그 아래 모든 관리가 각자 그 듣는 바[2]를 삼가 지키고 그 듣지 않는 바를 들으려 힘쓰지 않으며[3] 각자 그 보는 바를 삼가 지키고 그 보지 않는 바를 보려고 힘쓰지 않는다. 듣는 바와 보는 바를 정성들여 처리해 간다면 비록 깊숙이 궁벽진 땅[4]의 백성들일지라도 감히 직분을 받들고 법도를 따라 그 위에 감화되지 않을 수 없다. 이것이 다스려지는 나라의 보람[5]이다.

治國者分已定, 則主相臣下百吏, 各謹其所聞, 不務聽其所不聞, 各謹其所見, 不務視其所不見. 所聞所見誠以齊矣, 則雖幽閒隱辟百姓, 莫敢不敬分安制, 以化其上. 是治國之徵也.

1 分已定—분(分)은 직분(職分)을 말함. 이정(已定)이란 그 조건이 미리 정해짐.
2 其所聞—문(聞)은 직무 수행에 있어 맡아서 해야만 할 그 몫을 말함.
3 不務聽—청(聽) 또한 문(聞)자와 마찬가지로 정사를 맡아 청단(聽斷)하는 일. 불무(不務)란 남의 영역을 침범하지 아니함.
4 幽閒隱辟—한(閒)은 한(閑)자로 통함. 한적한 곳. 은벽(隱辟)은 사람 왕래가 드문 벽지.
5 徵—징(徵)이란 징험(徵驗). 어떤 조짐이나 그 나타난 효과를 가리킴.

[14]

군주의 도는 가까운 데를 다스리고 먼 데를 다스리지 않으며 분명한 것을 다스리고[1] 분명치 못한 것을 다스리지 않으며 한 가지 일을 다스리고 두 가지 일을 다스리지 않는다.[2] 군주가 능히 가까운 데를 다스릴 수 있다면 먼 데 것도 다스려지고 군주가 능히 분명한 것을 다스릴 수 있다면 분명치 못한 것도 고쳐지고 군주가 능히 한 가지 일을 맡아 할 수 있다면 많은 일이 바로잡힐 것이다. 도대체 천하 정치를 아울러 다듬는다 하더라도 시일이 남아 처리하기 부족한 경우가 이와 같다. 이것이 바로 다스림의 극치인 것이다. 이미 가까운 데를 다스릴 수 있으면 서 다시 또 먼 데를 다스리려 힘쓰고 이미 분명한 것을 다스릴 수 있으면서 다시 또 분명치 못한 것을 보려 힘쓰며 이미 한 가지 일을 맡아 할 수 있으면서 다시 또 백 가지 많은 일을 바로잡으려 힘쓴다면 이는 지나친 것이다.[3] 지나치면 오히려 미치지 못한 것과 같으니 비유하자면 이는 마치 곧은 나무를 세워놓고 그 그림자가 굽기를 바라는 것과 같다. 가까운 데를 다스리지도 못하면서 먼 데를 다스리려 힘쓰고 분명한 것을 다스리지도 못하면서 분명치 못한 것을 보려 힘쓰며 한 가지 일도 맡아 하지 못하면서 백 가지 많은 일을 바로잡으려 힘쓴다면 이는 어긋난 것이다.[4] 비유하자면 이는 마치 굽은 나무를 세워놓고 그 그림자가 곧기를 바라는 것과 같다.

그러므로 현명한 군주는 일의 요점 잡기를 좋아하고[5] 어리석은 군주는 뒤끝 잡기를 좋아한다.[6] 군주가 요점 잡기를 좋아한다면 모든 일이 상세하게 정리되지만 군주가 뒤끝 잡기를 좋아한다면 모든 일이 깨져버릴 것이다. 군주라 하는 자는 재상 하나를 뽑아[7] 하나의 법을 펼치고 하나의 방침을 밝혀 보이며[8] 그것을 한데 모아 감싸고 비추어 그 성과를 관망하는[9] 자다. 재상이라 하는 자는 모든 벼슬아치의 장을 가려 뽑아 서열대로 앉히고 정사 보는 모든 일을 총괄하여 조정 신하와 온갖 관리들의 직분을 바로잡으며[10] 그 공로를 가늠하여 그 포상을 정하고 한 해 말에 그 이룬 공적을 들어서 군주에게 고하여 합당하면 인정하고[11] 부당하면 면직시키는 자리다. 그러므로 남의 군주 된 자는 그 재상을 구하는 데는 힘이 들지만 그를 부린 다음에는 편하게 쉴 수 있는 것이다.

主道治近不治遠, 治明不治幽, 治一不治二. 主能治近則遠者理, 主能治明則幽者化, 主能當一則百事正. 夫兼聽天下, 日有餘而治不足者如此也. 是治之極也. 旣能治近又務治遠, 旣能治明又務見幽, 旣能當一又務正百, 是過者也. 過猶不及也. 辟之是猶立直木而求其影之枉也. 不能治近又務

治遠, 不能察明又務見幽, 不能當一又務正百, 是悖者也. 辟之是猶立枉木而求其影之直也.

故明主好要, 而闇主好詳. 主好要則百事詳, 主好詳則百事荒. 君者論一相, 陳一法, 明一指, 以兼覆之兼炤之, 以觀其盛者也. 相者論列百官之長, 要百事之聽, 以飾朝廷臣下百吏之分, 度其功勞, 論其慶賞, 歲終奉其成功以效於君. 當則可, 不當則廢. 故君人者, 勞於索之, 而休於使之.

1 治明—명(明)은 눈으로 보고 귀로 직접 들을 수 있는 사물. 구체적인 현실 문제를 말함.
2 不治二—여기서 이(二)란 범백(凡百). 잡다한 일 모두를 일괄하여 말함.
3 過者—과(過)는 과욕(過慾)을 부림. 부질없는 일.
4 悖者—패(悖)는 원칙이나 도리에 어긋남을 말함. 근본적으로 그릇된 생각을 뜻함.
5 好要—요(要)는 긴요한 일의 핵심. 중요한 일을 장악하여 처리하기를 좋아함.
6 好詳—상(詳)은 요(要)자의 반대 뜻. 지엽(枝葉)·말단(末端)과 같은 세세한 일.
7 論一相—논(論)은 논(掄)자로 통함. 택(擇)자와 같은 뜻. 상(相)은 재상(宰相)을 말함.
8 明一指—지(指)란 손가락으로 사물을 가리킴. 일종의 방침을 지시함.
9 觀其盛—성(盛)은 성(成)자와 같은 뜻으로 쓰임. 일의 성공을 지켜봄.
10 以飾—여기서 식(飾)이란 칙(飭)자를 빌려 쓴 글자. 조정 여러 부서의 자리 정리. 정비(整備)와 같은 뜻.
11 當則可—당(當)은 그 직분에 타당함을 말함. 가(可)는 재가(裁可)의 뜻. 지위를 유지함.

[15]

나라 다스리는[1] 자들 중 백성의 협력을 얻는 자는 부하고 백성의 사력(死力)[2]을 얻는 자는 강하며 백성의 칭송을 받는 자는 번영한다. 세 가지 덕[3]이란 것이 다 갖추어지면 천하 사람들이 귀의(歸依)하지만 세 가지 덕이란 것이 없으면 천하 사람들이 떠나버린다. 천하 사람들이 귀의하는 것을 가리켜 왕의 나라라고 말하고 천하 사람들이 떠나버리는 것을 가리켜 망하는 나라라고 말한다. 탕(湯)이나 무(武)의 경우는 도를 따르고 의를 행하며 천하 공동의 이익을 일으키고 천하 공동의 해악을 물리쳐서 천하 사람이 귀의하였던 것이다. 그러므로 덕망⁴⁾을 두텁게 하여 앞서고 예의를 밝혀 이끌며 성의를 다하여 사랑하고 현자를 높여 유능한 자를 써서⁵⁾ 서열을 정하고 작위·복식·포상을 주어 거듭 더 장려하며 그 일을 때맞게 시켜⁶⁾ 그 부담을 줄여 적당히 조정하고 두루⁷⁾ 다 함께 감싸 양육하기를 마치 갓난아이 보살피듯 하며 민을 살리는 데는 너그럽게 다하고 민을 부리는 데는 도리를 극진히 하고 정령 제도가 아랫사람인 백성들 대하는 방법을 가려 살펴서 털끝만큼이라도 불합리한 것이 있다면 그 상대가 비록 고독환과일지라도 가하지 않는다. 이런 까닭으로 백성들이 그를 귀히 여기기를 상제(上帝)처럼 하고 친근히 하기를 부모처럼 하며 그를 위해 목숨을 걸고 몸을 망치더라도⁸⁾ 게을리하지 않는⁹⁾ 것은 다른 까닭이 없다. 도덕이 정말 명백하고 이득과 혜택이 정말 두텁기 때문이다.

　난세의 군주는 그렇지 않다. 부정과 도둑질¹⁰⁾로 앞서고 권모와 뒤집어엎기로 본을 보이고 광대·난쟁이·부녀들의 청을 들어 어지럽히며 어리석은 자로 하여금 지혜 있는 자를 가르치게 하고 못난 자로 하여금 현명한 자 위에 세우며 민을 살게 함에 있어 가난에 이르게 하고 민을 부림에 있어 극도로 힘들게 한다. 이런 까닭으로 백성들이 살무사처럼 그를 천시하고 마귀처럼 증오하며 매일같이 틈을 보아¹¹⁾ 힘을 합쳐 그를 짓밟고¹²⁾ 내쫓아버리고 싶을 것이다. 갑자기 외적이 쳐들어오는 일이 있어 군주가 또 자기를 위하여 백성들이 죽기를 바라더라도 할 수 없을 것이다. 논리적으로도 그것을 취할 까닭이 없다. 공자가 말하기를 '내가 남 대하는¹³⁾ 태도를 삼감은 그것이 나에게 되돌아오기 때문이다'라고 하니 이것을 가리킨 말이다.

用國者, 得百姓之力者富, 得百姓之死者彊, 得百姓之譽者榮. 三德者具而天下歸之, 三德者亡而天下去之. 天下歸之之謂王, 天下去之之謂亡. 湯武者, 循其道行其義, 興天下同利, 除天下同害, 天下歸之. 故厚德音以

先之, 明禮義以道之, 致忠信以愛之, 賞賢使能以次之, 爵服賞慶以申重之, 時其事輕其任, 以調齊之, 潢然兼覆之養長之, 如保赤子, 生民則致寬, 使民則慕理, 辭政令制度所以接下之人百姓, 有非理者如豪末, 則雖孤獨鰥寡必不加焉. 是故百姓貴之如帝, 親之如父母, 爲之出死斷亡而不愉者, 無它故焉. 道德誠明, 利澤誠厚也.

亂世不然. 汙漫突盜以先之, 權謀傾覆以示之, 俳優侏儒婦女之請謁以悖之, 使愚詔知, 使不肖臨賢, 生民則致貧隘, 使民則慕勞苦. 是故百姓賤之如㑊, 惡之如鬼, 日欲司間而相與投藉之去逐之. 卒有寇難之事, 又望百姓之爲己死, 不可得也. 說無以取之焉. 孔子曰, 審吾所以適人, 人之所以來我也, 此之謂也.

1 用國 — 용(用)은 위(爲)자와 같이 쓰임. 치국(治國)과 마찬가지 의미.
2 死 — 여기서 사(死)는 사력(死力)을 다함. 목숨을 바쳐서 일한다는 표현의 말.
3 三德 — 덕(德)은 득(得)자로 통함. 득력(得力) · 득사(得死) · 득예(得譽)의 세 가지를 가리킴.
4 德音 — 음(音)이란 사회적 평판을 말함. 덕망(德望) 있다는 영문(令聞)이 퍼짐.
5 賞賢使能 — 상(賞)은 상(尙)자와 같음. 존숭(尊崇)의 뜻. 사능(使能)이란 유능한 자를 써서 일을 시킴.
6 時其事 — 시(時)란 적절한 시기를 가려서 일함. 용역을 동원함에 있어 농사짓는 철을 피함.
7 潢然 — 황(潢)은 황(滉)자와 같음. 물이 넓고 깊은 모양. 매사에 대범한 모습을 보임.
8 出死斷亡 — 출사(出死)란 목숨을 내놓음. 단망(斷亡)은 결사(決死)의 뜻. 죽기로 힘을 씀.
9 不愉 — 유(愉)는 투(偸)자를 빌려 쓴 글자. 게으르게 함. 태만(怠慢)과 같은 뜻.
10 汙漫突盜 — 우(汙)는 오(汚)자로 통함. 만(漫)은 무책임한 언동을 가리킴. 돌(突)은 릉(凌)자와 같음. 도둑질을 범함.
11 司間 — 사(司)는 엿볼 사(伺)자로 통함. 간(間)은 틈 극(隙)자와 마찬가지 의미.
12 投藉 — 투(投)는 척(摘)자와 같은 뜻. 던져버림. 자(藉)는 답(踏)자와 같은 뜻. 짓밟음.
13 適人 — 적(適)은 왕래(往來)의 뜻. 사람을 접하여 사귐.

[16]

나라를 손상시킨다 하는 것이 무엇인가. 말하기를 소인을 민의 위[1]에 앉혀서 위세부리게 하고 그 취할 바가 아닌 것을 민에게서 빼앗고 거짓 수를 부리게[2] 함이 바로 나라를 손상시키는 큰 해악이다. 큰 나라의 군주일지라도 작은 이득 보기를 좋아한다면 이것은 바로 나라를 손상시키는 것이다. 그 성색(聲色)·대사(臺榭)·원유(園囿)에 있어 흡족할수록 더욱 새것을 좋아한다면 이것은 바로 나라를 손상시키는 것이다. 그 가진 것을 바로 정리하기를 좋아하지 않으면서 걸신들린 듯[3] 늘 남이 가진 것만 욕심낸다면 이것은 바로 나라를 손상시키는 것이다. 세 가지 사악이란 것이 가슴속에 있으면서[4] 또 권모를 가지고 뒤엎는 사람을 써서 그 바깥 일 독단하기[5]를 좋아함이 이와 같다면 권위가 경박해지고 이름은 욕되며 사직이 반드시 위태로울 것이다. 이것은 바로 나라를 손상시키는 것이다. 큰 나라의 군주일지라도 기본이 되는 행위 규범을 높이지 않고[6] 옛 법을 삼가지 않으며 속이기[7]를 좋아함이 이와 같다면 그 조정 여러 신하들도 역시 따라서 예의를 높이지 않고 뒤엎기만 좋아하는 경향으로 습속을 이루며 조정 여러 신하들의 습속이 이와 같다면 그 많은 일반 백성들도 역시 따라서 예의를 높이지 않고 이득만 탐내는 쪽으로 습속을 이루게 될 것이다. 군주와 신하, 아래위의 습속이 이와 같지 않을 수 없다면 영토가 비록 넓다 하더라도 권위는 반드시 가벼워지고 사람 수가 비록 많다 하더라도 군대는 반드시 약해지며 형벌이 비록 자상하게 되어 있더라도[8] 명령이 아래로 통하지 않을 것이다. 대저 이것을 가리켜 위태한 나라라고 말하는 것이다. 이것은 바로 나라를 손상시키는 것이다.

유자(儒者)의 다스림은 그렇지 않다. 반드시 상세하게 살펴서 일을 처리한다.[9] 조정에서 반드시 예의를 높이고 귀천의 서열을 신중히 함[10]이 이와 같다면 사대부가 힘써 절조를 지키고 직분에 목숨 걸지 않는[11] 자가 없을 것이다. 모든 관직은 반드시 그 제도를 정비하고 그 봉록[12]을 후하게 함이 이와 같다면 많은 관리들이 법을 두려워하고 규칙을 준수하지 않을 수 없을 것이다. 관문이나 시장은 단속을 하더라도 세를 거두지 않고[13] 질률(質律)을 정하여 부당한 암거래를 금지하고[14] 편중되지 않게 함이 이와 같다면 상인들은 정이 두터워지고 정직하여 속이는 일이 없을 것이다. 여러 공인들도 반드시 때를 맞추어 나무 베게 하고 그 마무리 시기를 늦추어[15] 그 솜씨를 잘 내게 함[16]이 이와 같다면 여러 공인들은 성실해지고 제품을 거칠게[17] 만들 수 없을 것이다. 변두리 지역은 반드시 농토세를 가볍게 매기고 현금 징수[18]도 줄이고 노력 동원을 드물게 하며 농사철 빼앗지 않음이 이와 같다면 농부들은 순박하게 그 일만 힘쓰고 다른 재능은 적게 부리지[19] 않을 수 없을 것이다. 사대부가 힘써 절조를 지키고 직분에 목숨 걸게 된 연후라야 군대가 강해지고 많은 관리들이 법을 두려워하고 규칙을 준수하게 된 연후라야 나라가 항상 어지럽지 않게 되며 상인들은 정이 두터워지고 정직하여 속임이 없다면 상거래가 안전하고 재화 유통이 잘 되어 나라의 수요가 족하게 될 것이며 여러 공인들이 성실하고 조잡하게 만들지 않게 된다면 쓰이는 기구가 정교하고 편리해져서 재용이 부족되지 않으며 농부들이 순박하게 그 일만 힘쓰고 다른 재능을 적게 부린다면 위로 천시(天時)를 어기지 않게 되고 아래로 지리(地利)를 그르치지 않게 되며 가운데로 인화(人和)를 얻어서 모든 일이 안 될 수 없을 것이니 바로 이것을 가리켜 정령(政令)이 행해지고 풍속도 아름다워진다는 것이다. 이로써 나라를 지킨다면 견고해지고 이로써 정벌한다면 군대가 강해지며 가만히 있어도 이름이 나고 움직이면 공적이 오르니 이것이 유자(儒者)가 말하는 이른바 곡변(曲辨), 즉 상세하게 살펴서 일을 처리한다는 것이다.

傷國者何也. 日, 以小人尙民而威, 以非所取於民而巧, 是傷國之大災也. 大國之主也, 而好見小利, 是傷國. 其於聲色臺榭園囿也, 愈厭而好新, 是傷國. 不好修正其所已有, 啖啖然常欲人之有, 是傷國. 三邪者在匈中, 而又好以權謀傾覆之人斷事其外, 若是則權輕名辱, 社稷必危. 是傷國者也.

大國之主也, 不隆本行不敬舊法, 而好詐故. 若是則夫朝廷羣臣, 亦從而
成俗於不隆禮義而好傾覆也. 朝廷羣臣之俗若是, 則夫衆庶百姓, 亦從而
成俗於不隆禮義而好貪利矣. 君臣上下之俗, 莫不若是, 則地雖廣權必輕,
人雖衆兵必弱, 刑罰雖繁令不下通. 夫是之謂危國. 是傷國者也.

儒者爲之不然., 必將曲辨. 朝廷必將隆禮義而審貴賤, 若是則士大夫莫不
務節死制者矣. 百官則將齊其制度, 重其官秩, 若是則百吏莫不畏法而遵
繩矣. 關市幾而不征, 質律禁止而不偏, 如是則商賈莫不敦慤而無詐矣.
百工將時斬伐, 佻其期日, 而利其巧任, 如是則百工莫不忠信而不楛矣.
縣鄙將輕田野之稅, 省刀布之斂, 罕擧力役, 無奪農時, 如是則農夫莫不
朴力而寡能矣. 士大夫務節死制, 然而兵勁. 百吏畏法循繩, 然後國常不
亂. 商賈敦慤無詐, 則商旅安貨財通, 而國求給矣. 百工忠信而不楛, 則器
用巧便而財不匱矣. 農夫朴力而寡能, 則上不失天時, 下不失地利, 中得
人和, 而百事不廢. 是之謂政令行風俗美. 以守則固, 以征則彊, 居則有
名, 動則有功. 此儒之所謂曲辨也.

1 尚民—상(尙)은 상(上)자로 통함. 상민(尙民)이란 민의 윗자리 상위(上位)를
　가리킴.
2 巧—여기서 교(巧)란 위(僞)자와 같음. 교묘하게 속임. 또는 말을 얼버무림.
3 啖啖然—담(啖)은 탐식(貪食)의 뜻. 헛헛하게 먹으려고 욕심부리는 모양.
4 匈中—흉(匈)은 가슴 흉(胸)자의 옛 글자. 나쁜 생각을 마음속에 담아둠.
5 斷事其外—단(斷)은 전단(專斷)의 뜻. 외국에 나가 국가간의 중대한 문제를
　혼자서 결단함.
6 不隆本行—륭(隆)은 존중(尊重)의 뜻. 본행(本行)이란 행위의 기준이 될 근
　본 원칙을 말함.
7 詐故—왕염손(王念孫)은 고(故)자 역시 사(詐)자와 마찬가지 의미로 간주함.
8 繁—여기서 번(繁)은 번다(繁多)함. 또는 상세(詳細)함.
9 曲辨—변(辨)은 치(治)자와 같음. 곡(曲)은 위곡(委曲)의 뜻. 면밀하게 하나
　하나 잘 살핌.
10 審貴賤—심(審)은 신(愼)자와 같은 뜻. 귀천의 서열을 어지럽히지 아니함.
11 務節死制—무절(務節)이란 귀절(貴節)과 같음. 절조를 지킴. 제(制)는 직분
　(職分)을 말함. 죽을 힘을 다하여 직무를 수행함.

12 官秩 — 질(秩)은 록(祿)자와 같음. 질록(秩祿). 관직(官職)에 따르는 봉급.

13 幾而不征 — 기(幾)는 가찰(呵察)의 뜻. 부정을 감시함. 정(征)은 조세 징수를 가리킴.

14 質律禁止 — 질(質)은 질제(質劑)를 말함. 약속어음. 문권(文券). 상거래에서 부정을 막기 위한 법제도.

15 佻其期日 — 조(佻)는 완(緩)자로 통함. 기일(期日)은 제작물의 완성 시기. 시기를 급하게 서두르지 아니함.

16 利其巧任 — 임(任)은 능(能)자와 같음. 교능(巧能)의 뜻. 리(利)는 잘 통하도록 우대함.

17 不楛 — 고(楛)는 견뢰(堅牢)의 반대 뜻. 조잡스러움. 불고(不楛)란 정교하고 튼튼함.

18 刀布之斂 — 도(刀)는 고대의 금속화폐의 일종인 도전(刀錢). 포(布)도 역시 포전(布錢). 렴(斂)은 수렴(收斂)의 뜻.

19 朴力而寡能 — 박(朴)은 질박(質朴)의 상태. 농사일만 주력함. 전념(專念)의 뜻. 과능(寡能)이란 그 밖의 재능을 부리지 않음.

12 군도君道

이 편은 군주가 지향하는 이상적인 도에 대하여 기술하
고 있다. 순황의 정치의식은 인륜의 근본을 예로 삼는
다. 군주 자신이 먼저 이를 익혀서 실천하고 또한 애민
(愛民)함으로써 사회적 안정을 기대할 수 있는 것이라
고 전제한다. 특히 인물을 중심으로 하는 정치를 강조
하고, 그 책임을 져야 할 재상 선임의 중요성을 거듭 말
하고 있다.

[1]

나라를 어지럽히는 군주는 있어도 저절로 어지러워지는 나라는 없으며 다스리는 사람은 있어도 저절로 다스려지는 법은 없다. 예(羿)의 활 쏘는 법이 없어지지 않았지만 예의 법이 대대로 적중시키지는 못했으며 우(禹)의 법이 아직도 존속하지만 하(夏)가 대대로 왕 노릇을 하지는 못하였다. 그러므로 법은 홀로 설 수 없고 유례(類例)[1]도 혼자서 행해질 수 없으며 그 사람을 얻으면 존속되고 그 사람을 잃으면 없어진다. 법이라 하는 것은 다스리는 단서[2]이고 군자라 하는 것은 법의 원천이다. 그러므로 군자가 있으면 비록 법이 간단하더라도 족히 두루 미치고 군자가 없으면 비록 법을 갖추어 전후로 시행하더라도 일의 변화에 대응할 수 없어서 족히 어지러워진다. 법의 본뜻을 이해하지 못하고 법의 개별조항[3]만 바르게 하는 자는 비록 박식하더라도 실제 일을 당하면 반드시 어지러워진다. 그러므로 현명한 군주는 그 사람을 얻는 데 먼저 힘쓰고[4] 어두운 군주는 그 세를 얻는 데 먼저 서두른다. 그 사람을 얻는 데 먼저 힘쓴다면 그 자신은 편안하고 나라가 다스려지며 공적이 크고 명성은 훌륭하니 상질은 왕이 될 수 있고 하질이라도 패자가 될 수 있다. 그 사람 얻는 데 먼저 힘쓰지 않고 그 세 얻는 데 먼저 서두른다면 그 자신은 고생하고 나라가 어지러우며 공적이 폐하고 이름이 욕되어 사직이 반드시 위태롭게 될 것이다. 그러므로 군주 된 자는 그 사람을 구하는 데[5] 수고하더라도 그 사람을 부리는 데는 쉽게 된다. 『서』[6]에 이르기를 '문왕이 삼가 두려워하여[7] 훌륭한 사람을 택하였다'라고 하니 이것을 가리켜 하는 말이다.

有亂君無亂國, 有治人無治法. 羿之法非亡也, 而羿不世中, 禹之法猶存,

而夏不世王. 故法不能獨立, 類不能自行, 得其人則存, 失其人則亡. 法者治之端也, 君子者法之原也. 故有君子, 則法雖省, 足以徧矣, 無君子, 則法雖具失先後之施, 不能應事之變, 足以亂矣. 不知法之義而正法之數者, 雖博臨事必亂. 故明主急得其人, 而闇主急得其埶. 急得其人, 則身佚而國治, 功大而名美, 上可以王, 下可以霸. 不急得其人而急得其埶, 則身勞而國亂, 功廢名辱, 社稷必危. 故君人者, 勞於索之, 而休於使之. 書曰, 惟文王敬忌, 一人以擇, 此之謂也.

1 類不能自行—유(類)는 법에 준하는 관습법. 넓은 의미의 법. 여러 법령을 시행하는 배경이 되는 규범을 말함.
2 治之端—단(端)은 단초(端初)라는 뜻. 일을 풀어나가는 실마리. 여기서는 정치의 첫걸음.
3 法之數—수(數)란 개개의 세부적 조항(條項), 즉 세목(細目)을 가리킴.
4 急—여기서 급(急)은 질(疾)자와 마찬가지 의미. 제일 먼저 힘써야 할 다급한 일.
5 勞於索之—색(索)은 구(求)자와 같은 뜻. 지(之)란 기인(其人), 즉 재상이 될 만한 이를 가리킴.
6 書—『상서』(尙書)「강고」(康誥)편의 인용 글귀.
7 惟文王敬忌—유(惟)는 유(唯)자로 통함. 기(忌)는 경(敬)자와 같은 외경(畏敬)의 뜻.

[2]

부절(符節)[1]을 합치고 계권(契券)[2]을 나누는 것은 신의를 기하기 위함이다. 그러나 군주가 권모 부리기를 좋아한다면 신하와 모든 관리, 거짓을 일삼는 사람까지 이를 틈타서[3] 남을 속일 것이다. 제비를 뽑아 일을 결정짓는[4] 것은 공정을 기하기 위함이다. 군주가 마음대로 편들기[5]를 좋아한다면 신하와 모든 관리가 이를 틈타서 편향된 짓을 할 것이다. 저울에 추를 달아 무게를 다는[6] 것은 형평을 기하기 위함이다. 군주가 뒤집어엎기를 좋아한다면 신하와 모든 관리가 이를 틈타서 음험한 일을 하게 될 것이다. 말을 갈겨서 분량을 재는[7] 것은 평정[8]을 기하기 위함이다. 군주가 이를 탐하기 좋아한다면 신하와 모든 관리가 이를 틈타서 많이 거두고 적게 주어⁹⁾ 규정도 없이 민을 갈취할 것이다. 그러므로 도구나 세부 항목¹⁰⁾이라 하는 것은 정치의 말류이며 정치의 근원은 아니다. 군자라고 하는 자는 정치의 원류다. 관리는 세부 항목을 지키지만 군자는 근원을 배양한다. 근원이 맑으면 말류도 맑으며 근원이 탁하면 말류도 탁하다. 그러므로 군주가 예의를 좋아하고 어진 자를 높이며 유능한 자를 쓰고 이를 탐하는 마음이 없다면 아랫사람도 역시 겸손을 극진히 하고 성실을 다하여 신하와 자식 된 도리에 힘쓸 것이다. 이와 같다면 비록 소민(小民)¹¹⁾의 처지에 있더라도 부절을 합치거나 계권 나누기를 기다리지 않고 신실해지고 제비뽑기를 기다리지 않고 공정해지며 저울에 추를 달아 무게다는 것을 기다리지 않고 형평이 이루어지고 말을 갈겨서 분량 재는 것을 기다리지 않고 평정이 이루어질 것이다.

그러므로 상을 주지 않아도 민이 힘쓰고 처벌하지 않아도 민이 복종하며 정사 맡은 자가 수고하지 않아도 일이 잘되고 정령이 번다하지 않아도 풍속이 훌륭하며 백성은 감히 군주의 법을 따르고 군주의 뜻을 본받으며 군주의 일을 힘써서 안락을 취하지 않을 수 없는 것이다. 그러므로 세금을 거두더라도 허비라 생각하지 않고¹²⁾ 토목공사에도 수고를 잊고 외적의 침략에도 죽음을 잊고 성곽은 손질¹³⁾을 기다리지 않아도 단단하고 병기는 연마¹⁴⁾를 기다리지 않아도 굳세고 적국은 정벌을 기다리지 않아도 굴복하고¹⁵⁾ 사해의 온 민중이 영을 기다리지 않아도 하나가 된다. 대저 이를 가리켜 최상의 평치(平治)라 한다. 『시』¹⁶⁾에 이르기를 '왕의 선정이 두루 다 미쳐서¹⁷⁾ 서(徐) 땅 사람까지 다 모여든다¹⁸⁾' 라고 하니 이것을 가리켜 하는 말이다.

合符節別契券者, 所以爲信也. 上好權謀, 則臣下百吏誕詐之人, 乘是而後欺. 探籌投鉤者, 所以爲公也. 上好曲私, 則臣下百吏乘是而後偏. 衡石稱縣者, 所以爲平也. 上好傾覆, 則臣下百吏乘是而後險. 斗斛敦槩者, 所以

爲嘖也. 上好貪利, 則臣下百吏乘是而後豊取刻與, 以無度取於民. 故械數者治之流也, 非治之原也. 君子者治之原也. 官人守數, 君子養原. 原淸則流淸, 原濁則流濁. 故上好禮義尙賢使能, 無貪利之心, 則下亦將綦辭讓致忠信, 而謹於臣子矣. 如是則雖在小民, 不待合符節別契券而信, 不待探籌投鉤而公, 不待衡石稱縣而平, 不待斗斛敦槩而嘖.

故賞不用而民勸, 罰不用而民服, 有司不勞而事治, 政令不煩而俗美, 百姓莫敢不順上之法象上之志, 而勸上之事而安樂之矣. 故藉斂忘費, 事業忘勞, 寇難忘死, 城郭不待飾而固, 兵刃不待陵而勁. 敵國不待服而詘, 四海之民不待令而一, 夫是之謂至平. 詩曰, 王猶允塞, 徐方旣來, 此之謂也.

1 合符節—부(符)는 합(合)자와 같은 뜻. 대나무를 둘로 쪼개어 각각 나누어 가지고 필요할 때 맞추어 증거로 삼음.

2 別契券—계권(契券)이라 함은 약속한 문서를 말함. 별(別)은 쌍방이 나누어 가짐.

3 乘是—시(是)는 부절·계권을 가리킴. 승(乘)은 기회를 노려서 악용함.

4 探籌投鉤—주(籌)는 대나무쪽을 깎아서 글씨를 새긴 셈대로서 제비뽑는 데 쓰임. 탐(探)은 많은 속에서 하나를 골라냄. 투구(投鉤)는 투호(投壺)와 같은 놀이.

5 曲私—곡사(曲私)라 함은 자기 멋대로 편향된 짓을 함.

6 衡石稱縣—형(衡)은 천칭(天秤). 석(石)은 저울추인 분동(分銅)의 일종. 칭현(稱縣)은 무게를 저울에 다는 것.

7 斗斛敦槩—두곡(斗斛)은 분량을 재는 용기인 말을 가리킴. 돈개(敦槩)란 말질할 때 그 표면을 평평하게 갈기는 막대.

8 嘖—여기서 책(嘖)은 가지런히할 제(齊)자로 쓰임. 평정(平正)과 같은 뜻.

9 刻與—각(刻)은 감손(減損)과 마찬가지 의미. 남이 모르게 빼앗아 주는 데 인색하게 함.

10 械數—계(械)는 도구를 말함. 수(數)는 법 조문. 세부 항목을 가리킴.

11 小民—여기서 소민(小民)이란 미천한 백성. 교양이 없는 하찮은 사람이란 의미.

12 藉斂忘費—자(藉)는 적(籍)자로 통함. 조세 징수의 뜻. 망비(忘費)란 헛돈 낸다고 의식하지 아니함.

13 飾—식(飾)은 칙(飭)자를 빌려 쓴 글자. 정비(整備)의 뜻. 무너진 성곽을 수리함.

14 陵—능(陵)은 숫돌에 칼을 가는 쉬려(淬礪)의 뜻. 병인(兵刃)을 연마함.

15 服而詘—복(服)은 적을 정벌함. 굴(詘)은 굴(屈)자로 통함. 적을 치지 않고 굴복시킴.

16 詩—『시경』「대아(大雅)·상무(常武)」편의 끝장 인용 글귀.

17 允塞—윤(允)은 색(塞)자와 마찬가지 의미. 충실을 다함.

18 徐方旣來—방(方)은 나라 방(邦)자와 같음. 서(徐) 지방. 기(旣)는 진(盡)자로 통함. 모두 다 귀의(歸依)함.

[3]

'남의 군주 됨이 어떠해야 하는가 묻고 싶다.' 대답해 말하기를 '예를 가지고 나누어 베풀고¹⁾ 두루 고르게 하여 치우치지 말아야 할 것이다' 라고 한다. '남의 신하 됨이 어떠해야 하는가 묻고 싶다.' 대답해 말하기를 '예를 가지고 군주를 받들고²⁾ 충성하고 종순하며 게으르지 말아야 할 것이다' 라고 한다. '남의 아버지 됨이 어떠해야 하는가 묻고 싶다.' 대답해 말하기를 '관대하고 은혜로우며 예를 지켜야 할 것이다' 라고 한다. '남의 자식 됨이 어떠해야 하는가 묻고 싶다.' 대답해 말하기를 '존경하고 사랑하며 예를 다하여 꾸며야³⁾ 할 것이다' 라고 한다. '남의 형 됨이 어떠해야 하는가 묻고 싶다.' 대답해 말하기를 '인자하게 사랑하며 우애를 보여야⁴⁾ 할 것이다' 라고 한다. '남의 아우 됨이 어떠해야 하는가 묻고 싶다.' 대답해 말하기를 '겸손하게 몸을 낮추어⁵⁾ 거슬리지 말아야 할 것이다' 라고 한다. '남의 남편 됨이 어떠해야 하는가 묻고 싶다.' 대답해 말하기를 '극진히 화합하더라도 음란하지 말며⁶⁾ 위엄을 세워서 가려야⁷⁾ 할 것이다' 라고 한다. '남의 아내 됨이 어떠해야 하는가 묻고 싶다' 대답해 말하기를 '남편이 예의를 지키면 유순하게 따르고 받들며⁸⁾ 남편이 예의 없으면 두려워하고 자신을 꾸짖을⁹⁾ 것이다' 라고 한다. 이 도(道)가 한쪽만 행해지면¹⁰⁾ 어지럽게 되고 양쪽 다 행해지면 잘 다스려진다. 충분히 생각해볼 만한 것이다. '모두 함께 행할 수 있으려면 어찌해야 하는

가 묻고 싶다.' 대답해 말하기를 '예를 분명하게 살펴 실천할 일이다' 라고 한다. 옛적에 성왕은 예를 분명하게 살펴 실천하였기 때문에 천하가 두루 다 미쳐서[11] 행동이 알맞지 않은 것이 없었다고 한다.

그러므로 군자는 공순하더라도 벌벌 떨지 않고[12] 신중히 하더라도 겁내지 않으며[13] 빈궁하더라도 굽신거리지 않고[14] 부귀하더라도 교만하지 않으며 여러 가지 변하는 사태에 부딪히더라도 궁하지 않으니 이는 예를 분명히 살피기 때문이다. 그러므로 군자가 예에 대해서는 삼가 거기에 몸을 편안히 갖고 그 행동에 대해서는 곧게 하여 빗나가지 않으며[15] 다른 사람에 대해서는 원망을 줄이고 너그럽게 하더라도 아첨은 아니하며 그 한 몸을 닦는 데는 삼가 가다듬어 어긋나지 않고[16] 그 변고에 대응하는 데는 재빠르게 날래어[17] 헷갈리지 않으며 천지 만물에 대해서는 그렇게 되는 까닭을 힘써 말하지 않더라도 그 자원을 극진히 잘 이용하고 많은 관리가 하는 일과 기예를 가진 사람에 대해서는 그들과 재능을 다투지 않으면서 그 능력을 극진히 잘 활용하며 그 군주를 받드는 데는 충성하고 종순하면서 게으르지 않고 그 신하를 부리는 데는 고르게 두루 하면서 치우치지 않으며 그 사람과 사귀는 데는 처지에 따라 마땅한 법도[18]가 있고 향리에 사는 데는 너그럽게 감싸주어 어지럽히지 말아야 할 것이다. 이런 까닭으로 궁하더라도 반드시 명성이 있고 영달하면 반드시 공적이 있다. 어질고 무던한 덕이 천하를 함께 덮어 부족되지 않고[19] 밝은 예지가 천지를 두루 다하여 모든 변화를 판별하고 의심치 않는다. 혈기가 온화하고 품은 뜻이 광대하며 행위의 정당함이 천지 사이를 가득 채우니 인(仁)과 지(智)의 극치다. 대저 이를 가리켜 '성인이 예를 분명하게 살핀다' 라고 말한다.

請問爲人君. 曰, 以禮分施, 均徧而不偏. 請問爲人臣. 曰, 以禮侍君, 忠順而不懈. 請問爲人父. 曰, 寬惠而有禮. 請問爲人子. 曰, 敬愛而致文. 請問爲人兄. 曰, 慈愛而見友. 請問爲人弟. 曰, 敬詘而不悖. 請問爲人夫. 曰, 致和而不流, 致臨而有辨. 請問爲人妻. 曰, 夫有禮則柔從而聽

侍, 夫無禮則恐懼而自竦也. 此道也偏立而亂, 具立而治. 其足以稽矣. 請問, 兼能之奈何. 曰, 審之禮也. 古者先王審禮, 以方皇周浹於天下, 動無不當也.

故君子恭而不難, 敬而不鞏, 貧窮而不約, 富貴而不驕, 並遇變態而不窮, 審之禮也. 故君子之於禮, 敬而安之, 其於事也, 徑而不失, 其於人也, 寡怨寬裕而無阿, 其爲身也, 謹愼脩飾而不危, 其應變故也, 齊給便捷而不惑, 其於天地萬物也, 不務說其所以然, 而致善用其材, 其於百官之事技藝之人也, 不與之爭能, 而致善用其功, 其侍上也, 忠順而不懈, 其使下也, 均徧而不偏, 其交遊也, 緣義而有類, 其居鄕里也, 容而不亂. 是故窮則必有名, 達則必有功, 仁厚兼覆天下而不閔, 明達用天地理萬變而不疑. 血氣和平, 志意廣大, 行義塞於天地之間, 仁知之極也. 夫是之謂聖人審之禮也.

1 分施一분(分)이란 일정한 구분의 뜻. 시여(施與)할 경우 신분에 따라 차등을 둠.

2 侍君一시군(侍君)은 사군(事君)과 같은 의미. 군주에게 봉사함. 시(侍)가 대(待)자로 되어 있는 판본도 있음.

3 致文一문(文)이란 예문(禮文)의 뜻. 행위에 있어 외적인 꾸밈새. 공경의 표시.

4 見友一현(見)은 나타낼 현(現)자로 통함. 우애하는 정을 드러내보임.

5 敬詘一굴(詘)은 굴(屈)자와 같음. 자기 몸을 낮추어 불경스런 몸가짐을 삼감.

6 致和而不流一화(和)는 부부간의 정을 말함. 류(流)는 음란에 빠지는 상태.

7 致臨而有辨一임(臨)은 위로부터 아래를 내려다봄. 위엄을 세움. 변(辨)은 남녀의 구별.

8 聽侍一청(聽)·시(侍) 두 글자 모두 봉사의 뜻을 지님. 여기서는 남편의 말을 받듦.

9 恐懼而自竦一공구(恐懼)란 자신에게 허물이 있을까 하여 두려워함. 자송(自竦)은 스스로 근신함.

10 偏位一편(偏)은 한쪽만 내세우는 일방적 행태. 쌍무(雙務)가 아닌 편무(片務) 관계.

11 方皇周浹一방황(方皇)은 방황(彷徨)과 같음. 배회(徘徊)의 뜻. 주협(周浹)은 널리 구석구석까지 고르게 다 미침.

12 不難一난(難)은 난(戁)자와 마찬가지 의미. 경(敬) 또는 공(恐)자로 통함.

13 不鞏—공(鞏)은 두려울 구(懼)자와 같음. 공공전율(鞏悚戰慄)의 뜻. 공포로
　　부들부들 떠는 것.
14 不約—약(約)은 굴약(屈約)과 같은 뜻. 비굴하게 굽신거림. 구속(拘束)의
　　뜻으로도 통함.
15 徑而不失—경(徑)은 직(直)자와 마찬가지 의미. 길을 돌아가지 않고 곧장
　　감. 바른 길을 벗어나지 아니함.
16 脩飾而不危—식(飾)은 칙(飭)자와 같음. 단정하게 가다듬음. 위(危)는 궤
　　(詭)자로 통함. 불위(不危)란 어그러지지 아니함.
17 齊給便捷—제(齊)는 질(疾)자로 통함. 급(給)은 급(急)자와 같음. 편첩(便
　　捷)은 민첩함.
18 有類—여기서 류(類)는 일정한 법칙을 말함. 형편에 따라 각기 정해진 규정.
19 不閔—민(閔)은 우(憂)자와 마찬가지 의미. 힘이 부족될까 걱정함. 여기서
　　는 불만을 품지 않음.

[4]

'나라를 다스리려면 어떻게 해야 하는가 묻고 싶다.' 대답해 말하기
를 '자신의 몸을 닦는다 함은 들었으나 나라를 다스린다 함은 일찍이
듣지 못하였다. 군주라 하는 것은 깃대다.[1] 민이라 하는 것은 그림자
다.[2] 깃대가 바로 서면 그림자도 바르게 된다. 군주라 하는 것은 쟁반
이다.[3] 민이라 하는 것은 물이다. 쟁반이 둥글면 물도 둥글어진다. 군
주가 활을 쏘면 신하도 시위를 당긴다.[4] 초(楚) 장왕(莊王)이 가는 허
리[5]를 좋아해서 조정에 굶는 사람이 있었다. 그러므로 자신의 몸을 닦
는다 함은 들었으나 나라를 다스린다 함은 일찍이 듣지 못하였다 말하
는 것이다' 라고 한다.

군주라 하는 것은 민의 근원이다. 근원이 맑으면 흐름이 맑으며 근원
이 탁하면 흐름이 탁하다. 그러므로 사직(社稷)을 가진 자가 민을 사랑
할 수 없고 민에게 이익을 줄 수도 없으면서 민이 자기를 친애하기 바란
다면 할 수 없는 일이다. 민이 가까이하지 않고 사랑하지 않는데도 그가
자기를 위해 일하고 자기를 위해 죽기 바란다면 할 수 없는 일이다. 민
이 자기를 위해 일하지 않고 자기를 위해 죽지 않는데도 군대가 강하고

성이 견고하기 바란다면 할 수 없는 일이다. 군대가 강하지 않고 성이 견고하지 않은데도 적이 쳐들어오지 않기 바란다면 할 수 없는 일이다. 적이 쳐들어왔는데도 영토 깎일 위험이 없고 멸망하지 않기 바란다면 할 수 없는 일이다. 영토 깎일 위험과 멸망할 정황이 모두 여기에 쌓여 있는데도 안락하기 바란다면 이는 광생(狂生)[6]이라 하는 것이다. 광생이라 하는 것은 시세를 보지 못하고[7] 향락에 빠지는 일이다.

그러므로 군주가 강고하고 안락하기 원한다면 민을 돌이켜보는 일만 같지 못하고 아래를 친숙히 하여[8] 민을 하나로 하기 원한다면 정치를 돌이켜보는 일만 같지 못하며 정치를 잘 닦아 풍속을 아름답게 하기 원한다면 그 인물을 구하는 일만 같지 못하다. 그 학덕을 쌓아[9] 몸에 지닌 자는 어느 세상에도 끊기지 않는다. 그런 인물이란 지금 세상에 태어나서 옛 도(道)를 지향하여 천하의 왕공이 그것을 좋아하지 않는데도 이 사람만[10]은 홀로 그것을 좋아하고 천하의 민이 그것을 원하지 않는데도 이 사람만은 홀로 그것을 행하며 좋아하는 자는 가난하고 행하는 자는 궁한데도 이 사람만은 홀로 그것을 오히려 행하고자 잠시도 그만두지 않는다. 분명하게 홀로 선왕이 천하를 얻은 까닭과 그 잃은 까닭을 밝혀서 나라의 안위와 좋고 나쁜 것을 흑백 가리듯이 잘 안다. 이것이 바로 그 인물이라고 하는 자다.

크게 이를 중용하면 천하가 하나되고 제후들이 신하로 복종하며 작게 등용하더라도 위엄이 이웃 나라[11]에 미치고 가령 임용할 수는 없더라도 그 땅을 떠나지 않게 한다면 나라가 종신토록 큰 탈[12]은 없을 것이다. 그러므로 군주 된 자가 민을 사랑하면 안정되고 훌륭한 인사를 좋아하면 번영하며 두 가지 것 중 하나라도 없으면 멸망한다. 『시』[13]에 이르기를 '대인은 울타리[14] 민중은 담장[15]'이라 하니 이것을 가리켜 하는 말이다.

請問爲國. 曰, 聞脩身, 未嘗聞爲國也. 君者儀也, 民者景也. 儀正而景正. 君者槃也, 民者水也. 槃圓而水圓. 君射而臣決. 楚莊王好細要, 故朝有餓

人. 故曰聞脩身, 未嘗聞爲國也.

君者民之原也, 原淸則流淸, 原濁則流濁. 故有社稷者, 而不能愛民不能利民, 而求民之親愛己, 不可得也. 民不親不愛, 而求其爲己用爲己死, 不可得也. 民不爲己用不爲己死, 而求兵之勁城之固, 不可得也. 兵不勁城不固, 而求敵之不至, 不可得也. 敵至而求無危削不滅亡, 不可得也. 危削滅亡之情, 擧積此矣而求安樂, 是狂生者也. 狂生者不胥時而樂. 故人主欲彊固安樂, 則莫若反之民, 欲附下一民, 則莫若反之政, 欲脩政美俗, 則莫若求其人. 彼或蓄積而得之者不世絶. 彼其人者, 生乎今之世而志乎古之道. 以天下之王公莫好之也, 然而是子獨好之, 以天下之民莫欲之也, 然而是子獨爲之, 好之者貧爲之者窮, 然而是子猶將爲之也, 不爲少頃輟焉. 曉然獨明於先王之所以得之所以失之, 知國之安危臧否若別白黑. 是其人者也.

大用之, 則天下爲一諸侯爲臣, 小用之, 則威行鄰敵, 縱不能用, 使無去其疆域, 則國終身無故. 故君人者愛民而安, 好士而榮, 兩者無一焉而亡. 詩曰, 价人維藩, 大師維垣, 此之謂也.

---

1 儀―의(儀)는 중심이 되는 모범. 의표(儀表)를 말함. 여기서는 높이 표(標)하는 막대기.

2 景―영(景)은 영(影)의 고자(古字). 그림자를 가리킴.

3 槃―반(槃)은 반(盤)자와 같음. 물 담는 그릇. 수반이란 의미.

4 決―결(決)은 활시위를 당길 때 오른손 엄지손가락에 끼는 깍지. 활 쏘는 도구인 사구(射具)의 일종.

5 細要―요(要)는 요(腰)자로 통함. 허리 가는 미인을 가리킴.

6 狂生―광생(狂生)은 광부(狂夫)와 마찬가지 의미. 무지몽매하고 방탕한 생활.

7 不胥時―서(胥)는 상(相)자로 통함. 살펴봄. 시(時)는 현재 그 상황을 말함.

8 附下―부(附)는 친부(親附)의 뜻. 하(下)는 손아랫사람. 친숙하게 대하여 따르도록 함.

9 或蓄積―혹(或)이란 유(有)자와 같은 뜻. 축(蓄)은 온축(蘊蓄)을 말함. 학덕(學德)을 쌓음.

10 是子―여기서 시자(是子)는 바로 그 인물을 지칭함. 원판본에는 우시(于是)로 되어 있음.

11 鄰敵—여기서 적(敵)은 필적(匹敵)의 뜻. 대등한 이웃 나라를 가리킴.

12 終身無故—종신(終身)이란 군주가 살아 있는 그 재임 기간을 말함. 고(故)
는 큰 사고(事故).

13 詩—『시경』「대아(大雅)·판(板)」편의 인용 시구.

14 价人維藩—개(价)는 선(善)자의 뜻. 큰 덕을 말함. 번(藩)은 왕실을 보호하
는 울타리.

15 大師維垣—여기서 대사(大師)란 일반 대중의 뜻으로 풀이됨. 원판본은 태
사(太師)로 되어 있음. 원(垣)은 번병(藩屏)과 같은 뜻.

[5]

도(道)란 무엇인가. 말하기를 '군주가 밟아야 할 길이다' 라고 한다.
군주란 무엇인가. 말하기를 '모여 살 수 있게[1] 하는 자다' 라고 한다. 모
여 살 수 있게 하는 것이 무엇인가. 말하기를 '사람을 잘 살게 하는[2] 일
이고 사람을 잘 다스리는[3] 일이며 사람을 잘 끌어 쓰는[4] 일이고 사람
을 잘 꾸미게 하는[5] 일이다' 라고 한다. 사람을 잘 살게 하는 자는 사람
들도 그를 친근히 하고 사람을 잘 다스리는 자는 사람들도 그를 편안하
게 하며 사람을 잘 끌어 쓰는 자는 사람들도 그를 즐겨 하고 사람을 잘
꾸미게 하는 자는 사람들도 그를 존경한다. 이 네 가지 요건[6]이 갖추어
지면 천하 사람이 귀의하게 될 것이니 대저 이것을 가리켜 모여 살 수
있게 하는 것이라고 말한다. 사람을 살게 할 수 없는 자는 사람들도 그
를 친근히 하지 않고 사람을 다스릴 수 없는 자는 사람들도 그를 편안
하게 하지 않으며 사람을 끌어 쓸 수 없는 자는 사람들도 그를 즐겨 하
지 않고 사람을 꾸미게 할 수 없는 자는 사람들도 그를 존경하지 않는
다. 이 네 가지 요건이 없으면 천하 사람이 떠나게 될 것이니 대저 이것
을 가리켜 필부(匹夫)라고 말한다. 그러므로 말하기를 '도가 있으면 나
라도 존재하고 도가 없으면 나라도 멸망한다' 라고 하는 것이다.

공장과 상인을 줄여[7] 농부를 많게 하고 도둑질을 금하며 간악한 자
를 물리침이 바로 살게 하는 방법이다. 천자에게 삼공(三公)[8]이 있고
제후에게는 한 재상이 있으며 대부는 관서 일을 전담하고[9] 사(士)는

직분을 지켜 그 정해진 법도에 따라 공정하게 함이 바로 다스리는 방법이다. 덕을 논하여[10] 서열을 정하고 능력을 헤아려 관의 직책을 주며 각자 사람마다 그 일을 수행하여 각각 그 마땅한 데를 얻게 하여 상질 현자는 삼공이 되도록 하고 버금가는 현자는 제후가 되도록 하며 하질 현자는 사대부가 되도록 함이 바로 끌어 쓰는 방법이다. 의관[11]과 다양한 색채 무늬,[12] 아로새긴 옥이나 금붙이 장신구를 갖추어 등급을 갖게 함이 바로 그 지위에 따라서 꾸미게 하는 방법이다.

그러므로 천자부터 서민에 이르기까지 그 능력을 발휘하여 그 뜻을 이룰 수 있고 그 일에 편안히 즐기려 하는 것은 바로 누구나 다 같은 것이다.[13] 입는 옷은 따뜻하고 먹는 음식은 가득하며 거처는 편안하고 놀이도 즐거우며 일은 때에 맞게 하고 규제도 분명하게 하여 재용이 족한 것은 이 또한 누구나 다 같은 것이다. 그 여러 가지 색채를 겹쳐서 무늬 모양을 만들고 여러 가지 맛을 뒤섞어 진기한 음식을 갖추는 따위는 바로 지나친 일이다.[14] 성왕은 지나친 것을 재제[15]하여 신분의 등차를 분명하게 한다. 위는 그렇게 하여 현자와 선량한 인사를 꾸며 귀천을 밝히고 아래는 그렇게 하여 나이 많은 이와 적은 이를 꾸며 친소를 밝힌다. 위로 왕공의 조정에서 아래로 백성의 집안까지 천하가 모두 그것이 별나게 하는 일이 아니라 직분을 밝히고 평치를 이루어 만세에 보존하려는 것임을 확연히 안다. 그러므로 천자나 제후에게는 사치스런 비용[16]이 없고 사대부에게는 지나친 행동이 없으며 많은 관리나 관원들에게는 게으름피우는 일이 없고 모든 일반 백성들에게는 간괴한 풍속이 없으며 도둑의 죄를 범할 일도 없는 것은 그 꾸밈이 능히 의(義)에 두루 알맞기[17] 때문이다. 그러므로 말하기를 '다스려지면 남음[18]이 백성에게 미치고 어지러우면 부족함이 왕공에게도 미친다'라고 하니 이것을 가리켜 하는 말이다.

道者何也. 曰, 君之所道也. 君者何也. 曰, 能群也. 能群也者何也. 曰, 善生養人者也, 善班治人者也, 善顯設, 善藩飾人者也. 善生養人者人親之,

善班治人者人安之, 善顯設人者人樂之. 善藩飾人者人榮之. 四統者具而天下歸之, 夫是之謂能羣. 不能生養人者人不親也, 不能班治人者人不安也, 不能顯設人者人不樂也, 不能藩飾人者人不榮也. 四統者亡而天下去之, 夫是之謂匹夫. 故曰, 道存則國存, 道亡則國亡.

省工賈衆農夫, 禁盜賊除姦邪, 是所以生養之也. 天子三公, 諸侯一相, 大夫擅官, 士保職, 莫不法度而公, 是所以班治之也. 論德而定次, 量能而授官, 皆使人載其事而各得其所宜, 上賢使之爲三公, 次賢使之爲諸侯, 下賢使之爲士大夫, 是所以顯設之也. 修冠弁衣裳黼黻文章彫琢刻鏤, 皆有等差, 是所以藩飾之也.

故由天子至於庶人也, 莫不騁其能得其志, 安樂其事, 是所同也. 衣煖而食充, 居安而游樂, 事時制明而用足, 是又所同也. 若夫重色而成文章, 重味而備珍怪, 是所衍也. 聖王財衍以明辨異, 上以飾賢良而明貴賤, 下以飾長幼而明親疏. 上在王公之朝, 下在百姓之家, 天下曉然皆知其非以爲異也, 將以明分達治而保萬世也. 故天子諸侯無靡費之用, 士大夫無流淫之行, 百吏官人無怠慢之事, 衆庶百姓無姦怪之俗, 無盜賊之罪, 其能以稱義徧矣. 故曰, 治則衍及百姓, 亂則不足及王公. 此之謂也.

1 能羣―군(羣)은 군집(群集)의 뜻. 떼를 지어서 사는 군집생활을 말함.

2 善生養―선(善)은 적절하게 잘함. 의식(衣食)생활을 충족시킴. 이(利)를 일으키고 해(害)를 물리침.

3 班治―반(班)은 변(弁)자로 통함. 치(治)와 같은 뜻. 직분(職分)에 따라 변별(弁別)함.

4 顯設―현(顯)은 현용(顯用)을 말함. 설(設)은 시(施)자와 같음. 사람을 드러내어 등용함.

5 藩飾―번(藩)은 복(覆)자로 통함. 그 신분에 상응하는 외형을 꾸밈. 복색(服色)을 갖춤.

6 四統―통(統)이란 대강(大綱) 또는 요점을 말함.

7 省工賈―생(省)은 수를 줄임. 고(賈)는 자기 점포를 가지고 장사하는 사람.

8 三公―여기서 삼공(三公)이란 주(周) 왕조의 태사(大師)·태부(大傅)·태보(大保)를 가리킴.

9 擅官―천(擅)은 전(專)자와 같은 뜻. 각자 오로지 분담한 관직에 종사함. 겸
  관(兼官)하지 않음.

10 譎德―결(譎)은 결(決)자로 통함. 덕(德)의 크고 작음을 평함. 결(譎)이 론
  (論)자로 기재된 판본도 있음.

11 冠弁衣裳―변(弁)은 관리가 쓰는 고깔. 예를 갖출 때 쓰이는 여러 가지 복
  식을 가리킴.

12 黼黻文章―보(黼)는 흑색·백색 무늬. 불(黻)은 흑색·청색 무늬. 문장(文
  章) 또한 색실로 수놓은 아름다운 무늬 모양을 말함.

13 所同―여기서 동(同)이란 모든 신분의 어떤 사람에게나 공통되는 일반적인
  성향을 가리킴.

14 所衍―연(衍)은 넘칠 일(溢)자와 같음. 필요 이상의 덤. 여유의 뜻.

15 財―재(財)는 재(裁)자로 통함. 재단(裁斷)과 마찬가지 의미. 알맞게 처리함.

16 靡費之用 ―미(靡)는 사치(奢侈)의 뜻. 쓸데없는 낭비.

17 稱義徧―칭(稱)은 저울질하여 일치됨을 말함. 의(義)는 올바른 도리. 변
  (徧)은 주(周)자의 뜻으로, 온 천하 모두.

18 衍―여기서 연(衍)은 쓰고 남는 여분. 풍성한 상태를 표현하는 말.

[6]

군주가 힘써야 할 지극한 도의 대강(大綱).[1] 예를 높여 법이 두루 다
미치게 한다면[2] 나라가 정상을 유지하게 될 것이며 현자를 높이고 유
능한 이를 부린다면 민이 갈 방향[3]을 알게 될 것이며 여러 논의를 모아
공평하게 살핀다면[4] 민이 의심하지 않게 될 것이며 부지런한 자를 상
주고 태만한 자를 벌한다면[5] 민이 게으르지 않게 될 것이며 널리 듣고
고루 밝게 살피면 천하가 귀의하게 될 것이다. 그런 연후에 직분을 명
확히 가르고 사업의 차례를 정하며 재주 있는 자를 뽑아[6] 능력에 맞게
일을 시켜 저마다 모두 잘 다스려지지 않을 수 없게 한다면 공도(公道)
가 열리고 사문(私門)[7]이 막힐 것이며 공의(公義)가 밝아져서 사사로운
일이 그칠 것이다. 이렇게 되면 덕이 후한 자가 진출하게 되고 아첨하는
자[8]가 멈출 것이며 이득을 탐내는 자가 물러서게 되고 청렴하고 강직한
자가 일어서게 될 것이다. 『서』에 이르기[9]를 '때에 앞서는 자[10] 죽이고
용서하지 말며 때에 뒤지는 자도 죽이고 용서하지 말라' 고 하였다. 사

람이란 그 일을 익혀 자기 몸에 굳히게 된다는 것이다. 사람이 하는 모든 일은 귀·눈·코·입이 그 기관을 서로 빌릴 수 없는 것과 같다. 그러므로 직분이 갈라지면 민이 게으르지 않고[11] 일의 차례가 정해지면 질서가 어지럽지 않으며 널리 듣고 고루 밝게 살피면 모든 일이 지체되지 않는다. 이렇게 되면 신하 백관과 서민에 이르기까지 자기 몸을 닦은 뒤에 감히 정사를 즐겨하고[12] 성의와 능력을 다한 뒤에 감히 직분을 나누어 받지 않을 수 없으며 백성은 풍속을 바꾸어 순화시키고 소인도 마음이 변하여 착해지며 간괴하게 비뚤어진 족속들도 정성을 돌이키지 않을 수 없게 될 것이다. 대저 이를 가리켜 정치 교화의 극치라고 말한다. 그러므로 천자는 보려 하지 않아도 보이고 들으려 하지 않아도 들리며 생각하지 않아도 알고 움직이지 않아도 공적이 이루어지며 가만히[13] 홀로 앉아 있더라도 천하가 따르기를 한 몸과 같이 하고 마치 사지가 마음대로 움직이듯 한다. 대저 이를 가리켜 군주가 힘써야 할 지극한 도에 관한 대강이라고 말한다. 『시』[14]에 이르기를 '온화하고[15] 공손한 사람이여, 덕의 기본이라네'라고 하니 이것을 가리켜 하는 말이다.

至道大形, 隆禮至法則國有常, 尙賢使能則民知方, 纂論公察則民不疑, 賞免罰偸則民不怠, 兼聽齊明則天下歸之. 然後明分職, 序事業, 拔材官能, 莫不治理, 則公道達而私門塞矣, 公義明而私事息矣. 如是則德厚者進而佞說者止, 貪利者退而廉節者起. 書曰, 先時者殺無赦, 不逮時者殺無赦. 人習其事而固. 人之百事, 如耳目鼻口之不可以相借官也. 故職分而民不慢, 次定而序不亂, 兼聽齊明而百事不留. 如是則臣下百吏至於庶人, 莫不修己而後敢安正, 誠能而後敢受職, 百姓易俗, 小人變心, 姦怪之屬莫不反慤. 夫是之謂政敎之極. 故天子不視而見, 不聽而聽, 不慮而知, 不動而功, 塊然獨坐, 而天下從之如一體, 如四肢之從心, 夫是之謂大形. 詩曰, 溫溫恭人, 維德之基, 此之謂也.

1 至道大形—지(至)는 극(極)자로 통함. 도(道)의 최고 상태를 말함. 대(大)는
　개략(槪略)·전체의 뜻. 형(形)은 형(型)자와 같음.

2 至法—여기서 지(至)는 치(致)자와 같음. 법을 세워 구석구석까지 널리 펴나감.

3 方—방(方)은 살아나갈 향방의 뜻. 도(道)자와 마찬가지 의미로도 풀이가 가
　능함.

4 纂論公察—찬(纂)은 집(集)자로 통함. 다수의 여론을 모음. 공(公)은 공평이
　란 뜻. 찰(察)은 고찰함. 공정한 판단.

5 賞免罰偸—면(免)은 힘쓸 면(勉)자의 뜻. 투(偸)는 도둑질 또는 게으를 타
　(惰)자와 같음.

6 拔材—재(材)는 재주 재(才)자로 통함. 기량(技倆) 좋은 사람을 선발함.

7 私門—사문(私門)이란 부정(不正) 또는 편향된 길. 사알(私謁)의 문을 가리킴.

8 佞說者—녕(佞)은 말재주. 열(說)은 열(悅)자로 통함. 남의 환심을 잘 사는
　사람.

9 書—『상서』의 일문(逸文). 『위서고문상서』(僞書古文尙書) 「윤정」(胤征)편에
　같은 글이 보임.

10 先時者—시(時)는 명령 내릴 시기. 명령을 기다리지 않고 일을 제멋대로 먼
　저 처리함.

11 不慢—만(慢)은 태만(怠慢)의 뜻. 다른 판본은 만(慢)이 탐(探)자로 되어
　있음. 왕염손(王念孫)은 예서(隷書)로 두 글자형이 비슷하여 잘못될 수도 있
　다고 봄.

12 安正—정(正)은 정(政)자로 통용됨. 안(安)은 마음을 편안히 가짐. 정사에
　즐겨 관여함.

13 塊然—괴(塊)는 흙덩어리. 흙처럼 움직이지 않는 모양. 독거(獨居)의 뜻. 조
　용한 상태를 말함.

14 詩—『시경』「대아(大雅)·억(抑)」편의 인용 시구.

15 溫溫—온(溫)은 온(穩)자로 통함. 마음이 부드럽고 편안한 모습. 원만한 인
　격을 말함.

[7]

　군주 된 자는 누구나 강대하기를 바라고 약소하기를 싫어하며 태평
하기를 바라고 위난에 처하기를 싫어하며 번영을 바라고 치욕당하는
것을 싫어한다. 이 점은 우(禹)나 걸(桀)이 똑같은 바다. 이 세 가지 바
람을 구하고 이 세 가지 싫어하는 것을 피하려면 과연 어떤 방법이라야

편리할 것인가. 말하기를 '재상 선임을 신중히 하는 데 있으며 이보다 빠른[1] 길은 없다'라고 한다. 그러므로 지자라도 인자하지 않으면 불가하고 인자하더라도 지자가 아니면 불가하다. 지자이면서 또한 인자해야만 이가 바로 군주의 보배이며 왕자나 패자의 보좌가 되는 것이다. 그를 얻으려고 힘쓰지 않으면[2] 지자가 못 되며 얻더라도 등용하여 쓰지 않으면 인자한 이가 못 된다. 그런 인물이 없는데도 공적 있기를 바란다면[3] 그보다 더 큰 어리석음은 없다.

지금 군주에게 큰 근심거리가 있다. 현자로 하여금 정치를 하게 하면서 불초자와 함께 그것을 경계하고[4] 지자로 하여금 그것을 계획하게 하면서 어리석은 자와 함께 그것을 논란하며 고결한 인사로 하여금 그것을 시행하게 하면서 사악한 사람과 함께 그것을 의심한다면 비록 공적 이루기를 바라더라도 할 수 있겠는가. 이를 비유하자면 마치 곧은 나무를 세워놓고 그 그림자가 굽어 보이기를 바라는 것과 같으니 그보다 더 큰 헷갈림은 없다. 옛 말에 이르기를 '미녀의 얼굴은 추녀의 요물[5]이고 공정한 인사는 일반 사람의 장애물[6]이다'라고 한다. 도를 따르는 사람은 사악한 자의 적이다. 지금 사악한 사람으로 하여금 그 원한의 적을 논란하게 한다면 어떻게 편향되지 않기를 바랄 수 있겠는가. 이를 비유하자면 마치 굽은 나무를 세워놓고 그 그림자가 곧아 보이기를 바라는 것과 같으니 그보다 더 큰 어리석음은 없다.

그러므로 옛 사람이 정치를 하는 데는 그렇지 않았다. 그 사람 취택하는 데 도가 있고 그 사람 쓰는 데 법이 있었다. 사람 취택하는 도는 예로 참작하고 사람 쓰는 법은 등급으로 한계를 그으며[7] 행위 동작은 예로 가늠하고 사려 판단은 성적으로 고려하며 오랜 노력[8]은 결과로 헤아렸다. 그러므로 신분 낮은 자가 높은 이 위에 설 수 없었고 직책이 경한 자가 중한 이를 비판할[9] 수 없었으며 어리석은 자가 지혜로운 이의 생각을 짐작할 수 없었다. 이런 까닭에 수없이 행동을 취하더라도 잘못이 없었던 것이다. 그러므로 사람을 취택하는 데 예로 그를 헤아려 그가 능히 차분하게 공경스러울 수 있는지 여부를 살펴보고 그와 행위 동작을 함께하여 그가 능히 변화에 바르게 대응할 수 있는지 여부를 살펴보며 그와 놀이[10]를 함께하여 그가 능히 분에 넘치지 않을[11] 수 있는지 여부를 살펴보고 음악과 여색, 권세와 이득, 분함과 노여움, 근심과 위태로움으로 그를 상대하여 그가 능히 지조를 버리지 않을[12] 수 있는지 여부를 살펴본다. 진실로 도를 지닌 자와 지니지 않은 자는 흰색과 검은색의 차이와 같을 것이니 가히 속일 수 있겠는가. 그러므로 백락(伯樂)에게 말을 속일 수 없으며 군자에게 사람을 속일 수 없는 일이다. 이것이 현명한 군주의 길이다.

군주가 활 잘 쏘는 이 가운데 멀리 쏘아 미세한 것을 맞히는 자를 얻기 바란다면 높은 작위와 후한 포상을 내걸어 불러들여야 할 일이며 안으로 자제들의 비위를 맞추지[13] 말고 밖으로 소원한 사람이라 하여 숨길[14] 필요 없이 능히 이를 잘 맞히는 자를 취해야 한다. 이 어찌 그를 얻는 방법이 아니겠는가. 비록 성인일지라도 바꿀 수 없을 것이다. 말 잘 부리는 이 가운데 빨리 달려가 먼 데 이르는 자를 얻기 바란다면 높은 작위와 후한 포상을 내걸어 불러들여야 할 일이며 안으로 자제들의 비위를 맞추지 말고 밖으로 소원한 사람이라 하여 숨길 필요 없이 능히 이에 잘 가 닿는 자를 취하여야 한다. 이 어찌 그를 얻는 방법이 아니겠는가. 비록 성인일지라도 바꿀 수 없을 것이다. 나라를 다스리고 민을 지배하여[15] 위아래를 조화시켜 하나되기를 바라면서 그대로[16] 안으로는 성을 튼튼히 하고 밖으로는 난을 막아내기만 한다면 다스려질 적에는 남을 제압하고 남이 제압할 수 없을지라도 어지러워진다면 위험에 빠져 치욕을 당하고 멸망하게 됨을 가히 서서 기다릴 만한 것이다. 그럼에도 재상이나 보좌하는 신하를 구하는 데 있어 홀로 이와 같이 공평히 하지 못하고 다만[17] 측근 가운데 자기에게 편드는 자만 기용한다면 어찌 잘못이 심하지 않겠는가. 그러므로 나라를 가진 자가 강대하기를 바라지 않는 자 없는데도 갑자기 약소해지고 태평하기를 바라지 않는 자 없는데도 갑자기 위난에 처하게 되며 존속하기를 바라지 않는 자 없는데도 갑자기 멸망하게 된다. 옛적에 만이나 있던 나라가 지금은 열 몇 개가 되었으니 이는 다른 까닭이 아니다. 이를 여기서 잃지 않는 자가 없기 때문이다.

그러므로 현명한 군주는 남에게 사적으로 금석이나 주옥을 주는 일은 있어도 남에게 사적으로 관직이나 사업을 주는 일은 없다. 이는 무슨 까닭인가. 말하기를 '본래 사적인 데는 이롭지 못하다'[18] 라고 한다. 그 자신이 무능한데도 군주가 그를 부려 쓴다 함은 바로 군주 스스로 암우한 자가 된다. 신하가 무능한데도 유능한 것처럼 보임은 바로 신하가 속이는 일이 된다. 군주가 위에 있어 암우하고 신하가 아래에서 속인다면 금세[19] 멸망하게 될 것이니 다 같이 해를 입게 되는 길이다. 도대체 문왕(文王)에게 귀척[20]이 없었던 것도 아니고 자제가 없었던 것도 아니고 마음에 드는 측근이 없었던 것도 아닌데 엉뚱하게[21] 바로 태공(太公)을 뱃사람[22]으로부터 들어서 등용하였으니 이 어찌 사적으로 한 것이겠는가. 친척이었기 때문이겠는가. 하지만 주(周)나라는 희(姬)성인데 그는 강(姜)성이었다. 오랜 연고[23]가 있었기 때문이겠는가. 하지만 일찍이 서로 안 적이 없었다. 용모가 고와서 좋아했기 때문이겠는가. 하지만 그 사람은 나이가 일흔두 살에 이가 빠져[24] 아래위 이가 모두 없었다. 그럼에도 그를 등용했다는 것은 그 문왕이 훌륭한 왕도를 세워 높은 명성을 밝혀 천하 사람들에게 은혜를 베풀고자 할 때 혼자는 할 수 없고 바로 이 사람 아니면 족히 이룰 수 없었기 때문에 바로 이 사람을 들어서 등용했던 것이다. 이와 같이 하여 과연 훌륭한 왕도가 세워지고 과연 높은 명성이 빛났으며 천하가 모두 다 함께 통제되어 일흔한 나라가 세워졌으니 희성을 가진 자가 유독 쉰세 사람이나 있었다. 주(周)의 자손 중에 적어도 미쳐서 홀린 자가 아니라면 천하에 드러난 제후가 안 된 이가 없었다. 이렇게 된 것은 능히 사람을 사랑했기 때문이다. 그래서 천하의 대도를 행하고 천하의 큰 공을 세워 그런 연후에 그 사랑할 사람을 감싸주고[25] 그만 못한 하질이라도 오히려 족히 천하에 드러난 제후가 되도록 만들었던 것이다. 그러므로 말하기를 '오직 현명한 군주만이 능히 그 사랑할 사람을 사랑하고 암우한 군주는 반드시 그 사랑할 사람을 위태롭게 한다' 라고 하였으니 이것을 가리켜 하는 말이다.

爲人主者, 莫不欲彊而惡弱, 欲安而惡危, 欲榮而惡辱, 是禹桀之所同也. 要此三欲辟此三惡, 果何道而便. 曰, 在愼取相, 道莫徑是矣. 故知而不仁不可, 仁而不知不可, 旣知且仁, 是人主之寶也, 而王霸之佐也. 不急得不智, 得而不用不仁. 無其人而幸有其功, 愚莫大焉.

今, 人主有大患. 使賢者爲之, 則與不肖者規之, 使知者慮之, 則與愚者論之, 使脩潔之士行之, 則與汙邪之人疑之. 雖欲成功得乎哉. 譬之是猶立直木而求其景之枉也, 惑莫大焉. 語曰, 好女之色, 惡者之孼也. 公正之士, 衆人之痤也. 循乎道之人, 汙邪之賊也. 今, 使汙邪之人論其怨賊, 而求其無偏得乎哉. 譬之是猶立枉木而求其景之直也, 亂莫大焉.

故古之人爲之不然. 其取人有道, 其用人有法. 取人之道參之以禮, 用人之法禁之以等, 行義動靜度之以禮, 知慮取舍稽之以成, 日月積久校之以功. 故卑不得以臨尊, 輕不得以縣重, 愚不得以謀知, 是以萬擧不過也. 故校之以禮, 而觀其能安敬也, 與之擧錯遷移, 而觀其能應變也, 與之安燕, 而觀其能無流慆也, 接之以聲色權利忿怒患險, 而觀其能無離守也. 彼誠有之者與誠無之者, 若白黑然, 可誣邪哉. 故伯樂不可欺以馬, 而君子不可欺以人. 此明王之道也.

人主欲得善射射遠中微者, 縣貴爵重賞以招致之. 內不可以阿子弟, 外不可以隱遠人, 能中是者取之. 是豈不必得之之道也哉. 雖聖人不能易也. 欲得善馭及速致遠者, 縣貴爵重賞以招致之. 內不可以阿子弟, 外不可以隱遠人, 能致是者取之. 是豈不必得之之道也哉. 雖聖人不能易也. 欲治國馭民調壹上下, 將內以固城, 外以拒難, 治則制人人不能制也, 亂則危辱滅亡可立而待也. 然而求卿相輔佐則獨不若是其公也, 案唯便嬖親比己者之用也. 豈不過甚矣哉. 故有社稷者, 莫不欲彊俄則弱矣, 莫不欲安俄則危矣, 莫不欲存俄則亡矣. 古有萬國今有數十焉, 是無它故. 莫不失之是也.

故明主有私人以金石珠玉, 無私人以官職事業. 是何也. 曰, 本不利於所私也. 彼不能而主使之, 則是主闇也, 臣不能而誣能, 則是臣詐也. 主闇於上臣詐於下, 滅亡無日, 俱害之道也. 夫文王非無貴戚也, 非無子弟也, 非無便嬖也, 偶然乃舉太公於州人而用之, 豈私之也哉. 以爲親邪. 則周姬姓也而彼姜姓也. 以爲故邪. 則未嘗相識也. 以爲好麗邪. 則夫人行年七十有二, 齫然兩齒墮矣. 然而用之者, 夫文王欲立貴道白貴名以惠天下, 而不可以獨也, 非是子莫足以舉之, 故舉是子而用之. 於是乎貴道果立貴名果白, 兼制天下立七十一國, 姬姓獨居五十三人. 周之子孫苟不狂惑者, 莫不爲天下之顯諸侯. 如是者能愛人也. 故舉天下之大道, 立天下之大功, 然後隱其所愛, 其下猶足以爲天下之顯諸侯. 故曰, 唯明主爲能愛其所愛, 闇主則必危其所愛. 此之謂也.

1 徑─경(徑)은 직(直)자로 통함. 소로(小路)를 가리킴. 첩속(捷速)과 마찬가지 의미.

2 不急得─급(急)은 질(疾)자와 같음. 힘써 노력함. 또는 급하게 서두름.

3 幸─행(幸)은 행(倖)자로 통함. 바랄 기(冀)자와 같은 뜻.

4 規之─규(規)는 정(正)자와 같은 뜻으로, 잘못을 바로잡음. 또는 비판함.

5 惡者之孼─오(惡)는 추(醜)자와 통용됨. 얼(孼)은 재해(災害)의 뜻. 못생긴 얼굴을 가리킴.

6 痤─좌(痤)는 절양(癤瘍)의 뜻. 부스럼병. 종기의 일종.

7 禁之以等─금(禁)은 한(限)자와 같음. 등(等)은 등급을 지어서 구분함.

8 日月積久─일월(日月)은 날과 달의 뜻으로, 장기간에 걸침. 적(積)은 수양 혹은 노력을 쌓음.

9 縣重─현(縣)은 현(懸)자와 같음. 저울질함. 중역(重役)이 할 일을 계교(計校)함.

10 安燕─연(燕)은 잔치 연(宴)자로 통함. 락(樂)자와 같은 뜻으로 연유(宴遊)를 가리킴.

11 無流慆─도(慆)는 도(滔)의 빌린 글자. 물 질펀할 만(漫)자와 같음. 즐거움에 탐닉(耽溺)되지 아니함.

12 離守─수(守)는 지켜야 할 절조(節操)를 말함. 리(離)는 떨어져나갈 탈(脫)자와 같은 뜻.

13 阿子弟─아(阿)는 유(諛)자와 같음. 비위를 맞춤. 동족 자제들의 심정을 상

하지 않게 함.

14 隱遠人 —여기서 은(隱)이란 드러내어 쓰지 아니함. 원(遠)은 친소관계에 있어 거리가 멂.

15 馭民 —어(馭)는 어(御)자로 통함. 치(治)자와 같은 뜻. 말 부리듯이 백성을 통어(統御)함.

16 將 —여기서 장(將)은 이에 내(乃)자와 마찬가지 의미로 읽힘.

17 案唯 —안(案) 역시 유(唯)자와 같음. 내(乃)자와 마찬가지 조사로 쓰임.

18 不利於所私 —소(所)는 어떤 동작을 받는 대상. 사적으로 은덕을 받는 자가 도리어 불리해짐을 말함.

19 無日 —여기서 무일(無日)이란 홀연(忽然)과 같은 뜻. 기다릴 틈 없이 갑작스런 현상을 말함.

20 貴戚 —척(戚)은 한겨레. 친척들 중 고귀한 지위에 있는 이를 가리킴.

21 偶然 —척(偶)은 초(超)자로 통함. 고원(高遠)한 모양.

22 州人 —주(州)는 주(舟)의 빌린 글자. 태공(太公) 여상(呂尙)이 위수(渭水)가에서 고기를 낚았다는 전설로, 어부를 가리킴.

23 故 —고(故)는 고(古)자로 통함. 고구(故舊)의 뜻. 오래 전부터 친했던 사이를 말함.

24 齲然 —군(齲)은 여러 판본에 군(齫)자로 되어 있음. 치아가 다 빠져 무치(無齒)의 상태.

25 隱其所愛 —은(隱)은 비음(庇蔭)의 뜻. 옹호함. 소애(所愛)란 주(周)의 같은 자손을 가리킴.

[8]

담장 밖은 눈에 보이지 않는다. 십리 앞의 것은 귀에 들리지 않는다. 그러나 군주가 지키고 맡아야 할 범위[1]가 멀 경우는 천하를, 가까울 경우라도 경내를 모두 다 알지 않을[2] 수 없는 것이다. 천하의 변동이나 경내의 사정은 느슨하거나 어긋남[3]이 있더라도 군주가 그것을 알아차릴 방법이 없다면 이는 얽매이고 가려지는[4] 발단이 되는 것이다. 귀나 눈이 밝아야 할 기능은 이와 같이 좁고 군주가 지키고 맡아야 할 범위는 이와 같이 넓다. 그 가운데 알지 않으면 이와 같이 위험스런 것이있다. 그렇다면 도대체 군주가 무엇으로 그것을 알아내겠는가. 말하기를 '측근[5]'이나 좌우의 돕는 자는 군주가 먼 데를 엿보고 많은 정보를 모아들이기 위한 문호이자 창구다[6]'라고 한다. 조속히 갖추지 않을 수 없는 것이다. 그러므로 군주는 반드시 측근이나 좌우에 충분히 믿을 만한 자가 있은 연후라야 자리가 잡힌다. 그 지혜가 사물을 충분히 고려하게 하고 그 성실함은 사물을 충분히 판정하게 한 연후라야 자리가 잡힌다. 대저 이를 가리켜 나라에 갖추어야 할 필요한 것[7]이라고 말한다.

군주에게도 유람할 때나 편안히 즐길 때가 없을 수 없고 병에 걸리고 죽게 되는[8] 변고가 없을 수 없다. 이와 같이 국가라 하는 것은 일들이 마치 샘물 솟듯 이르는 것이어서 한 가지 일이라도 대응하지 못하면 변란의 발단이 되는 것이다. 그러므로 말하기를 '군주가 혼자는 할 수 없다'고 한다. 재상이나 보좌하는 사람은 군주가 의지하는 지팡이다.[9] 조속히 갖추지 않을 수 없는 것이다. 그러므로 군주는 반드시 재상이나 보좌하는 사람 중 충분히 일 맡길 만한 자가 있은 연후라야 자리가 잡힌다. 그 덕망이 충분히 백성을 어루만질[10] 수 있고 그 지려가 충분히 많은 변화를 대응하여 처리할 수 있게 된 연후라야 자리가 잡힌다. 대저 이를 가리켜 나라에 갖추어야 할 필요한 것이라고 말한다.

사방의 인접한 제후들 상호관계에 있어 서로 교섭하지 않을 수 없지만 반드시 서로 친밀할 수는 없는 일이다. 그러므로 군주는 반드시 원방의 나라에 충분히 뜻을 전달하고 문제를 해결하도록[11] 시킬 자가 있은 연후라야 자리가 잡힌다. 그 변설은 번잡을 풀기에 충분하고 그 지려는 문제 해결에 충분하며 그 결단[12]은 어려운 문제를 물리치기에 충분하고 사사로운 일을 돌보지 않거나[13] 군주를 배반하지 않으며 그렇게 하여 급박한 일에 대응하고[14] 환란을 막아 충분히 사직을 지탱한 연후라야 자리가 잡힌다. 대저 이를 가리켜 나라에 갖추어야 할 필요한 것이라고 말한다. 그러므로 군주에게 충분히 믿을 만한 측근이나 좌우에 돕는 사람이 없는 것을 일러 암(闇)이라 하고 충분히 일을 맡길 만한 재상이나 보좌하는 신하가 없는 것을 일러 독(獨)이라 하며 사방의 인접한 제후에게 사신 보낼 자가 없는 경우를 일러 고(孤)라 한다. 고독하고 어둡다면[15] 이를 일러 위태롭다 말하고 나라가 비록 존속되는 것 같더라도 옛 사람은 말하기를 '망한다'라고 한다. 『시』16)에 이르기를 '위의(威儀) 갖춘 많은 재사·현자들이여, 문왕은 그들 때문에 편안하도다'라고 하였으니 이것을 가리킨 말이다.

牆之外目不見也. 里之前耳不聞也. 而人主之守司, 遠者天下近者境內, 不可不略知也. 天下之變境內之事, 有弛易齵差者矣, 而人主無由知之, 則是拘脅蔽塞之端也. 耳目之明如是其狹也. 人主之守司如是其廣也. 其中不可以不知也, 如是其危也. 然則人主將何以知之. 曰, 便嬖左右者, 人主之所以窺遠收衆之門戶牖嚮也, 不可不早具也. 故人主必將有便嬖左右足信者, 然後可. 其知慧足使規物, 其端誠足使定物, 然後可, 夫是之謂國具.

人主不能不有遊觀安燕之時, 則不得不有疾病物故之變也. 如是國者, 事物之至也如泉原, 一物不應亂之端也. 故曰人主不可以獨也. 卿相輔佐人主之几杖也. 不可不早具也. 故人主必將有卿相輔佐足任者, 然後可. 其德音足以塡撫百姓, 其知慮足以應待萬變, 然後可. 夫是之謂國具.

四鄰諸侯之相與, 不可以不相接也. 然而不必相親. 故人主必將有足使喩志決疑於遠方者, 然後可. 其辯說足以解煩, 其知慮足以決疑, 其齊斷足以距難, 不還私不反君, 然而應薄扞患, 足以持社稷, 然後可. 夫是之謂國具. 故人主無便嬖左右足信者, 謂之闇, 無卿相輔佐足任者, 謂之獨, 所使於四鄰諸侯者非其人, 謂之孤. 孤獨而晻謂之危. 國雖若存, 古之人曰亡矣. 詩曰, 濟濟多士, 文王以寧, 此之謂也.

---

1 守司 —수(守)는 지켜야 할 직분. 사(司)는 맡아서 관리해야 할 범위를 가리킴.
2 不略知 —여기서 략(略)이란 개략(槪略)·대강의 뜻과 다르게 풀이됨. 넓은 범위를 말함.
3 弛易齵差 —이(弛)는 이(移)의 고자. 완(緩)자로 통함. 우(齵)는 벌레먹은 것처럼 구멍난 이. 치(差)는 부제(不齊)의 뜻.
4 拘脅蔽塞 —구협(拘脅)이란 자유롭지 못하게 묶여 협박당함. 폐색(蔽塞)은 눈이 가려지고 귀가 막힘.

5 便嬖—여기서 편폐(便嬖)란 반드시 사악한 영신(佞臣)이란 부정적 의미가 아님.

6 牖嚮—향(嚮)은 향(向)자와 같음. 유(牖)·향(嚮) 두 글자 모두 창(窓)을 가리킴.

7 國具—구(具)는 국가를 유지하기 위한 필수적인 장치. 구비해야 할 제도. 상부 구조를 말함.

8 物故—물(物)은 무(無)자의 뜻으로 풀이됨. 고(故)는 일. 즉, 일할 수 없게 됨. 죽는다는 의미.

9 几杖—궤(几)는 작은 책상이나 팔받침. 궤(几)·장(杖) 두 글자 모두 기대어 도움받는 것.

10 塡撫—전(塡)이 원판본에는 진(鎭)자로 되어 있음. 무(撫)는 안무(安撫)의 뜻. 마음을 달램.

11 喩志決疑—유지(喩志)란 뜻을 알려줌. 결의(決疑)는 의혹을 풀게 함. 의사를 소통시켜 오해가 있는 문제를 풀어나감.

12 齊斷—제(齊)는 제(劑)자로 통함. 가지런히 잘라냄. 분명한 결단력을 가리킴.

13 還私—환(還)은 영(營)자와 같은 뜻으로 통용됨. 사(私)는 개인의 일. 은밀한 행위를 돌봄.

14 應薄—박(薄)은 박(迫)자로 통함. 급박한 일에 대응함.

15 晻—암(晻)은 암(闇)자와 마찬가지 의미. 어두운 상태. 여기서는 독(獨)과 고(孤)를 아울러 말함.

16 詩—『시경』「대아(大雅)·문왕(文王)」편의 인용 시구.

[9]

재능에 맞추어 사람 부리는[1] 방법에 대하여. 정직하고 성실하게 노력하고[2] 계수(計數)에 있어 섬세하고 치밀하여 결코 빠뜨림이 없는 것이 바로 관리들[3]의 재능이다. 몸을 어김없이 닦고 단정하며 법을 존중하고 본분을 삼가 치우치는 나쁜 마음이 없으며 직무를 충실히 지키고 맡은 과업만 오로지 힘써[4] 결코 부족하거나 넘치는 일이 없으며 대대로 전하며 침탈당하지 않게 할 수 있는 것이 바로 사대부 관장의 재능이다. 예의를 높임이 군주를 존중하기 위한 것임을 알고 훌륭한 인사를 선호함이 명성을 날리기 위한 것임을 알며 민을 사랑함이 나라를 안정시키기 위한 것임을 알고 일정한 법도를 가짐이 습속을 하나로 하기 위한 것임을 알며 현자를 높이고 유능한 자를 등용함이 공적을 크게 하기 위한 것임을 알고 농사를 힘쓰고 상업을 억제함이 물자를 많게[5] 하기 위한 것임을 알며 아랫사람과 작은 이득을 다투지 않음이 사업을 편하게 하기 위한 것임을 알고 제도를 밝혀 사물을 가늠하여 실용에 맞춤[6] 이 일을 원활히[7] 하기 위한 것임을 아는 것이 바로 재상이나 보좌하는 신하의 재능이다. 아직 군주의 도에는 미치지 못한다. 이 세 가지 재능을 지닌 자를 가려[8] 관직을 맡겨 그 차서를 그르치지 않게 함이 바로 군주의 길이라 말할 것이다.

이와 같이 하면 그 몸은 편안하고 나라는 다스려지며 공적은 크고 명성은 높아져 상질은 왕자가 될 수 있고 하질이라도 패자는 될 수 있을 것이니 바로 군주가 지켜야 할 요체인 것이다. 군주가 이 세 가지 재능가진 자를 능히 가려 쓰지 못하고 이 도를 따라 할 줄[9] 모른다면 다만[10] 세위를 낮추어 힘을 내어 일하고 이목의 쾌락을 물리치며[11] 몸소 여러 날 혼자서 잔일 정리하고[12] 하루 종일 그것을 면밀히 구분하며 사소한 명찰을 신하와 다투어 편향된 재능을 다할[13] 것만 생각하게 될 것이다. 예부터 지금에 이르기까지 이와 같이 하여 어지럽지 않은 나라는 아직 없다. 이는 이른바 볼 수 없는 것을 보려 하고 들을 수 없는 것을 들으려 하며 이룰 수 없는 것을 하려고 하는 것이다. 이것은 헛수고만 하고 도움되지 못함을 가리켜 하는 말이다.

材人. 愿慤拘錄, 計數纖嗇而無敢遺喪, 是官人使吏之材也. 脩飾端正, 尊法敬分而無傾側之心, 守職循業不敢損益, 可傳世也, 而不可使侵奪, 是士大夫官師之材也. 知隆禮義之爲尊君也, 知好士之爲美名也, 知愛民之爲安國也, 知有常法之爲一俗也, 知尙賢使能之爲長功也, 知務本禁末之爲多材也, 知無與下爭小利之爲便於事也, 知明制度權物稱用之爲不泥也, 是卿相輔佐之材也. 未及君道也. 能論官此三材者而無失其次, 是謂人主之道也.

若是則身佚而國治, 功大而名美, 上可以王, 下可以覇, 是人主之要守也.

人主不能論此三材者, 不知道此道, 安値將卑埶出勞, 併耳目之樂, 而親
自貫日而治詳, 一日而曲辨之, 慮與臣下爭小察而綦偏能, 自古及今, 未
有如此而不亂者也. 是所謂視乎不可見, 聽乎不可聞, 爲乎不可成. 此之
謂也.

1 材人—재(材)는 재(才)자로 통함. 재인(材人)이란 재능을 고려하여 적당한
　　자리에 일을 맡김.
2 願愨拘錄—원각(願愨)은 꾸밈없이 솔직하고 성실함. 구(拘)는 힘들일 구(劬)
　　자로 통함. 질력(疾力)이란 뜻.
3 官人使吏—관인(官人)은 일반 벼슬아치. 사리(使吏)는 그보다 낮은 하급관
　　리를 말함.
4 循業—순(循)은 순(巡)자와 같은 뜻. 전종(專從), 즉 주어진 일을 좇아서 오
　　로지 힘을 다함.
5 多材—여기서 재(材)는 재(財)자로 통함. 물자를 늘려 풍요하게 만듦.
6 稱用—칭(稱)은 적합(適合) 또는 흡의(恰宜)와 같은 의미. 실제 일에 알맞음.
7 不泥—니(泥)는 체(滯)자로 통함. 정체(停滯)의 뜻. 불니(不泥)는 막히지 않
　　은 상태.
8 論官—론(論)은 론(掄)의 빌린 글자. 택(擇)자와 마찬가지 의미. 벼슬자리를
　　선임(選任)함.
9 道此道—앞의 도(道)는 유(由), 또는 종(從)자와 같음. 차도(此道)는 군주가
　　취할 길, 그 방법을 말함.
10 安値—안(安)은 내(乃)자와 같은 조사. 치(値)는 다만 직(直)자와 마찬가지
　　로 독(獨)자와 같은 뜻.
11 併—여기서 병(併)은 물리칠 병(屛)자로 통함. 퇴(退)자와 같음.
12 貫日而治詳—관(貫)은 루(累)자와 같은 뜻. 치상(治詳)은 사무를 세밀하게
　　처리함.
13 綦偏能—기(綦)는 극(極)자와 같음. 편능(偏能)이란 한쪽으로 치우친 재능
　　을 말함.

13 신도臣道

앞의 군도편에 이어 신하가 군주를 섬기는 마음가짐과
기본 조건을 논하고 있다. 우선 신하의 여러 형태 및 그
종류를 열거하여 군주가 이를 식별할 필요성을 전제했
다는 점에서 두 편이 서로 보완관계에 있다 할 것이다.
특히 성군(聖君)·중군(中君)·폭군(暴君)을 구분하
고, 난세에 대처하는 보신술이 강조된다. 전국시기의
냉엄한 세태를 반영한 것이라고 볼 수 있다.

[1]

신하의 종류¹⁾에 대하여. 태신(態臣)²⁾이라 하는 자가 있고 찬신(簒臣)³⁾이라 하는 자가 있으며 공신(功臣)이라 하는 자가 있고 성신(聖臣)이라 하는 자가 있다. 안으로는 족히 민을 하나로 통일시키지 못하고 밖으로는 족히 난을 막아내지⁴⁾ 못하며 백성들이 가까이하지 않고 제후들이 신뢰하지 않더라도 날렵하게 비위를 잘 맞추어⁵⁾ 군주에게 총애받는 자가 바로 태신이란 자다. 위로는 군주에게 충성하지 못하고 그러나 아래로는 민에게서 좋은 평판을 들으며 공도(公道)와 통의(通義)를 돌보지 않고⁶⁾ 작당하여 친숙하게 굴며⁷⁾ 군주를 현혹시켜 사리 꾀하기⁸⁾만 일삼는 자가 바로 찬신이란 자다. 안으로는 족히 민을 하나로 통일시키기에 충분하고 밖으로는 족히 난을 막아내기에 충분하며 백성들은 그를 가까이하고 식자층 인사들은 그를 신뢰하며 위로는 군주에게 충성하고 아래로는 백성을 사랑하여 게을리하지 않는 자가 바로 공신이란 자다. 위로는 능히 군주를 존엄하게 할 수 있고 아래로는 능히 민을 사랑하게 할 수 있으며 정치 명령과 교화를 아래가 본받게 함이 마치 그림자 따르듯이 틀림없고⁹⁾ 뜻밖의 변고를 맞아 대응함¹⁰⁾이 마치 메아리치듯이 빠르며¹¹⁾ 미루어 앞서 짐작하고¹²⁾ 정형 없이 수시로 변하는 사태가 일어나더라도 그대로 제도나 법칙이 되게 하는¹³⁾ 자가 바로 성신이란 자다.

그래서 성신을 등용하는 자는 왕자가 되고 공신을 등용하는 자는 강해지며 찬신을 등용하는 자는 위험에 빠지고 태신을 등용하는 자는 멸망하게 된다. 태신이 등용되면 반드시 죽고 찬신이 등용되면 반드시 위태하며 공신이 등용되면 반드시 번영하고 성신이 등용되면 반드시 존엄하게 된다. 그러므로 제(齊)의 소진(蘇秦)¹⁴⁾과 초(楚)의 주후(州

侯)¹⁵⁾와 진(秦)의 장의(張儀)¹⁶⁾를 가히 태신이라 말할 수 있다. 한(韓)의 장거질(張去疾)¹⁷⁾과 조(趙)의 봉양군(奉陽君)¹⁸⁾과 제의 맹상군(孟嘗君)¹⁹⁾을 가히 찬신이라 말할 수 있다. 제의 관중과 진(晉)의 구범(咎犯)²⁰⁾과 초의 손숙오(孫叔敖)²¹⁾를 가히 공신이라 말할 수 있다. 은(殷) 왕조의 이윤(伊尹)과 주(周)왕조의 태공을 가히 성신이라 말할 수 있다. 이것이 바로 신하의 종류다. 나라의 길흉과 군주의 현·불초가 갈리는 극치다. 반드시 삼가 이를 마음에 새겨서²²⁾ 신중히 스스로 선택하여 취한다면 족히 참고가 될 것이다.

人臣之論. 有態臣者, 有篡臣者, 有功臣者, 有聖臣者. 內不足使一民, 外不足使拒難, 百姓不親, 諸侯不信, 然而巧敏佞說善取寵乎上, 是態臣者也. 上不忠乎君, 下善取譽乎民, 不卹公道通義, 朋黨比周以環主圖私爲務, 是篡臣者也. 內足使以一民, 外足使以距難, 民親之士信之, 上忠乎君下愛百姓而不倦, 是功臣者也. 上則能尊君, 下則能愛民, 政令教化刑下如景, 應卒遇變齊給如響, 推類接譽以待無方, 曲成制象, 是聖臣者也. 故用聖臣者王, 用功臣者彊, 用篡臣者危, 用態臣者亡. 態臣用則必死, 篡臣用則必危, 功臣用則必榮, 聖臣用則必尊. 故齊之蘇秦楚之州侯秦之張儀, 可謂態臣也. 韓之張去疾趙之奉陽齊之孟嘗, 可謂篡臣也. 齊之管仲晉之咎犯楚之孫叔敖可謂功臣矣. 殷之伊尹周之太公, 可謂聖臣矣. 是人臣之論也, 吉凶賢不肖之極也. 必謹志之, 而愼自爲擇取焉, 足以稽矣.

1 人臣之論 — 론(論)은 륜(倫)자와 통용됨. 류(類)자와 같은 등류(等類)를 말함. 같은 또래.

2 態臣 — 태(態)는 얼굴 모양. 자용(姿容) 또는 미태(媚態). 군주에게 아양떨며 추종하는 신하.

3 篡臣 — 찬(篡)은 탈취(奪取)와 마찬가지 의미. 즉 군주의 권위를 찬탈하는 신하.

4 拒難 — 여기서 난(難)이란 외적의 침입을 말함. 또는 외교관계에서 어려운 일을 가리킴.

5 巧敏佞說 ─ 교민(巧敏)은 약삭빠르게 움직임. 영열(佞說)은 영열(佞悅)과 같음. 아첨을 잘함.

6 不卹 ─ 휼(卹)은 휼(恤)자로 통함. 돌아볼 고(顧)자와 마찬가지 의미.

7 朋黨比周 ─ 붕당(朋黨)은 한패거리가 됨. 비(比)와 주(周) 두 글자 모두 친(親)자와 같음.

8 環主圖私 ─ 환(環)은 영(營)자와 옛 음이 통용됨. 혹(惑)자와 같음. 도(圖)는 모(謀)자와 같은 뜻. 개인의 이익을 꾀함.

9 刑下如景 ─ 형(刑)은 본받을 법(法)자와 같음. 영(景)은 영(影)의 옛 글자.

10 應卒遇變 ─ 졸(卒)은 창졸(猝卒)의 뜻. 돌발적인 사태에 부딪혀 대응함.

11 齊給如響 ─ 제(齊)는 질속(疾速)의 뜻. 급(給)은 급(急)자로 통함. 향(響)은 반향(反響).

12 接譽 ─ 접(接)은 속(續)자와 같음. 예(譽)는 여(與)자로 통함. 같은 유(類)를 미루어 잇달아 사물을 처리함.

13 曲成制象 ─ 제(制)는 법도를 가리킴. 상(象)은 본받음. 임기응변하여 모범을 보임.

14 蘇秦 ─ 전국시대 조(趙)의 숙후(肅侯)에게 합종(合縱)이란 외교정책을 제공한 논객.

15 州侯 ─ 초(楚) 양왕(襄王)을 섬겨 연형(連衡)을 주장한 종횡가(縱橫家)의 한 사람.

16 張儀 ─ 진(秦)의 혜왕(惠王)에게 연형을 획책하게 한 재상. 소진의 친구로 마찬가지 영신(佞臣).

17 張去疾 ─ 한(漢) 고조(高祖)의 삼걸(三桀) 중 한 사람인 장량(張良)의 선조라고 알려짐.

18 奉陽 ─ 조(趙) 숙후(肅侯)의 아우. 재상이 되어 위세를 부린 자.

19 孟嘗 ─ 식객이 많기로 이름난 전문(田文). 뒷날 위(魏) 소왕(昭王)의 재상이 되었음.

20 咎犯 ─ 진(晋) 문공(文公)의 장인으로 문공을 도와 패자가 된 호언(弧偃)을 가리킴.

21 孫叔敖 ─ 초(楚) 장왕(莊王)의 재상.

22 志之 ─ 여기서 지(志)는 기(記)자와 마찬가지 의미. 기억의 뜻.

[2]

명령을 따르면서 군주의 이익을 꾀하는 것을 일러 종순이라 말하고 명령을 따르면서도 군주의 이익을 꾀하지 않는 것을 일러 아첨이라 말하며 명령을 거스르면서도 군주의 이익을 꾀하는 것을 일러 충성이라 말하고 명령을 거스르면서 군주의 이익을 꾀하지 않는 것을 찬탈이라 말한다. 군주의 영예나 치욕을 돌보지 않고 나라의 흥망을 돌보지 않으며 아무렇게나 처신함으로써[1] 봉록을 유지하고 사적인 일을 꾀할[2] 따름인 것을 일러 국적(國賊)이라 말한다.

군주가 잘못된 계략이나 잘못된 일이 있어 장차 나라가 위태롭고 사직이 망하게 될[3] 두려움에 처할 경우 대신이나 일족의 부형 가운데 능히 군주에게 진언하여 받아들여진다면 그것으로 가하고 받아들여지지 않는다면 떠나는 것을 일러 간(諫)이라 말한다. 능히 군주에게 진언하여 받아들여진다면 그것으로 가하고 받아들여지지 않는다면 끝까지 싸워서 죽는 것을 일러 쟁(爭)이라 말한다. 능히 지혜를 모아 힘을 합칠[4] 수 있고 여러 신하, 많은 관리들을 통솔하여 군주를 억지로 바로잡으며[5] 군주가 비록 못마땅해하더라도[6] 듣지 않을 수 없게 하여 마침내 나라의 큰 환란을 풀고 나라의 큰 해악을 물리치며 군주의 존엄과 나라의 안녕을 이루는 것을 일러 보(輔)라 말한다. 능히 군주의 명령을 거역하고 군주의 권위를 가로채어[7] 군주가 벌이는 일을 반대함으로써 나라의 위태함을 안전하게 하고 군주의 치욕을 물리치며 그 공적이 족히 나라의 큰 이익을 이루게 하는 것을 일러 필(拂)[8]이라 한다. 그러므로 간쟁하고 보필하는 사람은 사직의 신하다. 한 나라 군주의 보배다. 현명한 군주가 존중하는 바이고 후히 대우하는 바다. 그러나 암우한 군주는 이를 의심하여 자기를 해친다고 생각한다. 그러므로 현명한 군주가 상주는 자는 암우한 군주가 처벌하는 바가 되고 암우한 군주가 상주는 자는 현명한 군주가 주살하는 바가 된다. 이윤(伊尹)이나 기자(箕子)를 가히 간이라 말할 수 있고 비간(比干)과 자서(子胥)를 가히 쟁이라 말할 수 있으며 평원군(平原君)[9]이 조(趙)에서 취한 행위를 가히 보라 말할 수 있고 신릉군(信陵君)[10]이 위(魏)에서 취한 행위를 가히 필이라 말할 수 있다. 전해오는 말에 이르기를 '신하가 도를 따르고 군주를 따르지 않

348

는다' 라고 하니 이것을 가리켜 하는 말이다.

그러므로 정의로운 신하가 등용된다면[11] 조정이 잘못되지 않고[12] 간쟁 보필하는 사람이 신임받게 된다면 군주의 과실이 크지 않으며 용맹스런 무사[13]가 쓰인다면 구적이 일어나지 못하고 변경의 신하가 자리를 잡는다면[14] 영토[15]를 잃지 않을 것이다. 그러므로 현명한 군주는 모두 함께하기를 좋아하고 암우한 군주는 독단하기를 좋아하며 현명한 군주는 현자를 높이고 유능한 자를 써서 그 성과를 누리며[16] 암우한 군주는 현자를 투기하고 유능한 자를 꺼려 그 공로를 없애버리며 그 충성스런 자를 벌하고 그 해치는 자를 상준다. 대저 이를 가리켜 지극히 암우하다 말하는 것이며 걸(桀)과 주(紂)가 멸망하게 된 까닭이다.

從命而利君謂之順, 從命而不利君謂之諂, 逆命而利君謂之忠, 逆命而不利君謂之篡, 不卹君之榮辱, 不卹國之臧否, 偸合苟容以持祿養交而已耳, 謂之國賊.

君有過謀過事, 將危國家殞社稷之懼也, 大臣父兄, 有能進言於君, 用則可不用則去, 謂之諫. 有能進言於君, 用則可不用則死, 謂之爭, 有能比知同力, 率羣臣百吏而相與彊君撟君, 君雖不安不能不聽, 遂以解國之大患, 除國之大害, 成於尊君安國, 謂之輔, 有能抗君之命, 竊君之重, 反君之事, 以安國之危, 除君之辱, 功伐足以成國之大利, 謂之拂. 故諫爭輔拂之人, 社稷之臣也, 國君之寶也, 明君之所尊, 所厚也. 而闇主惑之以爲己賊也. 故明君之所賞, 闇君之所罰也, 闇君之所賞, 明君之所殺也. 伊尹箕子可謂諫矣, 比干子胥, 可謂爭矣, 平原君之於趙也, 可謂輔矣, 信陵君之於魏也, 可謂拂矣. 傳曰, 從道不從君. 此之謂也.

故正義之臣設, 則朝廷不頗, 諫爭輔拂之人信, 則君過不遠. 爪牙之士施, 則仇讐不作, 邊境之臣處, 則疆垂不喪. 故明主好同, 而闇主好獨, 明主尙賢使能而饗其盛, 闇主妬賢畏能而滅其功. 罰其忠賞其賊. 夫是之謂至闇, 桀紂所以滅也.

1 偸合苟容—투(偸)는 구(苟)자와 마찬가지 의미. 투합(偸合)이란 한때의 영합. 구용(苟容)은 경솔하게 받아들임.

2 養交—여기서 교(交)는 식객(食客)을 가리킴. 양객(養客)과 같은 뜻.

3 殞社稷—운(殞)은 몰락의 뜻. 운명(殞命)과 같음. 국가 사직을 멸망시킴.

4 比知同力—비(比)는 합(合)자와 같은 뜻. 지(知)는 지(智)자로 통함. 동(同)은 모을 집(集)자와 같음.

5 彊君撟君—강(彊)은 무리하게 밀어붙임. 교(撟)는 교(矯)를 빌려 쓴 글자. 바로잡음.

6 不安—여기서 불안(不安)이란 충분히 납득하지 않은 상태. 불만스러운 심정을 말함.

7 竊君之重—절(竊)은 몰래 훔쳐냄. 중(重)은 권력을 가리킴.

8 拂—필(拂)은 필(弼)자 음으로 읽음. 보(輔)자와 같음.

9 平原君—조(趙) 혜문왕(惠文王)의 아우. 재상으로 군주의 뜻을 거역하고 진(秦)을 쳐부수었음.

10 信陵君—위(魏) 소왕(昭王)의 아들 무기(無忌). 진의 침략을 막을 수 있었음.

11 設—여기서 설(設)은 용(用)자와 마찬가지 의미로 쓰임.

12 不頗—파(頗)는 불평(不平)의 뜻으로 사악(邪惡)을 가리킴.

13 爪牙之士—조아(爪牙)는 짐승의 발톱과 어금니. 군주를 호위하는 무사를 비유함.

14 處—처(處)는 정(定)자와 같은 뜻. 일의 처리를 맡김.

15 彊垂—강(彊)은 토지의 경계를 말함. 수(垂)는 수(陲)자로 통함. 국경의 뜻.

16 饗其盛—향(饗)은 누릴 향(享)자와 같음. 성(盛)은 성(成)자로 통함. 공(功)자의 뜻.

[3]

성군 섬기는 자에게 청종(聽從)¹⁾은 있어도 간쟁은 없고 중군(中君)²⁾ 섬기는 자에게 간쟁은 있어도 아첨은 없으며 폭군 섬기는 자에게 보삭(補削)³⁾은 있어도 교정이나 보필은 없다. 혼란한 시기에 위협받고 포악한 나라에 곤궁하게 살면서 피할 데가 없다면 그 미덕을 높이고 그 선행을 칭찬하며 그 추악을 가리고⁴⁾ 그 흠을 숨기며 그 장점을 말하고 그 단점을 들추지 않아야 하며 그리하여 그것이 풍속처럼 되게 할 것이다. 『시』⁵⁾에 이르기를 '나라에 천명이 있으나 남에게는 말해줄 수 없으니, 그래서 내 몸에 닥칠 재앙을 막는다[6]'라고 하니 이를 가리켜 하는 말이다.

事聖君者, 有聽從無諫爭, 事中君者, 有諫爭無諂諛, 事暴君者, 有補削無撟拂. 迫脅於亂時窮居於暴國, 而無所避之則崇其美揚其善, 違其惡隱其敗, 言其所長, 不稱其所短, 以爲成俗. 詩曰, 國有大命, 不可以告人, 妨其躬身, 此之謂也.

1 聽從 — 청(聽)은 정사에 대하여 군주가 이르는 말을 잘 들음. 종(從)이란 그대로 좇아서 함.
2 中君 — 중(中)은 세상의 일반 수준을 가리킴. 보통 정도는 될 수 있는 군주를 말함.
3 補削 — 삭(削)은 봉(縫)자와 같은 뜻. 결점을 미봉(彌縫)함. 남의 실수를 뒷수습함.
4 違其惡 — 여기서 위(違)는 휘(諱)자로 통함. 기(忌) 또는 피(避)자와 마찬가지 의미.
5 詩 — 현존 『시경』에 없는 일시(逸詩). 「당풍(唐風) · 양지수(揚之水)」편에 같은 시가 전함.
6 妨其躬身 — 방(妨)은 방(防)자와 통용됨. 궁(躬) · 신(身) 두 글자 모두 자기 자신을 가리킴.

[4]

공경스런 자세로 겸손히 하고 이르는 대로 따라 힘쓰며[1] 감히 제멋대로 결단하거나 선택하는 일 없고 감히 제멋대로 취하거나 주는 일도 없으며 군주에게 종순함을 자기 의지로 삼는 것이 바로 성군 섬기는 도리다. 성실하게 충성은 하더라도 아첨하지 않고 간쟁은 하더라도 비위 맞추지 않으며 강직하게 잘못을 책하고[2] 뜻을 바르게 하여 치우치는 마음[3]이 없으며 옳으면 옳다 말하고[4] 그르면 그르다 말하는 것이 바로 보통 군주 섬기는 도리다. 조화를 꾀하더라도 빗나가지 않고[5] 유순하더라도 굴하지 않으며 관용하더라도 분별 없이 혼란하지 않고 지극한

도를 가지고 분명하게 타일러서 조화되지 않음이 없으며 능히 감화시
켜 마음을 바꾸게 하고 때맞추어 말을 납득시키는[6] 것이 바로 폭군 섬
기는 도리다. 이는 아직 길들이지 않은 말 부리는 것과 같고 갓난아이
기르는 것과 같으며 굶주린 사람 밥먹이는 것과 같다. 그러므로 군주가
두려워하는 틈을 타서 그 잘못을 고치게 하고 군주가 근심하는 틈을 타
서 그 버릇을 바꾸게 하며[7] 군주가 좋아하는 틈을 타서 그 바른 길로
들게 하고 군주가 노여워하는 틈을 타서 그 원한을 풀게 한다면 자세한
일까지 마음대로 할 수 있는[8] 것이다. 『서』[9]에 이르기를 '명령에 종순
하여 거스르지 않고 온전하게 간하여 게으르지 않으며 윗사람이 된
다면 일을 분명히 하고 아랫사람이 된다면 공손히 따른다' 라고 하니 이
를 가리킨 말이다.

恭敬而遜, 聽從而敏, 不敢有以私決擇也, 不敢有以私取與也, 以順上爲
志, 是事聖君之義也. 忠信而不諛, 諫爭而不諂, 撟然剛折, 端志而無傾側
之心, 是案曰是, 非案曰非, 是事中君之義也. 調而不流, 柔而不屈, 寬容
而不亂, 曉然以至道, 而無不調和也, 而能化易時關內之, 是事暴君之義
也. 若馭樸馬, 若養赤子, 若食餒人, 故因其懼也而改其過, 因其憂也而辨
其故, 因其喜也而入其道, 因其怒也而除其怨, 曲得所謂焉. 書曰, 從命而
不拂, 微諫而不倦, 爲上則明, 爲下則遜. 此之謂也.

1 聽從而敏 ―민(敏)은 공(恭) 또는 면(勉)자와 통용됨. 말을 잘 듣고 부지런히
  노력함.
2 撟然剛折 ―교(撟)는 항연(亢然)의 뜻. 강인한 모습. 불굴의 상태. 절(折)은
  면절(面折)의 뜻. 단호하게 비판하고 추궁함.
3 傾側之心 ―측(側)도 경(傾)자와 같은 뜻. 한쪽으로 기울어짐. 편향된 심경을
  말함.
4 是案曰是 ―여기서 안(案)은 일종의 조자. 즉(則)자와 마찬가지 의미로 쓰임.
5 調而不流 ―조(調)는 사이좋게 조화를 이룸. 류(流)는 악에 물들어 옆길로
  빠짐.
6 關內 ―관(關)은 개(開)자로 통함. 언로를 개통함. 납(內)은 납(納)자와 같은 말.

[5]

남을 섬기면서 마음에 들게 하지 못하는[1] 것은 힘을 쓰지 않기[2] 때문
이다. 힘을 쓰더라도 마음에 들게 하지 못하는 것은 존경하지 않기 때
문이다. 존경하더라도 마음에 들게 하지 못하는 것은 충실하지 않기 때
문이다. 충실하더라도 마음에 들게 하지 못하는 것은 공적이 없기 때문
이다. 공적이 있더라도 마음에 들게 하지 못하는 것은 덕이 없기 때문
이다. 그러므로 덕이 없는 자가 하는 방법은 노력을 손상하고 공적을
떨어뜨리며 애쓴 보람을 없애버린다. 그러므로 군자는 그런 일을 하지
않는 것이다.

事人而不順者不疾者也, 疾而不順者不敬者也. 敬而不順者不忠者也, 忠
而不順者無功者也. 有功而不順者無德者也. 故無德之爲道也, 傷疾墮功
滅苦. 故君子不爲也.

1 不順─순복(順服)의 뜻. 고분고분 잘 좇음. 불역(不逆)의 뜻으로 통함. 남을
기쁘게 할 애(愛)자와 마찬가지 의미를 지님.
2 不疾─질(疾)은 힘 력(力)자로 통함. 면려(勉勵)의 뜻. 부질(不疾)이란 게으
름부림을 말함.

[6]

대충(大忠)이라 하는 것이 있고 차충(次忠)이라 하는 것이 있으며 하
충(下忠)이라 하는 것이 있고 국적(國賊)이라 하는 것이 있다. 덕을 가
지고 군주를 감싸서[1] 감화시키는 것이 대충이다. 덕을 가지고 군주를
조정하여 보좌하는[2] 것이 차충이다. 옳음을 가지고 잘못을 간하여 화

내게 하는 것이 하충이다. 군주의 영예나 치욕을 돌보지 않고 나라의 흥망을 돌보지 않으며 아무렇게나 처신함으로써 봉록을 유지하고 사적인 일을 꾀할 따름인 것이 국적이다. 주공(周公)이 성왕(成王)을 대하는 일 같은 경우를 대충이라 말할 수 있다. 관중(管仲)이 환공(桓公)을 대하는 일 같은 경우를 차충이라 말할 수 있다. 자서(子胥)가 부차(夫差)를 대하는 일 같은 경우를 하충이라 말할 수 있다. 조촉룡(曹觸龍)[3] 이 주(紂)를 대하는 일 같은 경우를 국적이라 말할 수 있다.

有大忠者, 有次忠者, 有下忠者, 有國賊者. 以德復君而化之, 大忠也. 以德調君而補之, 次忠也. 以是諫非而怒之, 下忠也. 不卹君之榮辱, 不卹國之臧否, 偸合苟容以持祿養交而已耳, 國賊也. 若周公之於成王也, 可謂大忠矣, 若管仲之於桓公, 可謂次忠矣. 若子胥之於夫差, 可謂下忠矣, 若曹觸龍之於紂者, 可謂國賊矣.

1 復君─복(復)은 복(覆)자로 통용됨. 포용(包容)의 뜻. 덕이 커서 군주의 덕이 그 속에 싸여 들어감을 말함.
2 調君而補之─조(調)는 행위를 고르게 조정함. 보(補)는 보(輔)자와 같음. 덕이 미치지 못한 데를 바로잡음.
3 曹觸龍─『설원』(說苑)에는 조촉룡이 걸(桀)의 첨신(諂臣)이라고 되어 있으나, 여기서는 일단 주(紂)의 악신(惡臣)이라고 보기로 함.

[7]
인자는 반드시 사람을 존경한다. 무릇 사람이란 현명하지 않다면[1] 어리석은 것이다. 사람이 현명한데도 존경하지 않는다면 이는 금수와 마찬가지다. 사람이 어리석다 하여 존경하지 않는다면 이는 호랑이를 얕잡아보는[2] 짓이다. 금수와 마찬가지라면 혼란해지고 호랑이를 얕잡아본다면 위험해지며 재해가 그 몸에 닥칠 것이다. 『시』[3]에 이르기를 '호랑이를 감히 맨손으로 때려잡으려[4] 하지 않고 황하 물을 감히 맨발로 건너가려[5] 하지 않는다. 사람은 그 하나만 알고 그 밖의 것을 알지 못한다'라고 하니 이것을 가리킨 말이다.

　그러므로 인자는 반드시 사람을 존경한다. 사람을 존경하는 데도 도가 있다. 현자에 대해서는 높여서 존경하고 어리석은 자에 대해서는 조심해서 존경하며 현자에 대해서는 가까이하여 존경하고 어리석은 자에 대해서는 멀리하여 존경한다. 그 존경은 같지만 실제 의미는 다르다.[6] 만약 그것이 성실·정직하여 손상되지 않는다면 누구를 대하더라도 그렇지 않을 수 없을[7] 것이다. 바로 이것이 어진 사람의 본바탕이다. 성실을 본바탕으로 삼고 정직을 기강으로 삼으며 예의를 꾸밈으로 삼고 같은 유를 차례로 삼으며 한 마디 말[8]이나 한 동작이라도[9] 모두 다 법칙을 삼을 수 있다. 『시』에 이르기[10]를 '어기지 않고 해치지 않는다면 본받지 않을 이가 없을 것이다'라고 하니 이것을 가리킨 말이다.

仁者必敬人. 凡人非賢則案不肖也. 人賢而不敬, 則是禽獸也, 人不肖而
不敬, 則是狎虎也. 禽獸則亂, 狎虎則危, 災及其身矣. 詩曰, 不敢暴虎, 不
敢馮河, 人知其一, 莫知其它. 此之謂也.
故仁者必敬人. 敬人有道. 賢者則貴而敬之, 不肖者則畏而敬之, 賢者則
親而敬之, 不肖者則疏而敬之. 其敬一也其情二也. 若夫忠信端愨而不害
傷, 則無接而不然, 是仁人之質也. 忠信以爲質, 端愨以爲統, 禮義以爲
文, 倫類以爲理, 喘而言臑而動, 一可以爲法則. 詩曰, 不僭不賊, 鮮不爲
則. 此之謂也.

1 則案 ― 안(案)은 일종의 조자로 쓰임. 여기서는 즉(則)자와 마찬가지 의미.
2 狎虎 ― 압(狎)은 경모(輕侮)의 뜻. 호랑이를 깔보면 예측 못할 해를 입게 될 수 있음.
3 詩 ― 『시경』 「소아(小雅)·소민(小旻)」편 끝장의 인용 시구.
4 暴虎 ― 포(暴)는 도박(徒搏)의 뜻. 맨손으로 호랑이를 때려잡으려는 위험한 짓이나 생각.
5 馮河 ― 빙(馮)은 도섭(徒涉)의 뜻. 하(河)는 황하(黃河)를 가리킴. 무모한 일을 비유하여 말함.

6 其情二—정(情)은 실(實)자와 같음. 실제 의미를 말함. 이(二)란 똑같지 아니한 정황을 가리킨 말.

7 無接而不然—무접(無接)이란 상대할 사람을 따로 가리지 아니함. 불연(不然)은 그렇지 않을 수 없다는 부정의 재부정.

8 喘而言—천(喘)은 속삭이는 말. 미언(微言)과 같은 뜻.

9 蠕而動—유(蠕)는 연(蠕)자로 통함. 벌레가 기어가는 모습. 미동(微動)의 뜻. 굼실거림.

10 詩—『시경』「대아(大雅)·억(抑)」편의 인용 시구.

[8]

공경은 예의 근본이며 조화는 악의 중심이다. 근신은 자신의 이득이며 다투거나 성냄은 손해다. 그러므로 군자는 예의에 안주하여1) 악을 즐기고 근신하여 다투거나 성내지 않는다. 이런 까닭으로 모든 행위2)가 잘못되지 않는다. 그러나 소인은 이것과 반대다.

恭敬禮也, 調和樂也, 謹愼利也, 鬪怒害也. 故君子安禮樂樂, 謹愼而無鬪怒, 是以百擧不過也. 小人反是.

1 安禮—안(安)은 정착하여 자리잡음. 침착하게 마음을 가라앉힘.

2 百擧—거(擧)는 행동을 취함. 기획한 일이 잘 되어감.

[9]

충성이 종순으로 통하고1) 위험이 천하의 평치를 꾀하며 화란에도 말대로 따르기만 하는2) 이 세 가지는 현명한 군주가 아니라면 능히 알 수 없다. 간쟁을 한 다음에 선을 이루고 명을 거스른 다음에 공을 거두며 몸을 내던져 죽기로 한 다음에 사심을 없애고 성심을 다한 다음에 공정하였으니 대저 이를 가리켜 충성이 종순으로 통한다고 말한다. 신릉군(信陵君)이 여기에 가깝다. 빼앗은 다음에 의를 세우고 죽인 다음에 인을 이루며 군신의 자리가 바뀐 다음에 바로잡고 공이 천리와 견주어3) 혜택을 민에게 입혔으니 대저 이를 가리켜 위험이 천하의 평치를 꾀한다고 말한다. 탕(湯)과 무왕(武王)이 바로 그다. 잘못하더라도 뜻을 맞추어주고4) 고분고분 줏대 없이 굴며5) 시비를 돌아보지 않고 곡직을 가려 다스리지 않으며 아무렇게나 영합하고 경솔히 처신하여 미친 사람을 어지럽혔으니 대저 이를 가리켜 화란에도 말대로 따르기만 한다고 말한다. 비렴(飛廉)과 악래(惡來)6)가 바로 그다. 전해오는 말에 이르기를 '잘라내야 같아지고 굽혀야 따르게 하며 잘라야만 하나가 된다'고 하며 『시』7)에 이르기를 '작은 구슬 큰 구슬을 받아 아랫나라의 수장8)이 된다'고 하니 이것을 가리킨 말이다.

通忠之順, 權險之平, 禍亂之從聲, 三者非明主莫之能知也. 爭然後善, 戾然後功, 出死無私, 致忠而公, 夫是之謂通忠之順. 信陵君似之矣. 奪然後義, 殺然後仁, 上下易位然後貞, 功參天地, 澤被生民, 夫是之謂權險之平. 湯武是也. 過而通情, 和而無經, 不卹是非, 不治曲直, 偸合苟容迷亂狂生, 夫是之謂禍亂之從聲, 飛廉惡來是也. 傳曰, 斬而齊, 枉而順, 不同而壹. 詩曰, 受小球大球, 爲下國綴旒. 此之謂也.

1 通忠之順—통(通)은 뚜렷하게 식별됨. 여기서 충(忠)이란 역명(逆命)으로 통함. 거스름이 도리어 이가 되므로 끝내는 종순과 마찬가지 의미를 지님.
2 從聲—성(聲)은 군주가 이르는 말. 종순하기만 하고 간할 기미가 전혀 없는 상태를 가리킴.
3 功參天地—삼(參)이란 천·지·인 세 가지를 대등하게 다루는 표현. 천지와 나란히 큰일을 해냄.
4 通情—여기서 통정(通情)이란 군주에게 빌붙음을 말함. 맹목적으로 동조함.
5 和而無經—화(和)는 화순(和順)의 뜻. 경(經)은 경상(經常)과 같음. 일정한 지조가 없음.
6 飛廉惡來—비렴(飛廉)과 악래(惡來) 둘 다 주(紂)의 악신(惡臣)으로 부자 사이.
7 詩—『시경』「상송(商頌)·장발(長發)」편의 인용 시구.
8 綴旒—체(綴)는 기(旗)의 표시. 류(旒)는 장(章)자로 통함. 깃술. 대표성을 상징함.

14 치사致士

여기서 치(致)는 초치(招致)의 뜻이고 사(士)는 현사
(賢士)를 가리킨다. 한편 선비 사(士)자가 벼슬할 사환
(仕宦)의 뜻으로도 통한다. 국가 성립의 세 가지 요소
가운데 특히 군주가 어진 인사를 불러들여 바른 정보를
얻고 덕을 쌓으며, 예의바르게 처신하는 방법을 논하고
있다. 넓은 마음으로 모든 것을 관대하게 받아들이고 공
경하는 자세로 민을 대하며 공평무사하게 이끌어야만
천하가 다 귀의할 수 있다는 주장이다.

[1]

의견을 넓게 많이 듣고[1] 어두운 데를 밝히고 밝은 데를 거듭 밝게 하며 간악한 자를 물리치고 선량한 이를 나아가게 하는 방법에 대하여. 패거리를 지어 한통속이 되는[2] 칭찬을 군자는 듣지 않고 남을 해쳐 죄를 덮어씌우는[3] 거짓말을 군자는 받아들이지 않으며 시새워 남을 억누르는[4] 사람을 군자는 가까이하지 않고 재화나 금독(禽犢)[5]의 청을 군자는 허락하지 않으며 모든 근거없는 언론·변설·사업·계획·칭찬·비방[6]이 정도가 아닌 채로 갑작스럽게 닥치는[7] 경우 군자는 이를 신중히 다룬다. 잘 들어서 그것을 분명하게 살피고 그 정당성 여부를 판정하여 합당한[8] 연후에 형벌과 포상을 행하고 신속히 그것을 조치해야[9] 할 것이다. 이와 같다면 간악한 언론·변설·사업·계획·칭찬·비방이 꾀할 수 없고[10] 성실한 언론·변설·사업·계획·칭찬·비방을 분명하게 통하여 한꺼번에 일어[11] 위로 나아가지[12] 않을 수 없을 것이다. 대저 이를 가리켜 넓게 많이 듣고 어두운 데를 밝히고 밝은 데를 거듭 밝게 하며 간악한 자를 물리치고 선량한 이를 나아가게 하는 방법이라고 말한다.

衡聽顯幽重明退姦進良之術. 朋黨比周之譽, 君子不聽, 殘賊加累之譖, 君子不用, 隱忌雍蔽之人, 君子不近, 貨財禽犢之請, 君子不許. 凡流言流說流事流謀流譽流愬, 不官而衡至者, 君子愼之. 聞聽而明察之, 定其當而當, 然後出其刑賞而還與之. 如是則姦言姦說姦事姦謀姦譽姦愬, 莫之試也, 忠言忠說忠事忠謀忠譽忠愬, 莫不明通方起以尙盡矣. 夫是之謂衡聽顯幽重明退姦進良之術.

1 衡聽―형(衡)은 횡(橫)자와 함께 쓰임. 유월(兪樾)은 이를 광(廣)·대(大)의

뜻으로 봄. 청문하는 범위가 넓음.

2 朋黨比周―붕당(朋黨)은 패거리를 지음. 비주(比周)는 동류의식을 가지고 친숙하게 지냄.

3 殘賊加累―잔적(殘賊)은 남을 손상시킴. 가(加)는 범할 능(凌)자와 같음. 루(累)는 해(害)자로 통함.

4 隱忌雍蔽―은기(隱忌)는 의기(意忌)와 같음. 남을 의심하고 꺼림. 옹(雍)은 막을 옹(壅)자와 같은 뜻. 장폐(障蔽)를 말함.

5 禽犢―금(禽)은 새 종류로 특히 기러기와 꿩을 가리킴. 새나 송아지가 청탁하는 뇌물로 쓰였음.

6 流愬―류(流)는 근원(根源) 없는 상태. 소(愬)는 소(訴)자로 통함. 참훼(讒毁)하는 말.

7 不官而衡至―관(官)은 공정(公正)의 뜻. 혹은 관(管)자로도 함께 쓰임. 불관(不官)은 정리되지 않음. 형지(衡至)는 횡역(橫逆)과 같음. 옆길로 갑자기 밀어닥침.

8 定其當而當―기당(其當)은 정당성을 말함. 정(定)은 살펴 판단함. 이당(而當)은 사실과 일치됨.

9 還輿之―환(還)은 선(旋)자의 옛 음과 통함. 질(疾)자의 뜻. 편첩(便捷)과 같음. 여지(輿之)란 관여하여 조치를 취함.

10 莫之試―시(試)는 기도(企圖)함. 시험해볼 자리가 없음. 파고들 틈이 없음.

11 明通方起―명통(明通)은 명확하게 그 뜻이 통달됨. 방(方)은 병(並)자와 마찬가지 뜻.

12 尙盡―상(尙)은 상(上)자와 같음. 진(盡)은 진(進)자와 함께 쓰임. 위로 나아갈 뜻을 가짐.

[2]

내에 물¹⁾이 깊으면 물고기와 자라들이 모여들고 산에 숲이 우거지면 새와 짐승들이 모여들듯이 형벌과 정치가 공평하면 백성들이 모여들고 예의가 갖추어지면 군자들이 모여든다. 그러므로 예가 한 몸에 미치면 행위가 바로되고 의가 한 나라에 미치면 정치가 밝게 되니 능히 예의를 두루 다 미치게²⁾ 할 수 있다면 명성이 높게 드러나 천하 사람이 우러러 명령이 행해지고 금제가 지켜져서 왕자의 사업이 다 이루어지게 될 것이다. 『시』[3]에 이르기를 '은혜가 이 도성 안에 베풀어지고 사방이 모두 평안해지네'[4]라고 하였으니 이것을 가리켜 하는 말이다.

깊은 내라 하는 것은 용이나 물고기가 살 곳이고 우거진 산이라 하는 것은 새나 짐승이 살 곳이며 국가라 하는 곳은 백성이 살 곳이다. 깊은 내의 물이 마르면 용이나 물고기가 떠나고 우거진 산이 헐벗으면[5] 새나 짐승이 떠나듯 국가도 실정한다면 백성이 떠나버리는 것이다. 토지가 없다면 인민이 편히 살지 못하고 인민이 없다면 토지를 지키지 못하며 도와 법이 없다면 인민이 모여들지 않고 군자가 없다면 도가 행해지지 못한다.[6] 그러므로 토지와 인민, 그리고 도와 법이라 하는 것은 국가의 근본[7]이며 군자라 하는 것은 도와 법을 총괄하는 요긴한 이다.[8] 잠시도 빌 수 없는 것이다.[9] 그를 얻으면 다스려지고 그를 잃으면 어지러워지며 그를 얻으면 안정되고 그를 잃으면 위태하며 그를 얻으면 존립하고 그를 잃으면 멸망한다. 그러므로 좋은 법이 있더라도 어지러워질 경우가 있으나 군자가 있는데도 어지러운 경우는 예부터 지금까지 일찍이 듣지 못했다. 전해오는 말에 이르기를 '다스려짐은 군자로부터 생기고 어지러워짐은 소인으로부터 생긴다'라고 하니 이것을 가리켜 하는 말이다.

川淵深而魚鼈歸之, 山林茂而禽獸歸之, 刑政平而百姓歸之, 禮義備而君子歸之. 故禮及身而行修, 義及國而政明, 能以禮義挾, 而貴名白天下願, 令行禁止, 王者之事畢矣. 詩曰, 惠此中國, 以綏四方. 此之謂也.

川淵者龍魚之居也, 山林者鳥獸之居也, 國家者士民之居也. 川淵枯則龍魚去之, 山林險則鳥獸去之, 國家失政則士民去之. 無土則人不安居, 無人則土不守, 無道法則人不至, 無君子則道不擧. 故土之與人也, 道之與法也者, 國家之本作也. 君子也者道法之摠要也, 不可少頃曠也. 得之則治, 失之則亂, 得之則安, 失之則危, 得之則存, 失之則亡. 故有良法而亂者有之矣, 有君子而亂者, 自古及今未嘗聞也. 傳曰, 治生乎君子, 亂生乎小人. 此之謂也.

1 川淵 —여기서 연(淵)이란 물을 막아 가득 채운 데를 가리킴. 적수성연(積水成淵)과 같은 의미.

2 禮義挾 —협(挾)은 협(浹)자로 통함. 협흡(浹洽)의 뜻. 주변(周徧)과 같음. 널리 사무침.

3 詩 —『시경』「대아(大雅) · 민로(民勞)」편의 인용 시구.

4 綏四方 —수(綏)는 안(安)자와 같은 뜻. 방(方)은 지방의 제후국을 말함.

5 險 —여기서 험(險)이란 황폐함을 가리킨 말. 무(茂)의 대칭으로, 민둥산 · 독산(禿山)의 뜻.

6 道不擧 —거(擧)는 거행(擧行)의 뜻. 도의를 실천하지 못함을 가리킴.

7 本作 —작(作)은 시(始)자와 같음. 본시(本始)의 뜻. 근본을 가리킨 말.

8 摠要 —총(摠)은 총(總)자로 통용됨. 일을 매듭지음. 단속하는 데 가장 요긴한 곳.

9 曠 —여기서 광(曠)은 공(空)자와 같은 뜻. 이그러질 결(缺)자로도 통함. 비워둠.

[3]

민중을 붙잡으면 하늘도 움직일 수 있고 마음을 즐겁게 가지면[1] 수명을 늘리게 되며 성실하면 그 덕이 신명과 같아지며 크게 떠벌리면[2] 정신을 잃어 헷갈리게 된다.

得衆動天, 美意延年 誠信如神, 夸誕逐魂.

1 美意 —미(美)는 락(樂)자로 통함. 낙의(樂意)와 같은 뜻. 걱정하지 않고 마음이 즐거운 상태.

2 夸誕 —과(夸)는 자랑 과(誇)자와 같음. 탄(誕)은 대(大)자와 마찬가지 의미. 호언장담(豪言壯談)을 말함.

[4]

군주의 걱정은 현자를 등용한다고 말하는 데 있지 않고 진정으로 현자를 반드시 등용하는가 하는 데 있다. 무릇 현자를 등용하겠다고 말하는 것은 입이고 현자를 물리치는 것은 행위다. 입과 행위가 서로 반대

되면서 현자는 모여들고 어리석은 자는 물러가기를 바란다면 이 또한 어렵지 않겠는가. 저 불을 비추어 매미 잡는 자[1]가 힘쓸 일은 그 불을 밝혀 매미가 앉은 그 나무를 흔드는 데 있을 따름이다. 불이 밝지 않다면 비록 그 나무를 흔들더라도 도움이 안 된다. 만약 군주로서 능히 그 덕을 밝히는 자가 있다면 천하 사람들이 그에게 모여들기를 마치 밝은 불빛으로 모여드는 매미와 같을 것이다.

人主之患, 不在乎言用賢, 而在乎誠必用賢. 夫言用賢者口也, 却賢者行也. 口行相反, 而欲賢者之至不肖者之退也, 不亦難乎. 夫耀蟬者, 務在明其火振其樹而已, 火不明, 雖振其樹無益也. 今, 人主有能明其德, 則天下歸之若蟬之歸明火也.

1 燿蟬者 ― 요(燿)는 빛날 요(耀)자와 같음. 선(蟬)은 매미의 일종. 날벌레가 밤에 불빛을 보고 모여드는 습성을 이용하여 매미를 잡아먹는 일.

[5]

일을 당하여 민을 접할[1] 경우는 도의로써 변화에 대응하고 너그러운 마음으로 넓게 받아들이며[2] 공경스런 태도로 이끌어나감[3]이 정치의 시작이다. 그런 다음에 알맞게 중화를 이루고 살펴서 명쾌히 재단하여[4] 도와줌이 정치의 중간단계다.[5] 그런 다음 공적에 비추어 진퇴시키고 상벌을 행함이 정치의 끝이다. 그러므로 일년은 그 첫머리로 시작하고[6] 삼년은 그 마지막으로 끝낸다. 혹 그 끝을 가지고 첫머리로 삼는다면 정령이 행해지지 않고 상하가 서로 원망하며 미워할 것이다. 쟁란이 저절로 일어나는 원인[7]이 된다. 『서』[8]에 이르기를 '도의에 맞는 형벌, 도의에 맞는 사형도 즉각 시행하지 말라. 너는 다만 "아직 가르치지 못했다[9]"라고 말해야 한다' 라고 하였다. 이는 가르침이 먼저라는 말이다.

臨事接民, 而以義變應, 寬裕而多容, 恭敬而先之, 政之始也. 然後中和察

斷以輔之, 政之隆也. 然後進退誅賞之, 政之終也. 故一年與之始, 三年與
之終. 用其終爲始, 則政令不行而上下怨疾. 亂所以自作也. 書曰, 義刑義
殺, 勿庸以卽, 汝惟曰未有順事. 言先教也.

1 臨事接民─사(事)란 어떤 사건을 두고 말함. 민과의 교섭을 통하여 일에 대
  처해 나감.
2 多容─다용(多容)은 광납(廣納)과 같은 뜻. 여러 가지 경우를 모두 용인함.
3 先之─선(先)은 도(道)자와 마찬가지 의미. 민을 교화(敎化) 지도함.
4 察斷─찰(察)은 분변(分辨)의 뜻. 단(斷)은 결단(決斷)을 말함. 분석 판단하
  는 일.
5 政之隆─륭(隆)은 중(中)자와 같음. 한 과정의 중간을 가리킴. 또는 핵심을
  말하기도 함.
6 與之始─여(與)는 이(以)자로 함께 쓰임. 여기서는 정치의 첫 단계를 가리킴.
7 所以自作─자(自)는 유(由)자와 같은 뜻. 작(作)은 기(起)자로 통함. 일어나
  는 원인.
8 書─『상서』(尚書) 「주서(周書)·강고(康誥)」편의 인용 글.
9 順事─순(順)은 옛 글자가 훈(訓)자와 함께 쓰임. 교(敎)자로 통함.

[6]

정(程)이라 하는 것[1]은 사물을 재는 기준이다. 예(禮)라 하는 것은
절도를 갖추는 기준이다. 정에 의해 수량을 세고[2] 예에 의해 관계를 정
하며 덕에 의해 자리를 매기고 능력에 의해 관직을 준다. 무릇 절도란
엄격하기 바라지만[3] 백성에 대해서는 관대하기 바란다. 절도가 엄격하
면 질서가 정연하고 백성에게 관대하면 편안하다. 위가 질서를 정연히
하고 아래가 편안함은 공적 명성의 극치다. 여기에 더 보탤 수가 없다
는 것이다.

程者物之準也, 禮者節之準也. 程以立數, 禮以定倫. 德以敍位, 能以授
官. 凡節奏欲陵, 而生民欲寬, 節奏陵而文, 生民寬而安. 上文下安功名之
極也, 不可以加矣.

1 程者―정(程)은 길이를 재는 단위. 여기서는 도(度)·량(量)·형(衡)의 총칭으로 쓰임.
2 立數―수(數)는 대소·장단을 표시하는 층계의 순서. 등급 잣대를 세움.
3 節奏欲陵―절주(節奏)란 절도(節度)를 말함. 능(陵)은 준(埈)자와 같음. 엄밀(嚴密)의 뜻.

[7]

군주라 하는 자는 나라의 가장 존귀한[1] 이다. 아버지라 하는 자는 집안의 가장 존귀한 이다. 가장 존귀한 이가 한 사람이면 잘 다스려지지만 두 사람이면 어지러워진다. 예부터 지금에 미치도록 두 존귀한 자리가 권력을 다투어[2] 능히 오래갈 수 있었던 경우는 아직 없다.

君者國之隆也, 父者家之隆也. 隆一而治, 二而亂. 自古及今, 未有二隆爭重而能長久者.

1 國之隆―륭(隆)은 존(尊)자와 같은 의미로 쓰임. 고(高) 또는 극(極)·성(盛)자와 같음.
2 二隆爭重―여기서 중(重)이란 권력을 가리킴. 존귀한 두 사람이 병존하여 권력을 다툼.

[8]

스승으로서의 방식에 네 가지가 있으나 널리 익혔다는 것은 거기에 들지 않는다. 존엄하여 다른 사람이 두려워 꺼린다면 가히 스승이 될 수 있다. 연로하여[1] 믿음이 간다면 가히 스승이 될 수 있다. 경전을 암송하여 가르치더라도 얕보지 않고 어기지 않는다면[2] 가히 스승이 될 수 있다. 깊은 데를 알고 있으면서도 논리가 선다면[3] 가히 스승이 될 수 있다. 그러므로 스승으로서의 방식에 네 가지가 있으나 널리 익혔다는 것은 거기에 들지 않는다.

師術有四, 而博習不與焉. 尊嚴而憚, 可以爲師. 耆艾而信, 可以爲師.

誦說而不陵不犯, 可以爲師. 知微而論, 可以爲師. 故師術有四而博習不
與焉.

1 耆艾—기(耆)는 육십 이상의 노인을 말함. 예(艾)는 나이 오십을 가리킴.
2 不陵不犯—능(陵)은 능멸(凌蔑)의 뜻. 범(犯)은 위배(違背)함. 스승의 말을
　무시함.
3 知微而論—미(微)는 정미(精微)의 뜻. 논(論)은 륜(倫)의 빌린 글자. 도(道)
　자와 같음.

[9]
물이 깊으면 돌아서 흐르고[1] 나뭇잎이 떨어지면 그 뿌리에 밑거름이
되듯이[2] 제자가 영달한다면[3] 그 스승을 생각하게 된다. 『시』[4]에 이르
기를 '말은 반드시 갚지 않음이 없고 덕은 반드시 보답받지 않음이 없
네' 라고 하니 이것을 가리켜 하는 말이다.

水深而回, 樹落則糞本. 弟子通利 則思師. 詩曰, 無言不讐, 無德不報. 此
之謂也.

1 回—여기서 회(回)란 선(旋), 돌아올 환(還)자로 통함. 물이 깊고 급류가 아
　니라면 대체로 돌아서 흐르게 되어 있음.
2 糞本—분(糞)은 배양(培養)의 뜻. 본(本)은 뿌리 밑둥. 잎이 떨어져 그 나무
　의 비료가 됨.
3 通利—여기서는 리(利)도 통(通)자와 마찬가지 의미. 통달(通達)되어 나감을
　말함.
4 詩—『시경』「대아(大雅)·억(抑)」편의 인용 시구.

[10]
포상은 기준에 넘치게 하는 것이 바람직하지 않고[1] 형벌은 남용하는
것이 바람직하지 않다. 포상이 기준에 넘친다면 이익이 소인에게까지
미치고 형벌이 남용된다면 해악이 군자에게까지 미친다. 만약 불행하

게도 잘못된다면 오히려 포상이 기준에 넘치더라도 형벌을 남용하지는 말아야 한다. 형벌로 선인을 해치는 것이 포상으로 악인[2]을 이롭게 하는 것만 같지 못하기 때문이다.

賞不欲僭, 刑不欲濫. 賞僭則利及小人, 刑濫則害及君子. 若不幸而過, 寧僭無濫, 與其害善不若利淫.

1 不欲僭—참(僭)은 참월(僭越)의 뜻. 분수를 지나쳐 방자스러움. 예의에 거슬림.
2 利淫—여기서 음(淫)이란 란(亂)자와 마찬가지 의미. 선(善)과 반대로 사악한 사람을 가리킴.

찾아보기

지은이 순자

순자(荀子, 기원전 298~기원전 238)의 이름은 순황, 자는 순경(荀卿)이다.
전국시대 말기 조나라 사람이다. 그는 일찍이 제(齊)나라의 직하학궁(稷下學宮)에서
오랫동안 학문 연구와 강의에 종사하였다. 후에 모함을 받아 초(楚)나라로 가서
기원전 255년부터는 그 나라의 지방 수령을 지냈으며,
만년에는 세상을 떠날 때까지 그곳에서 일생을 보냈다.
인간 본성에 관한 순자의 견해는 인간은 태어날 때부터 선하다는 맹자의
견해와 근본적으로 대조를 이룬다. 물론 두 사람 다 모든 인간이
잠재적으로 성인이 될 수 있는 능력을 가지고 있다는 데는 의견의 일치를 보인다.
이것이 맹자에게는 모든 인간은 태어날 때부터 이미 선(善)의 4단(四端)을 가지고 있으며,
인간의 내부에 그것을 발전시킬 수 있는 능력도 가지고 있다는 것을 의미하지만,
반면 순자에게는 모든 인간이 사회로부터 자기 내부에 있는 반사회적인 본능을
극복하는 방법을 배울 수 있다는 것을 의미한다. 두 사람의 이러한 견해차로부터
유가의 주요논쟁이 시작되었다. 순자가 바라던 사회는 실현되지 못했다.
순자 이전의 유가사상가인 공자나 맹자와 마찬가지로 그 또한 스스로
실패자라고 생각하며 죽었을 것이다. 그러나 그의 글 속에 가득 차 있는 합리주의,
종교에 대한 회의, 사회 속의 인간에 대한 관심, 정치적 · 문화적 감각력,
고대의 전통과 관습에 대한 선호 등은 2천 년 이상 중국 지식인들의 사고에 영향을 미쳤다.
방대한 영토와 거대한 인구를 지닌 중국은 전통적으로 유교 국가였으므로
그는 세계에서 유례가 없는, 크나큰 영향력을 남긴 철학자라고 해야 할 것이다.

옮긴이 이운구

이운구(李雲九)는 1933년 충남 전의에서 태어났다.
성균관대학교 문리대 동양철학과를 졸업하고
같은 학교 대학원에서 석사 · 박사 과정을 수료했다.
일본 와세다(早稻田) 대학과 도우시샤(同志社) 대학에서 연구원을 지냈으며,
성균관대학교 동양철학과 교수 및 유학대학 대학원장, 대동문화연구원 원장 등을 역임했다.
저서로는 『동아시아 비판 사상의 뿌리』『중국의 비판사상』
『묵가철학연구』 등이 있으며, 한길사에서 펴낸 『한비자』를 번역했다.

GB
한길그레이트북스

한길 그레이트북스 79

순자 1

지은이 순자
옮긴이 이운구
펴낸이 김언호
펴낸곳 (주)도서출판 한길사

등록 • 1976년 12월 24일 제74호
주소 • 10881 경기도 파주시 광인사길 37
www.hangilsa.co.kr
E-mail: hangilsa@hangilsa.co.kr
전화 • 031-955-2000~3
팩스 • 031-955-2005

상무이사 · 박관순 | 총괄이사 · 곽명호
영업이사 · 이경호 | 관리이사 · 김서영 | 경영이사 · 김관영
편집 · 김광연 백은숙 노유연 김명선 김지연 김대일 김지수
마케팅 · 김단비 | 관리 · 이중환 김선희 문주상 이희문 원선아

출력 · 지에스테크 | 인쇄 · 오색프린팅 | 제본 · 경일제책사

제1판 제1쇄 2006년 8월 10일
제1판 제3쇄 2018년 9월 30일

값 25,000원
ISBN 978-89-356-5686-8 94150
ISBN 978-89-356-5688-2 (세트)

● 이 도서의 국립중앙도서관 출판시도서목록(CIP)은
e-CIP 홈페이지(http://www.nl.go.kr/cip.php)에서 이용하실 수 있습니다.
(CIP제어번호: CIP2006001361)

한길그레이트북스 인류의 위대한 지적 유산을 집대성한다

● 한길그레이트북스는 계속 간행됩니다.